Aut dedere aut iudicare

Völkerrecht, Europarecht
und Internationales Wirtschaftsrecht

Herausgegeben von Peter Hilpold und August Reinisch

Band 25

PL ACADEMIC RESEARCH

Ruth Steger

Aut dedere aut iudicare

Inhalt und aktuelle Entwicklungen rund um die völkerrechtliche Verpflichtung zur Strafverfolgung oder Auslieferung

PL ACADEMIC RESEARCH

Bibliografische Information der Deutschen Nationalbibliothek
Die Deutsche Nationalbibliothek verzeichnet diese Publikation in der Deutschen Nationalbibliografie; detaillierte bibliografische Daten sind im Internet über http://dnb.d-nb.de abrufbar.

Diese Publikation wurde mit finanzieller Unterstützung aus den Fördermitteln des Vizerektorats für Forschung der Leopold-Franzens-Universität Innsbruck gedruckt.

ISSN 1862-457
ISBN 978-3-631-73303-5 (Print)
E-ISBN 978-3-631-73304-2 (E-PDF)
E-ISBN 978-3-631-73305-9 (EPUB)
E-ISBN 978-3-631-73306-6 (MOBI)
DOI 10.3726/b11701

PL Academic Research ist ein Imprint der Peter Lang GmbH.

Peter Lang – Frankfurt am Main · Bern · Bruxelles · New York · Oxford · Warszawa · Wien

Diese Publikation wurde begutachtet.

www.peterlang.com

Meinen Eltern
meiner Schwester Hannah
und Tom

Vorwort

Die vorliegende Publikation wurde im Herbst 2016 als Dissertation eingereicht. Das Manuskript wurde bereits im Juli 2016 fertig gestellt, so dass spätere Rechtsprechung und Literatur nur noch vereinzelt berücksichtigt werden konnten.

Bei der Erstellung dieser Arbeit haben mich viele Menschen auf verschiedenste Weise unterstützt, denen ich dafür zu tiefem Dank verpflichtet bin.

Zuallererst möchte ich mich bei meinen Eltern Elisabeth und Ferdinand bedanken, die mich während des gesamten Entstehungsprozesses dieser Arbeit und auch sonst Zeit meines Lebens in jeder erdenklichen Art und Weise unterstützt und gefördert haben. Vielen Dank auch an meine Schwester Hannah, die mir immer mit motivierenden Worten zur Seite stand. Mein Freund Tom verdient ebenso großen Dank, für die Hilfe und Unterstützung, die er mir in der Dissertationsphase hat zukommen lassen. Ohne euren Zuspruch und euer Verständnis wäre diese Arbeit mit Sicherheit nicht entstanden. Euch möchte ich sie deshalb widmen.

Herzlichen Dank an Hannerose und Paul für die wertvollen Anmerkungen und Korrekturen. Ebenso möchte ich mich bei meinen Freundinnen und Freunden sowie Arbeitskolleginnen und -kollegen dafür bedanken, dass sie mich stets motiviert und unterstützt haben.

Besonderer Dank gilt Herrn o. Univ.-Prof. Dr. Klaus Schwaighofer und ao. Univ.-Prof. MMag. Dr. Peter Hilpold für die Begutachtung dieser Dissertation.

Herzlichen Dank auch an Dr. Jelka Mayr-Singer und Dr. Anna Wanitschek, die mir bei meiner Literaturrecherche stets tatkräftig geholfen haben.

Inhaltsverzeichnis

Abkürzungsverzeichnis

AJIL	The American Journal of International Law
aM	anderer Meinung
AVR	Archiv des Völkerrechts
BGBl	Bundesgesetzblatt
BYIL	British Yearbook of International Law
bzw	beziehungsweise
CCIJ	Canadian Centre for International Justice
CLR	California Law Review
CPM	(schweizer) Code Pénal Militaire
ders	derselbe
dStPO	deutsche Strafprozessordnung
ECCC	Extraordinary Chambers in the Court of Cambodia
EGMR	Europäischer Gerichtshof für Menschenrechte
EGMR	Europäischer Gerichtshof für Menschenrechte
Einl	Einleitung
EJIL	European Journal of International Law
EMRK	Europäische Menschenrechtskonvention
EU	Europäische Union
EuGRZ	Europäische Grundrechte Zeitschrift
f	folgende
ff	fortfolgende
FIDH	Fédération internationale des droits de l'Homme
FN	Fußnote
FS	Festschrift
gem	gemäß
GLJ	German Law Journal
HJIL	Houston Journal of International Law
hL	herrschende Lehre
hM	herrschende Meinung
HRLJ	Human Rights Law Journal
Hrsg	Herausgeber
HRW	Human Rights Watch
IAGMR	Interamerikanischer Gerichtshof für Menschenrechte
IALR	The University of Miami Inter-American Law Review
ICC	International Criminal Court

ICJ	International Court of Justice
ICL	International Criminal Law
ICLQ	The International and Comparative Law Quarterly
ICTR	International Criminal Tribunal for Rwanda
ICTY	International Criminal Tribunal for the former Yugoslavia
idR	in der Regel
IGH	Internationaler Gerichtshof
IHT	Iraqi High Tribunal
IKRK	Internationalen Komitees vom Roten Kreuz
ILC	International Law Commission
ILM	International Legal Materials
IMG	Internationaler Militärgerichtshof
IMGFO	Internationale Militärgerichtshof für den Fernen Osten
IO	Internationale Organisation
IRRC	International Review of the Red Cross
iSd	im Sinne des/der
iVm	in Verbindung mit
IYHR	Israel Yearbook on Human Rights
JICJ	Journal of International Criminal Justice
JZ	Juristen Zeitung
Kap	Kapitel
L&CP	Law and Contemporary Problems
leg cit	legis citatae (die/der zitierte Gesetzesstelle)
Lfg	Lieferung
lit	litera (Buchstabe)
LJIL	Leiden Journal of International Law
McGill LJ	McGill Law Journal
MJ	Maastricht Journal of European and Comparative Law
MPEPIL	Max Planck Encyclopedia of Public International Law
mwN	mit weiteren Nachweisen
Nord J Int Law	Nordic Journal of International Law
Nr	Nummer
NStZ	Neue Zeitschrift für Strafrecht
OAS	Organization of American States
ÖJZ	Österreichische Juristen-Zeitung
para	paragraph

RbEUHb	Rahmenbeschluss des Rates vom 13. Juni 2002 über den Europäischen Haftbefehl und die Übergabeverfahren zwischen den Mitgliedstaaten (2002/584/JI)
RdC	Recueildes Cours de l'Académie de Droit International
Res	Resolution
Rz	Randziffer
SbgK	Salzburger Kommentar
SCSL	Special Court for Sierra Leone
sog	sogenannt(e)
SPRK	Special Prosecution Office of the Republic of Kosovo
SPSC	Special Panels for Serious Crimes
SS	Schutzstaffel
StGB	(österreichisches) Strafgesetzbuch
StIGH	Ständiger Internationaler Gerichtshof
STL	Special Tribunal for Lebanon
StPO	(österreichische) Strafprozessordnung
ua	unter anderem
UN Doc	United Nations Document
UNO, VN	United Nations Organization, Vereinte Nationen
uU	unter Umständen
VJIL	Virginia Journal of International Law
Vorbem	Vorbemerkungen
VRÜ	Zeitschrift Verfassung und Recht in Übersee
VStGB	(deutsches) Völkerstrafgesetzbuch
WCC	War Crime Chamber
WK-StPO	Wiener Kommentar zur Strafprozessordnung
WOS	(niederländisches) Wet Oorlogsstrafrecht
WVK	Wiener Vertragsrechtskonvention
YHL	Yearbook of International Humanitarian Law
YLJ	The Yale Law Journal
ZaöRV	Zeitschrift für ausländisches öffentliches Recht und Völkerrecht
ZIS	Zeitschrift für internationale Strafrechtsdogmatik
ZP	Zusatzprotokoll
ZStW	Zeitschrift für die gesamte Strafrechtswissenschaft
zT	zum Teil
ZusIntGerG	Bundesgesetz über die Zusammenarbeit mit den internationalen Gerichten

I. Einleitung

> „Verbrechen gegen das Völkerrecht werden von Menschen und nicht von abstrakten Wesen begangen, und nur durch Bestrafung jener Einzelpersonen, die solche Verbrechen begehen, kann den Bestimmungen des Völkerrechts Geltung verschafft werden.“[1]

Das Statut des Internationalen Militärgerichtshofes von Nürnberg kann als Geburtsurkunde des Völkerstrafrechts angesehen werden.[2] Die darin enthaltenen Straftatbestände begründeten erstmals eine direkte Strafbarkeit nach Völkerrecht und die (führenden) Urheber dieser Verbrechen wurden zum ersten Mal tatsächlich strafrechtlich zur Verantwortung gezogen,[3] wie die zitierte Passage aus dem Urteil des IMG zeigt. Trotz der zwischenzeitlich erfolgten umfangreichen Kodifizierung der völkerrechtlichen Verbrechen und der Entstehung zahlreicher weiterer internationaler und internationalisierter Gerichte sind wir heute von einer Verfolgung aller Täter internationaler Verbrechen leider noch immer weit entfernt. Aus Kapazitätsgründen stellt die direkte Durchsetzung des Völkerrechts durch internationale Gerichte nach wie vor die Ausnahme dar.[4] Es besteht somit immer noch das Bedürfnis nach nationaler Strafverfolgung,[5] um die Straffreiheit solcher Völkerrechtsverbrechen verhindern zu können. Das Völkerrecht räumt den Zufluchtstaaten solcher Verbrecher dabei nicht nur die Befugnis zur Strafverfolgung internationaler Verbrechen ein, sondern verpflichtet sie teilweise auch dazu.[6] Die Formel *aut dedere aut iudicare* beschreibt diese heute in zahlreichen multilateralen Verträgen[7] enthaltene Verpflichtung des Zufluchtstaates einen mutmaßlichen Straftäter selbst zu verfolgen oder an

---

1 IMG, Urteil vom 1.10.1946, abgedruckt in: Der Prozeß gegen die Hauptkriegsverbrecher vor dem Internationalen Militärgerichtshof Nürnberg 14. November 1945 – 1.Oktober 1946 (1947), Band 1, 249.

2 Werle, Völkerstrafrecht3 Rz 15. Ähnlich auch Safferling, Strafrecht § 4 Rz 36.

3 *Bantekas*, ICL[4] 389; *Esser*, Strafrecht § 15 Rz 23; *Werle*, Völkerstrafrecht[3] Rz 15.

4 *Kindt* Menschenrechte 74; *Maierhöfer*, „Aut dedere – aut iudicare“ 407; *Safferling*, Strafrecht § 4 Rz 11; *Satzger*, Strafrecht[7] § 12 Rz 9; *Werle*, Völkerstrafrecht[3] Rz 255.

5 *Kindt* Menschenrechte 74; *Maierhöfer*, „Aut dedere – aut iudicare“ 407; *Safferling*, Strafrecht § 4 Rz 11; *Satzger*, Strafrecht[7] § 12 Rz 9; *Werle*, Völkerstrafrecht[3] Rz 255.

6 *Ambos*, Strafrecht[4] § 3 Rz 117; *Doehring*, Völkerrecht[2] Rz 1149; *Kindt* Menschenrechte 84; *Maierhöfer*, „Aut dedere – aut iudicare“ 412; *Satzger*, Strafrecht[7] § 4 Rz 12; *Werle*, Völkerstrafrecht[3] Rz 224, 230.

7 *Doehring*, Völkerrecht[2] Rz 1149. Eine umfangreiche Aufstellung der solche Verpflichtungen enthaltenden Verträge findet sich in *Bassiouni/Wise*, Aut dedere aut judicare 73 ff;

einen verfolgungswilligen Staat auszuliefern.[8] Während die Formulierung *aut dedere aut iudicare* ein Produkt des 20. Jahrhunderts darstellt, sind erste Ansätze dieses Rechtsinstituts bereits in der Antike zu finden.[9] Die Urheberschaft an diesem Grundsatz wird *Grotius*, der als Vater des modernen Völkerrechts gilt, zugeschrieben.[10] Dieser formulierte in seinem Lehrbuch aus dem Jahr 1625 die Kurzformel *aut dedere aut punire.*[11]

Die konkrete Ausgestaltung der heute geltenden vertraglichen Strafverfolgungs- oder Auslieferungsverpflichtung hinsichtlich internationaler Verbrechen ist mannigfaltig.[12] Ob sich aus dem Völkergewohnheitsrecht eine Verpflichtung zur Strafverfolgung oder Auslieferung bei internationalen Verbrechen ergibt, ist seit jeher strittig.[13]

Maierhöfer „Aut dedere – aut iudicare" 131 ff; *Amnesty International, Aut dedere aut judicare* 29 ff (Onlineabfrage) sowie *ILC*, UN Doc A/CN.4/571.

8 *Ambos*, Strafrecht[4] § 3 Rz 94 f, 103, 111, 117; *Amnesty International*, Aut dedere aut judicare 8 (Onlineabfrage); *Bassiouni/Wise*, Aut dedere aut judicare 3; *Cryer ua*, ICL[2] 69; *Gärditz*, Weltrechtspflege; *ILC*, UN Doc A/CN.4/571, para 4; *Maierhöfer*, „Aut dedere – aut iudicare" 409, 412; *Safferling*, Strafrecht § 3 Rz 57; *Scharf*, MPEPIL (Onlineabfrage); *Werle*, Völkerstrafrecht[3] Rz 230.

9 *Maierhöfer*, „Aut dedere – aut iudicare" 55. Eine ausführlicher Darstellung der historischer Entwicklung dieses Rechtsinstituts findet sich bei *Maierhöfer*, „Aut dedere – aut iudicare" 54 ff.

10 *Ambos*, Strafrecht[4] § 3 Rz 117; *Bassiouni/Wise*, Aut dedere aut judicare 26; *Cryer ua*, ICL[2] 69 FN 43; IGH, Questions of Interpretation and Application of the 1971 Montreal Convention arising from the Aerial Incident at Lockerbie (Libyan Arab Jamahiriya v United Kingdom), Provisional Measures, Order of 14.4.1992, Joint Declaration by Judges Evensen, Tarassov, Guillaume and Aguilar Mawdsley, ICJ Reports 1992, 136, para 2; *ILC*, UN Doc A/CN.4/571, para 5; *Pappas*, Strafrechtspflege 103 f; *Safferling*, Strafrecht § 3 FN 131; aM *Maierhöfer*, „Aut dedere – aut iudicare" 55. Als weitere Vordenker dieses Grundsatzes werden in der Literatur noch *Baldus*, *Covarnivias*, *Vattel* und *Bodin* (siehe etwa *Bassiouni/Wise*, Aut dedere aut judicare 27; IGH, Questions of Interpretation and Application of the 1971 Montreal Convention arising from the Aerial Incident at Lockerbie [Libyan Arab Jamahiriya v United Kingdom], Provisional Measures, Order of 14.4.1992, Joint Declaration by Judges Evensen, Tarassov, Guillaume and Aguilar Mawdsley, ICJ Reports 1992, 136, para 2) genannt.

11 *Grotius*, De Jure Belli, 2. Buch, 21. Kap IV 1.; *Ambos*, Strafrecht[4] § 3 Rz 117; *Pappas*, Strafrechtspflege 103 f.

12 *Bassiouni/Wise*, Aut dedere aut judicare 3; *Dahm/Delbrück/Wolfrum*, Völkerrecht[2] 1004; *Maierhöfer*, „Aut dedere – aut iudicare" 412.

13 *Bassiouni/Wise*, Aut dedere aut judicare 5; *Maierhöfer*, „Aut dedere – aut iudicare" 192 f; *Werle*, Völkerstrafrecht[3] Rz 231.

Das Kapitel II der vorliegenden Arbeit widmet sich zunächst der Entstehung des internationalen Strafrechts. Im Anschluss wird das Verhältnis zwischen internationaler und nationaler Strafverfolgung einer genaueren Betrachtung unterzogen. Im nachfolgenden Kapitel wird die Funktion der *aut dedere aut iudicare*-Verpflichtung herausgearbeitet und dabei Umfang und Grenzen der Verfolgung extraterritorialer internationaler Verbrechen, und die damit einhergehenden Probleme, genauer beleuchtet. Im Kapitel IV wird ein Überblick über die aus einem *aut dedere aut iudicare* resultierenden Pflichten gegeben, bevor im nachstehenden Kapitel die einschlägigen Rechtsquellen untersucht werden. Kapitel VI soll schließlich aufzeigen, wo sich Überschneidungen zwischen der Verpflichtung zur Strafverfolgung oder Auslieferung und der internationalen Strafgerichtsbarkeit ergeben und wie bei daraus resultierenden Pflichtenkollisionen vorzugehen ist.

II. Zur Verfolgung von internationalen Verbrechen

Die vorliegende Arbeit untersucht die konkrete Ausgestaltung der völkerrechtlichen Verpflichtung zur Strafverfolgung oder Auslieferung hinsichtlich internationaler Verbrechen. Im nachstehenden Kapitel wird daher dieser Begriff definiert sowie die historische Entwicklung der Strafverfolgung solcher Verbrechen aufgezeigt. Sodann wird erarbeitet, in welchem Verhältnis direkte und indirekte Mechanismen der Durchsetzung des Völkerrechts zueinander stehen.

A. Begriffsdefinition „Internationales Strafrecht" bzw „Völkerstrafrecht"

Bei dem Terminus „Internationales Strafrecht" (*international criminal law, droit penal international*) handelt es sich um einen unklaren, in verschiedenen Rechtsordnungen unterschiedlich verwendeten Begriff, der eine Vielzahl von Bedeutungen haben kann.[14] Neben diesen Begriffen finden sich auch die (teilweise synonym verwendeten) Bezeichnungen „Verbrechen gegen das Völkerrecht" oder „international crimes".[15]

Im weitesten Sinn bezeichnet der Begriff „Internationales Strafrecht" alle Teilgebiete des Strafrechts, die einen Auslandsbezug aufweisen, somit das Völkerstrafrecht, das supranationale (insbesondere Europäische) Strafrecht, das Rechtshilferecht sowie das Strafanwendungsrecht.[16] Dieses weite Verständnis entspricht dem englischen Sprachgebrauch.[17] In der kontinentaleuropäischen Rechtsterminologie bezeichnet „Internationales Strafrecht" vornehmlich die

---

14 *Bosch*, Immunität 26; *Cryer ua*, ICL[2] 4; *Satzger*, Strafrecht[7] § 2 Rz 1; *Schröder* in *Vitzthum/Proelß*, Völkerrecht[7] Rz 39; *Schwaighofer* in SbgK Vorbem §§ 62 ff Rz 1; zu den unterschiedlichen Begriffsbedeutungen siehe eingehend *Kreß*, MPEPIL (Onlineabfrage), para 1 ff, *Triffterer* in FS Jescheck 1478 ff.

15 *Hecker*, Strafrecht[4] § 2 Rz 82; *Schröder* in *Vitzthum/Proelß*, Völkerrecht[7] Rz 39.

16 *Bosch*, Immunität 26; *Satzger*, Strafrecht[7] § 2 Rz 1; *Werle*, Völkerstrafrecht[3] Rz 131.

17 *Bosch*, Immunität 26; *Werle*, Völkerstrafrecht[3] 60 FN 276; *Bassiouni* in *Bassiouni*, ICL[3] 3 ff; *Cassese*, ICL[3] 3; *Cassese* beschreibt das ICL als eine Sammlung internationaler Regeln, welche geschaffen wurden um internationale Verbrechen zu ächten und Staaten zu deren Verfolgung und Bestrafung zu verpflichten bzw zumindest zu berechtigen (siehe auch *Kindt*, Menschenrechte 50).

Strafanwendungsnormen, also jene Bestimmungen, die den Anwendungsbereich der nationalen Strafgewalt regeln.[18] Dieses Strafanwendungsrecht ist Bestandteil des nationalen Rechts.[19]

Der Begriff „Völkerstrafrecht“ bzw „Internationales Strafrecht“ im engeren Sinn bezeichnet alle völkerrechtlichen Normen, die eine unmittelbare strafrechtliche Verantwortlichkeit des Einzelnen begründen bzw ausschließen.[20] Nach diesem engen Begriffsverständnis hat die Zugehörigkeit eines Straftatbestandes zum Völkerstrafrecht drei Voraussetzungen: (1) Die Norm beschreibt ein mit Strafe bedrohtes individuell vorwerfbares Unrecht; (2) die Norm ist Teil des Völkerrechts; (3) die Strafbarkeit besteht unabhängig von einer Transformation des Tatbestandes in die nationale Rechtsordnung.[21] Völkerrechtsverbrechen nach diesem Begriffsverständnis sind die sog Kernverbrechen (*core crimes*), namentlich die Verbrechen gegen die Menschlichkeit, Kriegsverbrechen, der Völkermord und das Aggressionsverbrechen.[22] Diese Kernverbrechen unterliegen – bei Vorliegen weiterer Voraussetzungen – nach Art 5 des Rom-Statuts[23] der Gerichtsbarkeit des ICC.[24]

Für den Zweck dieser Arbeit werden unter Völkerrechtsverbrechen diese sog Kernverbrechen verstanden und die Begriffe „völkerrechtliche Verbrechen“ und „internationale Verbrechen“ hierfür synonym verwendet. Die Begriffe „Völkerstrafrecht“ und „internationales Strafrecht“ werden als gleichbedeutend im Sinne des zuvor beschriebenen engen Begriffsverständnisses gebraucht.

B. Bewältigungsmöglichkeiten von internationalen Verbrechen

Völkerstrafrechtliche Verbrechen werden typischerweise unter staatlicher Beteiligung im Rahmen von Diktaturen oder bewaffneten Konflikten begangen.[25] Dieses Systemunrecht kann zum einen mittels strafrechtlicher Verfolgung durch

---

18 *Kreß*, MPEPIL (Onlineabfrage), para 2; *Satzger*, Strafrecht[7] § 2 Rz 4; *Schwaighofer* in SbgK Vorbem §§ 62 ff Rz 1.

19 *Satzger*, Strafrecht[7] § 2 Rz 4; *Schwaighofer* in SbgK Vorbem §§ 62 ff Rz 1.

20 *Ambos*, Strafrecht[4] § 5 Rz 1; *Esser*, Strafrecht § 16 Rz 1 f; *Hecker*, Strafrecht[4] § 2 Rz 82; *Satzger*, Strafrecht[7] § 2 Rz 2; *Werle*, Völkerstrafrecht[3] Rz 86.

21 *Hecker*, Strafrecht[4] § 2 Rz 82; *Safferling*, Strafrecht § 4 Rz 3; *Werle*, Völkerstrafrecht[3] Rz 87.

22 *Hecker*, Strafrecht[4] § 2 Rz 82; *Werle*, Völkerstrafrecht[3] Rz 88.

23 Übersetzung in *Reinisch*, Völkerrecht[5] 731 (D 328).

24 *Werle*, Völkerstrafrecht[3] Rz 90.

25 *Werle*, Völkerstrafrecht[3] Rz 236.

nationale, internationale oder hybride Gerichte aufgearbeitet werden.[26] Neben oder anstelle der strafrechtlichen Verfolgung kommen auch andere Reaktionen wie die Einsetzung von Wahrheitskommissionen, die Gewährung von Amnestie, Maßnahmen der Wiedergutmachung oder die Entlassung von Funktionären und Mitarbeitern der alten Ordnung in Betracht.[27] Welche dieser Reaktionen von Gesellschaften zur Aufarbeitung gewählt wurden und welche Form des Umgangs mit Unrechtsvergangenheit angemessen ist, wird unter dem Stichwort *Transitional Justice* diskutiert.[28] Im Folgenden wird auf die Möglichkeiten der gerichtlichen Aufarbeitung auf nationaler sowie internationaler Ebene näher eingegangen.

C. Durchsetzung von Völkerstrafrecht

Für die Durchsetzung des Völkerstrafrechts existieren Mechanismen der direkten und indirekten Durchsetzung: Die Rechtsdurchsetzung kann somit unmittelbar auf völkerrechtlicher Ebene durch internationale Gerichte (*Direct Enforcement Model*) oder mittelbar auf nationaler Ebene durch staatliche Gerichte (*Indirect Enforcement Model*) erfolgen.[29] Die Strafverfolgung durch nationale Gerichte setzt eine entsprechende Jurisdiktionsgewalt des jeweiligen Staates voraus.[30]

Historisch betrachtet kommt der indirekten Durchsetzung (quantitativ) die weitaus größere Relevanz zu.[31] Selbst seit der Errichtung des Internationalen Strafgerichtshofs bildet die direkte Durchsetzung eher die Ausnahme, weshalb die indirekte Strafverfolgung nach wie vor von wesentlicher Bedeutung ist.[32] Das parallele Bestehen von direkten und indirekten Durchsetzungsmechanismen

---

26 *Eser/Arnold in Eser/Sieber/Arnold*, Strafrecht 15; *Knust*, Strafrecht 42; *Simmler*, VRÜ 2003, 6 f; *Werle*, Völkerstrafrecht[3] Rz 238.

27 *Eser/Arnold in Eser/Sieber/Arnold*, Strafrecht 15 f; *Eser in Eser/Sieber/Arnold*, Strafrecht 418, 425; *Knust*, Strafrecht 42; *Werle*, Völkerstrafrecht[3] Rz 239–244.

28 *Knust*, Strafrecht 41–43; *Von Braun*, Strafgerichte 19; *Werle*, Völkerstrafrecht[3] Rz 236.

29 *Bantekas*, ICL[4] 13; *Bassiouni* in *Bassiouni*, ICL[3] 14; *Esser*, Strafrecht § 16 Rz 43, 51 f; *Hecker*, Strafrecht[4] § 2 Rz 87; *Safferling*, Strafrecht § 4 Rz 11; *Satzger*, Strafrecht[7] § 12 Rz 7–9; *Werle*, Völkerstrafrecht[3] Rz 253.

30 *Esser*, Strafrecht § 16 Rz 44; dazu näher unter III.B.

31 *Safferling*, Strafrecht § 4 Rz 11; näher dazu unter II.D.

32 *Kindt*, Menschenrechte 74; *Safferling*, Strafrecht § 4 Rz 11; *Satzger*, Strafrecht[7] § 12 Rz 9; *Werle*, Völkerstrafrecht[3] Rz 255.

kann zu einer gleichzeitigen Beanspruchung der Verfolgungszuständigkeit durch nationale und internationale Gerichte führen.[33] Dieses Verhältnis zwischen internationaler und nationaler Strafgerichtsbarkeit wird im Völkerrecht auf unterschiedliche Weise geregelt.[34] Weitgehend ungelöst sind hingegen die Fragestellungen im Zusammenhang mit der konkurrierenden Strafgewalt mehrerer Staaten bei der Verfolgung völkerstrafrechtlicher Verbrechen.[35]

D. Wichtige Etappen in der Entstehung des internationalen Strafrechts

Die Entwicklung des Völkerstrafrechtes ist eng mit den großen kriegerischen Auseinandersetzungen der letzten Jahrhunderte verbunden.[36] An deren Ende stand die Suche nach einer Rechtsgrundlage, um eine Bestrafung der Verantwortlichen und damit eine Verurteilung der Verlierer durch die Siegermächte zu ermöglichen.[37]

1. Entwicklung vor dem Ersten Weltkrieg

Erste Ansätze eines Völkerstrafrechtes können in den Bemühungen des Schweizer Juristen Gustave Moynier um die Errichtung eines Internationalen Strafgerichtshof am Ende des Deutsch-Französischen-Krieges von 1870/71 gesehen werden.[38] Dieser Gerichtshof sollte insbesondere zur Verfolgung von Verletzungen der Bestimmungen der Genfer Konventionen von 1864 zuständig sein.[39] Die Vorschläge Moyniers scheiterten jedoch an der mangelnden Bereitschaft der Nationalstaaten einen Teil ihrer Souveränität an einen Internationalen Gerichtshof zu übertragen.[40]

---

33 *Cassese*, ICL³ 291; *Werle*, Völkerstrafrecht³ Rz 256.

34 *Cassese*, ICL³ 291; *Werle*, Völkerstrafrecht³ Rz 256; dazu näher sogleich unter II.E.

35 *Werle/Jeßberger* in LK Vorbem § 3 Rz 45 f; *Werle*, Völkerstrafrecht³ 255, FN 525; dazu näher unter III.B.5.

36 *Esser*, Strafrecht § 15 Rz 1.

37 *Esser*, Strafrecht § 15 Rz 1.

38 *Cryer*, Prosecuting 25; *Esser*, Strafrecht § 15 Rz 2; *Satzger*, Strafrecht⁷ § 13 Rz 2.

39 *Esser*, Strafrecht § 15 Rz 2; *Satzger*, Strafrecht⁷ § 13 Rz 2.

40 *Esser*, Strafrecht § 15 Rz 2; *Satzger*, Strafrecht⁷ § 13 Rz 2.

2. Entwicklung nach dem Ersten Weltkrieg: Der Friedensvertrag von Versailles und die Bestrebungen zur Errichtung eines internationalen Tribunals zur Verfolgung der Verbrechen an den Armeniern

Konkretere Züge nahm das internationale Strafrecht nach dem Ersten Weltkrieg an.[41] Im am 28.06.1919 zwischen den Siegermächten und dem Deutschen Reich geschlossenen Versailler Friedensvertrag sind Strafbestimmungen normiert, zu deren Verfolgung ein internationaler Strafgerichtshof eingerichtet werden sollte.[42] Zur Ermöglichung der Strafverfolgung wurde die deutsche Regierung durch den Friedensvertrag zur Auslieferung von Kriegsverbrechern und zur Leistung von Rechtshilfe verpflichtet.[43] Die Umsetzung des Bestrafungsmodells des Friedensvertrags unterblieb jedoch.[44] Die Niederlande verweigerte die Auslieferung des ehemaligen deutschen Kaisers, dem Asyl gewährt worden war.[45] Die Aburteilung von Kriegsverbrechern scheiterte am massiven Widerstand Deutschlands zur Auslieferung der Verdächtigen, was dazu führte, dass die Siegermächte schließlich einer Verfolgung der Kriegsverbrechen durch nationale Gerichte zustimmten.[46] Es folgten die sog Leipziger Kriegsverbrecherprozesse, in denen von ursprünglich über 850 Verdächtigen nur 6 Soldaten niedriger Ränge zu geringen Freiheitsstrafen verurteilt wurden.[47]

Im ursprünglich zwischen der Türkei und den Alliierten 1919 geschlossenen Friedensvertrag von Sèvres wurde die Türkei zur Anerkennung der Aburteilung türkischer Kriegsverbrecher durch ein alliiertes Tribunal sowie eines unabhängigen armenischen Staats gezwungen.[48]

---

41 *Bienk-Koolman*, Sicherheitsrat 27; *Esser*, Strafrecht § 15 Rz 4.

42 *Bantekas*, ICL[4] 387; *Cryer ua*, ICL[2] 110; *Esser*, Strafrecht § 15 Rz 4; *Satzger*, Strafrecht[7] § 13 Rz 3; *Werle*, Völkerstrafrecht[3] Rz 6 f.

43 *Bantekas*, ICL[4] 387; *Cryer ua, ICL*[2] 110; *Satzger*, Strafrecht[7] § 13 Rz 3; *Werle*, Völkerstrafrecht[3] Rz 9.

44 *Bienk-Koolman*, Sicherheitsrat 27; *Cryer ua*, ICL[2] 110; *Esser*, Strafrecht § 15 Rz 6; *Safferling*, Strafrecht § 4 Rz 21; *Satzger*, Strafrecht[7] § 13 Rz 3; *Werle*, Völkerstrafrecht[3] Rz 10 f.

45 *Bantekas*, ICL[4] 387; *Cryer ua, ICL*[2] 110; *Safferling*, Strafrecht § 4 Rz 21; *Satzger*, Strafrecht[7] § 13 Rz 3; *Werle*, Völkerstrafrecht[3] Rz 9.

46 *Bantekas*, ICL[4] 387 f; *Esser*, Strafrecht § 15 Rz 6; *Satzger*, Strafrecht[7] § 13 Rz 3; *Werle*, Völkerstrafrecht[3] Rz 10 f.

47 *Cryer ua, ICL*[2] 110; *Esser*, Strafrecht § 15 Rz 6; *Safferling*, Strafrecht § 4 Rz 21; *Satzger*, Strafrecht[7] § 13 Rz 4; *Werle*, Völkerstrafrecht[3] Rz 7.

48 *Akçam*, Armenien 117; *Banken*, Verträge 301 f; *Hübner*, Verbrechen 42; *Meron*, AJIL 2006, 558; Art 226–230, Art 88 Vertrag von Sèvres, abrufbar unter: wwi.lib.byu.edu/index.php/Section_I,_Articles_1_-_260 (7.11.2016).

Die unter der Führung von Mustafa Kemal („Atatürk") erstarkten Nationalisten riefen 1920 eine Gegenregierung aus.[49] Im September desselben Jahres fielen türkische Truppen auf Kemals Befehl hin in die armenische Republik ein und zwang die armenische Regierung den Vertrag von Sèvres aufzukündigen sowie auf sämtliche Gebietsansprüche zu verzichten.[50] Die Strategie Kemals war erfolgreich, im Vertrag von Lausanne aus 1923 wurde fast allen türkischen Forderungen entsprochen und von der Bestrafung der für die Massaker Verantwortlichen war nicht mehr die Rede, ganz im Gegenteil, es wurde sogar eine Generalamnestie, welche auch Kriegsverbrechen mitumfasste, verabschiedet.[51] Der Verfolgung eigener Angehöriger wegen Kriegsverbrechen durch die Türkei stand die Amnestie nicht entgegen, die Alliierten stimmten im Vertrag von Lausanne somit der Verfolgung von Kriegsverbrechen durch nationale Gerichte zu.[52] Die in der Folge durchgeführten Istanbuler Prozesse waren jedoch eben so wenig erfolgreich wie die zuvor bereits beschriebenen Leipziger Kriegsverbrecherprozesse.[53]

3. Entwicklung nach dem Zweiten Weltkrieg: Die Militärgerichtshöfe von Nürnberg und Tokio

Bereits während des Zweiten Weltkriegs, als eine Niederlage des nationalsozialistischen Deutschlands abzusehen war, wurde in der sog *Moskauer Erklärung* eine völkerrechtliche Bestrafung der Kriegsverbrecher beschlossen.[54] In der Folge wurde die *United Nations War Crime Commission* mit der Dokumentation (deutscher) Kriegsverbrechen und Verbrechen gegen die Menschlichkeit beauftragt.[55] Das am 08.08.1945 von den Siegermächten unterzeichnete Londoner (Viermächte-)Abkommen enthält das IMG-Statut.[56] Dieses bildet

49 *Hübner*, Verbrechen 42 f; *Banken*, Verträge 6; eingehend *Mango*, Atatürk 273 ff.

50 *Banken*, Verträge 380; *Hübner*, Verbrechen 43.

51 *Hübner*, Verbrechen 43; *Meron*, AJIL 2006, 558; eingehend zu den Gründen hierfür: *Akçam*, Armenien 120 f, 144; Amnestieerklärung abrufbar unter: www.mfa.gov.tr/viii_-declaration-of-amnesty.en.mfa (7.11.2016); eingehend zur Amnestieerklärung: *Banken*, Verträge 567 ff.

52 *Banken*, Verträge 568; *Meron*, AJIL 2006, 558.

53 *Banken*, Verträge 568; *Meron*, AJIL 2006, 558; eingehend zu den Istanbuler Prozessen: *Akçam*, Armenien 77 ff.

54 *Bantekas*, ICL⁴ 388 f; *Cryer ua, ICL²* 111; *Esser*, Strafrecht § 15 Rz 11; *Safferling*, Strafrecht § 4 Rz 26; *Satzger*, Strafrecht⁷ § 13 Rz 5.

55 *Esser*, Strafrecht § 15 Rz 11.

56 *Bantekas*, ICL⁴ 389; *Bienk-Koolman*, Sicherheitsrat 27; *Cryer ua, ICL²* 111; *Esser*, Strafrecht § 15 Rz 12; *Safferling*, Strafrecht § 4 Rz 29; *Satzger*, Strafrecht⁷ § 13 Rz 5; *Werle*, Völkerstrafrecht³ Rz 17.

die Rechtsgrundlage für die Errichtung des IMG und die durchgeführten Kriegsverbrecherprozesse.[57] Das IMG-Statut wird als die Geburtsurkunde des Völkerstrafrechts angesehen.[58] Die Straftatbestände des IMG-Statuts begründeten erstmals eine direkte Strafbarkeit nach Völkerrecht und die (führenden) Urheber solcher Kriegsverbrechen wurden erstmals tatsächlich strafrechtlich zur Verantwortung gezogen.[59] Die Eröffnungssitzung der Nürnberger Prozesse erfolgte am 18.10.1945 in Berlin, die Verfahren begannen am 20.11.1945 in Nürnberg.[60] Es wurde Anklage gegen 24 Hauptkriegsverbrecher und sechs verbrecherische Organisationen, ua SS und Gestapo, erhoben.[61] Am 30.09.1946 und 01.10.1946 erfolgten nach 218 Verhandlungstagen die Urteilsverkündungen, wobei 12 Beschuldigte zum Tode, drei zu lebenslangen und vier zu langjährigen Freiheitsstrafen verurteilt wurden.[62]

Nach dem Vorbild des IMG wurde in Tokio zur Aburteilung der japanischen Hauptkriegsverbrecher der IMGFO errichtet, dessen Statut weitgehend jenem des IMG entsprach.[63]

4. Entwicklung während des Kalten Krieg

In der ersten Sitzung der UN-Generalversammlung vom 11.12.1946 wurden die im IMG-Statut festgeschriebenen und in den Verfahren vor dem IMG angewandten Prinzipien des Völkerstrafrechts einstimmig bestätigt.[64] Mit der Resolution 177 vom 21.11.1947 wurde die ILC mit der Kodifizierung der Völkerrechtsverbrechen und der Grundsätze, die in den Urteilen und dem Statut von Nürnberg enthalten sind, betraut.[65] Diese Kodifikation gelangte 1950 zum Abschluss.[66] Den ersten Entwurf des geforderten Internationalen

---

57 *Cryer ua, ICL*[2] 111; *Esser*, Strafrecht § 15 Rz 12.

58 *Werle*, Völkerstrafrecht[3] Rz 15. Ähnlich auch *Safferling*, Strafrecht § 4 Rz 36.

59 *Bantekas*, ICL[4] 389; *Esser*, Strafrecht § 15 Rz 23; *Werle*, Völkerstrafrecht[3] Rz 15.

60 *Cryer ua, ICL*[2] 112; *Esser*, Strafrecht § 15 Rz 13; *Safferling*, Strafrecht § 4 Rz 34; *Werle*, Völkerstrafrecht[3] Rz 22.

61 *Cryer ua, ICL*[2] 112; *Esser*, Strafrecht § 15 Rz 14; *Safferling*, Strafrecht § 4 Rz 34; *Werle*, Völkerstrafrecht[3] Rz 22.

62 *Bantekas*, ICL[4] 396; *Cryer ua, ICL*[2] 112; *Esser*, Strafrecht § 15 Rz 14; *Safferling*, Strafrecht § 4 Rz 35; *Satzger*, Strafrecht[7] § 13 Rz 9; *Werle*, Völkerstrafrecht[3] Rz 23 f.

63 *Satzger*, Strafrecht[7] § 13 Rz 13; *Werle*, Völkerstrafrecht[3] Rz 30–32.

64 UN Doc A/RES/1/95 (1946); *Bienk-Koolman*, Sicherheitsrat 28; *Satzger*, Strafrecht[7] § 13 Rz 15; *Werle*, Völkerstrafrecht[3] Rz 41.

65 UN Doc A/RES/2/177 (1947); *Bienk-Koolman*, Sicherheitsrat 28; *Esser*, Strafrecht § 15 Rz 24; *Satzger*, Strafrecht[7] § 13 Rz 15; *Werle*, Völkerstrafrecht[3] Rz 41.

66 *Esser*, Strafrecht § 15 Rz 24; *Satzger*, Strafrecht[7] § 13 Rz 15.

Strafgesetzbuches präsentierte die ILC 1954,[67] 1991, 1994 und 1996 folgten weitere Entwürfe.[68] Die Interessenkonflikte im Kalten Krieg verhinderten jedoch die Umsetzung von ILC-Entwürfen, welche die Errichtung eines Internationalen Strafgerichtshofes vorsahen.[69]

Daneben kam es zur Kodifikation von Teilen des Völkervertragsrechts. Wesentliche Bedeutung kommt dabei den vier Genfer Konventionen vom 12.08.1949 samt Zusatzprotokollen aus 1977 sowie der Völkermordkonvention vom 9.12.1948 zu.[70]

5. Die Renaissance des Völkerstrafrechts: Die Errichtung der Ad-hoc-Strafgerichtshöfe der Vereinten Nationen

Nach dem Ende des Kalten Kriegs und der Wende führte die Aktivierung des Friedenssicherungssystems durch die Vereinten Nationen zu einer Renaissance des Völkerstrafrechts.[71] Die schweren Verstöße gegen das humanitäre Völkerrecht im ehemaligen Jugoslawien zu Beginn der 90er Jahre und die in Ruanda begangenen Massaker an den Tutsi gaben Anlass für eine praktische Reaktivierung des Rechts von Nürnberg.[72] Zur Verfolgung der verantwortlichen Personen wurden von den Vereinten Nationen, durch Resolutionen des Sicherheitsrates[73] auf der Basis des Kapitels VII der UN-Charta zwei Ad-hoc-Gerichtshöfe (ICTY, ICTR), als Nebenorgan des Sicherheitsrates geschaffen.[74]

---

67 *Satzger*, Strafrecht[7] § 13 Rz 15; *Werle*, Völkerstrafrecht[3] Rz 41.

68 *Werle*, Völkerstrafrecht[3] Rz 41.

69 *Bienk-Koolman*, Sicherheitsrat 28; *Esser*, Strafrecht § 15 Rz 25; *Safferling*, Strafrecht § 4 Rz 43; *Satzger*, Strafrecht[7] § 13 Rz 16.

70 *Ambos*, Strafrecht[4] § 6 Rz 3; *Esser*, Strafrecht § 15 Rz 27, 29; *Safferling*, Strafrecht § 4 Rz 42, 44; *Werle*, Völkerstrafrecht[3] Rz 42.

71 *Safferling*, Strafrecht § 4 Rz 45; *Werle*, Völkerstrafrecht[3] Rz 45.

72 *Bienk-Koolman*, Sicherheitsrat 29; *Werle*, Völkerstrafrecht[3] Rz 45.

73 Hinsichtlich des ICTY: UN Doc S/RES/808 (1993); hinsichtlich des ICTR: UN Doc S/RES/955 (1994).

74 *Ambos*, Strafrecht[4] § 6 Rz 15, 18 f; *Bienk-Koolman*, Sicherheitsrat 29, 78; *Esser*, Strafrecht § 15 Rz 32; *Hafner/Wittich* in *Reinisch*, Völkerrecht[5] Rz 2608; *Safferling*, Strafrecht § 4 Rz 46; *Satzger*, Strafrecht[7] § 13 Rz 19, 29; *Schabas*, Tribunals 4 f; *Werle*, Völkerstrafrecht[3] Rz 45 f.

6. Die Errichtung des ICC

Der bisher bedeutendste Schritt für das Völkerstrafrecht wurde mit der Verabschiedung des Statuts für den ICC am 17.07.1998 gesetzt.[75] Nach Einlangen der erforderlichen 60 Ratifikationen trat das Statut am 01.07.2002 in Kraft.[76] Aktuell (Stand Juli 2016) hat das Statut 124 Vertragsstaaten.[77] Im Unterschied zu den Ad-hoc-Gerichtshöfen ist der ICC auf Dauer eingerichtet.[78] Der ICC ist zur Verfolgung von Individuen, denen schwere Verbrechen von internationaler Bedeutung, namentlich Völkermord, Kriegsverbrechen, Verbrechen gegen die Menschlichkeit sowie das Aggressionsverbrechen zur Last gelegt werden, berufen.[79] Gem Art 12 Abs 2 ICC-Statut besteht die Zuständigkeit des ICC dabei nur für jene Taten, die im Hoheitsgebiet oder von Staatsangehörigen eines Vertragsstaates begangen wurden.[80]

Der ICC ist kein UN-Organ, sondern eine eigene IO mit Sitz in Den Haag.[81] Er ist über eine Sondervereinbarung[82] allerdings eng mit den VN verbunden.[83] Die Finanzierung des ICC erfolgt größtenteils durch die Vertragsstaaten.[84]

---

75 *Ambos*, Strafrecht[4] § 6 Rz 23; *Bienk-Koolman*, Sicherheitsrat 317; *Esser*, Strafrecht § 15 Rz 33; *Werle*, Völkerstrafrecht[3] Rz 41.

76 *Ambos*, Strafrecht[4] § 6 Rz 23; *Bienk-Koolman*, Sicherheitsrat 317; *Hafner/Wittich* in *Reinisch*, Völkerrecht[5] Rz 2612; *Safferling*, Strafrecht § 4 Rz 60; *Satzger*, Strafrecht[7] § 14 Rz 3; *Werle*, Völkerstrafrecht[3] Rz 66.

77 Liste der Mitgliedstaaten abrufbar unter https://treaties.un.org/Pages/ViewDetails.aspx?src=TREATY&mtdsg_no=XVIII-10&chapter=18&lang=en (14.7.2016).

78 *Ambos*, Strafrecht[4] § 6 Rz 25; *Bienk-Koolman*, Sicherheitsrat 320; *Esser*, Strafrecht § 15 Rz 33.

79 Präambel sowie Art 5 des ICC-Statuts, abgedruckt in *Reinisch*, Völkerrecht[5] 731 f (D 328); *Bienk-Koolman*, Sicherheitsrat 321; *Esser*, Strafrecht § 15 Rz 33; *Satzger*, Strafrecht[7] § 14 Rz 5 f, 8.

80 Art 12 des ICC-Statuts, abgedruckt in *Reinisch*, Völkerrecht[5] 737 f (D 328); *Safferling*, Strafrecht § 4 Rz 61; *Satzger*, Strafrecht[7] § 14 Rz 9.

81 *Ambos*, Strafrecht[4] § 6 Rz 25; *Bienk-Koolman*, Sicherheitsrat 320; *Hafner/Wittich* in *Reinisch*, Völkerrecht[5] Rz 2613.

82 Negotiated Relationship Agreement between the International Criminal Court and the United Nations vom 4.10.2004, abrufbar unter www.icc-cpi.int/nr/rdonlyres/916fc6a2-7846-4177-a5ea-5aa9b6d1e96c/0/iccasp3res1_english.pdf (14.3.2016).

83 *Ambos*, Strafrecht[4] § 6 Rz 25; *Hafner/Wittich* in *Reinisch*, Völkerrecht[5] Rz 2613.

84 *Ambos*, Strafrecht[4] § 6 Rz 30; *Hafner/Wittich* in *Reinisch*, Völkerrecht[5] Rz 2613; *Satzger*, Strafrecht[7] § 14 Rz 28.

7. Aktuelle Tendenzen: Die Einrichtung von Hybrid-Tribunalen

Die Erfahrungen mit dem ICTY und ICTR hatten gezeigt, dass diese extrem kostspielig im Verhältnis zu ihrer Effizienz bezüglich Fallzahlen und Erledigungszeiten waren.[85] Folglich suchte die Staatengemeinschaft nach kostengünstigeren und effektiveren Modellen.[86] Des Weiteren spielten politische Überlegungen und die Rücksichtnahme auf die Souveränität der betroffenen Staaten und Völker eine Rolle:[87] Staaten verwehrten sich gegen den indirekten Vorwurf der Mangelhaftigkeit ihres Justizsystems, die Bevölkerung wollte die eigene Vergangenheit selbst aufarbeiten.[88] Eine daraus resultierende neuartige Form der internationalisierten Durchsetzung des Völkerstrafrechts stellen die in zahlreichen Staaten eingerichteten sog hybriden oder gemischten Tribunale dar.[89] Charakteristisch für diese hybriden Tribunale ist, dass diese zugleich nationale und internationale Elemente aufweisen.[90] Das internationale Element besteht zumeist in der Einbindung der VN.[91] Die Kombination von nationalen und internationalen Elementen erfolgt auf der Ebene der Rechtsgrundlage, der Besetzung des Gerichts oder des anwendbaren Rechts.[92] Wie der ICTY und der ICTR sind diese Gerichte *ad hoc* eingerichtet worden und verfügen zumeist über eine örtlich und zeitlich begrenzte Zuständigkeit.[93] Im Unterschied zu diesen haben sie ihren Sitz aber zumeist im Tatortstaat, in dessen Strafrechtssystem sie auf unterschiedliche Weise eingebunden sind.[94] Zu diesen Hybrid-Tribunalen zählen die durch bilaterale Abkommen mit der UNO verbundenen Tribunale in Sierra Leone (SCSL), Kambodscha (ECCC) und dem Libanon (STL).[95] Des Weiteren sind die als Teil der UN-Übergangsverwaltung in

---

85 *Bienk-Koolman*, Sicherheitsrat 394; ähnlich auch *Orentlicher*, ASIL Insights 2003.
86 *Bienk-Koolman*, Sicherheitsrat 394; UN Doc A/59/432, para 40.
87 *Bienk-Koolman*, Sicherheitsrat 396.
88 *Bienk-Koolman*, Sicherheitsrat 396.
89 *Ambos*, Strafrecht[4] § 6 Rz 41; *Esser*, Strafrecht § 15 Rz 35; *Satzger*, Strafrecht[7] § 13 Rz 31; *Werle*, Völkerstrafrecht[3] Rz 79.
90 *Ambos*, Strafrecht[4] § 6 Rz 41; *Esser*, Strafrecht § 15 Rz 35; *Werle*, Völkerstrafrecht[3] Rz 79 f.
91 *Werle*, Völkerstrafrecht[3] Rz 80.
92 *Esser*, Strafrecht § 15 Rz 35; *Satzger*, Strafrecht[7] § 13 Rz 31; *Werle*, Völkerstrafrecht[3] Rz 80.
93 *Werle*, Völkerstrafrecht[3] Rz 80.
94 *Satzger*, Strafrecht[7] § 13 Rz 31; *Werle*, Völkerstrafrecht[3] Rz 80.
95 *Ambos*, Strafrecht[4] § 6 Rz 41; *Esser*, Strafrecht § 15 Rz 36 f; Orentlicher, ASIL Insights 2003; *Satzger*, Strafrecht[7] § 13 Rz 31; *Werle*, Völkerstrafrecht[3] Rz 79 f.

Osttimor geschaffenen Spezialkammern (SPSC) zu nennen.[96] Der Versuch der UN-Übergangsverwaltung, im Kosovo ein Sondergericht (KWCECC) zu errichten, ist gescheitert,[97] stattdessen erfolgte eine Zuweisung internationaler Richter und Staatsanwälte an die Distriktgerichte.[98] Auch diese, mit internationalen Richtern mitbesetzten Kammern im Kosovo, können als hybrides Tribunal angesehen werden.[99] Die WCC in Bosnien-Herzegowina soll die Arbeit des ICTY fortsetzen[100] und kann in ihrer anfänglichen Ausgestaltung ebenfalls als hybrides Tribunal qualifiziert werden. Das aufgrund von Besatzungsrecht im Irak geschaffene IHT ist ebenso als Hybrid-Tribunal anzusehen.[101]

Die Entstehung und Ausgestaltung dieser hybriden Tribunale wird im Folgenden einer genaueren Betrachtung unterzogen. Insbesondere wird darauf eingegangen, in welcher Art und Weise die Kombination nationaler und internationaler Elemente bei den einzelnen Gerichten erfolgte.

a) SCSL

Im Jahr 2000 beauftragte der Sicherheitsrat den Generalsekretär, mit der Regierung Sierra Leones ein Abkommen über die Errichtung eines Spezialgerichts für Sierra Leone auszuhandeln.[102] Das Abkommen, in welchem das Statut des SCSL als integraler Bestandteil enthalten ist, wurde am 16.1.2002 von Vertretern der UNO und Sierra Leones unterzeichnet und in der Folge in das sierra-leonische Recht inkorporiert.[103]

Nach Art 1 des SCSL-Statuts[104] erstreckt sich die Zuständigkeit des Gerichts auf Taten der Hauptverantwortlichen für Verletzungen des humanitären

---

96 *Ambos*, Strafrecht[4] § 6 Rz 41; *Esser*, Strafrecht § 15 Rz 38; Orentlicher, ASIL Insights 2003; *Satzger*, Strafrecht[7] § 13 Rz 31; *Werle*, Völkerstrafrecht[3] Rz 79 f.

97 *Cady/Booth* in *Romano/Nollkaemper/Kleffner* 60; *Knoops*, Introduction 19 f; *Mundis*, AJIL 2001, 945 f. Eingehend dazu *Bohlander* in *Ambos/Othman*, Approaches 32 ff.

98 *Ambos*, Strafrecht[4] § 6 Rz 42; UNMIK Regulations 2000/6, 2000/64, 2001/34.

99 *Ambos*, Strafrecht[4] § 6 Rz 42; *Dyrchs*, Khmer Rouge-Tribunal 105 ff; *Satzger*, Strafrecht[7], § 13 Rz 31; *Swart*, JICJ 2007, 1153; *Werle*, Völkerstrafrecht[3], Rz 79 f.

100 *Satzger*, Strafrecht[7] § 13 Rz 31; *Werle*, Völkerstrafrecht[3] Rz 79.

101 *Ambos*, Strafrecht[4] § 6 Rz 41; *Satzger*, Strafrecht[7] § 13 Rz 31; aM *Werle*, Völkerstrafrecht[3] 33 FN 154, Rz 357 ff.

102 *Ambos*, Strafrecht[4] § 6 Rz 44; *Jallow* in *Ambos/Othman*, Approaches 149 f; *Mundis*, AJIL 2001, 935; UN Doc S/RES/1315 vom 14.8.2000.

103 *Ambos*, Strafrecht[4] § 6 Rz 44; *Jallow* in *Ambos/Othman*, Approaches 150 f; *Von Braun*, Strafgerichte 238 f.

104 Statut abrufbar unter: www.rscsl.org/Documents/scsl-statute.pdf (13.6.2016). In Art 1 des SCSL-Statuts heißt es auszugsweise die Zuständigkeit erstrecke sich auf „(…)

Völkerrechts[105] sowie sierra-leonischem Recht[106], welche seit dem 30.11.1996 auf sierra-leonischem Territorium begangen wurden.[107] Der Sitz des Gerichts ist in Freetown, Sierra Leone, wobei die Arbeit mit Erlaubnis des Gerichtspräsidenten auch außerhalb wahrgenommen werden darf.[108] Die Finanzierung erfolgt durch freiwillige Beiträge der UN-Mitgliedstaaten sowie durch Spenden.[109] Nach Abschluss der letzten Verfahren wurde der SCSL 2013 offiziell geschlossen.[110]

In erster Instanz entschied ein Senat aus drei Richtern, wobei einer von der Regierung Sierra Leones und zwei vom Generalsekretär der UNO ernannt wurden.[111] In zweiter Instanz wurde die Entscheidung von einem Senat, bestehend aus fünf Richtern, getroffen, von denen zwei von der sierra-leonischen Regierung, drei vom UN-Generalsekretär ernannt wurden.[112] Die Ernennung erfolgte für drei Jahre, eine Wiederbestellung war unzulässig.[113]

Art 14 Abs 1 des SCSL-Statuts erklärt das Strafprozessrecht des ICTR, welches zum Zeitpunkt der Errichtung des SCSL in Kraft war, *mutatis mutandis* für den SCSL für anwendbar.[114] Von der den Richtern nach Abs 2 leg cit eröffneten Möglichkeit, diese Verfahrensordnung unter Berufung auf das Strafprozessrecht

---

persons who bear the greatest responsibility for serious violations of international humanitarian law and Sierra Leonean law".

105 Gem Art 2–4 des SCSL-Statuts definieren im Detail jene Straftaten für welche das Gericht zuständig ist.

106 Gem Art 5 des SCSL-Statuts fallen darunter gewisse Sexualdelikte sowie schwere Brandstiftung (genauer dazu bei *Von Braun*, Strafgerichte 250 f).

107 *Ambos*, Strafrecht^{4} § 6 Rz 44; *Jallow* in *Ambos/Othman*, Approaches 160 ff; *Mundis*, AJIL 2001, 936; *Von Braun*, Strafgerichte 243, 245 f; *Werle*, Völkerstrafrecht^{3} Rz 328.

108 *Jallow* in *Ambos/Othman*, Approaches 159, *Von Braun*, Strafgerichte 260.

109 *Jallow* in *Ambos/Othman*, Approaches 159; *Mundis*, AJIL 2001, 938; *Von Braun*, Strafgerichte 285; Art 6 SCSL-Abkommen (abrufbar unter www.rscsl.org/Documents/scsl-agreement.pdf [14.6.2016]).

110 *O'Keefe*, ICL 512; *Paulussen/Dorsey/Koulen* in *Gill*, YHL190 f.

111 *Jallow* in *Ambos/Othman*, Approaches 154; *Mundis*, AJIL 2001, 938; *Von Braun*, Strafgerichte 260; Art 12 SCSL-Statut.

112 *Jallow* in *Ambos/Othman*, Approaches 154; *Mundis*, AJIL 2001, 938; *Von Braun*, Strafgerichte 260; Art 12 SCSL-Statut.

113 *Jallow* in *Ambos/Othman*, Approaches 154; *Von Braun*, Strafgerichte 260 f; Art 13 SCSL-Statut.

114 *Jallow* in *Ambos/Othman*, Approaches 165; *Mundis*, AJIL 2001, 938; *Von Braun*, Strafgerichte 252.

Sierra Leones abzuändern und ihren Bedürfnissen anzupassen, haben diese wiederholt Gebrauch gemacht.[115]

b) ECCC

Nach langwierigen Verhandlungen schloss Kambodscha 2003 ein bilaterales Abkommen[116] mit der UNO, welches 2005 in Kraft trat und die Rahmenbedingungen der Mitarbeit der UNO an den ECCC regelt.[117] Das parallel dazu erarbeitete Gesetz zur Errichtung der ECCC (EC-Statut)[118] wurde zunächst am 10.8.2001 und – nach Angleichung an das mit der UNO geschlossene Abkommen – in der endgültigen Fassung am 5.10.2004 verabschiedet.[119]

Die Zuständigkeit des Gerichts erstreckt sich auf die internationalen Verbrechen (Völkermord, Verbrechen gegen die Menschlichkeit, schwere Verstöße gegen die Genfer Konventionen von 1949)[120] sowie bestimmte im Statut aufgezählte nationale Verbrechen[121].[122] Zeitlich ist die Zuständigkeit auf den Zeitraum von 17.4.1975 bis 6.1.1979 beschränkt.[123] Die Zuständigkeit *ratione personae* erstreckt sich auf „(…) senior leaders of Democratic Kampuchea and those who were most responsible for the crimes (…)“[124].[125] Sitz des Gerichts ist die Hauptstadt Phnom Penh.[126]

Gem Art 9 EC-Statut bestehen die Spruchkörper in der ersten Instanz aus drei nationalen und zwei internationalen Richtern.[127] Das oberste Gericht entscheidet in Senaten zu je sieben Richtern, von denen drei internationale Richter sind.[128]

---

115 *Von Braun*, Strafgerichte 252 f.

116 Abkommen abrufbar unter: www.unakrt-online.org/sites/default/files/documents/volume-2329-I-41723.pdf (15.6.2016).

117 *Ambos*, Strafrecht[4] § 6 Rz 45; *Dyrchs*, Khmer Rouge-Tribunal 121 f, 127. Eingehend zu den Verhandlungen: *Dyrchs*, Khmer Rouge-Tribunal 49 ff.

118 Statut abrufbar unter: www.eccc.gov.kh/sites/default/files/legal-documents/KR_Law_as_amended_27_Oct_2004_Eng.pdf (14.6.2016).

119 *Ambos*, Strafrecht[4] § 6 Rz 45; *Dyrchs*, Khmer Rouge-Tribunal 67 f, 78.

120 Siehe dazu Art 4–6 EC-Statut.

121 Siehe dazu Art 3 EC-Statut.

122 *Dyrchs*, Khmer Rouge-Tribunal 147; *Werle*, Völkerstrafrecht[3] Rz 331.

123 *Dyrchs*, Khmer Rouge-Tribunal 178; *Werle*, Völkerstrafrecht[3] Rz 331.

124 Art 1 EC-Statut.

125 *Dyrchs*, Khmer Rouge-Tribunal 179; *Werle*, Völkerstrafrecht[3] Rz 331.

126 *Mayr-Singer*, Vereinte Nationen 2008, 259.

127 *Ambos*, Strafrecht[4] § 6 Rz 45; *Dyrchs*, Khmer Rouge-Tribunal 131; *Werle*, Völkerstrafrecht[3] Rz 331.

128 *Dyrchs*, Khmer Rouge-Tribunal 131; *Werle*, Völkerstrafrecht[3] Rz 331.

Gem Art 11 Abs 1 EC-Statut werden die kambodschanischen Richter durch den kambodschanischen Hohen Rat der Richterschaft ernannt.[129] Auch die internationalen Richter werden vom Hohen Rat aus einer vom UN-Generalsekretär zusammengestellten Liste von Vorschlägen ausgewählt.[130]

Art 33 EC-Statut legt fest, dass in den ECCC grundsätzlich das existierende kambodschanische Prozessrecht zur Anwendung gelangt.[131] Nur sofern dieses unklar oder unbestimmt ist, sollen die Richter der ECCC internationales Strafprozessrecht miteinbeziehen.[132]

c) STL

Das STL wurde durch ein Abkommen zwischen dem Libanon und den VN errichtet, welches durch die UN-Sicherheitsratsresolution 1757[133] in Kraft gesetzt wurde.[134] Dieses Abkommen sowie das Statut des STL bilden den Annex der Sicherheitsratsresolution.[135] Der Sitz des Gerichts ist in Den Haag.[136]

Das STL ist zur Verfolgung jener Personen berufen, die in den Anschlag vom 14.2.2005 verwickelt waren, der das Leben des ehemaligen Premierministers Rafiq und 22 weiterer Personen gefordert hatte.[137] Die Gerichtsbarkeit erstreckt sich lediglich auf nationale Verbrechen, nicht jedoch auf Völkerrechtsverbrechen.[138] Art 2 lit a des STL-Statuts erklärt Teile des libanesischen Strafgesetzbuches – ua bestimmte strafbare Handlungen – für anwendbar.[139]

In erster Instanz entscheiden Senate, bestehend aus zwei internationalen und einem libanesischen Richter.[140] Die Rechtsmittelkammer setzt sich aus drei internationalen und zwei libanesischen Richtern zusammen.[141]

---

129 *Dyrchs*, Khmer Rouge-Tribunal 137.

130 *Dyrchs*, Khmer Rouge-Tribunal 138; Art 11 Abs 3 und 4 EC-Statut.

131 *Dyrchs*, Khmer Rouge-Tribunal 191.

132 *Dyrchs*, Khmer Rouge-Tribunal 195 f; Art 12 des Abkommens zwischen Kambodscha und der UNO.

133 S/RES/1757 vom 30.5.2007.

134 *Ambos*, Strafrecht^4 § 6 Rz 46; *Bienk-Koolman*, Sicherheitsrat 409, 415; *Werle*, Völkerstrafrecht^3 Rz 329.

135 *Ambos*, Strafrecht^4 § 6 Rz 46; *Werle*, Völkerstrafrecht^3 Rz 329.

136 *Ambos*, Strafrecht^4 § 6 Rz 46. Zur Zusammenarbeit mit dem Libanon siehe bei *Swart*, JICJ 2007, 1153 ff.

137 *Ambos*, Strafrecht^4 § 6 Rz 46; *Werle*, Völkerstrafrecht^3 Rz 329.

138 *Swart*, JICJ 2007, 1153 f.

139 *Ambos*, Strafrecht^4 § 6 Rz 46.

140 *Werle*, Völkerstrafrecht^3 Rz 329; Art 8 STL-Statut.

141 *Werle*, Völkerstrafrecht^3 Rz 329; Art 8 STL-Statut.

d) SPSC

Die UN-Übergangsverwaltung in Osttimor schuf durch eine Regulation[142] innerhalb des *District Court of Dili* ein *Special Panel* zur Aburteilung internationaler Verbrechen.[143] Das SPSC verfügt über exklusive Zuständigkeit für *serious crimes*, worunter Völkermord, Kriegsverbrechen, Verbrechen gegen die Menschlichkeit, Folter, Mord und Sexualdelikte fallen.[144] Hinsichtlich internationaler Verbrechen[145] kommt dem SPSC universelle Gerichtsbarkeit zu.[146] Zeitlich ist die Zuständigkeit auf jene Taten beschränkt, die im Zeitraum 1.1.1999 bis 25.10.1999 auf osttimoresischen Territorium begangen wurden.[147] Das Gericht beendete seine Arbeit im Mai 2005.[148]

Als anzuwendendes materielles Recht legt die Regulation nationales Recht, Rechtsakte der Übergangsregierung sowie internationales Recht fest.[149] Anwendbares Strafprozessrecht sind die durch Regulation[150] der Übergangsregierung geschaffenen *Transitional Rules of Criminal procedure*.[151]

Gem Abschnitt 22.1 der Regulation 2000/15 sind die Verbrechen von einem Senat, bestehend aus einem osttimoresischen und zwei internationalen Richtern,

---

142 UNTAET Regulation 2000/15, 1.1.

143 *Ambos*, Strafrecht[4] § 6 Rz 43; *Esser*, Europäisches Strafrecht, § 15 Rz 38; *Knoops*, Introduction 18; *Othman* in *Ambos/Othma*, Approaches *n* 90; UNTAET Regulation 2000/15, 1.1, 1.3; *Von Braun*, Strafgerichte 137, 139; *Werle*, Völkerstrafrecht[3] Rz 330.

144 *Ambos*, Strafrecht[4] § 6 Rz 43; *Knoops*, Introduction 18; *Mundis*, AJIL 2001, 943; *Othman* in *Ambos/Othman*, Approaches 90; *Von Braun*, Strafgerichte 137.

145 Völkermord, Kriegsverbrechen, Verbrechen gegen die Menschlichkeit, Folter, nicht jedoch Mord und Sexualdelikte.

146 *Bienk-Koolman*, Sicherheitsrat 377 f; *Knoops*, Introduction 18; *Othman* in *Ambos/Othman*, Approaches 90; UNTAET Regulation 2000/15, 2.1; *Von Braun*, Strafgerichte 138.

147 *Ambos*, Strafrecht[4] § 6 Rz 43; *Knoops*, Introduction 18; *Othman* in *Ambos/Othman*, Approaches 90; UNTAET Regulation 2000/15, 2.3; *Von Braun*, Strafgerichte 138; *Werle*, Völkerstrafrecht[3] Rz 330.

148 *Esser*, Europäisches Strafrecht, § 15 Rz 38; *Von Braun*, Strafgerichte 137; *Werle*, Völkerstrafrecht[3] Rz 330; siehe dazu auch die Resolution des Sicherheitsrates aus dem Jahr 2004, wonach die SPSL ihre Arbeit mit Mai 2005 einstellen sollten (UN Doc S/RES/1543, para 8).

149 *Esser*, Europäisches Strafrecht, § 15 Rz 38; *Mundis*, AJIL 2001, 943; *Othman* in *Ambos/Othman*, Approaches 93 f; UNTAET Regulation 2000/15, 3.1.

150 UNTAET Regulation 2000/30.

151 *Othman* in *Ambos/Othman*, Approaches 96; *Von Braun*, Strafgerichte 141.

abzuurteilen.[152] Dieselbe Zusammensetzung gilt auch für das beim *Court of Appeal* in Dili eingerichtete Berufungsgericht.[153] Mit der Regulation 1999/3 war eine *Transitional Judicial Service Commission* geschaffen worden, deren Aufgabe es ua war, der Übergangsregierung – osttimoresische wie auch internationale – Kandidaten für die Ernennung zu Richtern vorzuschlagen.[154] Nach der Unabhängigkeit Osttimors 2002 erfolgte die Ernennung der Richter durch den *Supreme Council of the Judiciary*.[155]

e) Internationalisierte Kammern im Kosovo

Im Kosovo wurden den zweitinstanzlichen Distriktgerichten durch die UN-Übergangsverwaltung internationale Richter und Staatsanwälte zugewiesen, wobei sich die internationalisierten Kammern aus je zwei internationalen und einem lokalen Richter zusammensetzten.[156]

Die Einrichtung von EULEX führte zu einer Einschränkung der Tätigkeit der UNMIK auf dem Gebiet der Justiz.[157] Nunmehr nehmen EULEX-Richter an allen Verfahren teil, die von der SPRK geführt werden.[158] Unter die exklusive Zuständigkeit dieser Staatsanwaltschaft fallen ua Kriegsverbrechen, Verbrechen gegen die Menschlichkeit und Genozid.[159] In diesen internationalisierten Kammern stellen die EULEX-Richter grundsätzlich die Mehrheit.[160]

152 *De Bertodano* in *Romano/Nollkaemper/Kleffner* 87; *Knoops*, Introduction 18; *Mundis*, AJIL 2001, 943; *Othman* in *Ambos/Othman*, Approaches 90; UNTAET Regulation 2000/15, 22.1; *Von Braun*, Strafgerichte 145.

153 *Knoops*, Introduction 19; *Othman* in *Ambos/Othman* 90 f.

154 UNTAET Regulation 1999/3, 10.3; *Mundis*, AJIL 2001, 943; *Von Braun*, Strafgerichte 145.

155 *Von Braun*, Strafgerichte 145 f.

156 *Ambos*, Strafrecht[4] § 6 Rz 42; UNMIK-Regulation 2000/6, 2000/64 (para 2.1.c), 2001/34.

157 *Ambos*, Strafrecht[4] § 6 Rz 42; Näheres zu Entwicklung von EULEX Kosovo: *Spernbauer*, GLJ 2010, 776 ff.

158 *Ambos*, Strafrecht[4] § 6 Rz 42; Art 3.1 Law No 03/L-053 on the Jurisdiction, Case Selection and Case Allocation of EULEX Judges and Prosecutors in Kosovo, abrufbar unter www.assembly-kosova.org/common/docs/ligjet/03-L-053%20a.pdf (30.6.2016).

159 *Ambos*, Strafrecht[4] § 6 Rz 42; Art 5 lit d – f Law No 03/L-052 on the Special Prosecution Office of the Republic of Kosovo, abrufbar unter: www.assembly-kosova.org/common/docs/ligjet/03-L-052%20a.pdf (30.6.2016).

160 *Ambos*, Strafrecht[4] § 6 Rz 42; Art 3.7 Law No 03/L-053 on the Jurisdiction, Case Selection and Case Allocation of EULEX Judges and Prosecutors in Kosovo.

f) WCC

Im Jänner 2005 wurde am Gerichtshof von Bosnien-Herzegowina eine Abteilung für Kriegsverbrechen (WCC) eingerichtet.[161] Die Zuständigkeit der WCC erstreckt sich auf Völkerrechtsverbrechen sowie andere Straftaten mit überregionalen Auswirkungen, die den Staat in seiner Gesamtheit betreffen, wie etwa Terrorismus, organisierte Kriminalität oder Korruption.[162] Anwendbares Recht ist das bosnisch-herzegowinische Strafgesetzbuch, in welchem ua diese Straftatbestände enthalten sind.[163] Hinsichtlich der Zuständigkeit *ratione personae* und *temporis* sind keine Einschränkungen vorgesehen.[164]

Die Entscheidungen der WCC wurden bis 2012 in Senaten, bestehend aus nationalen und internationalen Richtern, getroffen.[165] Nunmehr ist die WCC ausschließlich mit nationalen Richtern besetzt,[166] weshalb das Gericht in seiner heutigen Ausgestaltung wohl nicht mehr als hybrides Tribunal angesehen werden kann.

g) IHT

Rechtsgrundlage für die Errichtung des Spezialtribunals im Irak ist das vom irakischen Regierungsrat nach Absprache und mit Ermächtigung der Besatzungsmächte 2003 erlassene Statut[167] des Gerichts.[168] Das Statut wurde durch das erste frei gewählte Parlament bestätigt und das Tribunal in *Iraqui High Criminal Court* umbenannt.[169] Organisatorisch ist das Gericht nicht in das irakische Justizsystem eingebunden, sondern ein autonomes Organ.[170]

---

161 *Von Braun*, Strafgerichte 370, 376 ff; *Werle*, Völkerstrafrecht³ Rz 334.

162 *Von Braun*, Strafgerichte 370.

163 *Werle*, Völkerstrafrecht³ Rz 334; zu den einzelnen Straftatbeständen siehe bei *Von Braun*, Strafgerichte 371 ff.

164 *Von Braun*, Strafgerichte 371.

165 *O'Keefe*, ICL 390.

166 *O'Keefe*, ICL 390.

167 Englische Übersetzung des Statuts abrufbar unter www.hrcr.org/hottopics/statute/section1.html#2 (15.6.2016).

168 *Ambos*, Strafrecht⁴ § 6 Rz 48; *Bienk-Koolman*, Sicherheitsrat 391; *Werle*, Völkerstrafrecht³ Rz 357.

169 *Ambos*, Strafrecht⁴ § 6 Rz 48.

170 *Ambos*, Strafrecht⁴ § 6 Rz 48. *Zappalà* bezeichnet das Tribunal als *hybrid institution* with a *hybrid procedural system* (JICJ 2004, 588).

Ein Abkommen mit der UNO besteht nicht.[171] Die Errichtung eines Tribunals durch den UN-Sicherheitsrat kam nicht in Frage, da Russland, China und Frankreich bereits im Vorfeld deutlich gemacht hatten, dass sie gegen ein solches Vorhaben ein Veto einlegen würden, da sie die Intervention im Irak als völkerrechtswidrig ansahen.[172]

Unter die Zuständigkeit des Gerichts fallen Kriegsverbrechen, Verbrechen gegen die Menschlichkeit und Völkermord, die von Personen mit irakischer Staatsangehörigkeit oder Wohnsitz im Irak im Zeitraum 17.7.1968 bis 1.5.2003 begangen worden sind.[173] Darüber hinaus ist das Gericht zur Verfolgung gewisser irakischer Straftaten berufen.[174]

Von der im Statut vorgesehen Möglichkeit zur Ernennung internationaler Richter[175] wurde bisher kein Gebrauch gemacht.[176]

E. Das Verhältnis von internationaler und staatlicher Strafgewalt

Während das IMG-Statut eine exklusive Zuständigkeit vorsieht, wird in jüngerer Zeit grundsätzlich von parallel bestehenden Strafverfolgungsbefugnissen von nationalen und internationalen Gerichten zur Verfolgung von internationalen Verbrechen ausgegangen.[177] Je nachdem, welchem Gericht dabei die vorrangige Zuständigkeit zukommt, unterscheidet man zwei Modelle.[178] Vorschläge im Zusammenhang mit der Errichtung des ICC, welche den Vorrang nationaler Gerichte vorsahen, konnten sich nicht durchsetzen.[179] Das im ICC-Statut schlussendlich vorgesehene Komplementaritätsprinzip stellt ein Struktur- und Organisationsprinzip eigener Art dar.[180]

---

171 *Bienk-Koolman*, Sicherheitsrat 393.

172 *Kindt*, Menschenrechte 189.

173 *Ambos*, Strafrecht[4] § 6 Rz 48; *Kindt*, Menschenrechte 189; *Werle*, Völkerstrafrecht[3] Rz 357; Art 1 lit b IHT-Statut.

174 *Ambos*, Strafrecht[4] § 6 Rz 48; *Kindt*, Menschenrechte 189; *Werle*, Völkerstrafrecht[3] Rz 357; Art 1 IHT-Statut.

175 Art 4 lit d, Art 6 lit b IHT-Statut.

176 *Bienk-Koolman*, Sicherheitsrat 393; *Shaw*, Law 309.

177 *Werle*, Völkerstrafrecht[3] Rz 259.

178 *Werle*, Völkerstrafrecht[3] Rz 259; zum Vorrang internationaler Gerichte siehe sogleich unter II.E.2.

179 *Werle*, Völkerstrafrecht[3] Rz 261.

180 *Werle*, Völkerstrafrecht[3] Rz 259.

1. Exklusive Zuständigkeit (Nürnberger Modell)

Für die Aburteilung der Hauptkriegsverbrecher des Zweiten Weltkriegs legt das IMG-Statut[181] die exklusive Zuständigkeit des Internationalen Militärgerichtshofes fest.[182] Nur für sonstige Täter wurde die Zuständigkeit der Tatortstaaten festgeschrieben.[183]

2. Vorrang internationaler Strafgerichte (Modell der Ad-hoc-Gerichtshöfe)

Die Statute des ICTY (Art 9) und ICTR (Art 8) anerkennen im Unterschied zum Nürnberger-Modell die konkurrierende Zuständigkeit nationaler Gerichte.[184] In Kollisionsfällen kommt der Grundsatz des Vorrangs internationaler Strafgerichtsbarkeit zur Anwendung.[185] Die Ad-hoc-Gerichtshöfe haben das Recht nationale Verfahren an sich zu ziehen.[186]

Einige kontinentaleuropäische Rechtordnungen, darunter auch die österreichische, enthalten ein im Verfassungsrang stehendes Verbot der Auslieferung eigener Staatsangehöriger.[187] Aus der Entstehungsgeschichte der Resolutionen, mit denen der ICTY und ICTR errichtet worden waren, sowie aus deren Statute ergibt sich jedoch zweifelsfrei, dass auch eigene Staatsangehörige an diese internationalen Tribunale zu überstellen sind.[188] Da die Überstellung mit der Auslieferung durchaus vergleichbar ist, stellte der Gesetzgeber in dem im Verfassungsrang

---

181 Dazu näher unter II.D.3.

182 *Cassese*, ICL[3] 291; *Werle*, Völkerstrafrecht[3] Rz 257.

183 *Cassese*, ICL[3] 291 f; *Werle*, Völkerstrafrecht[3] Rz 257.

184 *Cassese*, ICL[3] 293; *Bosch*, Immunität 60; *Esser*, Strafrecht § 17 Rz 15; *Holmes* in *Cassese/Gaeta/Jones*, Statute 669; *Satzger*, Strafrecht[7] § 13 Rz 21; *Werle*, Völkerstrafrecht[3] Rz 260.

185 *Cassese*, ICL[3] 293; *Bosch*, Immunität 60; *Esser*, Strafrecht § 17 Rz 16, § 18 Rz 18; *Hafner/Wittich* in *Reinisch*, Völkerrecht[5] Rz 2609; *Holmes* in *Cassese/Gaeta/Jones*, Statute 669; *Mayr-Singer* in *Schroeder/Mayr-Singer*, Völkerstrafrecht 59; *Werle*, Völkerstrafrecht[3] Rz 260. Zur Völkerrechtskonformität dieser Vorrangs eingehend ICTY, Appeals Chamber, Tadić (IT-94-1), Decision on the Defence Motion for Interlocutory Appeal on Jurisdiction, 2.10.1995, para 49–64.

186 *Bosch*, Immunität 60; *Cassese*, ICL[3] 293; *Esser*, Strafrecht § 17 Rz 16; *Hafner/Wittich* in *Reinisch*, Völkerrecht[5] Rz 2609; *Holmes* in *Cassese/Gaeta/Jones*, Statute 669; *Satzger*, Strafrecht[7] § 13 Rz 21, 30; *Werle*, Völkerstrafrecht[3] Rz 260.

187 *Swart* in *Cassese/Gaeta/Jones*, Statute 1668; *Schwaighofer/Ebensperger*, Rechtshilfe 98; zum Verbot siehe § 12 ARHG.

188 *Swart* in *Cassese/Gaeta/Jones*, Statute 1668; *Schwaighofer/Ebensperger*, Rechtshilfe 98.

stehenden § 5 ZusIntGerG[189] eindeutig klar, dass auch eigene Staatsangehörige an internationale Gerichte überstellt werden dürfen.[190]

3. Komplementaritätsprinzip des ICC

Das im ICC-Statut vorgesehene Komplementaritätsprinzip legt den grundsätzlichen Vorrang nationaler Gerichtsbarkeit fest, es sei denn, der Staat ist nicht willens oder nicht in der Lage, die Strafverfolgung ernsthaft durchzuführen (Art 17 ICC-Statut).[191]

§ 7 des Bundesgesetzes über die Zusammenarbeit mit dem Internationalen Strafgerichtshof[192] stellt klar, dass auch eigene Staatsangehörige an den ICC überstellt werden können.

4. Das Verhältnis von Hybrid-Tribunalen und nationaler Gerichtsbarkeit

a) SCSL

Die Gerichtbarkeit des – durch ein völkerrechtliches Abkommen zwischen den VN und Sierra Leone errichtete – SCSL genießt gem Art 8 seines Statuts Vorrang gegenüber den Gerichten Sierra Leones, nicht jedoch gegenüber anderen (ausländischen) nationalen Gerichten.[193] Die Sicherheitsratsresolution 1315 aus dem Jahr 2000[194] erteilt dem Generalsekretär nur den Auftrag Vertragsverhandlungen mit Sierra Leone zu führen und enthält Empfehlungen zur inhaltlichen Ausgestaltung des Gerichts.[195] Diese Resolution beschließt die Errichtung des Spezialgerichts jedoch nicht als Zwangsmaßnahme gem Art 41 UN-Charta.[196]

---

189 BGBl 1996/263.

190 *Schwaighofer/Ebensperger*, Rechtshilfe 98.

191 *Cassese*, ICL[3] 296 f; *Bienk-Koolman*, Sicherheitsrat 322; *Esser*, Strafrecht § 19 Rz 22; *Hafner/Wittich* in *Reinisch*, Völkerrecht[5] Rz 2618; *Mayr-Singer* in *Schroeder/Mayr-Singer*, Völkerstrafrecht 59 f; *Safferling*, Strafrecht § 4 Rz 11, § 7 Rz 22 ff; *Satzger*, Strafrecht[7] § 14 Rz 17; *Werle*, Völkerstrafrecht[3] Rz 263; eingehender zu den Kriterien „Unwillingness“ und „Inability“: *Holmes* in *Cassese/Gaeta/Jones*, Statute 672 ff.

192 BGBl I 2002/135 idF BGBl I 2008/2.

193 *Ambos*, Strafrecht[4] § 6 Rz 44; *Bienk-Koolman*, Sicherheitsrat 365 f; *Jallow* in *Ambos/Othman* 151.

194 Operative Ansätze 1, 2, 3, 7, 8 (UN Doc S/RES/1315).

195 *Bienk-Koolman*, Sicherheitsrat 366.

196 *Bienk-Koolman*, Sicherheitsrat 366; *Mundis*, AJIL 2001, 935; ähnlich auch *Jallow* in *Ambos/Othman* 151.

b) ECCC

Die Rechtsgrundlage der ECCC ist ein nationales Gesetz über deren Errichtung.[197] Der mit den VN geschlossene Vertrag regelt lediglich die Rahmenbedingungen der Mitarbeit der UNO an diesem nationalen Gericht.[198] Als rein nationales Gericht besitzen die außerordentlichen Kammern naturgemäß keinen Vorrang gegenüber ausländischen (nationalen) Gerichten.[199] Ebenso wenig genießen sie Vorrang gegenüber den Gerichten in Kambodscha.[200]

c) STL

Das STL wurde durch ein Abkommen mit den VN gegründet, welches durch die UN-Sicherheitsratsresolution 1757[201] in Kraft gesetzt wurde.[202] Die Gerichtsbarkeit konkurriert gem Art 4 seines Statuts[203] mit jener der nationalen Gerichte Libanons, wobei die Gerichtsbarkeit des STL Vorrang besitzt.[204] Eine Verpflichtung von anderen Staaten zur Kooperation mit dem STL sieht die Resolution 1757 nicht vor.[205]

d) SPSC

Die Rechtsgrundlage des in Osttimor geschaffenen Tribunals (SPSC) ist eine Regulation der UN-Übergangsverwaltung und somit nationales Recht.[206]

Die Spezialkammern in Osttimor verfügen bezüglich internationaler Verbrechen über universelle Gerichtsbarkeit und exklusive Zuständigkeit gegenüber den übrigen Gerichten Osttimors.[207] Aufgrund des rein nationalen Charakters

197 *Bienk-Koolman*, Sicherheitsrat 373.

198 Art 1 des Abkommens zwischen UNO und der Regierung Kambodschas, abrufbar unter www.eccc.gov.kh/sites/default/files/legal-documents/Agreement_between_UN_and_RGC.pdf (14.3.2016). Siehe dazu genauer bei *Dyrchs*, Khmer Rouge-Tribunal 127.

199 *Bienk-Koolman*, Sicherheitsrat 373.

200 *Bienk-Koolman*, Sicherheitsrat 373 f.

201 S/RES/1757 vom 30.5.2007.

202 *Bienk-Koolman*, Sicherheitsrat 409, 415.

203 Statut abrufbar unter www.stl-tsl.org/en/documents/stl-documents/statute/223-statute-of-the-special-tribunal-for-lebanon (14.3.2016).

204 *Bienk-Koolman*, Sicherheitsrat 410; *Ambos*, Strafrecht[4] § 6 Rz 46.

205 *Bienk-Koolman*, Sicherheitsrat 415.

206 *Bienk-Koolman*, Sicherheitsrat 379, 384 f.

207 *Bienk-Koolman*, Sicherheitsrat 377 f; *Knoops*, Introduction 18; *Othman* in *Ambos/Othman* 90; UNTAET Regulation 2000/15, 2.1; *Von Braun*, Strafgerichte 138.

besteht für die Spezialkammern in Osttimor jedoch keine vorrangige Zuständigkeit im Verhältnis zu ausländischen Gerichten.[208] Die Sicherheitsresolution[209], mit welcher die Übergangsverwaltung in Osttimor eingesetzt worden war, betont nur die Wichtigkeit einer Kooperation zwischen Indonesien und der Übergangsverwaltung, enthält jedoch keine Kooperationsverpflichtung.[210]

e) Internationalisierte Kammern im Kosovo

Eine explizite Vorrangregelung zugunsten der internationalisierten Kammern im Kosovo gegenüber nationalen Gerichten besteht nicht.[211] Die UN-Übergangsregierung im Kosovo bezieht ihre Kompetenz aus einer nach dem VII. Kapitel der UN-Charta erlassenen Sicherheitsratsresolution.[212] Somit kann auch die Einrichtung des Tribunals letztlich aus dieser Resolution abgeleitet werden.[213] Durch diese Resolution[214] verpflichtet der Sicherheitsrat alle Staaten der Region zur uneingeschränkten Kooperation mit der Übergangsverwaltung.[215] Hieraus kann zumindest gegenüber Serbien und möglicherweise auch gegenüber anderen Nachfolgestaaten Jugoslawiens das Bestehen einer Kooperationsverpflichtung angenommen werden.[216]

f) WCC

Rechtsgrundlage für die WCC in Bosnien-Herzegowina bilden ausschließlich Akte des nationalen Rechts, nämlich ein Erlass des hohen Repräsentanten und vom Parlament Bosnien-Herzegowinas beschlossene Gesetze.[217] Der hohe Repräsentant leitet seine Kompetenzen zur Übergangsverwaltung aus dem

---

208 *Bienk-Koolman*, Sicherheitsrat 380.

209 Unter dem 7. operativen Ansatz heißt es in der Resolution 1272: „Stresses the importance of cooperation between Indonesia, Portugal and UNTAET in the implementation of this resolution“ UN Doc S/RES/1272 [1999]).

210 *Bienk-Koolman*, Sicherheitsrat 380 f.

211 *Bienk-Koolman*, Sicherheitsrat 384.

212 *Bienk-Koolman*, Sicherheitsrat 379, 385.

213 *Bienk-Koolman*, Sicherheitsrat 385.

214 In der Resolution 1244 des Sicherheitsrates führt dieser unter dem 18. operativen Ansatz aus: „Demands that all States in the region cooperate fully in the implementation of all aspects of this resolution“ (UN Doc S/RES/1244 [1999]).

215 *Bienk-Koolman*, Sicherheitsrat 385.

216 *Bienk-Koolman*, Sicherheitsrat 385.

217 *Bienk-Koolman*, Sicherheitsrat 390; *Singh*, HRW 2006, 5.

Friedensvertrag von Dayton[218], nicht jedoch aus einer Sicherheitsratsresolution ab.[219] Der Sicherheitsrat hat mittels Resolutionen[220] lediglich die Komplettierungsstrategie des ICTY gebilligt, nicht jedoch die UN-Mitgliedstaaten zur Kooperation mit diesem Tribunal verpflichtet.[221] Eine ausdrückliche Vorrangregelung fehlt im Statut der Kammern.[222]

g) IHT

Die UNO hatte und hat keinerlei Einfluss auf die Rechtsgrundlage des Spezialtribunals im Irak.[223] Somit liegt eine rein nationale Strafverfolgung internationaler Verstöße vor.[224] Im Verhältnis zu den restlichen irakischen Gerichten kommt dem IHT nach irakischem Recht nur konkurrierende Zuständigkeit zu.[225] In laufenden Verfahren betreffend internationale Verbrechen genießt es Vorrang gegenüber anderen nationalen Gerichten.[226] Mangels Unterstützung durch die UNO und damit verbundener Sicherheitsratsresolutionen[227] besteht für ausländische Gerichte keine Kooperationspflicht.

h) Fazit

Zusammenfassend kann somit festgehalten werden, dass die in jüngerer Zeit geschaffenen hybriden Tribunale nationales Recht als Rechtsgrundlage aufweisen. Zudem sehen die mit der Errichtung dieser internationalisierten Gerichten in Zusammenhang stehenden Resolutionen – abgesehen von jener, die das Tribunals im Kosovo betrifft – keine Kooperationsverpflichtung anderer Staaten vor.[228] Aus diesen Gründen genießen die hybriden Tribunale keinen Vorrang gegenüber ausländischen Gerichten. Ein Vorrang gegenüber anderen nationalen Gerichten besteht nur insoweit, als dies ausdrücklich in den Statuten des jeweiligen Tribunals

---

218 Art V des Annex 10 (Agreement on Civilian Implementation of the Peace Settlement) zum General Framework Agreement for Peace in Bosnia and Herzegovina, abrufbar unter www1.umn.edu/humanrts/icty/dayton/daytonannex10.html (14.3.2016).

219 *Bienk-Koolman*, Sicherheitsrat 386; *Singh*, HRW 2006, 5 FN 13.

220 S/RES/1503 vom 28.8.2003 und S/RES/1534 vom 26.3.2004.

221 *Bienk-Koolman*, Sicherheitsrat 390; *Singh*, HRW 2006, 19.

222 *Bienk-Koolman*, Sicherheitsrat 400.

223 *Bienk-Koolman*, Sicherheitsrat 393.

224 *Bienk-Koolman*, Sicherheitsrat 393.

225 *Bienk-Koolman*, Sicherheitsrat 392.

226 *Bienk-Koolman*, Sicherheitsrat 392.

227 *Bienk-Koolman*, Sicherheitsrat 393.

228 Ähnlich auch *Bienk-Koolman*, Sicherheitsrat 400.

festgelegt wurde, nämlich im Falle der Spezialgerichte in Sierra Leone, Osttimor und Libanon. Die Sicherstellung eines gewissen Vorrangs erfolgt hinsichtlich des Spezialgerichts von Osttimor[229] und jenem von Sierra Leone[230] auch durch die Durchbrechung des *ne bis in idem*-Grundsatze zugunsten dieser Gerichte, insbesondere für den Fall, dass das Verfahren vor dem anderen Gericht lediglich zum Schutz des Täters vor weiterer Strafverfolgung durch die Tribunale geführt worden war.[231]

---

229 Abschnitt 11.3 der Regulation Nr 2000/15 on the Establishment of Panels with Jurisdiction over Serious Criminal Offences, UN Doc UNTAET/REG/2000/15.

230 Art 9 Statute of the Special Court for Sierra Leone, abrufbar unter www1.umn.edu/humanrts/instree/SCSL/statute-sierraleone.html (14.3.2016).

231 *Bienk-Koolman*, Sicherheitsrat 378 f, 400 f.

III. Funktion des Strafverfolgungs- oder Auslieferungsgebotes

Trotz des (wie im vorherigen Kapitel aufgezeigten) zunehmenden Stellenwerts internationaler Strafgerichtshöfe ist die Bedeutung nationaler Strafgewalt über internationale Verbrechen nicht geschmälert worden.[232] Dies insbesondere deshalb, weil sich internationale Gerichte auf die höchste Ebene der Entscheidungsträger konzentrieren und nicht sämtliche Völkerrechtsverbrechen verfolgen können.[233] Zufluchtstaaten sind dabei unter bestimmten Voraussetzungen nach dem Völkerrecht sogar verpflichtet, Täter internationaler Verbrechen selbst zu verfolgen oder an einen verfolgungsbereiten Staat auszuliefern.[234] Im Folgenden wird nun die Funktion dieser *aut dedere aut iudicare*-Verpflichtungen einer genaueren Betrachtung unterzogen.

A. Die Verhinderung von Straffreiheit

Die Verpflichtung zur Strafverfolgung zielt auf die Einleitung eines Strafverfahrens gegen einen im Staat anwesenden Täter ab, welches – sofern dessen Schuld erwiesen wird – zu einer Bestrafung des Täters führt.[235] Die Pflicht zur Auslieferung dient der Ermöglichung eines Strafverfahrens im ersuchenden Staat, welches durch die Flucht des Täters in den ersuchten Staat zunächst vereitelt worden ist.[236] Wenngleich die *aut dedere aut iudicare*-Verpflichtung nach ihrem Wortlaut auch Anwendung auf den Tatortstaat findet, so ist dieser Grundsatz doch vorwiegend für jene Fälle gedacht, in denen sich der Täter mittlerweile in einem anderen Staat aufhält.[237] Zur Sicherstellung einer Strafverfolgung durch den Tatortstaat würde eine einfache Strafverfolgungsklausel genügen, eine zusätzliche Auslieferungsoption wäre zumeist überflüssig.[238] Der primär von der Straftat betroffene Tatortstaat wird nur in den seltensten Fällen einen von ihm

---

232 *Kindt*, Menschenrechte 74.

233 *Kindt*, Menschenrechte 74.

234 *Ambos*, Strafrecht[4] § 3 Rz 92, 117; *Satzger*, Strafrecht[7] § 4 Rz 12; *Werle*, Völkerstrafrecht[3] Rz 224 ff; zu den Voraussetzungen siehe näher unter IV.

235 *Maierhöfer*, „Aut dedere – aut iudicare" 30.

236 *Bassiouni/Wise*, Aut dedere aut judicare 26; *Dahm/Delbrück/Wolfrum*, Völkerrecht[2] 1004; *Maierhöfer*, „Aut dedere – aut iudicare" 30.

237 *Maierhöfer*, „Aut dedere – aut iudicare" 30.

238 *Maierhöfer*, „Aut dedere – aut iudicare" 30 f.

ergriffenen Straftäter an einen anderen Staat zur Strafverfolgung ausliefern.[239] Demgegenüber soll die Kombination der Möglichkeit zur Strafverfolgung oder Auslieferung eine grenzüberschreitende Strafverfolgung sicherstellen und somit verhindern, dass sich ein Straftäter der Strafverfolgung durch Flucht ins Ausland entziehen kann.[240]

Zusammenfassend stellt somit die Abschaffung sicherer Zufluchtsorte für mutmaßliche Täter den wesentlichen Zweck des *aut dedere aut iudicare*-Grundsatzes dar.[241]

B. Die Verfolgung extraterritorialer internationaler Verbrechen

Die aus dem *aut dedere aut iudicare*-Prinzip entspringende Verpflichtung zur Strafverfolgung kann nur dann volle Wirksamkeit entfalten, wenn die Straftat auch nach dem nationalen Recht des Zufluchtstaates strafbar ist.[242] Dies setzt neben dem Bestehen eines materiellrechtlichen Straftatbestandes auch die Anwendbarkeit des Rechtes des Zufluchtsortes auf diesen Auslandssachverhalt voraus.[243] Um Strafverfolgungslücken in Folge der Unanwendbarkeit des Strafrechts des Zufluchtstaates zu verhindern, sehen einige *aut dedere aut iudicare*-Verpflichtungen enthaltende Verträge auch sog Jurisdiktionsklauseln vor, welche die Vertragspartner zur Erstreckung ihrer Strafgewalt auf Auslandssachverhalte ermächtigen bzw verpflichten.[244] Ein weiterer Zweck des *aut dedere aut iudicare*-Grundsatzes kann somit darin gesehen werden, die Strafverfolgung durch

---

239 *Maierhöfer,* „Aut dedere – aut iudicare" 31.

240 *Bassiouni/Wise,* Aut dedere aut judicare 26; IGH, Questions relating to the Obligation to Prosecute or Extradite (Belgium v Senegal), Judgment of 20.7.2012, ICJ Reports 2012, 443, para 50; *ILC,* UN Doc A/CN.4/L.829, para 2; *ILC,* UN-Doc A/69/10, para 65 (1), (24); *Maierhöfer,* „Aut dedere – aut iudicare" 31.

241 IGH, Questions relating to the Obligation to Prosecute or Extradite (Belgium v Senegal), Judgment of 20.7.2012, ICJ Reports 2012, 461, para 120; IGH, Arrest Warrant of 11 April 2000 (Democratic Republic of the Congo v Belgium), Judgment of 14.2.2002, Separate Opinion of President Guillaume, ICJ Reports 2002, 7, para 9; *ILC,* UN Doc A/CN.4/L.829, para 30; *ILC,* Commentary on the Draft Code of Crimes against the Peace and Security of Mankind, ILC Report 1996, 31; *Maierhöfer,* „Aut dedere – aut iudicare" 30. Hinsichtlich der Genfer Konventionen: *Pictet,* Geneva Convention Vol IV 587.

242 *Doehring,* Völkerrecht[2] Rz 1148; *Maierhöfer,* „Aut dedere – aut iudicare" 32.

243 *Maierhöfer,* „Aut dedere – aut iudicare" 32.

244 Siehe dazu genauer unter III.B.4.

Zufluchtstaaten, welche sonst mangels eines sinnvollen Anknüpfungspunktes völkerrechtswidrig wäre, zu rechtfertigen.[245]

In diesem Zusammenhang wird im Folgenden dargestellt, welche völkerrechtlichen Grenzen für eine solche Ausdehnung der Strafgewalt bestehen. In einem weiteren Schritt wird aufgezeigt, welche dieser Prinzipien zur Legitimation der Strafverfolgung im Rahmen der Erfüllung einer *aut dedere aut iudicare*-Verpflichtung herangezogen werden können. Zudem soll geklärt werden, ob sich eine Ermächtigung bzw Verpflichtung zur Ausdehnung der Strafgewalt aus *aut dedere aut iudicare*-Klauseln ergibt.

1. Völkerrechtliche Grenzen der Ausdehnung der Strafgewalt

Beim Strafanwendungsrecht, also jenen Normen, welche den Anwendungsbereich des nationalen Strafrechts festlegen, handelt es sich um nationales Recht.[246] Somit bestimmt grundsätzlich jeder Staat selbst, welche Sachverhalte er seiner Strafgewalt unterstellt.[247] Während *Binding*[248] 1885 noch davon ausgegangen war, dass den Staaten bei der Ausdehnung ihrer Strafgewalt unbeschränkte Autonomie zukommt, besteht heute Einigkeit über die völkerrechtliche Unzulässigkeit einer unbegrenzten Ausdehnung der nationalen Strafgewalt.[249] Dies deshalb, weil eine solche unbegrenzte extraterritoriale Strafgewaltserstreckung mit dem völkerrechtlichen Nichteinmischungsgrundsatz nicht vereinbar ist: Aufgrund der in Art 2 Abs 1 UN-Charta anerkannten souveränen Gleichheit der Staaten bestehen völkerrechtliche Schranken für die Ausdehnung der staatlichen Strafgewalt.[250] Grundsätzlich kann ein Staat seine Staatsgewalt nur ausüben, wenn ein sinnvoller Anknüpfungspunkt (sog *genuine link*)[251] zwischen

245 *Maierhöfer*, „Aut dedere – aut iudicare" 49.

246 *Satzger*, Strafrecht[7] § 2 Rz 4, § 4 Rz 2.

247 *Pappas*, Strafrechtspflege 76; *Satzger*, Strafrecht[7] § 4 Rz 2; StIGH, The Case of the SS „Lotus" (France v Turkey), Judgment of 7.9.1927, PCIJ Ser A, Nr 10, 19; *Werle*, Völkerstrafrecht[3] Rz 214.

248 *Binding*, Strafrecht 374.

249 *Ambos*, Strafrecht[4] § 2 Rz 2; *Eser* in *Schönke/Schröder*[29] Vorbem §§ 3–7 Rz 9; *Esser*, Handbuch § 14 Rz 7; *Hecker*, Strafrecht[4] § 2 Rz 9; *Satzger*, Strafrecht[7] § 4 Rz 2; *Werle*, Völkerstrafrecht[3] Rz 214.

250 *Ambos*, Strafrecht[4] § 2 Rz 3; *Esser*, Strafrecht § 14 Rz 7; *Hecker*, Strafrecht[4] § 2 Rz 9; *Safferling*, Strafrecht § 3 Rz 14; *Satzger*, Strafrecht[7] § 4 Rz 2.

251 Der IGH verlangt in seinen Urteilen für die Ausübung diplomatischen Schutzes eine Nahebeziehung („real link", „genuine connection") zwischen einem Staat und einer natürlichen bzw juristischen Person: IGH, Nottebohm Case (second phase),

dem Lebenssachverhalt und dem verfolgenden Staat besteht.[252] In diesem Fall spricht eine Vermutung für die Völkerrechtsgemäßheit der Erstreckung der Strafgewalt.[253] Völkerrechtlich ist dabei eine Reihe von Anknüpfungspunkten anerkannt,[254] auf die im Folgenden näher eingegangen wird.

Liegt ein legitimer Anknüpfungspunkt vor, ist in einem zweiten Schritt zu prüfen, ob der Ausübung der Strafgewalt im konkreten Fall ein ausdrückliches völkerrechtliches Verbot entgegensteht, wobei hier das Rechtsmissbrauchs- und Willkürverbot in Frage kommen.[255] Es hat somit eine materiell-völkerrechtliche Prüfung durch Abwägung der Souveränitäts- und Staatsinteressen zu erfolgen, aus welcher sich ergibt, ob der abstrakt-generelle Anknüpfungspunkt im konkreten Einzelfall die Ausübung von Hoheitsgewalt legitimiert.[256]

2. International anerkannte Jurisdiktionsprinzipien

a) Das Territorialitätsprinzip

Nach dem weltweit anerkannten Territorialitäts- bzw Gebietsgrundsatz kann ein Staat seine Strafgewalt auf all jene Taten erstrecken, die auf seinem Staatsgebiet begangen wurden.[257] Die Staatsangehörigkeit des Täters spielt dabei keine Rolle.[258] Der Grundsatz ist Ausfluss der inneren Souveränität des Tatortstaates.[259]

Judgment of 6.4.1955, ICJ Reports 1955, 4, 23; Barcelona Traction, Light and Power Company, Limited, Judgment of 5.2.1970, ICJ Reports 1970, 43.

252: *Ambos*, Strafrecht[4] § 2 Rz 6; *Esser*, Strafrecht § 14 Rz 7; *Hecker*, Strafrecht[4] § 2 Rz 9; *Pappas*, Strafrechtspflege 81; *Safferling*, Strafrecht § 3 Rz 14; *Satzger*, Strafrecht[7] § 4 Rz 2.

253 *Ambos*, Strafrecht[4] § 2 Rz 8; *Hecker*, Strafrecht[4] § 2 Rz 10.

254 *Ambos*, Strafrecht[4] § 3 Rz 1; *Esser*, Strafrecht § 14 Rz 8; *Glaser*, ÖJZ 2015/135, 1027; *Hecker*, Strafrecht[4] § 2 Rz 11; *Safferling*, Strafrecht § 3 Rz 14; *Satzger*, Strafrecht[7] § 4 Rz 2.

255 *Ambos*, Strafrecht[4] § 2 Rz 8; *Hecker*, Strafrecht[4] § 2 Rz 10.

256 *Ambos*, Strafrecht[4] § 2 Rz 9; *Hecker*, Strafrecht[4] § 2 Rz 10.

257 *Ambos*, Strafrecht[4] § 3 Rz 4; *Bosch*, Immunität 46; *Cryer ua*, ICL[2] 46; *Dahm/Delbrück/Wolfrum*, Völkerrecht[2] 1003; *Eser* in *Schönke/Schröder*[29] Vorbem §§ 3–7 Rz 12; *Esser*, Strafrecht § 14 Rz 9; *Höpfel/Kathrein* in WK[2] StGB Vor §§ 62–67 Rz 43; *Murschetz*, Auslieferung 22; *Safferling*, Strafrecht § 3 Rz 15; *Satzger*, Strafrecht[7] § 4 Rz 5; *Schwaighofer* in SbgK Vorbem §§ 62 ff Rz 38.

258 *Ambos*, Strafrecht[4] § 3 Rz 4; *Safferling*, Strafrecht § 3 Rz 15; *Satzger*, Strafrecht[7] § 4 Rz 5.

259 *Ambos*, Strafrecht[4] § 3 Rz 4; *Bosch*, Immunität 46; *Safferling*, Strafrecht § 3 Rz 15.

b) Das Flaggenprinzip

Das eng mit dem Territorialitätsprinzip verwandte Flaggenprinzip kann zur Anwendung gelangen, wenn die Tat an Bord eines Schiffes, Flug- oder Weltraumfahrzeuges begangen worden ist.[260] Hier steht die Hoheitsgewalt (auch) jenem Staat zu, unter dessen Flagge das Schiff bzw Flug- oder Weltraumfahrzeug registriert ist.[261]

c) Das (aktive) Personalitätsprinzip

Der Anknüpfungspunkt beim aktiven Personalitätsprinzip ist die Staatsangehörigkeit des Täters.[262] Dieses zunächst nur im kontinentaleuropäischen Raum verbreitete Prinzip ist mittlerweile weltweit anerkannt.[263] Abgeleitet wird dieser Grundsatz aus der Personalhoheit über die eigenen Staatsangehörigen und der Bindung der Bürger an die eigene Rechtsordnung.[264] Eine spezielle praktische Bedeutung kommt diesem Grundsatz in Staaten zu, deren Rechtsordnung ein Auslieferungsverbot für eigene Staatsangehörige vorsieht: Die Staaten können auf dieser Grundlage ihre eigenen Staatsangehörigen für Auslandstaten strafrechtlich zur Verantwortung ziehen, wenn diese nach Begehung der Tat ins Inland fliehen.[265]

d) Das Schutzprinzip

Durch das sog Schutzprinzip wird die nationale Strafgewalt auf Taten erstreckt, die inländische Rechtsgüter verletzen oder gefährden, unabhängig vom Begehungsort und der Staatsangehörigkeit des Täters.[266] Innerhalb des Schutzprinzips

---

260 *Ambos*, Strafrecht[4] § 3 Rz 26; *Eser* in *Schönke/Schröder*[29] Vorbem §§ 3–7 Rz 14; *Esser*, Strafrecht § 14 Rz 10; *Höpfel/Kathrein* in WK[2] StGB Vor §§ 62–67 Rz 43; *Safferling*, Strafrecht § 3 Rz 31; *Satzger*, Strafrecht[7] § 4 Rz 6; *Schwaighofer* in SbgK Vorbem §§ 62 ff Rz 39.

261 *Ambos*, Strafrecht[4] § 3 Rz 26; *Esser*, Strafrecht § 14 Rz 10; *Safferling*, Strafrecht § 3 Rz 31; *Satzger*, Strafrecht[7] § 4 Rz 6.

262 *Ambos*, Strafrecht[4] § 3 Rz 39; *Bantekas*, ICL[4] 338; *Cryer ua*, ICL[2] 47; *Dahm/Delbrück/Wolfrum*, Völkerrecht[2] 1003 f; *Eser* in *Schönke/Schröder*[29] Vorbem §§ 3–7 Rz *15; Esser*, Strafrecht § 14 Rz 11; *Höpfel/Kathrein* in WK[2] StGB Vor §§ 62–67 Rz 44; *Murschetz*, Auslieferung 25; *Safferling*, Strafrecht § 3 Rz 33; *Satzger*, Strafrecht[7] § 4 Rz 7; *Schwaighofer* in SbgK Vorbem §§ 62 ff Rz 42.

263 *Ambos*, Strafrecht[4] § 3 Rz 39; *Bantekas*, ICL[4] 338 f; *Cryer ua*, ICL[2] 47.

264 *Ambos*, Strafrecht[4] § 3 Rz 39; *Esser*, Strafrecht § 14 Rz 11; *Safferling*, Strafrecht § 3 Rz 33; *Satzger*, Strafrecht[7] § 4 Rz 7.

265 *Ambos*, Strafrecht[4] § 3 Rz 39; *Esser*, Strafrecht § 14 Rz 11; *Satzger*, Strafrecht[7] § 4 Rz 7.

266 *Ambos*, Strafrecht[4] § 3 Rz 67; *Bantekas*, ICL[4] 342; *Cryer ua*, ICL[2] 50; *Dahm/Delbrück/Wolfrum*, Völkerrecht[2] 1004; *Höpfel/Kathrein* in WK[2] StGB Vor §§ 62–67 Rz 45;

wird zwischen dem sog Staatsschutz- bzw Realprinzip und dem passiven Personalitäts- bzw Individualschutzprinzip unterschieden.[267]

Das Staatschutzprinzip, welches eine Strafgewaltserstreckung für den Fall eines Angriffes auf die politische und militärische Integrität des Staates ermöglicht, somit also dem Schutz von Staatsinteressen und staatlichen Einrichtungen dient, ist völkergewohnheitsrechtlich anerkannt.[268] Bezüglich internationaler Verbrechen wird dieses Prinzip jedoch äußerst selten zur Anwendung gelangen, da Staaten Völkerrechtsverbrechen zumeist nicht als Gefahr für ihre nationalen Interessen ansehen, wenn weder ein nationaler noch ein territorialer Anknüpfungspunkt gegeben ist.[269]

Weltweit noch nicht (vollständig) anerkannt ist hingegen das sog passive Personalitätsprinzip, welches einem Staat ermöglicht, seine Strafgewalt auf Auslandstaten zu erstrecken, die gegen seine Staatsangehörigen begangen wurden.[270]

e) *Das Weltrechtsprinzip*

Das Weltrechts- bzw Universalitätsprinzip berechtigt jeden Staat zur strafrechtlichen Verfolgung bestimmter völkerstrafrechtlicher Verbrechen, die sich gegen das Interesse der Völkergemeinschaft richten, und zwar unabhängig von Tatort oder Nationalität des Täters und der Opfer.[271] Eine völkergewohnheitsrechtliche Geltung des Weltrechtsprinzips wird weitgehend für alle vier völkerstrafrechtlichen Kernverbrechen anerkannt, da die Verletzung dieser universell anerkannten Rechtsgüter

---

Safferling, Strafrecht § 3 Rz 39; *Satzger*, Strafrecht[7] § 4 Rz 9; *Schwaighofer* in SbgK Vorbem §§ 62 ff Rz 40.

267 *Ambos*, Strafrecht[4] § 3 Rz 67; *Esser*, Strafrecht § 14 Rz 12 f; *Safferling*, Strafrecht § 3 Rz 40 ff; *Satzger*, Strafrecht[7] § 4 Rz 9.

268 *Ambos*, Strafrecht[4] § 3 Rz 68; *Bantekas*, ICL[4] 342; *Cryer ua*, ICL[2] 50; *Esser*, Strafrecht § 14 Rz 12 f; *Safferling*, Strafrecht § 3 Rz 43; *Satzger*, Strafrecht[7] § 4 Rz 10 f.

269 *Cryer ua*, ICL[2] 50; *Kindt* Menschenrechte 78.

270 *Ambos*, Strafrecht[4] § 3 Rz 70, 72; *Bantekas*, ICL[4] 340; *Bosch*, Immunität 47; *Cryer ua*, ICL[2] 49; *Kindt*, Menschenrechte 77; *Safferling*, Strafrecht § 3 Rz 40; *Satzger*, Strafrecht[7] § 4 Rz 11; *Schwaighofer* in SbgK Vorbem §§ 62 ff Rz 41. Für die völkerrechtliche Anerkennung des Prinzips: *Osofsky*, YLJ 1997, 192.

271 *Ambos*, Strafrecht[4] § 3 Rz 92; *Cassese*, ICL[3] 278; *Dahm/Delbrück/Wolfrum*, Völkerrecht[2] 1004; *Eser* in *Schönke/Schröder*[29] Vorbem §§ 3–7 Rz 19; *Esser*, Strafrecht § 14 Rz 14; *Hecker*, Strafrecht[4] § 2 Rz 48; *Höpfel/Kathrein* in WK[2] StGB Vor §§ 62–67 Rz 46; *Kindt*, Menschenrechte 78; *Murschetz*, Auslieferung 31; *Safferling*, Strafrecht § 3 Rz 46; *Satzger*, Strafrecht[7] § 4 Rz 12; *Werle*, Völkerstrafrecht[3] Rz 211 f.

die Interessen der Staatengemeinschaft als solche berührt.[272] Lediglich bezüglich des Aggressionsverbrechens bestehen mangels Staatenpraxis gewisse Zweifel.[273]

Es werden zwei verschiedene Ausprägungen des Universalitätsprinzips unterschieden:[274] Beim sog absoluten Weltrechtsprinzip ist das einzige relevante Kriterium der universelle bzw internationale Charakter des Verbrechens; zwischen dem Gerichtsstaat und dem vorgeworfenen Verbrechen muss keinerlei Beziehung bestehen.[275] Nach dem bedingten Weltrechtsprinzip ist hingegen ein sinnvoller Anknüpfungspunkt zwischen dem Verbrechen bzw dem Täter und dem Gerichtsstaat erforderlich.[276] Die Anwesenheit des Täters im Gerichtsstaat stellt somit die wesentliche Voraussetzung für eine strafrechtliche Verfolgung auf Grundlage des bedingten Weltrechtsprinzips dar.[277] Das bedingte Weltrechtsprinzip ist in zahlreichen nationalen Gesetzen festgeschrieben, so etwa in Österreich[278], der Schweiz[279] und Großbritannien.[280] Dahingehend stellen Regelungen, die ein absolutes Weltrechtsprinzip vorsehen, die Ausnahme dar: Die Anwendung dieser weiten Ausgestaltung erfolgte bisher nur durch Deutschland[281],

---

272 *Ambos*, Strafrecht⁴ § 3 Rz 95; *Esser*, Strafrecht § 14 Rz 14; *Hecker*, Strafrecht⁴ § 2 Rz 48; *Safferling*, Strafrecht § 3 Rz 47; *Werle*, Völkerstrafrecht³ Rz 212, 216; einen Überblick über die Umsetzung des Weltrechtsprinzips findet sich bei *Amnesty International*, Jurisdiction und Update (Onlineabfrage).

273 *Ambos*, Strafrecht⁴ § 3 Rz 95; *Werle*, Völkerstrafrecht³ Rz 216; *Tomuschat* in FS Steinberger 341 f.

274 *Ambos*, Strafrecht⁴ § 3 Rz 94; *Cassese*, ICL³ 278; *Cryer*, Prosecuting 85; *Kindt*, Menschenrechte 85; *Murschetz*, Auslieferung 40.

275 *Cassese*, ICL³ 278; *Cryer*, Prosecuting 84; *Kindt*, Menschenrechte 85 f.

276 *Ambos*, Strafrecht⁴ § 3 Rz 94; *Cassese*, ICL³ 278; *Kindt*, Menschenrechte 86; *Murschetz*, Auslieferung 40.

277 *Ambos*, Strafrecht⁴ § 3 Rz 94; *Cassese*, ICL³ 278; *Cryer*, Prosecuting 85; *Kindt*, Menschenrechte 86.

278 Im österreichischen Strafgesetzbuch ist das Weltrechtsprinzip in § 64 Abs 1 Z 4 zweiter Fall, Z 4a lit c, Z 5 lit d, Z 6, Z 9 lit f und Z 10 lit b umgesetzt, indem subsidiär für den Fall der Unmöglichkeit der Auslieferung die österreichische Strafgewalt vorgesehen wird (*Murschetz*, Auslieferung 35 f; *Schwaighofer* in SbgK § 64 Rz 11); eingehender siehe dazu *Hochmayr* in *Sinn*, Jurisdiktionskonflikte 364–367.

279 Das Weltrechtsprinzip ist in drei verschiedenen Bestimmungen des Schweizer StGB festgeschrieben: Art 7 Abs 2 lit b, Art 6 und Art 5 (*Eicker*, ius.full 2007/2, 58–60).

280 *Kindt*, Menschenrechte 86. Eingehender siehe *Amnesty International*, Jurisdiction und Update (Onlineabfrage).

281 Im § 1 des seit 30.5.2002 in Kraft stehenden deutschen Völkerstrafgesetzbuchs ist ein absolutes Weltrechtsprinzip für sog Kernverbrechen (dazu näher unter V.A) verankert (*Ambos*, Strafrecht⁴ § 3 Rz 96; *Kindt*, Menschenrechte 87).

vor 2014 in Spanien[282] und vor 2003[283] in Belgien.[284] Generell ist eine Abkehr vom absoluten Weltrechtsprinzip zu verzeichnen,[285] während zugleich das (bedingte) Universalitätsprinzip zunehmend an Akzeptanz gewinnt.[286]

f) Aut dedere aut iudicare und Weltrechtsprinzip – Abgrenzungsfragen

Beim Weltrechtsprinzip und der Verpflichtung zur Strafverfolgung oder Auslieferung handelt es sich um zwei zwar verwandte, aber konzeptionell zu unterscheidende Prinzipien des Völkerrechts.[287]

Nach dem Weltrechtsprinzip ist – wie soeben dargestellt – jeder Staat zur Strafverfolgung von Personen berechtigt, denen bestimmte völkerstrafrechtliche Verbrechen zur Last gelegt werden, und zwar unabhängig von Tatort oder Nationalität des Täters und der Opfer.[288]

Das Völkerrecht räumt den Staaten aber nicht nur die Befugnis zur Strafverfolgung internationaler Verbrechen ein, sondern verpflichtet sie unter gewissen Voraussetzungen auch dazu.[289] Aus zahlreichen völkerrechtlichen Übereinkommen ergibt sich diese Verpflichtung, den Täter selbst zu verfolgen oder an einen verfolgungsbereiten Staat auszuliefern (*aut dedere aut iudicare*).[290]

---

282 Zur gesetzlichen Regelung in Spanien vor 2014 siehe bei *Amnesty International*, Update 106 (Onlineabfrage). Als Reaktion auf die aus der Ausstellung von internationalen Haftbefehlen gegen ehemalige chinesische Spitzenpolitiker seitens eines spanischen Richters resultierenden diplomatischen Konflikt wurde in Spanien ein Gesetzesentwurf beschlossen, der eine wesentliche Einschränkung des Weltrechtsprinzips vorsieht (*Dahms*, Spanien ignoriert Weltrechtsprinzip, Frankfurter Rundschau, Onlineabfrage [14.7.2016]). Bereits in den Jahren zuvor war in der spanischen Rechtsprechung eine Abkehr vom absoluten Weltrechtsprinzip zu beobachten (*Kindt*, Menschenrechte 90).

283 Seit zwei im Jahr 2003 erfolgten Gesetzesänderungen ist jegliche Form des Universalitätsprinzips aus dem belgischen Recht verschwunden (*Kindt*, Menschenrechte 89 f).

284 *Kindt*, Menschenrechte 86 f.

285 Siehe zuvor unter FN 282 und 283.

286 *Kindt*, Menschenrechte 91; *Murschetz*, Auslieferung 33 f.

287 *Amnesty International*, Justice 10 (Onlineabfrage); *Ambos*, Strafrecht[4] § 3 Rz 117.

288 *Ambos*, Strafrecht[4] § 3 Rz 92; *Amnesty International*, Justice 10 (Onlineabfrage); *Cassese*, ICL[3] 278; *Esser*, Strafrecht § 14 Rz 14; *Hecker*, Strafrecht[4] § 2 Rz 48; *Kindt* Menschenrechte 78; *Safferling*, Strafrecht § 3 Rz 46; *Satzger*, Strafrecht[7] § 4 Rz 12; *Werle*, Völkerstrafrecht[3] Rz 211 f.

289 *Ambos*, Strafrecht[4] § 3 Rz 92, 117; *Kindt*, Menschenrechte 84; *Maierhöfer*, „Aut dedere – aut iudicare" 412; *Satzger*, Strafrecht[7] § 4 Rz 12; *Werle*, Völkerstrafrecht[3] Rz 224, 230.

290 *Ambos*, Strafrecht[4] § 3 Rz 117; *Bassiouni* in *Burgstaller/Nowak*, Aut dedere aut iudicare 19; *Bassiouni/Wise*, Aut dedere aut judicare 3; *ILC* UN Doc A/CN.4/571, para 4;

Obwohl die Verpflichtung zur Strafverfolgung oder Auslieferung nicht *per se* mit dem Weltrechtsprinzip gleichgesetzt werden darf, wird die sich aus dem *aut dedere aut iudicare*-Grundsatz ergebende Verpflichtung zur Strafverfolgung doch in vielen Fällen notwendigerweise mit der Ausübung universeller Jurisdiktion einhergehen.[291] Inwieweit der *aut dedere aut iudicare*-Grundsatz eine Ausdehnung der Strafgewalt durch den Zufluchtstaat rechtfertigt bzw diesen zu einer solchen verpflichtet, wird in den nachfolgenden Kapiteln III.B. 3 und 4 eingehend behandelt.

g) Das Prinzip der stellvertretenden Strafrechtspflege

Das Prinzip der stellvertretenden Strafrechtspflege dient der Lückenfüllung und Ergänzung der Strafgewalt anderer Staaten für den Fall, dass sich der Täter durch Flucht in einen anderen Staat der Strafverfolgung entzieht.[292] Eine Verfolgung soll dann ermöglicht werden, wenn die Tatverfolgung durch den nach dem Territorialitätsprinzip berufenen Staat daran scheitert, dass der Betroffene nicht ausgeliefert werden kann, und eine Verfolgung im Staat, in dem der Täter angehalten wird, mangels Anknüpfungspunkt ansonsten nicht möglich wäre.[293] Die Strafverfolgung erfolgt allerdings nur stellvertretend für den ausländischen Staat, weshalb die Strafbarkeit des Verhaltens nach den Tatortgesetzen (sog identische Tatnorm) eine zentrale Voraussetzung des Stellvertretungsprinzips darstellt.[294] Ebenso ist eine neuerliche Strafverfolgung nach vorangegangener Erledigung

---

Maierhöfer, „Aut dedere – aut iudicare" 409; *Safferling*, Strafrecht § 3 Rz 57; *Scharf*, MPEPIL (Onlineabfrage); *Werle/Jeßberger* in LK Vorbem § 3 Rz 41. Genauer zu den *aut dedere aut iudicare*-Klauseln enthaltenden Verträgen siehe unter V.B.

291 *Amnesty International*, Justice 10 (Onlineabfrage); *Bungenberg*, AVR 2001, 199 f; *Cryer ua*, ICL[2] 73; IGH, Questions relating to the Obligation to Prosecute or Extradite (Belgium v Senegal), Judgment of 20.7.2012, ICJ Reports 2012, 451, para 74; *ILC*, UN-Doc A/69/10, para 65 (18). Nach Ansicht von *Ambos* (Straflosigkeit 195), indiziert das Weltrechtsprinzip jedoch eine Bestrafungspflicht.

292 *Ambos*, Strafrecht[4] § 3 Rz 115; *Esser*, Strafrecht § 14 Rz 15; *Safferling*, Strafrecht § 3 Rz 57; *Satzger*, Strafrecht[7] § 4 Rz 15; *Schwaighofer* in SbgK Vorbem §§ 62 ff Rz 48.

293 *Ambos*, Strafrecht[4] § 3 Rz 115; *Dahm/Delbrück/Wolfrum*, Völkerrecht[2] 1004; *Eser* in *Schönke/Schröder*[29] Vorbem §§ 3–7 Rz 21; *Esser*, Strafrecht § 14 Rz 15; *Glaser*, ÖJZ 2015/135, 1027; *Murschetz*, Auslieferung 41; *Safferling*, Strafrecht § 3 Rz 57 f; *Satzger*, Strafrecht[7] § 4 Rz 15.

294 *Eser* in *Schönke/Schröder*[29] Vorbem §§ 3–7 Rz 21; *Esser*, Strafrecht § 14 Rz 15; *Safferling*, Strafrecht § 3 Rz 57, 59; *Satzger*, Strafrecht[7] § 4 Rz 15.

im Tatortstaat (durch Aburteilung, Begnadigung, Straferlass) mit dem Gedanken der Stellvertretung unvereinbar (sog Erledigungsprinzip).[295]

3. Legitimation der Strafverfolgung bei Erfüllung von aut dedere aut iudicare-Verpflichtungen

Wie bereits unter III.A. dargestellt, ist die Verpflichtung zur Strafverfolgung oder Auslieferung vorwiegend für jene Fälle gedacht, in denen der Täter mittlerweile in einen anderen Staat geflüchtet ist, um sich der Strafverfolgung zu entziehen.[296] Folglich dürften das Territorialitäts-, das Flaggen- und das Schutzprinzip nur selten zur Legitimation einer in Erfüllung einer *aut dedere aut iudicare*-Verpflichtung durchgeführten Strafverfolgung herangezogen werden.[297] Bei Anwendbarkeit dieser Prinzipien stellt der betreffende Staat idR für den Täter auch ohne das Bestehen einer Strafverfolgungs- oder Auslieferungspflicht keinen sicheren Zufluchtsort dar.[298]

Soweit das aktive Personalitätsprinzip den Zweck verfolgt, eigene Staatsangehörige für Auslandstaten strafrechtlich zur Verantwortung zu ziehen, wenn diese nach Begehung der Tat ins Inland fliehen und aufgrund von Auslieferungsverbot für eigene Staatsangehörige nicht an den Tatortstaat ausgeliefert werden können, deckt sich dies mit der Funktion des *aut dedere aut iudicare*-Grundsatzes, wonach Straflosigkeit verhindert werden sollte.[299] Somit kann die in Erfüllung einer *aut dedere aut iudicare*-Verpflichtung erfolgte Strafverfolgung auf das aktive Personalitätsprinzip gestützt werden.[300]

Der Grundsatz der stellvertretenden Strafrechtspflege wird auf den *aut dedere aut iudicare*-Grundsatz zurückgeführt.[301] Auch dem Prinzip der stellvertretenden Strafrechtspflege liegt das Ziel zugrunde, Strafflosigkeit für jene Fälle zu verhindern, in denen sich der Täter durch Flucht in einen anderen Staat der Strafverfolgung entzieht und nicht ausgeliefert werden kann.[302]

---

295 *Ambos*, Strafrecht[4] § 3 Rz 116; *Esser*, Strafrecht § 14 Rz 15; *Glaser*, ÖJZ 2015/135, 1027; *Safferling*, Strafrecht § 3 Rz 57, 59; *Satzger*, Strafrecht[7] § 4 Rz 15.

296 *Maierhöfer*, „Aut dedere – aut iudicare" 43.

297 *Maierhöfer*, „Aut dedere – aut iudicare" 43.

298 *Maierhöfer*, „Aut dedere – aut iudicare" 43.

299 *Maierhöfer*, „Aut dedere – aut iudicare" 43 f; zur Funktion des *aut dedere aut iudicare*-Grundsatzes siehe unter III.

300 *Maierhöfer*, „Aut dedere – aut iudicare" 43.

301 *Ambos*, Strafrecht[4], § 3 Rz 117; *Safferling*, Strafrecht § 3 Rz 57.

302 *Ambos*, Strafrecht[4] § 3 Rz 115; *Esser*, Strafrecht § 14 Rz 15; *Maierhöfer*, „Aut dedere – aut iudicare" 44; *Safferling*, Strafrecht § 3 Rz 57; *Satzger*, Strafrecht[7] § 4 Rz 15; zur

Neben dem Prinzip der stellvertretenden Strafrechtspflege ermöglicht auch das Weltrechtsprinzip eine Strafverfolgung ohne das Vorliegen eines *genuine link*, ebenfalls mit dem Ziel der Abschaffung sicherer Zufluchtsorte.[303] Anzumerken ist, dass das anglo-amerikanische Recht eine Unterscheidung zwischen diesen beiden Prinzipien im Gegensatz zum kontinentaleuropäischen Recht nicht kennt.[304]

4. Ermächtigung bzw Verpflichtung zur Ausdehnung der Strafgewalt als Inhalt der aut dedere aut iudicare-Klauseln

In diesem Zusammenhang wird zum einen die Meinung vertreten, dass sich aus dem *aut dedere aut iudicare*-Grundsatz die Verpflichtung des Zufluchtstaates zur Ausdehnung seiner Strafgewalt auf nichtausgelieferte Straftäter zwingend ergibt.[305] Zum anderen wird argumentiert, dass in einem *aut dedere aut iudicare* nicht immer zwangsläufig eine solche Verpflichtung zur Erstreckung des nationalen Strafrechts auf Auslandstaten von nichtausgelieferten Straftätern enthalten ist.[306] Jedoch würden die Staaten durch das Gebot zur Strafverfolgung oder Auslieferung zumindest zu einer solchen Ausdehnung ermächtigt.[307]

Funktion des Prinzips der stellvertretenden Strafrechtspflege siehe zuvor unter III.B.2.g).

303 *Cassese*, ICL³ 278; *Kindt*, Menschenrechte 85 f; *Maierhöfer*, „Aut dedere – aut iudicare" 45; zur Funktion des Weltrechtsprinzips siehe unter III.B.2.e) und f).

304 *Dahm/Delbrück/Wolfrum*, Völkerrecht² 1004.

305 Hinsichtlich der UN-Folterkonvention: IGH, Questions relating to the Obligation to Prosecute or Extradite (Belgium v Senegal), Judgment of 20.7.2012, ICJ Reports 2012, 451, para 74; bezüglich Art 3 Abs 2 der UN-Diplomatenschutzkonvention: *Wood*, ICLQ 1974, 809.

306 Laut *Maierhöfer* würde bspw die in der Falschmünzerkonvention festgeschriebene Strafverfolgungs- oder Auslieferungsverpflichtung nicht dazu diene den Anwendungsbereichs des nationalen Strafrechts auszudehnen, sondern sie stehe unter dem Vorbehalt, dass eine Erstreckung auf Auslandstaten von diesem nicht abgelehnt werde. Daraus könne auf die mangelnde Verpflichtung zur Ausdehnung der Strafgewalt geschlossen werden. („Aut dedere – aut iudicare" 48). *Gärditz* ist der Ansicht, dass im *aut dedere aut iudicare*-Prinzip nicht zwingend die Verpflichtung zur Etablierung des Weltrechtsprinzips enthalten ist (Weltrechtspflege 162).

307 *Maierhöfer*, „Aut dedere – aut iudicare" 47; IGH, Arrest Warrant of 11 April 2000 (Democratic Republic of the Congo v Belgium), Judgment of 14.2.2002, Joint Separate Opinion of Judges Higgins, Kooijmans and Buergentha, ICJ Reports 2002, 80, para 57 f. Hinsichtlich der Genfer Konventionen, der Völkermordkonvention und der UN-Folterkonvention geht *Gärditz* davon aus, dass diese den Zufluchtstaat zu einer

Die Genfer Konventionen von 1949[308] stellen die Anwendbarkeit des Strafrechtes des Zufluchtstaates auf Auslandstaten eines ausländischen Täters sicher.[309] Diese Pflicht wird nahezu einhellig als Verpflichtung zur Übernahme des Universalitätsprinzips angesehen.[310] Auch die dem Haager Modell folgenden Klauseln[311] verpflichten die Mitgliedstaaten, ihr Strafrecht auf in ihrem Territorium befindliche mutmaßliche Täter internationaler Verbrechen zu erstrecken, sofern diese nicht ausgeliefert werden.[312] Die in der OAS-Konvention enthaltenen *jurisdictional clauses*[313] decken sich weitgehend mit dem Haager Modell.[314] Die in der afrikanischen Antisöldnerkonvention[315] enthaltene Klausel entspricht inhaltlich ebenfalls dem Haager Modell, auch wenn die Formulierung deutlicher abweicht.[316] Die Völkermordkonvention enthält zwar keine Verpflichtung zur Strafverfolgung oder Auslieferung,[317] der Zufluchtstaat eines mutmaßlichen Völkermörders wird heute jedoch ganz überwiegend als zur Strafverfolgung auf Grundlage des Weltrechtsprinzips berechtigt angesehen.[318]

Alle im Rahmen dieser Arbeit relevanten, eine *aut dedere aut iudicare*-Klausel enthaltenden völkerrechtlichen Verträge, verpflichten den Staat somit seine Zuständigkeit auf in seinem Territorium anwesende mutmaßliche Täter zu

---

Strafverfolgung auf Basis des Weltrechtsprinzips ermächtigen (Weltrechtspflege 296, 299 f, 302 f).

308 Siehe Art 49 Genfer Konvention I; Art 50 Genfer Konvention II; Art 129 Genfer Konvention III; Art 146 Genfer Konvention IV.

309 *Maierhöfer*, „Aut dedere – aut iudicare" 161 f.

310 *Cryer*, Prosecuting 82 f; *ILC*, UN Doc A/CN.4/630, para 17, 44; UN-Doc A/69/10, para 65 (18); *Kindt*, Menschenrechte 79; *Kreß*, ZStW 2002, 834; *Maierhöfer*, „Aut dedere – aut iudicare" 162; *van Elst*, LJIL 2000, 820; *Swart* in *Cassese/Gaeta/Jones*, Statute 1660.

311 Siehe Art 5 Abs 2 UN-Folterkonvention, Art 9 Abs 2 UN-Antisöldnerkonvention, Art 16 Abs 1 lit c 2. ZP zur Kulturgüterschutzkonvention, Art 9 Abs 2 Internationales Übereinkommen gegen das Verschwindenlassen. Siehe dazu genauer unter IV.B.4.

312 Hinsichtlich des 2. ZP zur Kulturgüterschutzkonvention: *Maierhöfer*, „Aut dedere – aut iudicare" 164 f; hinsichtlich der UN-Folterkonvention: *Cryer*, Prosecuting 80, 86; *Schlunck*, Amnesty 34; *Swart* in *Cassese/Gaeta/Jones*, Statute 1659.

313 Art 12 Abs 2 OAS-Folterkonvention; Art IV Abs 2 OAS-Konvention gegen das Verschwindenlassen.

314 *Maierhöfer*, „Aut dedere – aut iudicare" 163, 170.

315 Art 8 OAS-Antisöldnerkonvention.

316 *Maierhöfer*, „Aut dedere – aut iudicare" 163.

317 Genauer dazu unter V.B.2.

318 *Kindt*, Menschenrechte 82; *Maierhöfer*, „Aut dedere – aut iudicare" 165. Siehe dazu genauer unter V.D.2.e) (3).

erstrecken, sofern diese nicht ausgeliefert werden. Die Frage nach dieser Verpflichtung stellt sich dann nicht, wenn Auslandstaten eigener Staatsbürger verfolgt werden sollen, da in diesen Fällen aufgrund der Staatsangehörigkeit ohnedies ein ausreichender *genuine link* besteht.[319] Eine Strafverfolgung ohne das Vorliegen eines *genuine link* ermöglicht das Weltrechtsprinzip sowie das Prinzip der stellvertretenden Strafrechtspflege.[320] Die sich aus dem *aut dedere aut iudicare*-Grundsatz ergebende Verpflichtung zur Strafverfolgung wird folglich in vielen Fällen notwendigerweise mit der Ausübung universeller Jurisdiktion einhergehen.[321] Die Mitgliedstaaten werden dabei nur zur Ausübung eines bedingten Weltrechtsprinzips[322] ermächtigt und dazu verpflichtet, da sie ihre Strafgewalt nur auf jene Täter zu erstrecken haben, die sich auf ihrem Staatsgebiet aufhalten.

5. Problemstellungen im Zusammenhang mit der Verfolgung von (extraterritorialen) internationalen Verbrechen durch nationale Gerichte

Die Vorzüge einer *aut dedere aut iudicare*-Verpflichtung hinsichtlich internationaler Verbrechen liegen klar auf der Hand: Wenn jeder Mitgliedstaat mutmaßliche Täter von Völkerrechtsverbrechen verfolgen oder ausliefern muss, so kann der Täter in diesen Staaten keine sichere Zuflucht finden. Die Verpflichtung zur Strafverfolgung oder Auslieferung stellt somit ein effektives Mittel im Kampf gegen die Straffreiheit der Täter solcher Verbrechen dar. Die Mitgliedstaaten sind dabei – wie gerade dargestellt – dazu verpflichtet, ihre Zuständigkeit auf in ihrem Territorium anwesende mutmaßliche Täter zu erstrecken, sofern diese nicht ausgeliefert werden. Diese Verpflichtung kann in vielen Fällen nur durch die Anwendung des (bedingten) Weltrechtsprinzips erfüllt werden.[323] Dieses Prinzip ist in der Literatur aber wiederholt kritisch betrachtet worden.[324] Nachstehend erfolgt nur eine kurze Darstellung und Analyse der in diesem Zusammenhang

319 *Maierhöfer*, „Aut dedere – aut iudicare" 53.

320 *Cassese*, ICL³ 278; *Kindt*, Menschenrechte 85 f; *Maierhöfer*, „Aut dedere – aut iudicare" 45. Zu diesen Prinzipien siehe oben unter III.B.2.e) – g).

321 *Amnesty International*, Justice 10 (Onlineabfrage); *Bungenberg*, AVR 2001, 199 f; *Cryer ua*, ICL² 73; IGH, Questions relating to the Obligation to Prosecute or Extradite (Belgium v Senegal), Judgment of 20.7.2012, ICJ Reports 2012, 451, para 74; *ILC*, UN-Doc A/69/10, para 65 (18); siehe dazu auch oben unter III.B.2.f).

322 Zur Unterscheidung absolutes und bedingtes Weltrechtsprinzip siehe oben unter III.B.2.e).

323 Siehe dazu oben unter III.B.4.

324 Eingehend *Kindt*, Menschenrechte 120 ff.

vorgebrachten Argumente, eine tiefgreifende Auseinandersetzung mit dieser Thematik würde den Rahmen dieser Arbeit sprengen. Da die Mitgliedstaaten durch *jurisdictional clauses* nicht zur Ausübung des absoluten Weltrechtsprinzips ermächtigt bzw verpflichtet werden, kann an dieser Stelle auf die dazu vorgebrachten Kritikpunkte[325] nicht näher eingegangen werden.

Zunächst wird kritisiert, dass mit der Ausübung von Gerichtsbarkeit auf Basis des (bedingten) Weltrechtsprinzips die Gefahr verbunden sei, dass Staaten völkerrechtswidrig in die Angelegenheiten eines anderen Staates eingreifen.[326] Aufgrund der souveränen Gleichheit der Staaten darf kein Staat über die Handlungen eines anderen Staates richten.[327] Es gilt der Grundsatz *par in parem non habet imperium.*[328] Das Weltrechtsprinzip wird daher vorwiegend kritisiert, sofern (ehemalige) fremde Hoheitsträger strafrechtlich verfolgt werden.[329] Zudem wird argumentiert, es sei in erster Linie das Recht und die Aufgabe jedes Volkes, Verbrechen, die innerhalb der Gemeinschaft begangen wurden, zu bestrafen.[330] Staaten, die Strafgewalt auf Basis des Weltrechtsprinzips ausüben, würden daher gegen das Interventionsverbot verstoßen.[331] Dem wird entgegengehalten, dass es sich bei den völkerrechtlichen Verbrechen mittlerweile um in der internationalen Gemeinschaft universell anerkannte Werte handelt, die die Gemeinschaft als solche betreffen und die daher nicht mehr als Teil der *domaine réservé* jedes einzelnen Staates angesehen werden können.[332] Zudem kann, bei mit staatlicher Beteiligung begangenen Völkerrechtsverbrechen wie etwa bei Folterungen, uU ein anderer Staat als der Tatortstaat besser geeignet sein eine objektive Strafverfolgung durchzuführen.[333] Darüber hinaus hat auch der Aufenthalts- bzw Wohnortstaat des Täters ein legitimes eigenes

325 Zu den vorgebrachten Kritikpunkten siehe bei *Cassese*, ICL³ 279 ff; eingehend *Kindt*, Menschenrechte 105 ff.

326 *Kindt*, Menschenrechte 121.

327 *Hailbronner* in *Vitzthum* Rz 89; *Herdegen*, Völkerrecht § 37 Rz 1; *Kindt*, Menschenrechte 121; *Kriebaum* in *Reinisch*, Völkerrecht⁵ Rz 1552; *Verdross/Simma*, Völkerrecht³ § 1168.

328 *Hailbronner* in *Vitzthum* Rz 89; *Herdegen*, Völkerrecht § 37 Rz 1; *Kindt*, Menschenrechte 121; *Kriebaum* in *Reinisch*, Völkerrecht⁵ Rz 1552; *Verdross/Simma*, Völkerrecht³ § 1168.

329 *Kindt*, Menschenrechte 121.

330 *Kindt*, Menschenrechte 121.

331 *Kindt*, Menschenrechte 121.

332 Ambos, NStZ 1999, 227; *Kindt*, Menschenrechte 122 f; *Murschetz*, Auslieferung 38; ähnlich *Cryer*, Prosecuting 84 f; ähnlich auch *Abi-Saab*, JICJ 2003, 597.

333 Ähnlich auch *Cryer*, Prosecuting 75 ff; *Volkmann*, Strafverfolgung 297 f.

Verfolgungsinteresse, nämlich nicht zum Zufluchtsort für Völkerrechtsverbrecher zu werden.[334] *Fletscher*[335] kritisiert das Weltrechtsprinzip, da dieses dazu führe, dass der Grundsatz *ne bis in idem* nicht mehr garantiert werden könne.[336] Selbst wenn dieser Grundsatz Anwendung finden würde, sei damit das Problem nicht zu beseitigen, da der Staat mit der engsten Verbindung zur Tat bzw zum Täter unmöglich die Entscheidung eines Gerichts akzeptieren könne, dass seine Strafgewalt auf das Weltrechtsprinzip gründet.[337]

Zusammengefasst wird die Kritik am (bedingten) Weltrechtsprinzip vornehmlich darauf gestützt, dass völkerrechtliche Verbrechen von den Staaten mit dem engsten Bezug zur Tat bzw zum Täter, also jenen Staaten, die ihre Jurisdiktion im Idealfall auf die Territorialität oder als zweitbeste Lösung auf die Nationalität des Täters stützen, und nicht durch andere Staaten, verfolgt werden sollten.[338]

Die Frage nach der Priorität der verschiedenen zuständigen Gerichte und damit nach einer möglichen Hierarchie der Anknüpfungspunkte stellt sich beim Bestehen einer *aut dedere aut iudicare*-Verpflichtung dann, wenn ein Staat, der seine Zuständigkeit auf das Territorialitäts- oder Personalitätsprinzip stützt, die Auslieferung des mutmaßlichen Täters begehrt, dessen Zufluchtstaat diesen nur auf Basis des Weltrechtsprinzips verfolgen könnte. Auch wenn zwei Auslieferungsersuchen vorliegen und die Staaten ihre Zuständigkeit auf unterschiedliche Jurisdiktionsprinzipien stützen, ist fraglich, ob einem der Ersuchen der Vorzug zu geben ist. Zweitere Frage wird unter IV.D.2. beantwortet. Hinsichtlich erster Situation gilt: Keine der in dieser Arbeit behandelten Konventionen sieht für diesen Fall eine Verpflichtung zur bzw einen Vorrang der Auslieferung vor.[339] Es existiert auch keine völkergewohnheitsrechtliche Regel, wonach die Auslieferung an den Tatortstaat gegenüber der Strafverfolgung durch den Zufluchtstaat den Vorzug genießt.[340] Der Zufluchtstaat kann also auch hier frei zwischen Strafverfolgung und Auslieferung wählen. Die Verfolgung mutmaßlicher Täter auf Basis des Weltrechtsprinzips ist also nicht nur auf jene Fälle beschränkt, in

---

334 BayObLG 23.5. 1997, 3 St 20/96 = NJW 1998, 395; *Kindt,* Menschenrechte 123 f; *Scholten*, NStZ 1994, 269.

335 *Fletscher*, JICJ 2003, 580 ff.

336 *Kindt,* Menschenrechte 124.

337 *Fletscher*, JICJ 2003, 580 ff; *Kindt,* Menschenrechte 124.

338 *Kindt,* Menschenrechte 125.

339 Siehe dazu unter IV.B.2., 4., 5.

340 *Maierhöfer*, „Aut dedere – aut iudicare" 363 f; *Volkmann*, Strafverfolgung 295; *Schomburg* ua, Rechtshilfe Einl Rz 85.

denen der Tatortstaat bzw der Staat, dessen Staatsangehörigkeit der Täter bzw das Opfer besitzt,[341] sein Verfolgungsrecht nicht wahrnimmt. Es besteht keine Rangfolge der Jurisdiktionsprinzipien.[342] Bisherige Versuche sich auf eine Rangfolge der einzelnen Prinzipien zu einigen sind gescheitert.[343] Es ist daher genauso möglich, dass der Zufluchtstaat den mutmaßlichen Täter strafverfolgt, obwohl der Tatortstaat die Auslieferung begehrt.[344] Problematisch ist das Fehlen von Regelungen für solche positiven Kompetenzkonflikte deshalb, weil im zwischenstaatlichen Rechtsverkehr der Grundsatz *ne bis in idem* (noch) nicht anerkannt ist.[345] Traurige Realität ist jedoch, dass Tatortstaaten internationale Verbrechen häufig nicht strafrechtlich verfolgen,[346] weshalb sich diese Frage in der Praxis nur in wenigen Fällen stellt. Eine Verpflichtung zur vorrangigen Auslieferung an bestimmte Staaten in den Konventionen betreffend die internationalen Verbrechen zu verankern, erscheint jedenfalls nicht sinnvoll, da es nur schwer möglich ist, eine für alle möglichen Fallkonstellationen zutreffende abstrakt-generelle Regelung für eine Rangordnung der Jurisdiktionsprinzipien zu treffen.[347] Zudem führt eine Anknüpfung an das Territorialitäts- oder Personalitätsprinzip nicht immer zu einem eindeutigen Ergebnis, insbesondere bei Distanzdelikten oder

---

341 Wie zuvor dargestellt, sollten diese Staaten nach Ansicht der Kritiker des Weltrechtsprinzips jedoch nach dem Grundsatz der souveränen Gleichheit und dem Selbstbestimmungsrecht der Völker im Idealfall zur Ausübung der Strafgewalt vorrangig zuständig sein (*Kindt,* Menschenrechte 122 f).

342 *Lagodny,* Gerichtskompetenz 44 (Onlineabfrage); *Murschetz,* Auslieferung 43; *Pappas,* Strafrechtspflege 87; *Vander Beken/Vermeulen/Lagodny,* NStZ 2002, 625; *Volkmann,* Strafverfolgung 296 f.

343 *Lagodny,* Gerichtskompetenz 44 ff (Onlineabfrage).

344 *Volkmann,* Strafverfolgung 296.

345 *Ambos,* Strafrecht[4] § 4 Rz 4; *Hecker,* Strafrecht[4] § 13 Rz 2; *Radtke/Busch,* EuGRZ 2000, 421, 423; *Safferling,* Strafrecht § 12 Rz 77; *Volkmann,* Strafverfolgung 292; eingehend *Kniebühler,* ne bis in idem 64 ff. Eine Ausnahme stellt freilich die EU dar, wo der *ne bis in idem*-Grundsatz als allgemeiner Rechtsgrundsatz anerkannt ist (*Hecker,* Strafrecht[4] § 13 Rz 3); zum transnationalen Strafanklageverbrauch in den Schengen Staaten, insbesondere zu Art 54 SDÜ siehe bei *Radtke/Busch,* EuGRZ 2000, 421 ff.

346 *Kindt,* Menschenrechte 125; *Robinson* in *Macedo,* Jurisdiction 16; *Von Braun,* Strafgerichte 27.

347 Siehe dazu auch unter IV.D.2; ähnlich auch *Lagodny,* Gerichtskompetenz 11 (Onlineabfrage); ähnlich auch *Vogler,* welcher der Meinung ist, es müsse ein flexibles System ausgearbeitet werden, welches es ermöglicht, dem jeweiligen Einzelfalls gerecht zu werden (*Vogler* in FS Maurach 609).

wenn mehrere Opfer unterschiedliche Staatsangehörigkeiten aufweisen.[348] Die aktuelle Regelung, die den Staaten eine am Einzelfall orientierte Entscheidung ermöglicht, sollte daher beibehalten werden. Eine mögliche Hilfestellung bei dieser Abwägung bieten die *Princeton Principles*[349] oder die von *Lagodny* herausgearbeiteten Abwägungsrelationen[350].

Die zu präferierende Lösung in solchen Kollisionsfällen ist die Schaffung eines hybriden Tribunals, welchem Vorrang bei der Strafverfolgung eingeräumt wird. Ein solches hätte den Vorteil, dass sich der Tatortstaat an der Verfolgung beteiligen könnte, während zugleich die Objektivität durch die internationale Beteiligung sichergestellt wäre. Hybride Tribunale sind *ad hoc*-Gerichtshöfen oder dem ICC vorzuziehen, da diese durch die Einbindung des Tatortstaates von dessen

---

348 *Kniebühler*, ne bis in idem 73; ähnlich auch *Murschetz*, Auslieferung 38; *Plachta*, EJIL 2001, 130.

349 Prinzip 8 lautet: „Where more than one state has or may assert jurisdiction over a person and where the state that has custody of the person has no basis for jurisdiction other than the principle of universality, that state or its judicial organs shall, in deciding whether to prosecute or extradite, base their decision on an aggregate balance of the following criteria:
(a) multilateral or bilateral treaty obligations;
(b) the place of commission of the crime;
(c) the nationality connection of the alleged perpetrator to the requesting state;
(d) the nationality connection of the victim to the requesting state;
(e) any other connection between the requesting state and the alleged perpetrator, the crime, or the victim;
(f) the likelihood, good faith, and effectiveness of the prosecution in the requesting state;
(g) the fairness and impartiality of the proceedings in the requesting state;
(h) convenience to the parties and witnesses, as well as the availability of evidence in the requesting state; and
(i) the interests of justice" (The Princeton Principles on Universal Jurisdiction, abgedruckt in *Macedo*, Jurisdiction 21 ff).

350 Nach *Lagodny* sollte ein Staat die Strafgewalt um so eher zugewiesen bekommen:
„1. je mehr dieser Staat der Tatortstaat ist;
2. je mehr Beweismittel in diesem Staat verfügbar sind;
3. je mehr dieser Staat der gewöhnliche Aufenthaltsstaat des Verdächtigen ist;
4. je mehr der Verdächtige die Sprache dieses Staates beherrscht;
5. je mehr der Verdächtige in diesem Staat gleichzeitig wegen anderer Taten verfolgt wird;
6. je weniger es sich um eine Nichtauslieferungstat handelt;
7. je mehr der ‚Schwerpunkt des charakteristischen Unrechts' in diesem Staat liegt;
8. je mehr sonstige Gesichtspunkte einer qualitativ besten Sachentscheidung für diesen Staat sprechen" (*Lagodny*, Gerichtskompetenz 109 [Onlineabfrage]).

Bevölkerung weniger als Einmischung von außen empfunden werden.[351] Zugleich genießt ein Gericht mit internationaler Beteiligung eine höhere Autorität als rein nationale Gerichte. Urteile hybrider Tribunale werden aufgrund dieser Autorität sowie der Einbindung in das Strafrechtssystem des Tatortstaates von der Bevölkerung der Staaten mit engen Bezugspunkten zum Verbrechen und den Opfern eher anerkannt werden als die eines Zufluchtstaates, der außer der Anwesenheit des Täters auf seinem Territorium keinen Bezugspunkt zum verfolgten völkerrechtlichen Verbrechen aufweist. Außerdem kann durch die Errichtung eines hybriden Tribunals und der damit verbunden internationalen Kontrolle auch verhindert werden, dass ein Staat einen Täter nur zum Schein verfolgt. Strafverfahren sind in den verfolgungswilligen Staaten uU sehr unterschiedlich ausgestaltet. Durch die internationale Beteiligung können Mindeststandards bei der Verfolgung sichergestellt werden, was ebenfalls die Akzeptanz für die Urteile dieses Gerichts erhöht. In einer Postkonfliktsituation ist der Tatortstaat oftmals zwar Willens, aber nicht in der Lage Völkerrechtsverbrechen selbst zu verfolgen.[352] Die Errichtung eines hybriden Tribunals erscheint deshalb besonders in solchen Fällen sinnvoll, in denen der Tatortstaat zwar den politischen Willen zur Strafverfolgung aufweist, jedoch die nötigen Ressourcen und Expertisen fehlen.[353] Ein weiterer Vorteil eines solchen internationalen Gerichts ist, dass von diesem auch ausländische Staats- und Regierungschefs verfolgt werden können, deren Verfolgung durch nationale Gerichte aufgrund ihrer Immunität nicht möglich ist.[354] Die Verfolgung extraterritorialer Verbrechen durch den Zufluchtstaat ist zudem mit hohen Kosten und Aufwand verbunden, insbesondere aufgrund der Anreise von Zeugen aus dem Tatortstaat, der Notwendigkeit von Dolmetschern und eventuellen Sicherheitsfragen.[355] Eine Ermittlung des Sachverhalts ohne direkten Zugang zu Tatort und anderen im Tatortstaat befindlichen Beweisen kann das Gericht ebenfalls vor Probleme stellen.[356] Diese Probleme könnten durch ein hybrides Tribunal ebenfalls weitgehend vermieden werden.

---

351 Ebenso *Werle*, Völkerstrafrecht[3] Rz 81; hinsichtlich des ICTY: *Von Braun*, Strafgerichte 32.

352 Ähnlich auch *Werle*, Völkerstrafrecht[3] Rz 82.

353 *Orentlicher* in *Macedo*, Jurisdiction 236.

354 IGH, Arrest Warrant of 11 April 2000 (Democratic Republic of the Congo v Belgium), Judgment of 14.2.2002, ICJ Reports 2002, 24 ff, para 58, 61; *Maierhöfer*, „Aut dedere – aut iudicare" 407; *Maierhöfer*, EuGRZ 2003, 545 ff.

355 So auch: *Tomuschat* in FS Steinberger 333.

356 So auch: *Boulesbaa*, Torture 220; *Tomuschat* in FS Steinberger 333; *Von Braun*, Strafgerichte 31.

IV. Inhalt der Pflicht zur Strafverfolgung oder Auslieferung

Wenn ein Straftäter nach Begehung eines Völkerrechtsverbrechens in einem anderen Staat Zuflucht sucht und dieser Staat einer *aut dedere aut iudicare*-Verpflichtung unterworfen ist, stellen sich für den Zufluchtstaat unterschiedliche Fragen, auf die im nachstehenden Kapitel eingegangen wird. Zunächst wird der Frage nachgegangen, ob der Eingang eines Auslieferungsersuchens eine Voraussetzung für die Verpflichtung zur Strafverfolgung darstellt. Des Weiteren findet eine Auseinandersetzung mit dem Verhältnis von Strafverfolgung und Auslieferung statt, dh es wird ua die Frage beantwortet, ob der Zufluchtstaat frei zwischen *dedere* und *iudicare* wählen kann oder ob ein Vorrang der Auslieferung besteht. Darüber hinaus werden Inhalt und Grenzen der Strafverfolgungs- sowie der Auslieferungspflicht einer genaueren Betrachtung unterzogen. Hinsichtlich der Strafverfolgungsverpflichtung wäre in diesem Zusammenhang durchaus von Interesse, ob im Anwendungsbereich einer Strafverfolgungs- oder Auslieferungsverpflichtung ehemalige Staatsoberhäupter strafrechtliche Immunität genießen oder nicht.[357] Eine Bearbeitung dieser Fragestellung würde jedoch eine umfassende Auseinandersetzung mit der völkerrechtlichen Immunität erfordern, und damit den Rahmen dieser Arbeit sprengen. Zuletzt werden noch mögliche Sanktionen bei Nichtbeachtung einer *aut dedere aut iudicare*-Verpflichtung aufgezeigt.

---

357 Für die Beseitigung der Immunität in solchen Fällen tritt etwa das *House of Lords* in seiner Pinochet-Entscheidung ein: Hous of Lords, Regina v Bartle and the Commissioner of Police for the Metropolis and Others Ex Parte Pinochet, Regina v Evans and Others and the Commissioner of Police for the Metropolis and Others Ex Parte Pinochet (On Appeal from a Divisional Court of the Queen's Bench Division), Judgment of 24.3.1999, abgedruckt in: HRLJ 1999, 61–108. So auch die Hochkommissarin für Menschenrechte Mary Robinson in ihrer Stellungnahme zu diesem Urteil: „States that accept these conventions must either extradite or try them, and they expressly confirm in these treaties that the defence of sovereign immunity shall not be available" (United Nations Press Release, HR/98/90, 25.11.1998 zit nach *Bosch*, Immunität 138 FN 123). Kritisch *Maierhöfer*, EuGRZ 2003, 552 mwN. Für den Vorrang der Bestrafungspflicht gegenüber der Verpflichtung zur Gewährung von Immunität hinsichtlich internationaler Verbrechen: *Bosch*, Immunität 137–139; ähnlich auch *van Alebeek*, LJIL 2000, 489.

A. Der Eingang eines Auslieferungsersuchens als Voraussetzung der Pflicht zur Strafverfolgung

Bei der Beantwortung der Frage, ob das Entstehen der Verpflichtung zur Strafverfolgung den Eingang eines Auslieferungsersuchens voraussetzt, muss zwischen den unterschiedlichen Rechtsgrundlagen, aus denen sich *aut dedere aut iudicare*-Verpflichtungen ergeben, differenziert werden. Hierbei kann grob zwischen zwei Ausgestaltungen des *aut dedere aut iudicare*-Grundsatzes unterschieden werden: (1) Jene Klauseln, bei denen den Zufluchtstaat erst nach Einlangen eines Auslieferungsersuchens die Verpflichtung zur Strafverfolgung trifft. (2) Jene, bei denen der Staat zur Strafverfolgung verpflichtet ist, sobald der Täter sich in seinem Territorium befindet, sofern er sich von dieser Verpflichtung nicht durch Auslieferung des Verdächtigen befreit.[358] Aufgrund des diesbezüglich eindeutigen Wortlauts können etwa die in der OAS-Folterkonvention[359], der afrikanischen Antisöldnerkonvention[360] oder der OAS-Konvention gegen Verschwindenlassen[361] enthaltenen Strafverfolgungs- oder Auslieferungsverpflichtungen der ersten Kategorie zugeordnet werden.[362] Zur zweiten Kategorie werden etwa die in den Genfer Konventionen enthaltenen *aut dedere aut iudicare*-Klauseln oder Art 9 des *Draft Code of Offences against the Peace and Security of Mankind* gezählt.[363] Wenngleich sie aufgrund des Wortlauts nicht ganz eindeutig zuordenbar sind, werden im Ergebnis auch die relevanten Bestimmungen der *Convention for the Suppression of Unlawful Seizure of Aircraft* (1970) und der UN-Folterkonvention (1984)[364] dieser zweiten Kategorie zugeschrieben.[365]

Bei der zweiten Kategorie von Klauseln besteht dabei eine absolute – vom Vorliegen eines Auslieferungsersuchens unabhängige – Verpflichtung zur Verfolgung

358 *Bassiouni/Wise*, Aut dedere aut judicare 18; IGH, Questions relating to the Obligation to Prosecute or Extradite (Belgium v Senegal), Judgment of 20.7.2012, ICJ Reports 2012, 432, para 19; *ILC*, UN Doc A/CN.4/L.844, para 23, UN Doc A/CN.4/630, para 126, UN-Doc A/69/10, para 65 (38); *Maierhöfer*, „Aut dedere – aut iudicare" 337.

359 Art 14 OAS-Folterkonvention.

360 Art 9 afrikanische Antisöldnerkonvention.

361 Art VI OAS-Konvention gegen das Verschwindenlassen.

362 *Bassiouni/Wise*, Aut dedere aut judicare 18; *Maierhöfer*, „Aut dedere – aut iudicare" 337.

363 *ILC*, UN Doc A/CN.4/630, para 128 f.

364 Art 7 UN-Folterkonvention.

365 IGH, Questions relating to the Obligation to Prosecute or Extradite (Belgium v Senegal), Judgment of 20.7.2012, ICJ Reports 2012, 456, para 94; *ILC*, UN Doc A/CN.4/630, para 130; *Maierhöfer*, „Aut dedere – aut iudicare" 339 f.

eines auf dem Staatsgebiet anwesenden Verdächtigen.[366] Selbstverständlich kann jedoch nur dann von einer solchen Verpflichtung des Staates ausgegangen werden, wenn diesem die Anwesenheit des mutmaßlichen Straftäters bekannt ist.[367]

Eine genaue Auseinandersetzung mit dem Inhalt der internationale Verbrechen betreffenden *aut dedere aut iudicare*-Klauseln sowie der zu diesen ergangenen Judikatur findet in Kapitel V.B statt.

B. Das Verhältnis zwischen Strafverfolgung und Auslieferung

Wenn nun von einem anderen Staat ein Auslieferungsersuchen gestellt wird, erwächst für den Zufluchtstaat hieraus die Frage, ob er diesem Ersuchen grundsätzlich stattzugeben hat, sofern keine Auslieferungshindernisse entgegenstehen, oder ob er zwischen den nun bestehenden Alternativen *dedere* und *iudicare* frei wählen kann. Diese Frage wird im Folgenden diskutiert.

In der Literatur[368] werden in diesem Zusammenhang die bestehenden vertraglichen Strafverfolgungs- oder Auslieferungsklauseln im Wesentlichen vier Kategorien zugeordnet, die im Folgenden dargestellt werden. Diese Klassifizierung ergibt sich zum einen aus der historischen Entwicklung der *aut dedere aut iudicare*-Verpflichtungen, zum anderen weisen die den einzelnen Kategorien zugeordneten Klauseln wesentliche Gemeinsamkeiten in der Ausgestaltung der *aut dedere aut iudicare*-Verpflichtung auf.[369] In den unter IV.B.1, 2 und 4 beschriebenen Fällen dient die namensgebende Konvention als Modell für die Ausgestaltung anderer derselben Kategorie zuzuordnenden Klauseln.[370]

1. Die Falschmünzerkonvention

Das Internationale Abkommen zur Bekämpfung der Falschmünzerei von 1929 enthält erstmals eine Auslieferungs- oder Strafverfolgungsverpflichtung für internationale Straftaten.[371] Der Konvention liegt laut der Präambel das Bestreben zugrunde, „(…) die Verhütung und Bestrafung der Falschmünzerei

---

366 *ILC*, UN Doc A/CN.4/630, para 127.

367 So auch *Maierhöfer*, „Aut dedere – aut iudicare“ 373.

368 *Bassiouni/Wise*, Aut dedere aut judicare 11 ff; *ILC*, UN Doc A/CN.4/630, para 7 ff; *Maierhöfer*, „Aut dedere – aut iudicare“ 338 ff.

369 *ILC*, UN Doc A/CN.4/630, para 8.

370 *ILC*, UN Doc A/CN.4/630, para 9; *ILC*, UN Doc A/CN.4/648, para 67.

371 Bassiouni/Wise, Aut dedere aut judicare 12; *Dahm/Delbrück/Wolfrum*, Völkerrecht[2] 1007; *Maierhöfer*, „Aut dedere – aut iudicare“ 125 f; *Mitchell*, Aut Dedere Aut Judicare Kap 1 Rz 3 (Onlineabfrage).

immer wirksamer zu gestalten"[372]. Die Falschmünzerkonvention enthält zu diesem Zweck zwei unterschiedliche Strafverfolgungs- oder Auslieferungsgebote: Regelungsinhalt von Art 8 sind Staatsbürger des Zufluchtstaates, während Art 9 Ausländer betrifft.[373] Nach Art 8 sollen Zufluchtstaaten die eigene Staatsbürger nicht ausliefern, für den Fall, dass einer ihrer Staatsangehörigen im Ausland eine strafbare Handlung iSd Art 3 Falschmünzerkonvention begangen hat, diesen „(...) ebenso bestrafen, wie wenn er die Tat in ihrem Gebiet begangen hätte"[374].[375] Nach Art 9 besteht die Pflicht zur Strafverfolgung eines Ausländers, der im Ausland eine strafbare Handlung iSd Art 3 Falschmünzerkonvention begangen hat nur, wenn ein Auslieferungsersuchen gestellt worden ist und der ersuchte Staat wegen eines mit der Tat nicht in Zusammenhang stehenden Umstandes die Auslieferung nicht durchführen kann.[376] Neben der Ablehnung des Auslieferungsersuchens ist nach Art 9 für das Bestehen einer Strafverfolgungspflicht noch Voraussetzung, dass sich der Ausländer „(...) im Gebiet eines Landes befindet, dessen Gesetzgebung als allgemeine Regel die Strafverfolgung von Auslandstaten zuläßt [sic]"[377].[378] Das Abkommen zwang also jene Länder, die die Aburteilung von im Ausland von Ausländern begangenen Straftaten grundsätzlich ablehnten, wie etwa damals noch die angelsächsischen Länder, nicht zu einer Änderung dieser Einstellung.[379]

Diesem Regelungsmodell folgend, enthalten das Abkommen zur Unterdrückung des Drogenhandels von 1936[380] und das Abkommen zur Verhütung und

372 Internationales Abkommen zur Bekämpfung der Falschmünzerei, BGBl 1931/347.

373 Bassiouni/Wise, Aut dedere aut judicare 13; *Dahm/Delbrück/Wolfrum*, Völkerrecht[2] 1007; *ILC*, UN Doc A/CN.4/630, para 12 f; *Maierhöfer*, „Aut dedere – aut iudicare" 125.

374 Art 8 Falschmünzerkonvention.

375 *Mitchell*, Aut Dedere Aut Judicare Kap 1 Rz 3 (Onlineabfrage).

376 *Bassiouni/Wise*, Aut dedere aut judicare 13; *ILC*, UN-Doc A/69/10, para 65 (7); *Maierhöfer*, „Aut dedere – aut iudicare" 126; *Mitchell*, Aut Dedere Aut Judicare Kap 1 Rz 3 (Onlineabfrage).

377 Art 9 Falschmünzerkonvention.

378 *Bassiouni/Wise*, Aut dedere aut judicare 13; *Maierhöfer*, „Aut dedere – aut iudicare" 126; *Mitchell*, Aut Dedere Aut Judicare Kap 1 Rz 3 (Onlineabfrage).

379 *ILC*, UN-Doc A/69/10, para 65 (7); *Maierhöfer*, „Aut dedere – aut iudicare" 126.

380 Vgl Art 7 (Regelung bezüglich eigener Staatsangehöriger), Art 8 (Bestimmungen zur Strafverfolgung von Ausländern) (Abgedruckt in *Bassiouni/Wise*, Aut dedere aut judicare 229 f).

Bestrafung von Terrorismus von 1937[381] gleichartige *aut dedere aut iudicare*-Klauseln.[382] Eine dem Muster der Falschmünzerkonvention entsprechende Regelung bezüglich der Auslieferung oder Strafverfolgung von eigenen Staatsangehörigen enthält auch Art 9[383] der Konvention zur Unterbindung des Menschenhandels und der Ausnutzung der Prostitution anderer von 1950.[384] Eine entsprechende Regelung bezüglich der Strafverfolgung von Ausländern fehlt in diesem Abkommen jedoch.[385] Ebenfalls dieser Kategorie zugerechnet werden die Einzige Suchtgiftkonvention 1961 und das Übereinkommen über psychotrope Stoffe von 1971, wenngleich in diesen Abkommen die Strafverfolgung- oder Auslieferungsverpflichtung gegenüber Staatsangehörigen und Ausländern in einer einzigen Bestimmung geregelt werden.[386]

Zusammengefasst besteht bei den dem Regelungsmodell der Falschmünzerkonvention folgenden Klauseln ein Vorrang der Auslieferung. Eine Strafverfolgungspflicht besteht hingegen nur in speziell geregelten Fällen.

2. Die Genfer Konventionen

Die vier Genfer Konventionen aus dem Jahr 1949 enthalten jeweils identische *aut dedere aut iudicare*-Verpflichtungen.[387] Art 85 des ersten Zusatzprotokolls zu den Genfer Konventionen über den Schutz der Opfer internationaler bewaffneter Konflikte von 1977[388] erklärt die *aut dedere aut iudicare*-Verpflichtung der vier

381 Vgl Art 9 (Regelung bezüglich eigener Staatsbürger), Art 10 (Bestimmungen zur Strafverfolgung von Ausländern) (Abgedruckt in *Bassiouni/Wise*, Aut dedere aut judicare 178 f).

382 *Bassiouni/Wise*, Aut dedere aut judicare 13; *ILC*, UN Doc A/CN.4/630, para 28; *Maierhöfer*, „Aut dedere – aut iudicare" 128 f; *Mitchell*, Aut Dedere Aut Judicare Kap 1 Rz 3 (Onlineabfrage).

383 Resolution der Generalversammlung, UN Doc A/RES/317 (IV) (Auszugsweise deutsche Übersetzung von September 1992).

384 *Bassiouni/Wise*, Aut dedere aut judicare 13; *ILC*, UN Doc A/CN.4/630, para 28; *Maierhöfer*, „Aut dedere – aut iudicare" 180 f.

385 *Bassiouni/Wise*, Aut dedere aut judicare 13; *ILC*, UN Doc A/CN.4/630, para 33; *Maierhöfer*, „Aut dedere – aut iudicare" 181.

386 *Bassiouni/Wise*, Aut dedere aut judicare 13; *ILC*, UN Doc A/CN.4/630, para 37; aM *Maierhöfer*, „Aut dedere – aut iudicare" 172.

387 *Bassiouni/Wise*, Aut dedere aut judicare 14; *Mitchell*, Aut Dedere Aut Judicare Kap 1 Rz 5 (Onlineabfrage); *ILC*, UN Doc A/CN.4/630, para 44; *Redress*, Jurisdiction 7 (Onlineabfrage).

388 Art 85 Protokoll I (BGBl 1982/527, 2490).

Genfer Konventionen, durch Verweis auch für die Ahndung der im Zusatzprotokoll enthaltenen (schweren) Verletzungen (*grave breaches*), für anwendbar.[389]

Im Unterschied zu der Regelung der Falschmünzerkonvention aus 1929 wird in den vier Genfer Konventionen von 1949 enthaltenen *aut dedere aut iudicare*-Klauseln nicht zwischen der Strafverfolgung oder Auslieferung von eigenen Staatsangehörigen oder Ausländern differenziert.[390] Des Weiteren wird im Gegensatz zur Falschmünzerkonvention an keiner Stelle ausdrücklich erwähnt, dass die Verpflichtung zur Strafverfolgung vom Eingang eines Auslieferungsersuchens eines anderen Staates abhängig sei.[391] Eine weitere Differenz ist darin zu sehen, dass in den Genfer Konventionen[392] die Anwendbarkeit des Strafrechts des Zufluchtstaates auf Auslandssachverhalte sichergestellt wird.[393] Diese Regelung wird nahezu einhellig als Verpflichtung zur Übernahme des Weltrechtsprinzips gedeutet.[394]

Von manchen Autoren[395] wird in diesem Zusammenhang vertreten, dass in den Genfer Konventionen die Strafverfolgung gegenüber der Auslieferung den Vorrang genießt (primo prosequi – secundo dedere).[396] Offen bleibt, welche konkreten Rechtsfolgen aus diesem Vorrang resultieren.[397] Demgegenüber sind einige Autoren[398] der Ansicht, dass die Genfer Konventionen dem Zufluchtstaat ein freies Wahlrecht zwischen Strafverfolgung und Auslieferung

389 *ILC*, UN Doc A/CN.4/630, para 59.

390 *Maierhöfer*, „Aut dedere – aut iudicare" 161.

391 *ILC*, UN Doc A/CN.4/630, para 44; *Maierhöfer*, „Aut dedere – aut iudicare" 161.

392 Art 49 Genfer Konvention I (BGBl 1953/155, 610); Art 50 Genfer Konvention II (BGBl 1953/155, 649); Art 129 Genfer Konvention III (BGBl 1953/155, 740); Art 146 Genfer Konvention IV (BGBl 1953/155, 861 f).

393 *Maierhöfer*, „Aut dedere – aut iudicare" 161 f.

394 *Cryer*, Prosecuting 82 f; *ILC*, UN Doc A/CN.4/630, para 17, 44, UN-Doc A/69/10, para 65 (18); *Kindt*, Menschenrechte 79; *Kreß*, ZStW 2002, 834; *Maierhöfer*, „Aut dedere – aut iudicare" 162; *van Elst*, LJIL 2000, 820; *Swart* in *Cassese/Gaeta/Jones*, Statute 1660.

395 *Van Elst*, LJIL 2000, 818 f; ähnlich auch *Van Steenberghe*, JICJ 2011, 1113.

396 IGH, Arrest Warrant of 11 April 2000 (Democratic Republic of the Congo v Belgium), Judgment of 14.2.2002, Dissenting Opinion of Judge ad hoc *Van den Wyngaert*, ICJ Reports 2002, 175, para 62; *Maierhöfer*, „Aut dedere – aut iudicare" 353 f; *Ongena/Van Daele*, LJIL 2002, 690 FN 10.

397 *Maierhöfer*, „Aut dedere – aut iudicare" 357.

398 *Bassiouni/Wise*, Aut dedere aut judicare 15; *Mitchell*, Aut Dedere Aut Judicare Kap 1 Rz 5 (Onlineabfrage); *ILC*, UN Doc A/CN.4/630, para 44, 128; *Maierhöfer*, „Aut dedere – aut iudicare" 358.

einräumen. *Maierhöfer*[399] begründet dies mit dem Wortlaut der Bestimmung („if it prefers"[400]), der ausdrücklich eine Auslieferungsmöglichkeit einräume. Die Strafverfolgung werde nur rein semantisch und nicht rechtlich gegenüber der Auslieferung in den Vordergrund gerückt.[401] Es obliege folglich dem Zufluchtstaat, zwischen Strafverfolgung und Auslieferung frei zu wählen.[402] Da der Wortlaut keine echten Anhaltspunkte liefert, um einen (rechtlichen) Vorrang der Strafverfolgung zu argumentieren, ist festzustellen, dass die Genfer Konventionen dem Zufluchtstaat das freie Wahlrecht zwischen Strafverfolgung und Auslieferung lässt. Die Strafverfolgungspflicht besteht unabhängig vom Einlangen eines Auslieferungsersuchens.[403]

Die Formulierung der Strafverfolgungs- oder Auslieferungsverpflichtung in den vier Genfer Konventionen wurde, anders als jene der Falschmünzerkonvention, nicht zum Vorbild für die Regelungen anderer Abkommen genommen.[404]

3. Regionale Auslieferungsverträge

Neben den bisher behandelten sog *international crime conventions*, welche die Verfolgung von bestimmten schwerwiegenden Straftaten regeln, enthalten auch regionale Auslieferungsverträge *aut dedere aut iudicare*-Klauseln für gewöhnliche Straftaten.[405] Die Strafverfolgungspflicht entsteht nach diesen Auslieferungsverträgen zumeist erst dann, wenn ein Auslieferungsersuchen wegen der Nichtauslieferung eigener Staatsbürger scheitert.[406] Als repräsentatives Beispiel kann hier das Europäische Auslieferungsübereinkommen von 1957[407] genannt werden.[408] Ein Ausnahmefall ist die *Inter-American Convention on Extradition*

399 *Maierhöfer*, „Aut dedere - aut iudicare" 357.

400 Art 49 Genfer Konvention I (BGBl 1953/155, 610); Art 50 Genfer Konvention II (BGBl 1953/155, 649); Art 129 Genfer Konvention III (BGBl 1953/155, 740); Art 146 Genfer Konvention IV (BGBl 1953/155, 861 f).

401 *Maierhöfer*, „Aut dedere - aut iudicare" 358.

402 *Maierhöfer*, „Aut dedere - aut iudicare" 357.

403 *ILC*, UN Doc A/CN.4/630, para 127 f; *Maierhöfer*, „Aut dedere - aut iudicare" 161; *van Elst*, LJIL 2000, 819.

404 *Maierhöfer*, „Aut dedere - aut iudicare" 162; *ILC*, UN Doc A/CN.4/630, para 59.

405 *Maierhöfer*, „Aut dedere - aut iudicare" 182; *Mitchell*, Aut Dedere Aut Judicare Kap 1 Rz 9 (Onlineabfrage); *Bassiouni/Wise*, Aut dedere aut judicare 11.

406 *Bassiouni/Wise*, Aut dedere aut judicare 11; *Maierhöfer*, „Aut dedere - aut iudicare" 182.

407 Art 6 Abs 2 Europ AulÜbk (BGBl 1969/320, 1735).

408 *Bassiouni/Wise*, Aut dedere aut judicare 11; *ILC*, UN Doc A/CN.4/630, para 63, 73; *Maierhöfer*, „Aut dedere - aut iudicare" 182 f.

von 1981[409] nach der die Sache, unabhängig vom Ablehnungsgrund, den Behörden übergeben werden muss, wenn ein Auslieferungsersuchen abgelehnt wird.[410]

4. Das Haager Modell

Derzeit am häufigsten zu finden sind *aut dedere aut iudicare*-Klauseln, die sich am Modell der Haager Konventionen aus 1970[411] (sog *Hague formula*) orientieren.[412]

Dem Haager Modell nachgebildete Klauseln finden sich in zahlreichen Abkommen,[413] von denen hier nur die im Rahmen dieser Arbeit relevante Konventionen in chronologischer Reihenfolge erwähnt werden sollen: die UN-Folterkonvention von 1984, die UN-Antisöldnerkonvention von 1989, das 2. ZP zur Kulturgüterschutzkonvention von 1999 und das Internationale Übereinkommen gegen das Verschwindenlassen von 2006.[414]

Nach dem Wortlaut der dem Haager Modell folgenden Klauseln ist für die Strafverfolgungspflicht nicht Voraussetzung, dass tatsächlich ein Auslieferungsersuchen gestellt wird.[415] Es spielt nach dem Wortlaut keine Rolle, ob die Auslieferung an der Zurückweisung eines Auslieferungsersuchens oder daran, dass

409 Art 2, Art 8 Inter American Convention on Extradition, abrufbar unter: www.oas.org/juridico/english/treaties/b-47.html (9.6.2015).

410 *Maierhöfer*, „Aut dedere – aut iudicare" 183 FN 258; *Plachta*, MJ 1999, 345.

411 Art 7 des Haager Übereinkommens lautet auszugsweise wie folgt: „The Contracting State in the territory of which the alleged offender is found shall, if it does not extradite him, be obliged, without exception whatsoever and whether or not the offence was committed in its territory, to submit the case to its competent authorities for the purpose of prosecution. […]" (BGBl 1974/249, 1391).

412 *Bassiouni/Wise*, Aut dedere aut judicare 16 f; *Dahm/Delbrück/Wolfrum*, Völkerrecht[2] 1009; *ILC*, UN Doc A/CN.4/630, para 90, UN-Doc A/69/10, para 65 (13); *Mitchell*, Aut Dedere Aut Judicare Kap 1 Rz 7 f (Onlineabfrage).

413 Eine umfassende Aufzählung findet sich bei *ILC*, UN Doc A/CN.4/630, para 108.

414 *Bassiouni/Wise*, Aut dedere aut judicare 17; *ILC*, UN Doc A/CN.4/630, para 108; *Mitchell*, Aut Dedere Aut Judicare Kap 1 Rz 8 (Onlineabfrage).

415 *Maierhöfer*, „Aut dedere – aut iudicare" 338; hinsichtlich der UN-Folterkonvention: *Boulesbaa*, Torture 223 ; *Burgers/Danelius*, Torture 133; aM *Dahm/Delbrück/Wolfrum*, die davon ausgehen, dass eine Verpflichtung zur Strafverfolgung nur dann besteht, wenn ein Auslieferungsbegehren vorliegt. Allerdings bestehe schon davor die Verpflichtung des Zufluchtstaates mutmaßliche Täter festzunehmen (Völkerrecht[2] 1009).

kein Staat ein solches gestellt hat, scheitert.[416] Von der herrschenden Meinung[417] wird unter Heranziehung dieses Wortlautargumentes die Ansicht vertreten, dass eine Strafverfolgungspflicht auch dann besteht, wenn kein anderer Staat einen Auslieferungsantrag stellt.[418]

Liegt ein Auslieferungsersuchen vor, kann der Zufluchtstaat frei wählen, ob er ausliefern oder selbst die Strafverfolgung durchführen möchte.[419] Eine Auslieferungspflicht enthalten die Verträge nach dem Haager Modell hingegen nicht.[420] Der Versuch einiger Delegationen, eine solche Verpflichtung in der Haager Konvention zu verankern, blieb erfolglos.[421] Der Zufluchtstaat ist also berechtigt die Auslieferung abzulehnen, muss jedoch in der Folge den mutmaßlichen Täter selbst strafverfolgen.[422] Wenn der Zufluchtstaat den mutmaßlichen Täter selbst verfolgt, hat er hierbei die selben Standards anzuwenden, die für gewöhnliche Schwerverbrechen gelten.[423]

In diesem Zusammenhang stellt sich jedoch die Frage, ob für den Fall, dass ein Auslieferungsersuchen gestellt wird und eine Strafverfolgung durch den Zufluchtstaat unterbleibt, dieser zur Auslieferung verpflichtet ist. Diese Meinung wird etwa von Richter *Yusuf* in seiner *Separate Opinion* im Verfahren Belgien v

---

416 *Bassiouni/Wise*, Aut dedere aut judicare 16; *Maierhöfer*, „Aut dedere – aut iudicare" 338 f.

417 *Bassiouni/Wise*, Aut dedere aut judicare 16; *Bloom*, AJIL 1995, 627; IGH, Questions relating to the Obligation to Prosecute or Extradite (Belgium v Senegal), Judgment of 20.7.2012, ICJ Reports 2012, 456, para 94 f; *Lambert*, Hostages 197; *Pappas*, Strafrechtspflege 150; aM *Dahm/Delbrück/Wolfrum*, Völkerrecht[2] 1009.

418 *Maierhöfer*, „Aut dedere – aut iudicare" 339.

419 *Maierhöfer*, „Aut dedere – aut iudicare" 356.

420 *Lambert*, Hostages 156; *Maierhöfer*, „Aut dedere – aut iudicare" 354; *Murphy*, Punishing 10; *Swart* in *Cassese/Gaeta/Jones*, Statute 1657.

421 ICAO Doc 8979-LC/165–1, 129, para 34; *Maierhöfer*, „Aut dedere – aut iudicare" 355. Dass keine Auslieferungsverpflichtung bestehen soll ergibt sich auch aus Stellungnahmen der USA und Indien (ICAO Doc 8979-LC/165–1, 104, para 16, 20).

422 Hinsichtlich dem Montrealer Übereinkommen: IGH, Questions of Interpretation and Application of the 1971 Montreal Convention arising from the Aerial Incident at Lockerbie (Libyan Arab Jamahiriya v United Kingdom), Provisional Measures, Order of 14.4.1992, Joint Declaration by Judges Evensen, Tarassov, Guillaume and Aguilar Mawdsley, ICJ Reports 1992, 136 f, para 3. Hinsichtlich der UN-Folterkonvention finden sich diesbezügliche Stellungnahmen in den *travaux préparatoires* zu derselben: UN Doc E/CN.4/1984/72, para. 33. Hinsichtlich der dem Haager Modell folgenden Diplomatenschutzkonvention: YBILC 1972, II, 318.

423 *Maierhöfer*, „Aut dedere – aut iudicare" 170; *Mitchell*, Aut Dedere Aut Judicare Kap 1 Rz 8 (Onlineabfrage).

Senegal hinsichtlich Art 7 der UN-Folterkonvention vertreten.[424] Habré war von Senegal weder strafverfolgt noch an einen verfolgungswilligen Staat – im gegenständlichen Fall Belgien – ausgeliefert worden.[425] Senegal hat durch die Nichtvornahme einer vorläufigen Untersuchung des Falles und die Nichtbefassung seiner Strafverfolgungsbehörden gegen Art 6 Abs 2 und Art 7 Abs 1 der UN-Folterkonvention verstoßen.[426] Laut IGH ist Senegal zur Strafverfolgung Habrés verpflichtet, sofern es ihn nicht ausliefert.[427] Während nach Ansicht des IGH eine Strafverfolgungsverpflichtung besteht, wurde das Bestehen einer Auslieferungsverpflichtung verneint.[428] Die Wahlfreiheit zwischen den beiden Alternativen – Strafverfolgung und Auslieferung – würde nämlich nicht bedeuten, dass diesen das gleiche Gewicht zukommt:[429] Die Auslieferung eines mutmaßlichen Täters sei „(…) an option offered to the State by the Convention, whereas prosecution is an international obligation under the Convention (…)“[430].

Für die Ansicht des IGH spricht die Entstehungsgeschichte der UN-Folterkonvention: Eine Auslieferungspflicht wollten die Delegationen ausdrücklich nicht vereinbaren.[431] Auch der Wortlaut[432] spricht gegen eine Auslieferungsverpflichtung, weil nur im Zusammenhang mit der Strafverfolgung von einer Verpflichtung gesprochen wird.

Man könnte argumentieren, dass dem in der Präambel der UN-Folterkonvention verankerten Ziel[433], dem Kampf gegen Folter größere Wirksamkeit zu

---

424 IGH, Questions relating to the Obligation to Prosecute or Extradite (Belgium v Senegal), Judgment of 20.7.2012, Separate Opinion of Judge Yusuf, ICJ Reports 2012, 432–434, para 19, 22, 26.

425 Genauer zur Strafverfolgung Habrés siehe unter V.D.3.a)(4).

426 IGH, Questions relating to the Obligation to Prosecute or Extradite (Belgium v Senegal), Judgment of 20.7.2012, ICJ Reports 2012, 462, para 122.

427 IGH, Questions relating to the Obligation to Prosecute or Extradite (Belgium v Senegal), Judgment of 20.7.2012, ICJ Reports 2012, 462, para 122.

428 IGH, Questions relating to the Obligation to Prosecute or Extradite (Belgium v Senegal), Judgment of 20.7.2012, ICJ Reports 2012, 456, para 95.

429 IGH, Questions relating to the Obligation to Prosecute or Extradite (Belgium v Senegal), Judgment of 20.7.2012, ICJ Reports 2012, 456, para 95.

430 IGH, Questions relating to the Obligation to Prosecute or Extradite (Belgium v Senegal), Judgment of 20.7.2012, ICJ Reports 2012, 456, para 95.

431 *Boulesbaa*, Torture 218, 220; UN Doc E/CN.4/1984/72, para. 33.

432 Art 7 UN-Folterkonvention lautet auszugsweise „(…) *shall* (…) submit the case to its competent authorities“ (Hervorhebung durch die Autorin).

433 BGBl 1987/492, 2752.

verleihen, nur entsprochen werden kann, wenn für den Fall der Nichtverfolgung eine Auslieferungspflicht besteht. Da Art 5 der UN-Folterkonvention die Vertragsstaaten dazu verpflichtet, ihre Gerichtsbarkeit über die in der Konvention enthaltenen Straftaten zu begründen und Art 7 die Verpflichtung zur Befassung ihrer Strafverfolgungsbehörden vorsieht, ist die Strafverfolgung des mutmaßlichen Täters ausreichend sichergestellt. Auch der Funktion des *aut dedere aut iudicare*-Grundsatzes Straffreiheit zu verhindern[434], wird dadurch Genüge getan: Es steht nämlich nicht die Erzwingung einer der beiden Alternativen im Vordergrund, sondern es soll eine dritte Möglichkeit, die Gewährung eines sicheren Zufluchtsortes, ausgeschlossen werden.[435] Zudem wäre eine Auslieferungsverpflichtung mit den anerkannten Auslieferungshindernissen[436] nicht in Einklang zu bringen.[437] Außerdem würde eine solche Verpflichtung die Souveränität der Staaten beschneiden.[438]

Dahm/Delbrück/Wolfrum[439] sind der Meinung, wenn ein Zufluchtstaat in Wahrheit keine Strafverfolgung betreibt oder selbst in die Straftat involviert war, ist er zur Auslieferung verpflichtet. Diese Verpflichtung stützen sie auf das Verbot des Rechtsmissbrauches bzw die Staatenverantwortlichkeit.[440]

Zusammenfassend besteht daher nach der UN-Folterkonvention keine Verpflichtung zur Auslieferung, und zwar auch dann nicht, wenn der Zufluchtstaat seiner Verpflichtung zur Befassung seiner Strafverfolgungsbehörden nicht nachkommt oder mangels Zuständigkeit nicht nachkommen kann. Dies gilt auch für die gleichlautenden Klauseln der UN-Antisöldnerkonvention und des 2. ZP zur Kulturgüterschutzkonvention und des Internationalen Übereinkommens gegen das Verschwindenlassen.[441]

---

434 Zur Funktion der Verpflichtung zur Strafverfolgung oder Auslieferung siehe genauer unter III.

435 *Maierhöfer*, „Aut dedere - aut iudicare" 363.

436 Zu den wichtigsten Auslieferungshindernissen siehe unter IV.D.1.

437 *Lambert*, Hostages 192.

438 *Boulesbaa*, Torture 218; ähnlich auch *Lambert*, Hostages 192.

439 *Dahm/Delbrück/Wolfrum*, Völkerrecht[2] 1010.

440 *Dahm/Delbrück/Wolfrum*, Völkerrecht[2] 1010.

441 So auch *Lambert*, Hostages 156; *Maierhöfer*, „Aut dedere - aut iudicare" 354; *Swart* in *Cassese/Gaeta/Jones*, Statute 1657.

5. Die OAS-Folterkonvention, die OAS-Konvention gegen zwangsweises Verschwindenlassen und die afrikanische Antisöldnerkonvention

Die OAS-Folterkonvention von 1985 und die OAS-Konvention zum zwangsweisen Verschwindenlassen von Personen von 1994 werden zT ebenfalls dem Haager Modell zugeordnet:[442] *Bassiouni/Wise*[443] sehen diese Konventionen als Variation der Haager Formel an, bei welcher im Unterschied zur Haager Konvention jedoch die Verpflichtung zur Strafverfolgung erst entsteht, wenn ein Auslieferungsersuchen abgelehnt wurde.

Art 14 der OAS-Folterkonvention bzw Art VI der OAS-Konvention zum zwangsweisen Verschwindenlassen von Personen sieht die Pflicht vor, jenen Staat vom Ausgang des Verfahrens zu informieren, der einen Auslieferungsantrag gestellt hat.[444] Hieraus könnte laut *Maierhöfer*[445] abgeleitet werden, dass die Strafverfolgungspflicht nach den OAS-Konventionen nur besteht, wenn ein anderer Staat ein Auslieferungsersuchen gestellt hat, weshalb die OAS-Konventionen als ein eigenständiger Fall inhaltlicher Ausgestaltung anzusehen sei.[446]

Eine Zuordnung der OAS-Konventionen und der afrikanischen Antisöldnerkonvention zum Haager Modell scheidet aus, da bei diesen Übereinkommen die Strafverfolgungsverpflichtung erst nach Ablehnung eines Auslieferungsersuchens entsteht. Einer der wesentlichen die Regelungen nach dem Haager Modell kennzeichnenden Faktoren ist jedoch die – unabhängig vom Einlangen eines Auslieferungsersuchens – bestehende Verpflichtung zur Strafverfolgung.

Sowohl die Falschmünzerkonvention als auch die afrikanische Antisöldnerkonvention treffen unterschiedliche Reglungen je nach Staatsangehörigkeit des Täters. Eine Zuordnung der afrikanischen Antisöldnerkonvention zum Regelungsmodell der Falschmünzerkonvention scheitert jedoch daran, dass bei Nicht-Auslieferung nach der afrikanischen Antisöldnerkonvention jedenfalls eine Strafverfolgung zu erfolgen hat, während die Falschmünzerkonvention eine Verfolgungspflicht nur in speziellen Fällen vorsieht.[447] In dieser Arbeit werden

---

442 *Bassiouni/Wise* (Aut dedere aut judicare 18) und die *ILC* (UN Doc A/CN.4/630, para 108; 116, FN 237) sehen die Konvention als eine Variante des Haager Modells an. Für *Maierhöfer,* („Aut dedere – aut iudicare" 170) kann die OAS-Folterkonvention aufgrund bestimmter Unterschiede nicht pauschal dem Haager Modell zugerechnet werden.

443 *Bassiouni/Wise,* Aut dedere aut judicare 18.

444 *ILC,* UN Doc A/CN.4/630, para 116; *Maierhöfer,* „Aut dedere – aut iudicare" 171.

445 *Maierhöfer,* „Aut dedere – aut iudicare" 171.

446 Näher zu diesen Konventionen unter V.B.3.

447 Siehe dazu oben unter IV.B.1.

diese Konventionen daher als eigenständiges Regelungsmodell betrachtet und gesondert analysiert.

Wie bereits angesprochen, besteht die Strafverfolgungspflicht nach den OAS-Konventionen und der afrikanische Antisöldnerkonvention – im Gegensatz zum Haager Modell – nur dann, wenn ein anderer Staat ein Auslieferungsersuchen gestellt hat und dieses abgelehnt wurde.[448] Eine Verpflichtung zur Auslieferung sehen diese Konventionen nicht vor. Die OAS-Folterkonvention[449] und die OAS-Konvention gegen zwangsweises Verschwindenlassen[450] betonen nämlich ausdrücklich, dass Auslieferungspflichten nur aus dem nationalen Recht des Zufluchtstaates oder von diesen abgeschlossenen Auslieferungsverträgen abgeleitet werden können.[451]

C. Inhalt des Strafverfolgungsgebotes

Zuvor[452] wurde bereits erörtert, ob und inwieweit eine freie Wahl zwischen Auslieferung und Strafverfolgung besteht. Im Folgenden wird ganz allgemein darauf eingegangen, welche Verpflichtungen ein Staat zu erfüllen hat, wenn er sich für die Strafverfolgung entscheidet. Auf die genaue Ausgestaltung dieser Verpflichtungen in bestehenden Verträgen, betreffend völkerrechtliche Verbrechen, wird unter V.B näher eingegangen.

1. Die (andauernde) Anwesenheit des Täters auf dem Territorium des Staates als Voraussetzung für die Strafverfolgung

Die mit dem *iudicare* verbundenen Verpflichtungen treffen den Zufluchtstaat grundsätzlich ab Bekanntwerden der Anwesenheit eines mutmaßlichen Täters auf seinem Territorium.[453] Sofern für das Entstehen der Strafverfolgungsverpflichtung zusätzlich das Einlangen eines Auslieferungsersuchens Voraussetzung ist,[454] hat der Staat diese Verpflichtungen klarerweise erst ab Einlangen eines solchen Ersuchens zu erfüllen.[455] Fraglich ist, ob eine solche Verpflichtung auch (weiter) besteht, wenn dem Staat bekannt wird, dass sich ein mutmaßlicher

---

448 *Maierhöfer*, „Aut dedere – aut iudicare" 164, 171.

449 Siehe Art 14 OAS-Folterkonvention.

450 Siehe Art 5 OAS-Konvention gegen das Verschwindenlassen.

451 *Maierhöfer*, „Aut dedere – aut iudicare" 359 f.

452 Siehe oben unter IV.B.

453 So auch *Maierhöfer*, „Aut dedere – aut iudicare" 373.

454 Siehe dazu genauer oben unter IV.A.

455 So auch *Maierhöfer*, „Aut dedere – aut iudicare" 373.

Täter einmal auf seinem Territorium aufgehalten hat, dessen Aufenthalt nun aber unbekannt ist bzw dieser das Territorium wieder verlassen hat.

Hinsichtlich des im österreichischen Strafrecht in § 65 Abs 1 Z 2 StGB verankerten Prinzips der stellvertretenden Strafrechtspflege wird von *Schwaighofer*[456] vertreten, dass die im Gesetz verwendete Formulierung „im Inland betreten" keinen andauernden Zustand, sondern einen einmaligen Akt beschreibt.[457] Auch eine Person, die in ein Land einreist, dieses jedoch später wieder verlässt, wurde dort betreten.[458] Somit entfällt die stellvertretende Gerichtsbarkeit erst, wenn der mutmaßliche Täter den Zufluchtstaat wieder verlassen hat und die Strafverfolgung durch den primär zuständigen (Tatort-)Staat oder den nunmehrigen Aufenthaltsstaat sichergestellt ist.[459] Ist keiner dieser Staaten in der Lage die Strafverfolgung durchzuführen, bleibt der subsidiäre Strafanspruch des Betretungsstaates weiter aufrecht.[460] Eine Verneinung dieser Gerichtsbarkeit würde nämlich ansonsten – wenn weder der primär zuständige noch der Aufenthaltsstaat den Täter strafverfolgen kann – einen Verzicht auf die Strafverfolgung bedeuten, was dem Sinn der stellvertretenden Strafrechtspflege zuwiderlaufen würde.[461]

Glaser[462] ist der Ansicht, dass ein gewisser Mindestanwesenheitszeitraum gegeben sein muss, um eine Betretung im Inland annehmen zu können. Angelehnt an die deutsche Rechtsprechung geht er davon aus, dass sich der Täter – bis zum Zeitpunkt des Urteils der letzten Tatsacheninstanz – im Inland aufhalten muss.[463]

Als Beispiel dafür, dass die österreichische Justiz trotz Ausreise eines zuvor in Österreich aufhältigen Beschuldigten nicht vom Wegfall der österreichischen Gerichtsbarkeit ausgeht, kann die Causa Alijev genannt werden. Der ehemalige Vizegeheimdienstchef Kasachstans und Ex-Botschafter in Österreich – Rachat Alijev – war verdächtigt worden die beiden Manager der kasachischen Nurbank –Aybar Khasenov und Zholdas Timraliyev – ermordet zu haben. Die

456 *Schwaighofer* in SbgK § 65 Rz 23 f.

457 *Glaser*, ÖJZ 2015/135, 1029. Zur Bedeutung der in § 7 Abs 2 Nr 2 dStGB verwendeten Formulierung „im Inland betroffen" *Eser* in *Schönke/Schröder*[29] § 7 Rz 24; *Werle/Jeßberger* in LK § 7 Rz 94.

458 *Schwaighofer* in SbgK § 65 Rz 24.

459 *Glaser*, ÖJZ 2015/135, 1029; *Schwaighofer* in SbgK § 65 Rz 25.

460 *Schwaighofer* in SbgK § 65 Rz 25.

461 *Schwaighofer* in SbgK § 65 Rz 25.

462 *Glaser*, ÖJZ 2015/135, 1029 f.

463 *Glaser*, ÖJZ 2015/135, 1029 f.

Ermittlungen gegen diesen waren 2011 fortgesetzt worden, obwohl er sich nach Malta begeben, sich also nicht mehr in Österreich aufhielt.[464]

Der *aut dedere aut iudicare*-Grundsatz soll die Straffreiheit von Völkerrechtsverbrechern verhindern,[465] weshalb auch hier diskutiert werden könnte, ob der Betretungsstaat so lange zur Strafverfolgung oder Auslieferung verpflichtet sein soll, bis ein anderer Staat die Strafverfolgung durchführen kann.

Die dem Haager Modell folgenden *aut dedere aut iudicare*-Klauseln verpflichtet ausdrücklich nur jenen Staat zur Strafverfolgung, auf dessen Territorium der mutmaßliche Täter anwesend ist.[466]

Die Formulierung des *aut dedere aut iudicare* in den Genfer Konventionen ist hingegen nicht so eindeutig.[467] Aber auch hier ist die Anwesenheit des Täters Voraussetzung für das Entstehen der Strafverfolgungs- oder Auslieferungsverpflichtung.[468] Die Verpflichtung zur Auslieferung kann nur so lange bestehen, als sich der mutmaßliche Täter im Zugriffsbereich des Zufluchtstaates – also auf dessen Territorium – befindet.[469] Den Staat trifft eine Verpflichtung zur Sicherstellung der Anwesenheit des Verdächtigen.[470] Gegen diese Verpflichtung verstößt der Staat, wenn er keine entsprechenden Schritte setzt und der mutmaßliche Täter in der Folge den Zufluchtstaat verlässt. Auf eine solche Vertragsverletzung könnte etwa der Staat, der die Auslieferung des Verdächtigen begehrt hat,

---

464 Der Standard, Causa Alijew: U-Haft wurde verlängert, Onlineabfrage (14.10.2016); Wirtschaftsblatt, Der Fall Aliyev: Kasachischer Ex-Botschafter in Wien verhaftet, Onlineabfrage (14.10.2016).

465 Siehe dazu oben unter III.A.

466 Article 10 UN-Antisöldnerkonvention („in whose territory the alleged offender is present"), Art 17 2. ZP zur Kulturgüterschutzkonvention („in whose territory the alleged offender […] is found to be present"), Art 6 UN-Folterkonvention („in whose territory a person […] is present"); Art 11 Internationales Übereinkommen gegen das Verschwindenlassen („in the territory under whose jurisdiction a person […] is found").

467 Ähnlich auch IGH, Arrest Warrant of 11 April 2000 (Democratic Republic of the Congo v Belgium), Judgment of 14.2.2002, Dissenting Opinion of Judge ad hoc *Van den Wyngaert*, ICJ Reports 2002, 170, para 54.

468 So auch IGH, Arrest Warrant of 11 April 2000 (Democratic Republic of the Congo v Belgium), Judgment of 14.2.2002, Joint Separate Opinion of Judges Higgins, Kooijmans and Buergentha, ICJ Reports 2002, 80, para 57; *O'Keefe*, ICL 374.

469 So auch *Glaser*, ÖJZ 2015/135, 1029; IGH, Arrest Warrant of 11 April 2000 (Democratic Republic of the Congo v Belgium), Judgment of 14.2.2002, Joint Separate Opinion of Judges Higgins, Kooijmans and Buergentha, ICJ Reports 2002, 80, para 57.

470 Dazu sogleich unter IV.C.3.

mit völkerrechtlichen Zwangsmitteln reagieren.[471] Eine weitere Verpflichtung zur Strafverfolgung oder Auslieferung besteht jedoch nicht mehr, sobald sich der Täter (nachweislich) nicht mehr im Zufluchtstaat aufhält.

Dies gilt umso mehr für die OAS-Konventionen und die afrikanische Antisöldnerkonvention, die zwar ebenfalls keine ausdrückliche Regelung enthalten, jedoch das Einlangen eines Auslieferungsersuchens als Voraussetzung für das Entstehen der Strafverfolgungsverpflichtung vorsehen.[472] Diesem Auslieferungsersuchen kann wiederum nur entsprochen werden, wenn der Täter sich im Staatsgebiet befindet. Es gilt also auch hier das zu den Genfer Konventionen Gesagte.

Diese Regelungen sind insofern problematisch als sich der Zufluchtstaat durch Flüchtenlassen des mutmaßlichen Täters seiner Verpflichtung zur Strafverfolgung oder Auslieferung entziehen kann. Die Reaktionsmöglichkeiten auf einen solchen Vertragsverstoß sind äußerst bescheiden.[473] Eine Möglichkeit die *aut dedere aut iudicare*-Klauseln effizienter zu gestalten, wäre somit die Zufluchtstaaten so lange zur Strafverfolgung zu verpflichten, bis die Strafverfolgung durch den Tatortstaat oder nunmehrigen Aufenthaltsstaat sichergestellt ist.

Anders stellt sich die Situation dar, wenn dem Staat die Anwesenheit eines mutmaßlichen Täters auf seinem Territorium bekannt wird, dieser dann aber in der Folge unbekannten Aufenthalts ist. In diesem Fall ist der Zufluchtstaat verpflichtet zu ermitteln, ob sich der Täter nach wie vor im Inland aufhält. Dies ist einerseits Teil der Verpflichtung zur vorläufigen Untersuchung des Falles,[474] andererseits ergibt sich dies aus der Pflicht zur Sicherstellung der Anwesenheit eines mutmaßlichen Täters.[475] Die Anwesenheit kann ja nur sichergestellt werden, wenn dessen Aufenthalt bekannt ist. Erst wenn festgestellt wird, dass sich der Täter nicht mehr im Territorium aufhält, entfällt die Verpflichtung zur Strafverfolgung oder Auslieferung. Sobald der Täter, wenn auch nur kurz, auf das Staatsgebiet zurückkehrt, trifft den Zufluchtstaat die Verpflichtung erneut.

---

471 Dazu näher unter IV.E.

472 Dazu oben unter IV.A.

473 Siehe dazu unter IV.E.

474 Siehe dazu sogleich unter IV.C.2.

475 Siehe dazu sogleich unter IV.C.3.

2. Vorläufige Untersuchung des Falles

Ab Bekanntwerden der Anwesenheit eines mutmaßlichen Täters einer dem Auslieferungs- oder Strafverfolgungsgebot unterworfenen Straftat trifft den Zufluchtstaat die Pflicht eine Voruntersuchung des Falles vorzunehmen.[476] In einigen Konventionen ist eine solche Pflicht ausdrücklich festgeschrieben.[477] Doch auch in jenen Fällen, in denen diese Verpflichtung nicht explizit normiert ist, ist sie wohl implizit enthalten, da ansonsten eine Entscheidung über das weitere Vorgehen (Auslieferung oder Einleitung eines Strafverfahrens) nicht möglich wäre.[478]

3. Sicherstellung der Anwesenheit des Verdächtigen

Einige im Rahmen dieser Arbeit genauer untersuchten *aut dedere aut iudicare*-Klauseln enthalten ausdrücklich die Verpflichtung, die Anwesenheit des mutmaßlichen Täters durch dessen Festnahme bzw die Verhängung der Untersuchungshaft oder andere Maßnahmen (Abnahme des Passes, Kaution, oä) sicherzustellen.[479] Betreffend der Entscheidung, ob und welche Maßnahmen zur Verhinderung der Flucht des mutmaßlichen Täters ergriffen werden, wird den Vertragsstaaten bewusst ein weiter Ermessensspielraum eingeräumt.[480] Klare Vorgaben zur Ermessensausübung enthalten die Verträge nicht.[481] Relevante Faktoren für die Entscheidung dürften neben der Beweislage die Flucht- oder Verdunkelungsgefahr sein.[482] Der in Art 26 WVRK enthaltene Grundsatz der Vertragserfüllung nach Treue und Glauben bildet jedoch eine Grenze für die Ermessensausübung.[483] Der Zufluchtstaat hat die in seinem nationalen Recht vorgesehenen Maßnahmen zur Sicherstellung der Anwesenheit somit redlich nach Treu und Glauben zu ergreifen.[484] Den Vertragsstaat trifft eine Pflicht zur

---

476 *ILC*, UN-Doc A/69/10, para 65 (20); *Maierhöfer*, „Aut dedere – aut iudicare“ 373; siehe auch IGH, Questions relating to the Obligation to Prosecute or Extradite (Belgium v Senegal), Judgment of 20.7.2012, ICJ Reports 2012, 454, para 86, 88.

477 *Maierhöfer*, „Aut dedere – aut iudicare“ 373. Siehe etwa Art 6 Z 2 Haager Konventionen (BGBl 1974/249, 1391); Art 6 UN-Geiselnahmekonvention (BGBl 1986/600, 3968); Art 10 Z 1 UN-Antisöldnerkonvention.

478 *Maierhöfer*, „Aut dedere – aut iudicare“ 373.

479 Art 10 UN-Antisöldnerkonvention; Art 6 UN-Folterkonvention; zur UN-Folterkonvention: *Burgers/Danelius*, Torture 134 f.

480 *Lambert*, Hostages 168 f; *Maierhöfer*, „Aut dedere – aut iudicare“ 375.

481 *Lambert*, Hostages 169; *Maierhöfer*, „Aut dedere – aut iudicare“ 375.

482 *Burgers/Danelius*, Torture 134; *Maierhöfer*, „Aut dedere – aut iudicare“ 375.

483 *Maierhöfer*, „Aut dedere – aut iudicare“ 375.

484 *Maierhöfer*, „Aut dedere – aut iudicare“ 376.

Gleichbehandlung: Wäre in einem rein nationalen Fall die Untersuchungshaft anzuordnen, muss dies auch bei mutmaßlichen Tätern völkerrechtlicher Verbrechen geschehen.[485]

Bezüglich der Konventionen, die keine explizite Regelung enthalten, ist davon auszugehen, dass die Vertragsparteien diese Pflicht aufgrund des Grundsatzes der treugemäßen Erfüllung der Strafverfolgungs- oder Auslieferungsverpflichtung ebenso trifft.[486]

4. Befassung der Strafverfolgungsbehörde und des Gerichts

Die in den Konventionen nach dem Haager Modell[487] und in den OAS-Konventionen[488] gewählte Formulierung[489] verpflichtet den Zufluchtstaat eine Entscheidung, nicht jedoch ein Gerichtsurteil, herbeizuführen.[490] Bestimmte Einstellungsentscheidungen seitens der Strafverfolgungsbehörde – in Österreich solche nach § 190 Z 1 und Z 2 sowie § 209a StPO – kommen also ebenso in Betracht.[491] Nicht möglich ist hingegen eine Einstellung wegen Geringfügigkeit nach § 191 StPO.

Der IGH hat in seiner Entscheidung im Verfahren Senegal v Belgien hinsichtlich Art 7 UN-Folterkonvention ausdrücklich festgestellt, dass „[t]he obligation to submit the case to the competent authorities, (...) may or may not result in the

---

485 *Lambert*, Hostages 171; *Maierhöfer*, „Aut dedere – aut iudicare" 376.

486 Zu den Genfer Konventionen: *Pictet*, Geneva Convention Vol I 365 f, Vol III 623, Vol IV 593; *Maierhöfer*, „Aut dedere – aut iudicare" 376.

487 Siehe etwa Art 7 UN-Folterkonvention, Art 12 UN-Antisöldnerkonvention, Art 17 2. ZP zur Kulturgüterschutzkonvention, Art 11 Internationales Übereinkommen gegen Verschwindenlassen.

488 Siehe Art VI OAS-Konvention gegen das Verschwindenlassen; Art 14 OAS-Folterkonvention.

489 Die Konventionen verpflichten die Staaten „(...) to submit the case to its competent authorities".

490 *Bassiouni/Wise*, Aut dedere aut judicare 4; *Bloom*, AJIL 1995, 627; *Mitchell*, Aut Dedere Aut Judicare Kap 2 Rz 2 (Onlineabfrage); *Maierhöfer*, „Aut dedere – aut iudicare" 378 f; *Murphy*, Punishing 10; *Platz*, ZaöRV 1980, 293.

491 *Bloom*, AJIL 1995, 627; *Mitchell*, Aut Dedere Aut Judicare Kap 2 Rz 2 (Onlineabfrage); *Maierhöfer*, „Aut dedere – aut iudicare" 379; *Murphy*, Punishing 10. Dies ergibt sich auch aus dem Kommentar der ILC zum Entwurf des Art 6 der UN-Diplomatenschutzkonvention (YBILC 1972, II, 318).

institution of proceedings, in the light of the evidence before them, relating to the charges against the suspect“[492].

Völkerrechtliche Vorgaben, wie die Entscheidung auszusehen hat, gibt es nicht.[493] Einige Verträge sehen jedoch vor, dass die Entscheidungsfindung nach denselben Grundsätzen zu erfolgen hat, die nach dem nationalen Recht für andere Schwerkriminalität gelten.[494] Nach dieser Formulierung sind Einstellungsentscheidungen mangels Tatverdachts, aus gesundheitlichen Gründen, aufgrund einer Kronzeugenregelung und Deals, um Geiseln zu schützen, jedenfalls zulässig, weil diese in den meisten Zufluchtstaaten auch bei gewöhnlicher Schwerkriminalität möglich sind.[495] Eine Einstellung wegen Geringfügigkeit kommt hingegen nicht in Betracht, da die Verpflichtung wie bei Schwerkriminalität zu verfahren impliziert, dass es sich bei den verfolgten Taten um schwere Verbrechen handle, die somit *per definitionem* keine Bagatelldelikte sein können.[496] Nur bei solchen Bagatelldelikten besteht wegen des geringen Unrechts kein Strafverfolgungsbedürfnis des Staates.[497] Jedenfalls ist ein Absehen von der Verfolgung aus politischen Gründen – wie etwa nach § 153d dStPO[498] – nicht möglich, da ja dieselben Grundsätze anzuwenden sind wie bei *gewöhnlichen* Schwerverbrechen.[499]

In Österreich kann seitens der Staatsanwaltschaft somit das Verfahren gegen einen mutmaßlichen Täter nach § 190 Z 1 und Z 2 StPO eingestellt werden. Eine Einstellung des Verfahrens wegen Krankheit kommt in Österreich nicht in Betracht, da ein Ermittlungsverfahren auch gegen verhandlungsunfähige Personen durchgeführt werden kann.[500] § 209a StPO ermöglicht einen Rücktritt von der Verfolgung wegen Zusammenarbeit mit der Staatsanwaltschaft (Kronzeugenregelung).[501] Deals, wie sie etwa das amerikanische Recht kennt

---

492 IGH, Questions relating to the Obligation to Prosecute or Extradite (Belgium v Senegal), Judgment of 20.7.2012, ICJ Reports 2012, 456, para 94.

493 *Maierhöfer*, „Aut dedere – aut iudicare“ 379; siehe auch Kommentar der ILC zum Entwurf des Art 6 der UN-Diplomatenschutzkonvention (YBILC 1972, II, 318).

494 Art 7 UN-Folterkonvention, Art 12 UN-Antisöldnerkonvention, Art 11 Internationales Übereinkommen gegen das Verschwindenlassen; *Maierhöfer*, „Aut dedere – aut iudicare“ 379.

495 *Lambert*, Hostages 172, 202; *Maierhöfer*, „Aut dedere – aut iudicare“ 380; ähnlich auch *Orentlicher*, YLJ 1991, 2604 FN 306; *Scharf*, L&CP 1996, 47.

496 *Maierhöfer*, „Aut dedere – aut iudicare“ 383.

497 *Maierhöfer*, „Aut dedere – aut iudicare“ 383; *Schroll* in WK-StPO § 191 Rz 1.

498 *Diemer* in KK-StPO § 153d Rz 1 f.

499 *Maierhöfer*, „Aut dedere – aut iudicare“ 384.

500 *Schwaighofer* in WK-StPO § 275 Rz 2.

501 *Schroll* in WK-StPO § 209a Rz 1.

(sog *plea bargaining*), sind dem österreichischen Strafrecht fremd.[502] Ein Deal zum Schutz von Geiseln kann von einem österreichischen Staatsanwalt somit nicht abgeschlossen werden. Eine Einstellung wegen Geringfügigkeit nach § 191 StPO kommt nicht in Betracht, da der Beschuldigte einer (Bagatell-)Tat verdächtigt sein muss, die nur mit Freiheitsstrafe bis zu drei Jahren bedroht ist,[503] was auf völkerrechtliche Verbrechen keinesfalls zutrifft. Der Staatsanwaltschaft kommt jedoch insofern ein Ermessen zu, als sie von der Verfolgung nach § 192 Abs 1 Z 1 und Z 2 StPO absehen darf.[504] Die in § 192 StPO vorgesehenen Voraussetzungen werden aber auf völkerrechtliche Verbrechen nahezu niemals zutreffen, da diese sich auf die (im Ausland) zu erwartende Strafe regelmäßig auswirken werden.

In Deutschland ist in § 153f Abs 1 dStPO für Taten nach dem Völkerstrafgesetzbuch eine Verfolgungspflicht für Fälle mit Inlandsbezug vorgesehen.[505] Die Staatsanwaltschaft kann bei völkerrechtlichen Verbrechen gem dieser Bestimmung nur von der Verfolgung absehen, wenn sich der mutmaßliche Täter nicht im Inland aufhält und ein solcher Aufenthalt auch nicht zu erwarten ist.[506] Die Einstellung des Verfahrens gegen einen deutschen Staatsbürger bzw einen im Inland aufhältigen mutmaßlichen ausländischen Verdächtigen wird nur für den Fall zugelassen, dass der Täter durch ein internationales Gericht oder von einem anderen Staat, auf dessen Staatsgebiet die Tat begangen wurde oder dessen Staatsangehörigkeit das Opfer besitzt, verfolgt wird.[507]

Das 2. ZP zur Kulturgüterschutzkonvention legt lediglich fest, dass die Strafverfolgung in Übereinstimmung mit den nationalen Vorschriften zu erfolgen hat.[508] Den weitesten Entscheidungsspielraum sehen das OAS-Übereinkommen gegen Folter[509] und jenes gegen das zwangsweise Verschwindenlassen von Personen[510] vor, nach welchen die Angelegenheit den zuständigen Behörden zur Entscheidung zu unterbreiten ist, ob eine Strafverfolgung angemessen ist.[511]

502 *Danek* in WK-StPO Vor §§ 228–279 Rz 17.
503 *Bertel/Venier*, StPO[9] Rz 394.
504 *Zerbes* in *Eser/Sieber/Kreicker*, Strafverfolgung 133.
505 Diemer in KK-StPO § 153f Rz 2; *Maierhöfer*, „Aut dedere – aut iudicare" 381; *Pfeiffer*, StPO[5] § 153f Rz 1.
506 *Diemer* in KK-StPO § 153f Rz 4.
507 *Diemer* in KK-StPO § 153f Rz 4; *Pfeiffer*, StPO[5] § 153f Rz 1.
508 Art VI OAS-Konvention gegen das Verschwindenlassen, Art 17 2. ZP zur Kulturgüterschutzkonvention, Art 14 OAS-Folterkonvention.
509 Art 14 OAS-Folterkonvention.
510 Art VI OAS-Konvention gegen das Verschwindenlassen.
511 *Maierhöfer*, „Aut dedere – aut iudicare" 385.

In diesem Fall hat also die Strafverfolgungsbehörde – nach Maßgabe des nationalen Rechts[512] – zu prüfen, ob ein Strafverfahren durchzuführen ist.[513] Der Entscheidungsspielraum des Zufluchtstaates ist nur insofern eingeschränkt, als die Unterbreitung an die zuständige Behörde so zu erfolgen hat, als wäre die Tat im Territorium des Zufluchtstaates begangen worden.[514] Da diese im 2. ZP zur Kulturgüterschutzkonvention und den OAS-Übereinkommen gewählten Formulierungen weiter gefasst sind als die zuvor näher analysierten Klauseln, da nur generell das nationale Recht zu beachten ist und nicht nur jener Entscheidungsspielraum besteht wie bei sonstiger Schwerkriminalität, sind sämtliche zuvor beschriebene Einstellungsmöglichkeiten bei dieser Art von Klauseln jedenfalls auch möglich. Zusätzlich kommt noch (sofern in der jeweiligen Rechtsordnung vorgesehen) eine Einstellung aus politischen Gründen in Betracht.[515]

Die Formulierung in den Genfer Konventionen[516] lässt eine Einstellung aus Opportunitätsgründen – also etwa aufgrund der Kronzeugenregelung nach § 209a StPO[517] – jedenfalls nicht zu.[518] Ein Absehen von der Strafverfolgung wegen mangelndem Tatverdacht ist jedoch möglich.[519]

---

512 Art 14 OAS-Folterkonvention; Art VI OAS-Konvention gegen das Verschwindenlassen.

513 *Maierhöfer*, „Aut dedere – aut iudicare" 385 f; zum gleichlautend formulierten EuAlÜbk: *Pappas*, Strafrechtspflege 123.

514 Art 14 OAS-Folterkonvention; Art VI OAS-Konvention gegen das Verschwindenlassen; *Maierhöfer*, „Aut dedere – aut iudicare" 386.

515 *Maierhöfer*, „Aut dedere – aut iudicare" 386.

516 Art 49 Genfer Konvention I (BGBl 1953/155, 610); Art 50 Genfer Konvention II (BGBl 1953/155, 649); Art 129 Genfer Konvention III (BGBl 1953/155, 740); Art 146 Genfer Konvention IV (BGBl 1953/155, 861 f) lautet auf Englisch auszugsweise „(…) [to] bring such persons (…) before its own courts".

517 *Schroll* in WK-StPO § 209a Rz 3.

518 *Maierhöfer*, „Aut dedere – aut iudicare" 387.

519 *Maierhöfer*, „Aut dedere – aut iudicare" 387. Genauer siehe unter V.B.1.a).

5. Beschuldigtenrechte

Einige der im Rahmen dieser Arbeit relevanten *aut dedere aut iudicare*-Verträge enthalten Beschuldigtenrechte, nämlich einerseits konsularische Betreuungsrechte[520], zum anderen *fair trial*-Garantien[521].[522]

Was unter fairer Behandlung genau zu verstehen ist, ergibt sich nicht aus den Verträgen.[523] Die Vertragsparteien dürften wohl jenes Schutzniveau vor Augen gehabt haben, das sich aus dem IPbpR bzw den regionalen Menschenrechtsverträgen ergibt.[524] Da die in diesen Menschenrechtsverträgen enthaltenen Garantien sowie die konsularischen Betreuungsrechte aber weitgehend auch völkergewohnheitsrechtlich geboten sind, kommt diesen Klauseln eher deklaratorischer Charakter zu.[525] Somit kommen auch jenen Beschuldigten, die aufgrund einer *aut dedere aut iudicare*-Klausel verfolgt werden, die keine *fair trial*-Garantien festschreibt, dieselben Garantien zu.[526]

Ein Vorteil der ausdrücklichen Verankerung solcher Garantien liegt jedoch darin, dass der Heimatstaat des Verdächtigen allfällige Verstöße – sofern der Vertrag eine Streitbeilegungsklausel[527] vorsieht – vor dem IGH geltend machen kann.[528] Zudem ist in der Hervorhebung des Anliegens nach Einhaltung menschenrechtlicher Mindeststandards – gerade in Zeiten des Krieges gegen den Terror und damit verbundenen Fehlentwicklungen – auch ein politisches Signal zu sehen.[529]

6. Fazit

Zusammenfassend lässt sich festhalten, dass den Zufluchtstaat im Rahmen der Strafverfolgung eines mutmaßlichen Täters auf Basis vertraglich verankerter *aut dedere aut iudicare*-Verpflichtungen verschiedene Pflichten treffen. Zunächst

---

520 Art 6 Abs 3 UN-Folterkonvention, Art 10 Abs 3 UN-Antisöldnerkonvention.

521 Art 7 Abs 3 UN-Folterkonvention, Art 11 UN-Antisöldnerkonvention, Art 17 Abs 2 2. ZP zur Kulturschutzkonvention, Art 11 Afrikanische Antisöldnerkonvention, Art 49 Genfer Konvention I, Art 50 Genfer Konvention II, Art 129 Genfer Konvention III, Art 146 Genfer Konvention IV, Art 11 Internationales Übereinkommen gegen das Verschwindenlassen.

522 *Maierhöfer*, „Aut dedere – aut iudicare“ 391.

523 *Lambert*, Hostages 204; *Maierhöfer*, „Aut dedere – aut iudicare“ 391.

524 *Lambert*, Hostages 204; *Maierhöfer*, „Aut dedere – aut iudicare“ 392.

525 *Doehring*, Völkerrecht[2] Rz 502; *Maierhöfer*, „Aut dedere – aut iudicare“ 392.

526 *Maierhöfer*, „Aut dedere – aut iudicare“ 392.

527 Solche Klauseln enthalten etwa Art 17 Abs 1 UN-Antisöldnerkonvention, Art 30 Abs 1 UN-Folterkonvention.

528 *Maierhöfer*, „Aut dedere – aut iudicare“ 392, FN 235.

529 *Maierhöfer*, „Aut dedere – aut iudicare“ 392.

muss der Zufluchtstaat, sobald er von der Anwesenheit des Verdächtigen auf seinem Territorium erfährt, dessen Anwesenheit durch entsprechende Maßnahmen sicherstellen sowie eine Voruntersuchung durchführen. Sodann muss er den Fall seinen Strafverfolgungsbehörden unterbreiten. Während des gesamten Verfahrens hat der Zufluchtstaat die konsularischen Betreuungsrechte sowie Menschenrechte zu achten.

Für eine definitive Bestimmung des Inhaltes der gewohnheitsrechtlichen *aut dedere aut iudicare*-Verpflichtungen[530] ist die Staatenpraxis noch nicht ausreichend.[531] In den soeben zusammengefassten Punkten gleichen sich jedoch alle vertraglichen Strafverfolgungs- oder Auslieferungsverpflichtungen trotz der sonst sehr unterschiedlichen Ausgestaltung dieser Klauseln, weshalb eine Übertragung dieser Pflichten auf völkergewohnheitsrechtliche *aut dedere aut iudicare*-Verpflichtungen unproblematisch erscheint.[532]

D. Inhalt und Grenzen des Auslieferungsgebotes

Für die Auslieferung im Rahmen einer *aut dedere aut iudicare*-Verpflichtung gelten dieselben Grundsätze, die generell für das Rechtsinstitut der Auslieferung bestehen.[533] Der Unterschied zu normalen Auslieferungsverpflichtungen liegt lediglich darin, dass das Unterbleiben der Auslieferung den Fall nicht beendet, sondern der Staat nunmehr zur Strafverfolgung überzugehen hat.[534] Im Folgenden wird nur kurz auf die wesentlichen Voraussetzungen für eine Auslieferung sowie die wichtigsten Auslieferungshindernisse eingegangen. Darüber hinaus wird auf die zahlreichen Publikationen[535] zu diesem Rechtsinstitut verwiesen. Außerdem wird darauf eingegangen, wie beim Vorliegen mehrerer Auslieferungsersuchen vorzugehen ist.

---

530 Siehe dazu unter V.D.

531 *Maierhöfer*, „Aut dedere – aut iudicare" 398.

532 *Maierhöfer*, „Aut dedere – aut iudicare" 398.

533 *Maierhöfer*, „Aut dedere – aut iudicare" 26.

534 *Maierhöfer*, „Aut dedere – aut iudicare" 26 f. Zum Verhältnis zwischen Strafverfolgung und Auslieferung siehe unter IV.B.

535 *Ambos/König/Rackow* (Hrsg), Rechtshilferecht 162 ff; *Azaria*, Standards 35 ff (Onlineabfrage); *Council of Europe*, Extradition 123 ff (Onlineabfrage); *Murschetz*, Auslieferung; *Schomburg* ua, Rechtshilfe 76 ff; *Schwaighofer/Ebensperger*, Rechtshilfe 1 ff.

1. Auslieferungsvoraussetzungen und -hindernisse

Die Voraussetzungen für die Auslieferung einer Person aus Österreich ergeben sich aus dem ARHG, aber nur insoweit, als bi- oder multilaterale Verträge zwischen Österreich und dem Zielstaat keine abweichende Regelung vorsehen.[536] Auf europäischer Ebene kommt dem EuAlÜbk des Europarats, auf EU-Ebene dem SDÜ und dem RbEUHb wesentliche Bedeutung zu.[537]

Die beiderseitige Strafbarkeit kann als weltweit anerkannte Auslieferungsvoraussetzung angesehen werden.[538] Die beiderseitige Gerichtsbarkeit spielt hingegen nur im Anwendungsbereich des EU-Auslieferungsrecht eine Rolle, nicht jedoch nach dem ARHG.[539]

Darüber hinaus dürfen keine Auslieferungshindernisse vorliegen.[540] Unzulässig ist die Auslieferung in den meisten Staaten bei politischen Delikten[541] sowie wegen im Zielstaat drohender Menschenrechtsverletzungen bzw aus rechtsstaatlichen Gründen[542]. Ebenso steht eine rechtskräftige Verurteilung (*ne bis in idem*) grundsätzlich einer Auslieferung entgegen.[543] Einige Staaten liefern zudem ihre eigenen Staatsangehörigen nicht aus.[544]

---

536 *Murschetz* in *Ambos/König/Rackow*, Rechtshilferecht Rz 1165.

537 *Murschetz* in *Ambos/König/Rackow*, Rechtshilferecht Rz 1167, 1169; eingehend zum RbEUHb: *Hecker*, Strafrecht[4] § 12 Rz 21 ff; *Safferling*, Strafrecht § 12 Rz 47 ff.

538 *Murschetz* in *Ambos/König/Rackow*, Rechtshilferecht Rz 1173; ähnlich auch *Redress*, Jurisdiction 11 (Onlineabfrage); *Safferling*, Strafrecht § 12 Rz 50; zu den abweichenden Regelungen bezüglich des Europäischen Haftbefehls siehe ebd § 12 Rz 51 ff. *Bassiouni* (in *Bassiouni*, ICL[3] 313) schreibt dem Grundsatz völkergewohnheitsrechtliche Gültigkeit zu. Detaillierte Ausführungen zur beiderseitigen Strafbarkeit siehe *Murschetz*, Auslieferung 118 ff.

539 *Murschetz* in *Ambos/König/Rackow*, Rechtshilferecht Rz 1179 f; *Redress*, Jurisdiction 11 (Onlineabfrage); siehe auch *ILC*, UN-Doc A/69/10, para 65 (48).

540 *Safferling*, Strafrecht § 12 Rz 49.

541 *Murschetz* in *Ambos/König/Rackow*, Rechtshilferecht Rz 1173; *Redress*, Jurisdiction 11 (Onlineabfrage); *Schwaighofer*, Auslieferung 108 f; *Stein*, Auslieferungsausnahme 1.

542 *Murschetz* in *Ambos/König/Rackow*, Rechtshilferecht Rz 1205 ff; *Azaria*, Standards 35 ff (Onlineabfrage); *Council of Europe*, Extradition 123 ff (Onlineabfrage); *ILC*, UN-Doc A/69/10, para 65 (48); *Schwaighofer*, Auslieferung 124 ff; *Murschetz* in *Burgstaller/Nowak*, Aut dedere aut iudicare 57 ff; *Dugard/Van den Wyngaert*, AJIL 1998, 187 ff.

543 *Murschetz* in *Ambos/König/Rackow*, Rechtshilferecht Rz 1198 ff.

544 *Maierhöfer*, „Aut dedere – aut iudicare" 49; zur österreichischen Rechtlage siehe bei *Murschetz* in *Ambos/König/Rackow*, Rechtshilferecht Rz 1223 ff.

In den meisten Auslieferungsverträgen ist keine Definition des Begriffes „politisches Delikt“ enthalten.[545] Unter dem Begriff „politische Delikte“ versteht man Angriffe auf Bestand oder die Verfassungsordnung eines Staates im weiteren Sinne, wobei zwischen absolut und relativ politischen Delikten unterschieden wird.[546] Einige der im Rahmen dieser Arbeit analysierten Verträge[547] fingieren bestimmte Taten – für den Zweck der Auslieferung – als nicht politisch.[548]

In den USA gilt grundsätzlich die *rule of non-inquiry*, wonach bei einer Auslieferungsentscheidung nicht zu berücksichtigen ist, was im Zielstaat mit dem Ausgelieferten geschehen könnte.[549] Demgegenüber ist in den Europaratsstaaten vom Bestehen eines menschenrechtlichen *ordre public* als Auslieferungshindernisses auszugehen.[550] *Ordre public* als Auslieferungshindernis kann in *ius cogens*, wie etwa dem Folterverbot, bestehen.[551] Darüber hinaus existieren regionale *ordre public*, wie etwa die EMRK und nationales *ordre public*, welches sich aus den in der Verfassung des jeweiligen Staates verankerten Grund- und Menschenrechten ergeben.[552]

Aus rechtsstaatlichen Gründen wird die Auslieferung verweigert, wenn das Rechtssystem des Zielstaates gewisse Grundvoraussetzungen eines Rechtsstaates nicht erfüllt.[553] Nach österreichischer und deutscher Rechtslage sind Personen etwa dann nicht auszuliefern, wenn ihnen im Zielstaat die Todesstrafe oder eine unmenschliche oder erniedrigende Strafe (Art 3 EMRK) droht oder das Verfahren im Zielstaat nicht Art 6 EMRK entspricht.[554]

545 *Schwaighofer*, Auslieferung 110; *Stein*, Auslieferungsausnahme 63.
546 *Schwaighofer*, Auslieferung 110; *Stein*, Auslieferungsausnahme 63 f.
547 Art 9 afrikanische Antisöldnerkonvention; Art VII Völkermordkonvention.
548 *Schwaighofer*, Auslieferung 109.
549 *Murschetz* in *Burgstaller/Nowak*, Aut dedere aut iudicare 57.
550 *Murschetz* in *Burgstaller/Nowak*, Aut dedere aut iudicare 57.
551 *Murschetz* in *Burgstaller/Nowak*, Aut dedere aut iudicare 58.
552 *Murschetz* in *Burgstaller/Nowak*, Aut dedere aut iudicare 58; siehe zu Auslieferungshindernissen nach der EMRK: *Azaria*, Standards 35 ff (Onlineabfrage); *Council of Europe*, Extradition 123 ff (Onlineabfrage).
553 *Schwaighofer*, Auslieferung 124.
554 *Murschetz* in *Ambos/König/Rackow*, Rechtshilferecht Rz 1207 ff, 1211 ff. *Schwaighofer*, Auslieferung 124–126; *Schroeder* in FS Geppert 644.

2. Auslieferung beim Vorliegen mehrerer Auslieferungsersuchen

Die *aut dedere aut iudicare*-Klauseln enthaltenden Verträge sehen keine Regelung vor, an welchen Staat auszuliefern ist, wenn mehrere Staaten einen Auslieferungsantrag stellen.[555] Es bestehen auch keine völkergewohnheitsrechtlichen Regelungen für den Fall, dass mehrere Staaten, die ihre Zuständigkeit auf unterschiedliche Jurisdiktionsprinzipien[556] stützen, dasselbe internationale Verbrechen verfolgen möchten.[557] Als Beispiel kann hier der Fall Pinochet angeführt werden. 1988 beantragte ein spanischen Ermittlungsrichter bei den britischen Behörden die vorläufige Auslieferungshaft Pinochets, woraufhin dieser in London festgenommen wurde.[558] Diese Festnahme hatte eine Welle von Strafanzeigen gegen Pinochet in ganz Europa zur Folge. Die spanische Regierung sowie andere europäische Staaten stellten schließlich Auslieferungsanträge.[559] Die spanische Justiz begründete ihre Zuständigkeit auf das im spanischen Gerichtsverfassungsgesetz verankerte Weltrechtsprinzip.[560] Die anderen Staaten stützen ihre Strafgewalt auf das passive Personalitäts- und/oder das Weltrechtsprinzip.[561]

Denkbar wären auch Fälle, in denen zusätzlich noch der Tatortstaat oder der Staat, dessen Staatsangehörigkeit der Täter besitzt, um Auslieferung ersucht. Sofern der Auslieferung kein Auslieferungshindernis entgegensteht, kann der Staat in solchen Fällen frei wählen, an welchen Staat er ausliefert.[562] In der Praxis wäre zumeist eine Auslieferung an den Staat mit dem engsten Konnex zum Fall sinnvoll.[563] Dies wird idR der Tatortstaat sein, da sich dort in aller Regel die Beweise, vor allem die Zeugen, befinden.[564] Zudem kann eine Strafverfolgung durch den direkt betroffenen Staat besser geeignet sein, eine Beschleunigung der Gesundung einer nach der massenhaften Begehung von Gräueltaten verletzten Gesellschaft herbeizuführen.[565] Aber auch der Staat, dessen Staatsangehörigkeit Täter oder Opfer besitzen, wird ein hohes Interesse an der Strafverfolgung

---

555 *Bassiouni* in FS Triffterer 730; ähnlich auch *Dahm/Delbrück/Wolfrum*, Völkerrecht[2] 1008 f.

556 Zu den einzelnen Prinzipien siehe oben unter III.B.2.

557 *Cassese*, ICL[3] 292; *Ferdinandusse*, EJIL 2004, 1048.

558 *Brody* in *Brody/Ratner*, Pinochet 8.

559 *Ambos*, JZ 1999, 16.

560 *Ambos*, JZ 1999, 16.

561 *Ambos*, JZ 1999, 17.

562 *Bassiouni* in FS Triffterer 730.

563 Ähnlich auch *Kindt*, Menschenrechte 125; *Maierhöfer*, „Aut dedere – aut iudicare" 357.

564 Ähnlich auch *Kindt*, Menschenrechte 124.

565 *Kindt*, Menschenrechte 124; *Orentlicher* in *Macedo*, Jurisdiction 236.

aufweisen. Bei unter staatlicher Beteiligung begangenen Völkerrechtsverbrechen, wie etwa bei Folterungen, kann uU ein anderer Staat als der Tatortstaat besser geeignet sein eine objektive Strafverfolgung durchzuführen.[566] Insofern wäre es schwierig eine für alle möglichen Fallkonstellationen zutreffende Regelung für den Vorrang eines bestimmten Auslieferungsersuchens zu treffen. Somit erscheint es sinnvoll, den Staaten eine am Einzelfall orientierte Entscheidungsfreiheit auch weiterhin einzuräumen.[567]

E. Informationspflichten und Sanktionsmöglichkeiten bei Nichtbeachtung der aut dedere aut iudicare-Verpflichtung

Ein wiederholt kritisierter Schwachpunkt der bestehenden vertraglichen *aut dedere aut iudicare*-Klauseln ist, dass den Strafverfolgungsbehörden der Zufluchtstaat ein derart großer Entscheidungsspielraum eingeräumt wird, dass die Umsetzung der *aut dedere aut iudicare*-Verpflichtung weitgehend vom Willen dieser Behörden abhängig ist.[568] In den meisten *aut dedere aut iudicare*-Klauseln enthaltenden Verträgen sind in erster Linie nur Informationspflichten festgeschrieben.[569] Nach Art 6 Abs 4 UN-Folterkonvention hat der Zufluchtstaat zu Beginn des Verfahrens den direkt von der Tat betroffenen Staat sowie den Heimatstaat des Verdächtigen über die Ergebnisse der vorläufigen Untersuchungen, die zur Sicherstellung der Anwesenheit des Täters getroffenen Maßnahmen und die Absicht ein Strafverfahren durchzuführen in Kenntnis zu setzen.[570] Art 10 der UN-Antisöldnerkonvention sieht ebenfalls eine Informationspflicht vor, wenn ein Verdächtiger in U-Haft genommen wird.[571] Nach der Beendigung des Verfahrens hat der Zufluchtstaat nach der OAS-Folterkonvention, der Afrikanischen Antisöldnerkonvention und nach der OAS-Konvention zum zwangsweisen Verschwindenlassen von Personen gewissen Staaten bzw internationalen Organisationen das Ergebnis mitzuteilen.[572] Die Vertragsstaaten verankerten

---

566 Ähnlich auch *Cryer*, Prosecuting 75 ff; *Volkmann*, Strafverfolgung 297 f.

567 Siehe dazu auch eingehender oben unter III.B.5.

568 *Maierhöfer*, „Aut dedere – aut iudicare“ 395; *Murphy*, Punishing 10; ähnlich auch *Cryer*, Prosecuting 101.

569 *Maierhöfer*, „Aut dedere – aut iudicare“ 395.

570 *Maierhöfer*, „Aut dedere – aut iudicare“ 395.

571 *Maierhöfer*, „Aut dedere – aut iudicare“ 395.

572 Art 14 OAS-Folterkonvention; Art 9 Abs 4 Afrikanische Antisöldnerkonvention; Art VI OAS-Konvention gegen das Verschwindenlassen; *Maierhöfer*, „Aut dedere – aut iudicare“ 395.

diese Pflicht zur Offenlegung der wesentlichen Verfahrensschritte und des Verfahrensausganges auf internationaler Ebene in der Hoffnung, dass die Furcht vor dem Protest anderer Staaten sowie der öffentlichen Meinung die Vertragsstaaten dazu veranlassen würde ein effektives Strafverfahren durchzuführen.[573]

Darüber hinaus sehen einige Verträge (schieds-)gerichtliche Verfahren vor, die der Feststellung von Vertragsverstößen dienen.[574] Die mit einem solchen Verfahren verbundene Gefahr, von einer neutralen Stelle öffentlich vertragswidriges Verhalten attestiert zu bekommen, verfolgt die Intention Vertragsstaaten zu disziplinieren.[575] Die Wirkung dieser Streitbeilegung wird in der Praxis jedoch durch die Möglichkeit zur Anbringung von Vorbehalten geschmälert.[576]

Mechanismen zur Verhängung von Wirtschaftssanktionen sind in *aut dedere aut iudicare*-Verträgen nicht vorgesehen.[577] Zur wirksamen Durchsetzung von *aut dedere aut iudicare*-Verpflichtungen stehen somit nur allgemeine völkerrechtlichen Zwangsmittel wie Retorsionen oder Repressalien[578] und – sofern eine Friedensgefahr besteht – Sanktionsbeschlüsse des UN-Sicherheitsrates[579] aufgrund Kapitel VII UN-Charta zur Verfügung.[580]

---

573 *Maierhöfer*, „Aut dedere – aut iudicare" 396.

574 Solche Klauseln enthalten etwa Art 17 Abs 1 UN-Antisöldnerkonvention, Art 30 Abs 1 UN-Folterkonvention; *Maierhöfer*, „Aut dedere – aut iudicare" 396.

575 *Maierhöfer*, „Aut dedere – aut iudicare" 396.

576 *Maierhöfer*, „Aut dedere – aut iudicare" 396; siehe dazu etwa Art 30 Abs 2 UN-Folterkonvention.

577 *Maierhöfer*, „Aut dedere – aut iudicare" 397. Die Verankerung solcher Sanktionsmöglichkeiten war etwa auf der ICAO-Konferenz von der Mehrzahl der Teilnehmer abgelehnt worden (*Maierhöfer*, „Aut dedere – aut iudicare" 397; *Philipp*, JZ 1978, 750).

578 Näher dazu siehe bei *Hafner/Wittich* in *Reinisch*, Völkerrecht[5] Rz 2548, 2553 ff.

579 Genauer zu den Voraussetzungen solcher Beschlüsse siehe unter V.E.

580 *ILC*, UN-Doc A/69/10, para 65 (26); *Maierhöfer*, „Aut dedere – aut iudicare" 397 f. Zur Kontrollfunktion des ICC siehe unter VI.D.

V. Rechtsgrundlagen der Auslieferungs- oder Strafverfolgungspflichten für völkerstrafrechtliche Verbrechen

Der nachstehenden Darstellung der Rechtsgrundlagen der Auslieferungs- oder Strafverfolgungspflicht wird eine kurze Begriffsdefinition der sog Kernverbrechen vorangestellt, an denen sich die Unterteilung der vertraglichen Regelungen sowie des Kapitels Staatenpraxis orientiert. Im Anschluss wird zunächst ein Überblick über die bestehenden vertraglichen *aut dedere aut iudicare*-Regelungen zu diesen völkerstrafrechtlichen Verbrechen gegeben. Zudem wird analysiert, inwieweit eine Strafverfolgungspflicht aus Menschenrechtsverträgen abgeleitet werden kann. Anschließend erfolgt eine Auseinandersetzung mit der umstrittenen Frage, ob die *aut dedere aut iudicare*-Verpflichtung bereits Teil des Völkergewohnheitsrechts geworden ist. Sodann werden Sicherheitsratsbeschlüsse als mögliche Rechtsquellen untersucht. Abschließend wird darauf eingegangen, ob die Strafverfolgungs- oder Auslieferungsverpflichtung ein allgemeiner Rechtsgrundsatz oder *ius cogens* darstellt oder aus dem Gedanken einer *civitas maxima* abgeleitet werden kann.

A. Völkerstrafrechtliche Verbrechen – eine Begriffsdefinition

Der Terminus „Kriegsverbrechen" wird zur Bezeichnung unterschiedlichster Handlungen herangezogen.[581] Dieser Arbeit wird ein enges juristisches Begriffsverständnis zugrunde gelegt, wonach unter Kriegsverbrechen jeder unmittelbar nach Völkerrecht strafbare Verstoß gegen eine Bestimmung des humanitären Völkerrechts verstanden wird.[582]

Die Definition des Völkermordes ergibt sich aus der völkergewohnheitsrechtlich anerkannten Begriffsbestimmung in Art II der Völkermordkonvention[583], dessen Regelung wörtlich auch in das Statut des ICTY, des ICTR sowie in Art 6 des Rom-Statuts übernommen wurde.[584] Als Völkermord sind demnach explizit genannte Handlungen strafbar, die in der Absicht gesetzt werden, eine nationale,

581 *Werle*, Völkerstrafrecht[3] Rz 1021.
582 *Werle*, Völkerstrafrecht[3] Rz 1021.
583 BGBl 1958/91, 1104.
584 *Werle*, Völkerstrafrecht[3] Rz 753.

ethnische, rassische oder religiöse Gruppe als solche ganz oder teilweise zu vernichten.[585]

Nach Art 7 des ICC-Statuts werden unter Verbrechen gegen die Menschlichkeit ausdrücklich aufgezählte Handlungen verstanden, sofern sie im Rahmen eines ausgedehnten oder systematischen Angriffes gegen die Zivilbevölkerung sowie in Kenntnis dieses Angriffes begangen werden.[586]

B. Internationale Übereinkommen

Nachstehend werden die einzelnen internationale Verbrechen betreffenden vertraglichen Regelungen einer genauen Betrachtung unterzogen. Diese *aut dedere aut iudicare*-Klauseln werden, wie bereits unter IV.A beschrieben, hinsichtlich des Verhältnisses von Strafverfolgung zur Auslieferung grob in zwei Kategorien unterteilt. Des Weiteren folgen die bestehenden Bestimmungen, im Wesentlichen fünf Regelungsmodelle.[587]

1. Kriegsverbrechen

a) Genfer Konvention

Die Genfer Konventionen wurden 1949 auf der *Diplomatic Conference for the Establishment of International Conventions for the Protection of war Victims* in Genf verabschiedet.[588] Der Entwurf der 17. Konferenz des IKRK in Stockholm von 1948 diente dabei als Basis für die Ausarbeitung der Genfer Konventionen.[589] Teile dieses Entwurfes wurden durch vier vom IKRK nach Genf entsandten Experten überarbeitet.[590] Diese formulierten vier neue Artikel, die nach ihrer

585 *Werle*, Völkerstrafrecht[3] Rz 754; Art II Völkermordkonvention (BGBl 1958/91, 1104).

586 *Werle*, Völkerstrafrecht[3] Rz 859; Art 7 des ICC-Statuts abgedruckt in *Reinisch*, Völkerrecht[5] 732 (D 328).

587 Siehe IV.B. 1. – 5.

588 *ILC*, UN Doc A/CN.4/630, para 59.

589 *ILC*, UN Doc A/CN.4/630, para 49. Der Entwurf sah folgende Klausel vor: „The Contracting Parties shall be under the obligation to search for persons charged with breaches of the present Convention, whatever their nationality. They shall further, in accordance with their national legislation or with the Conventions for the repression of acts considered as war crimes, refer them for trial to their own courts, or hand them over for judgment to another Contracting Party" (*Pictet, Geneva Convention Vol IV* 585).

590 *Pictet*, Geneva Convention Vol IV 585 f.

Vorstellung in alle vier Genfer Konventionen einfließen sollten.[591] Art II der Überarbeitung sah dabei die Überstellung an ein internationales Strafgericht als Alternative zur Strafverfolgung durch die Gerichte der Vertragsstaaten vor.[592] Diese innovativen Neuerungen wurden jedoch nicht Bestandteil der Genfer Konventionen.[593] Grundlage für die endgültige Regelung war ein gemeinsamer Abänderungsantrag, der versuchte, eine Brücke zwischen der ursprüngliche Fassung des Entwurfs der 17. Konferenz des IKRK und den Vorschlägen der vier Experten zu schlagen.[594] Abgesehen von einigen kleinen Änderungen wurde dem Abänderungsantrag entsprochen und in alle vier Genfer Konventionen identische *aut dedere aut iudicare*-Verpflichtungen aufgenommen.[595]

Die Genfer Konventionen sprechen in diesem Zusammenhang, aufgrund der verschiedenen Bedeutungen des Terminus „Verbrechen" in den unterschiedlichen nationalen Rechtsordnungen, bewusst nicht von Kriegsverbrechen, sondern von sog *grave breaches*.[596] Der Antrag der UdSSR das Wort „breaches" durch „crime" zu ersetzen wurde aus diesem Grund in der Diskussion rund um die Ausgestaltung der *aut dedere aut iudicare*-Klausel mit deutlicher Mehrheit abgelehnt.[597] Unter *grave breaches* fallen die absichtliche Tötung, die Folterung oder

591 *Pictet,* Geneva Convention Vol IV 585 f.

592 *ILC,* UN Doc A/CN.4/630, para 52; *Pictet,* Geneva Convention Vol IV 586. Art II lautet auszugsweise wie folgt: „Without prejudice to the provisions of the foregoing Article, grave breaches of the Convention shall be punished as crimes against the law of nations by the tribunals of any of the High Contracting Parties or by any international jurisdiction the competence of which has been recognized by them. [...]" (*Pictet,* Geneva Convention Vol IV 586).

593 *ILC,* UN Doc A/CN.4/630, para 53.

594 *ILC,* UN Doc A/CN.4/630, para 53. Beantragt wurde anstelle des bisherigen Entwurfes folgende (auszugsweise wiedergegebene) Regelung zu treffen „ [...] Each Contracting Party shall be under the obligation to search for persons alleged to have committed or to have ordered to be committed any of the above mentioned grave breaches and shall, regardless of their nationality bring before its own courts all persons committing or ordering to be committed such grave breaches, or if it prefers, and provided that a prima facie case has been made out by another High Contracting Party concerned, hand them over for trial to such Contracting Party" (Final Record of the Diplomatic Conference of Geneva of 1949, Vol III, 42).

595 *Bassiouni/Wise,* Aut dedere aut judicare 14; *ILC,* UN Doc A/CN.4/630, para 44; Art 49 Genfer Konvention I; Art 50 Genfer Konvention II; Art 129 Genfer Konvention III; Art 146 Genfer Konvention IV.

596 Final Record of the Diplomatic Conference of Geneva of 1949, Vol II, B, 116; *Maierhöfer,* „Aut dedere – aut iudicare" 161.

597 Final Record of the Diplomatic Conference of Geneva of 1949, Vol II, B, 116.

unmenschliche Behandlung, die vorsätzliche Verursachung großer Leiden oder schwere Beeinträchtigung der körperlichen Integrität oder der Gesundheit sowie die Zerstörung und Aneignung von Gut.[598]

Der Zufluchtstaat kann frei zwischen Strafverfolgung und Auslieferung wählen.[599] Die in den identischen *aut dedere aut iudicare*-Klauseln enthaltene Strafverfolgungspflicht besteht, unabhängig vom Einlangen eines Auslieferungsersuchens, sobald sich der mutmaßliche Kriegsverbrecher im Territorium eines Vertragsstaates befindet.[600] Sobald ein Vertragsstaat von der Anwesenheit eines vermeintlichen Täters in seinem Territorium erfährt, trifft ihn die Verpflichtung diese Person festzunehmen und ohne Verzögerung strafrechtlich zu verfolgen.[601]

Die Strafverfolgungspflicht besteht darin, Personen, die verdächtigt werden schwere Verletzungen begangen zu haben, vor ihre eigenen Gerichte zu bringen.[602] Dabei müssen Verdächtige unabhängig von ihrer Nationalität und unabhängig davon, ob sie Verbündete oder Feinde sind, denselben Verfahrensregeln unterworfen und vor dieselben Gerichte gestellt werden.[603] Daher wäre es nicht zulässig ein eigenes Gericht zur Aburteilung von Kriegsverbrechen, die von Angehörigen feindlicher Nationen begangen wurden, einzurichten.[604] Die Befassung des Gerichts setzt dabei wohl in nahezu jeder Strafrechtsordnung die vorangehende Befassung der Strafverfolgungsbehörde – in Österreich oder Deutschland der Staatsanwaltschaft – mit diesem Sachverhalt voraus.[605]

Es stellt sich in diesem Zusammenhang die Frage, ob aufgrund des Wortlauts[606] zwingend ein Gerichtsurteil herbeigeführt und damit seitens der Staatsanwaltschaft verpflichtend Anklage erhoben werden muss oder ob auch eine Einstellung durch die Staatsanwaltschaft möglich wäre. Eine Einstellung aus

---

598 Art 50 Genfer Konvention I (BGBl 1953/155, 611); Art 51 Genfer Konvention II (BGBl 1953/155, 650); Art 130 Genfer Konvention III (BGBl 1953/155, 741); Art 147 Genfer Konvention IV (BGBl 1953/155, 862).

599 *Maierhöfer*, „Aut dedere – aut iudicare" 358; siehe dazu genauer unter IV.B.2.

600 *ILC*, UN Doc A/CN.4/630, para 127 f; *Maierhöfer*, „Aut dedere – aut iudicare" 161; *Pictet*, Geneva Convention Vol IV, 593; *van Elst*, LJIL 2000, 819.

601 *Pictet*, Geneva Convention Vol I 365 f, Vol III 623, Vol IV 593.

602 Art 49 Genfer Konvention I (BGBl 1953/155, 610); Art 50 Genfer Konvention II (BGBl 1953/155, 649); Art 129 Genfer Konvention III (BGBl 1953/155, 740); Art 146 Genfer Konvention IV (BGBl 1953/155, 861 f) lautet auf Englisch auszugsweise „(…) [to] bring such persons (…) before its (…) courts".

603 *Pictet*, Geneva Convention Vol I 366, Vol II 265, Vol III 623, Vol IV 593.

604 *Pictet*, Geneva Convention Vol I 366, Vol IV 593.

605 *Maierhöfer*, „Aut dedere – aut iudicare" 378.

606 Zum genauen Wortlaut siehe zuvor FN 602.

Opportunitätsgründen[607] scheidet aufgrund dieser Formulierung jedenfalls aus.[608] Ansonsten wird ein Absehen von der Strafverfolgung möglich sein, da nicht angenommen werden kann, dass die Vertragsstaaten eine Anklagepflicht für nicht hinreichend tatverdächtige Personen festschreiben wollten.[609]

Die Zulässigkeit der Auslieferung richtet sich nach dem nationalen Recht des Vertragsstaates, in dem der mutmaßliche Kriegsverbrecher aufgegriffen wird.[610] Als spezielle Voraussetzung für eine Auslieferung legen die Genfer Konventionen fest, dass der Staat, der die Auslieferung beantragt hat, gegen die verdächtige Personen ausreichende Beschuldigungen nachgewiesen haben muss.[611] Ob die Anschuldigungen ausreichend sind, ergibt sich aus dem jeweiligen nationalen Recht.[612] Als Anhaltspunkt kann davon ausgegangen werden, dass ausreichende Beschuldigungen dann vorliegen, wenn die Anschuldigungen nach dem Recht des Staates der um Auslieferung ersucht wird, hinreichend wären, um ein (gerichtliches) Verfahren gegen die betroffene Person einzuleiten.[613] Wenn eine Person nach den Gesetzen eines Vertragsstaates nicht ausgeliefert werden kann, weil sie Staatsbürger dieses Staates ist, hat dieser sie vor seine eigenen Gerichte zu stellen.[614]

---

607 Siehe dazu unter IV.C.4.

608 *Maierhöfer*, „Aut dedere – aut iudicare“ 387.

609 *Maierhöfer*, „Aut dedere – aut iudicare“ 387.

610 *Pictet*, Geneva Convention Vol I 366, Vol II 265, Vol III 623, Vol IV 593.

611 Art 49 Genfer Konvention I (BGBl 1953/155, 610); Art 50 Genfer Konvention II (BGBl 1953/155, 649); Art 129 Genfer Konvention III (BGBl 1953/155, 740); Art 146 Genfer Konvention IV (BGBl 1953/155, 861 f) lautet in der englischen Sprachfassung auszugsweise „(…) has made out a *prima facie case*“. Auf die Frage der französischen Delegation, was unter “prima facie case“ zu verstehen sei, wurde in der Diskussion um die Ausgestaltung der einschlägigen Bestimmungen auf die Verwendung dieses Begriffes durch die *United Nations War Crime Commission* verwiesen und ausgeführt: „(…) it meant there that the State asking for the accused to be handed over had to provide statements which would satisfy the Commission (or in this case the Detaining Power) that a finding of guilt to the charges against the accused was highly probable“ (Final Record of the Diplomatic Conference of Geneva of 1949, Vol II, B, 117). *Pictet*, Geneva Convention Vol I 366, Vol II 265, Vol III 623, Vol IV 593.

612 *Pictet*, Geneva Convention Vol I 366, Vol III 623, Vol IV 593.

613 *Pictet*, Geneva Convention Vol I 366, Vol IV 593.

614 *ILC*, UN Doc A/CN.4/630, para 53; *Pictet*, Geneva Convention Vol I 366, Vol II 265, Vol III 623, Vol IV 593; Final Record of the Diplomatic Conference of Geneva of 1949, Vol II, B, 114 f.

Einer Überstellung an den ICC stehen die einschlägigen Bestimmungen der Genfer Konventionen nicht entgegen.[615] Im Zusammenhang mit der Diskussion um die Streichung der in Art II vorgesehenen Alternative der Auslieferung an ein internationales Strafgericht war nämlich ausdrücklich klargestellt worden, dass man dadurch künftige Entwicklungen des Völkerrechts nicht verhindern bzw erschweren wollte.[616] Diese Überstellung stellt dabei eine dritte Alternative dar, wenn der Zufluchtstaat weder ausliefern noch den Täter der Strafverfolgung zuführen möchte.[617]

Des Weiteren enthalten die Genfer Konventionen ausdrücklich normierte *fair trial*-Garantien zugunsten des mutmaßlichen Kriegsverbrechers, welcher die gleichen Rechte genießt, die nach der Genfer Konvention III Kriegsgefangene in einem Strafverfahren zukommen.[618]

b) Abkommen gegen Söldnerwesen

Durch Art 9 der UN-Antisöldnerkonvention werden die Vertragsstaaten verpflichtet ihre Gerichtbarkeit auf die in der Konvention geregelten Straftaten zu erstrecken, sofern einer der in Art 9 aufgezählten Anknüpfungspunkte vorliegt.[619] Art 10 enthält die Pflicht des Staates, welchem die Anwesenheit eines Verdächtigen auf seinem Territorium bekannt wird, dessen Anwesenheit zu sichern.[620] Dies hat zu erfolgen, indem der mutmaßliche Täter – nach Maßgabe des nationalen Rechts – in Untersuchungshaft genommen wird oder andere Maßnahmen, wie etwa das Einziehen des Reisepasses oder die Hinterlegung einer Kaution, ergriffen werden.[621] Des Weiteren schreibt Art 10 den Vertragsstaaten ausdrücklich vor unverzüglich eine Voruntersuchung durchzuführen.[622] Art 11 des Abkommens normiert *fair trial*-Garantien zugunsten des mutmaßlichen

---

615 *Pictet,* Geneva Convention Vol I 366, Vol III 624, Vol IV 593.

616 *Pictet,* Geneva Convention Vol I 366, Vol IV 593; Final Record of the Diplomatic Conference of Geneva of 1949, Vol II, B, 115 f.

617 *Maierhöfer,* „Aut dedere – aut iudicare" 406. Genauer dazu siehe unter VI.

618 *Maierhöfer,* „Aut dedere – aut iudicare" 391; *Pictet,* Geneva Convention Vol I 369, Vol III 625, Vol IV 590; Art 49 Genfer Konvention I; Art 50 Genfer Konvention II; Art 129 Genfer Konvention III; Art 146 Genfer Konvention IV.

619 *ILC,* UN Doc A/CN.4/630, para 112.

620 *Maierhöfer,* „Aut dedere – aut iudicare" 374.

621 *Maierhöfer,* „Aut dedere – aut iudicare" 374; Art 10 Abs 1 UN-Antisöldnerkonvention.

622 *Maierhöfer,* „Aut dedere – aut iudicare" 374; Art 10 UN-Antisöldnerkonvention lautet auszugsweise wie folgt: „[...] The State Party shall immediately make a preliminary inquiry into the facts" (UN Treaty Series, vol. 2163, 99).

Täters.[623] Art 12 enthält die dem Haager Modell[624] folgende, am Wortlaut der UN-Geiselnahmekonvention von 1979 angelehnte, *aut dedere aut iudicare*-Verpflichtung.[625] Die Verpflichtung zur Strafverfolgung besteht unabhängig vom Einlangen eines Auslieferungsersuchens.[626] Wird der Täter nicht ausgeliefert, ist der Vertragsstaat ausnahmslos und unabhängig davon, ob die Straftat auf seinem Territorium begangen wurde, zur Strafverfolgung verpflichtet.[627] Die Strafverfolgungsverpflichtung ist in Art 12 mit der Wendung „(...) to submit the case to its competent authorities for the purpose of prosecution"[628] umschrieben. Bei dieser Formulierung handelt es sich um die Verpflichtung zur Herbeiführung einer Entscheidung, nicht jedoch um eine Aburteilungsverpflichtung im Wortsinne.[629] Die Entscheidung muss somit nicht in einem Gerichtsurteil bestehen, sondern eine Einstellungsentscheidung seitens der Strafverfolgungsbehörde, etwa mangels ausreichenden Tatverdachts, kommt – nach denselben Grundsätzen, die nach dem nationalen Recht für andere Schwerkriminalität gelten[630] – ebenso in Betracht.[631] Einige Staaten haben Vorbehalte bezüglich der

623 *ILC*, UN Doc A/CN.4/630, para 116.

624 Siehe dazu unter IV.B.4.

625 *Bassiouni/Wise*, Aut dedere aut judicare 17; *ILC*, UN Doc A/CN.4/630, para 108, 117; *Maierhöfer*, „Aut dedere – aut iudicare" 163.

626 *Bassiouni/Wise*, Aut dedere aut judicare 16; *Bloom*, AJIL 1995, 627; *Lambert*, Hostages 197; *Pappas*, Strafrechtspflege 150.

627 *ILC*, UN Doc A/CN.4/630, para 116.

628 UN Treaty Series, vol 2163, 100.

629 *Bassiouni/Wise*, Aut dedere aut judicare 4; *Bloom*, AJIL 1995, 627; *Mitchell*, Aut Dedere Aut Judicare Kap 2 Rz 2 (Onlineabfrage); *Maierhöfer*, „Aut dedere – aut iudicare" 378 f; *Murphy*, Punishing 10; *Platz*, ZaöRV 1980, 293.

630 Art 12 UN-Antisöldnerkonvention (UN Treaty Series, vol. 2163, 100).

631 Näheres dazu siehe unter IV.C.4. *Bloom*, AJIL 1995, 627; *Mitchell*, Aut Dedere Aut Judicare Kap 2 Rz 2 (Onlineabfrage); *Maierhöfer*, „Aut dedere – aut iudicare" 379; *Murphy*, Punishing 10. Dies ergibt sich auch aus dem Kommentar der ILC zum Entwurf des Art 6 der UN-Diplomatenschutzkonvention, der die Strafverfolgungspflicht nahezu gleich umschreibt wie Art 12 UN-Antisöldnerkonvention. Die ILC führt aus: „As the article is drafted, it is clear that no obligation is created therunder to punish or to conduct a trial. The obligation of the State where the alleged offender is present will have been fulfilled once it has submitted the case to its competent authorities (...). It will be up to those authorities to decide whether to prosecute or not, subject to the normal requirement of treaty law that the decision be taken in good faith in the light of all the circumstances involved. The obligation of the State Party in such case will be fullfilled under the article even if the decision which this authorithies may take is not the commence criminal proceeding" (YBILC 1972, II, 318).

Auslieferungsverpflichtung angemeldet. Belgien und Moldawien haben etwa angegeben, dass eigene Staatsbürger betreffende Auslieferungsersuchen abgewiesen werden, dasselbe behielt sich Moldawien betreffend Personen, denen politisches Asyl gewährt wird, vor.[632]

Art 8 der afrikanischen Antisöldnerkonvention enthält eine Jurisdiktionsklausel.[633] Hinsichtlich der Verpflichtung zur Strafverfolgung oder Auslieferung wird zwischen eigenen Staatsangehörigen (Art 9 Abs 3) und anderen Personen (Art 9 Abs 2) unterschieden, wobei in beiden Fällen die Möglichkeit der Ablehnung eines Auslieferungsersuchen nur dann besteht, wenn in der Folge der Staat den Täter selbst strafverfolgt.[634] Eine Verpflichtung zur Strafverfolgung besteht nur dann, wenn ein anderer Staat ein Auslieferungsersuchen gestellt hat.[635] Eine Verpflichtung zur Auslieferung besteht nicht.[636] Langt beim Zufluchtstaat ein Auslieferungsersuchen ein, kann dieser frei zwischen Auslieferung und Strafverfolgung wählen.[637] Die afrikanische Antisöldnerkonvention normiert keine Verpflichtung zur Sicherung der Anwesenheit des Verdächtigen und zur Durchführung einer vorläufigen Untersuchung, diese Verpflichtungen sind jedoch implizit enthalten.[638] Die Strafverfolgungsverpflichtung in der afrikanischen Antisöldnerkonvention ist strikter formuliert als jene nach dem Haager Modell.[639] Einen Maßstab für die Entscheidung schreibt die Konvention im Unterschied zur UN-Antisöldnerkonvention[640] nicht vor.[641] Fraglich ist, ob aufgrund des Wortlauts („shall take proceedings“[642]) zwingend ein Verfahren vor einem Gericht stattzufinden hat und damit die Staatsanwaltschaft zwingend Anklage erheben muss oder ob auch eine Einstellungsentscheidung Seitens der

632 *ILC*, UN Doc A/CN.4/630, para 123.

633 *Maierhöfer*, „Aut dedere – aut iudicare“ 163.

634 *Maierhöfer*, „Aut dedere – aut iudicare“ 163 f.

635 *Maierhöfer*, „Aut dedere – aut iudicare“ 164.

636 *Maierhöfer*, „Aut dedere – aut iudicare“ 359.

637 *Maierhöfer*, „Aut dedere – aut iudicare“ 359.

638 Siehe dazu unter IV.C.2 und 3.

639 *Mitchell*, Aut Dedere Aut Judicare Kap 1 Rz 9 iVm FN 29 (Onlineabfrage); *Maierhöfer*, „Aut dedere – aut iudicare“ 387. In Art 9 Abs 3 wird die Verpflichtung mit „shall take proceedings“ umschrieben.

640 Nach Art 12 UN-Antisöldnerkonvention muss die Entscheidung nach denselben Grundsätzen getroffen werden, die nach dem nationalen Recht für andere Schwerkriminalität gelten.

641 *Maierhöfer*, „Aut dedere – aut iudicare“ 164.

642 Art 9 UN-Antisöldnerkonvention.

Staatsanwaltschaft möglich ist. Eine Einstellung aus Opportunitätsgründen[643] ist aufgrund dieser Formulierung jedenfalls nicht zulässig.[644] Da nicht angenommen werden kann, dass die Vertragsstaaten eine Anklagepflicht für nicht hinreichend tatverdächtige Personen festschreiben wollten, wird in diesem Fall ein Absehen von der Strafverfolgung möglich sein.[645]

c) Der Schutz von Kulturgütern in bewaffneten Konflikten

Durch Art 16 Abs 1 des 2. ZP zur Kulturgüterschutzkonvention aus 1999 werden die Vertragsstaaten verpflichtet ihr Strafrecht auf die in Art 15 des Abkommens geregelten Straftaten zu erstrecken, sofern einer der in Art 16 aufgezählten Anknüpfungspunkte vorliegt.[646] Eine Verpflichtung zur Sicherung der Anwesenheit des Verdächtigen und zur Durchführung einer vorläufigen Untersuchung normiert das 2. ZP zur Kulturgüterschutzkonvention nicht explizit. Diese Verpflichtungen sind jedoch implizit enthalten.[647] Art 17 Abs 2 schreibt *fair trial*-Garantien zugunsten des Verdächtigen fest.[648] Die in Art 17 enthaltene Strafverfolgungs- oder Auslieferungsverpflichtung folgt dem Regelungsmodell der Haager Konvention und orientiert sich am Wortlaut des Art 7 UN-Diplomatenschutzkonvention.[649] Geringfügige Abweichungen, wie etwa die Verwendung des Wortes "present" anstelle von "found" und dem Zusatz „without undue delay“[650], führen zu keiner inhaltlichen Abweichung der *aut dedere aut iudicare*-Verpflichtung von jener des Regelungsmodells.[651] Der Zufluchtstaat hat den Fall ausnahmslos und ohne ungebührliche Verspätung seinen zuständigen Behörden zum Zweck der strafrechtlichen Verfolgung zu unterbereiten, sofern er den mutmaßlichen Täter nicht ausliefert.[652] Das Einlangen eines Auslieferungsersuchens ist nicht Voraussetzung für das Entstehen der Strafverfolgungsverpflichtung.[653] Bei dieser Regelung handelt es sich nicht um eine Aburteilungsverpflichtung im Wortsinne, sondern

---

643 Siehe dazu unter IV.C.4.

644 *Maierhöfer*, „Aut dedere - aut iudicare“ 387.

645 *Maierhöfer*, „Aut dedere - aut iudicare“ 387.

646 *ILC*, UN Doc A/CN.4/630, para 112; *Maierhöfer*, „Aut dedere - aut iudicare“ 164.

647 Siehe dazu unter IV.C.2 und 3.

648 *ILC*, UN Doc A/CN.4/630, para 116.

649 *ILC*, UN Doc A/CN.4/630, para 108; *Maierhöfer*, „Aut dedere - aut iudicare“ 164 f.

650 Art 17 2. ZP zur Kulturgüterschutzkonvention.

651 *ILC*, UN Doc A/CN.4/630, para 116 FN 238.

652 Art 17 2. ZP zur Kulturgüterschutzkonvention; *Maierhöfer*, „Aut dedere - aut iudicare“ 165.

653 Siehe dazu IV.B.4.

um die Verpflichtung zur Herbeiführung einer Entscheidung.[654] Im Unterschied zur Haager Konvention und der bereits beschriebenen Bestimmung in der UN-Antisöldnerkonvention fehlt in dieser Regelung jedoch der Hinweis, dass die Strafverfolgung nach denselben Standards wie bei gewöhnlichen Schwerverbrechen zu erfolgen hat.[655] Nach Art 16 Abs 2 lit b findet die *aut dedere aut iudicare*-Verpflichtung für Staatsangehörige von Nicht-Vertragsstaaten keine Anwendung, es sei denn, diese dienen in den Streitkräften eines Vertragsstaates.[656] Diese Einschränkung findet sich in der Haager Konvention ebenfalls nicht.[657]

2. Völkermord

Ob die Völkermordkonvention eine Strafverfolgungs- oder Auslieferungsverpflichtung enthält, ist strittig. Art VI verpflichtet den Zufluchtstaat nach überwiegender Ansicht[658] nur zur Begründung und Ausübung nationaler Gerichtsbarkeit für auf dem Territorium des Staates begangene Verbrechen bzw zur Zusammenarbeit mit einem internationalen Strafgericht, nicht jedoch zur Strafverfolgung bei Nichtauslieferung. Zur Strafverfolgung ist ein Staat streng nach dem Wortlaut nur berechtigt, sofern ein *genuine link* zur Tat besteht.[659] Das in Art VII iVm VIII Abs 2 des Entwurfes des Generalsekretärs noch enthaltene *aut dedere aut iudicare* wurde vom *ad hoc*-Komitee des ECOSOC in seinem Entwurf durch eine andere Regelung ersetzt, die im Wesentlichen den späteren Art VI und VII der Völkermordkonvention entspricht.[660] Die im ersten Entwurf

---

654 *Bassiouni/Wise*, Aut dedere aut judicare 4; *Bloom*, AJIL 1995, 627; *Mitchell*, Aut Dedere Aut Judicare Kap 2 Rz 2 (Onlineabfrage); *Maierhöfer*, „Aut dedere – aut iudicare" 378 f; *Murphy*, Punishing 10; *Platz*, ZaöRV 1980, 293. Genauer dazu siehe unter IV.C.4.

655 *ILC*, UN Doc A/CN.4/630, para 116; *Maierhöfer*, „Aut dedere – aut iudicare" 165.

656 *Maierhöfer*, „Aut dedere – aut iudicare" 165. Liste der Mitgliedstaaten dess 2. ZP zur Kulturgüterschutzkonvention abrufbar unter: www.unesco.org/eri/la/convention.asp?KO=15207&language=E&order=alpha (14.7.2016)

657 *Maierhöfer*, „Aut dedere – aut iudicare" 165.

658 *ILC*, UN Doc A/CN.4/L.829, para 20; *Maierhöfer*, „Aut dedere – aut iudicare" 165 f; *Mayerhofer*, JBl 1994, 567; *Mitchell*, Aut Dedere Aut Judicare Kap 1 Rz 10, 54 (Onlineabfrage); *Redress*, Jurisdiction 9 (Onlineabfrage); *Saul* in *Gaeta*, Genocide 68; *Tomuschat* in FS Steinberger 332; *Volkmann*, Strafverfolgung 121; *Werle*, Völkerstrafrecht^3 Rz 231; aM *Dahm/Delbrück/Wolfrum*, Völkerrecht^2 1086. Für eine Analyse des Zusammenhangs des Verbrechens des Genozides und dem Weltrechtsprinzip siehe bei *Schabas*, Genocide 426–443 und *Volkmann*, Strafverfolgung 85 ff.

659 *Saul* in *Gaeta*, Genocide 68; *Maierhöfer*, „Aut dedere – aut iudicare" 169; *Quigley*, Genocide 272; *Volkmann*, Strafverfolgung 121.

660 *Maierhöfer*, „Aut dedere – aut iudicare" 166; *Schabas*, Genocide 657, 664.

von Art VI vorgesehene universelle Gerichtsbarkeit wurde insbesondere wegen Bedenken von Seiten der USA nicht in die endgültige Fassung übernommen.[661] Auch ein späterer Vorschlag des Irans[662], das Weltrechtsprinzip in die Konvention aufzunehmen, wurde mit 29 zu 6 Stimmen bei 10 Enthaltungen abgelehnt.[663] Argumentiert wurde ua damit, dass die Strafverfolgung durch einen Nicht-Tatortstaat zu Spannungen zwischen diesem und dem Tatortstaat führen würde, da die Souveränität des Tatortstaates verletzt würde.[664] Heute wird der Zufluchtstaat eines mutmaßlichen Völkermörders jedoch ganz überwiegend[665] als zur Strafverfolgung auf Grundlage des Weltrechtsprinzips berechtigt angesehen.[666] Einige Autoren[667] sind der Meinung, dass die Völkermordkonvention darüber hinaus den Vertragsstaaten eine *aut dedere aut iudicare*-Verpflichtung auferlegt. Diese Verpflichtung zur Strafverfolgung oder Auslieferung wird dabei aus Art VI bzw aus einer Zusammenschau mehrerer Artikeln der Völkermordkonvention abgeleitet.[668] Ein Teil der Autoren[669] gesteht dabei zu, dass eine solche

661 *Abtahi/Webb*, Genocide 925 f, 944; *Thalmann* in *Gaeta*, Genocide 233 ff; *Schiffbauer* in *Tams/Berster/Schiffbauer*, Convention Art VI Rz 4 f; *Tomuschat* in FS Steinberger 330; UN Doc E/794, 32 f.

662 Der Iran schlug vor, folgende Wortfolge aufzunehmen: „They may also be tried by tribunals other than those of the States in the territories of which the act was committed, if they have been arrested by the authorities of such States, and provided no request has been made for their extradition" (UN-Doc A/C.6/218).

663 *Thalmann* in *Gaeta*, Genocide 235; *Lippman*, Journal of Genocide Research 2002, 185 f (Onlineabfrage); *Maierhöfer*, „Aut dedere – aut iudicare" 166.

664 UN Doc E/794, 32.

665 *Cryer*, Prosecuting 87; *Dahm/Delbrück/Wolfrum*, Völkerrecht² 1005 f; *Maierhöfer*, „Aut dedere – aut iudicare" 165 f; *Mayerhofer*, JBl 1994, 567; *Redress*, Jurisdiction 9 (Onlineabfrage); *Saul* in *Gaeta*, Genocide 68;*Tomuschat* in FS Steinberger 331; *Volkmann*, Strafverfolgung 274; *Werle*, Völkerstrafrecht³, Rz 231; eingehend *Schabas*, Genocide 426–443; *Volkmann*, Strafverfolgung 85 ff.

666 *Kindt*, Menschenrechte 82; *Maierhöfer*, „Aut dedere – aut iudicare" 165. Siehe dazu genauer unter V.D.2.e) (3).

667 *Dahm/Delbrück/Wolfrum*, Völkerrecht² 1006; *Schabas*, Genocide 475; *Schiffbauer* in *Tams/ Berster/Schiffbauer*, Convention Art VI Rz 3, 60 ff; *Sluiter*, JICJ 2010, 366; *Stevens*, VJIL 1999, 460.

668 *Schabas* entnimmt die *aut dedere aut iudicare*-Verpflichtung einer Gesamtschau der Art I, IV, V, VI und VII (Genocide 475); *Schiffbauer* Art VI iVm Art IV (in *Tams/ Berster/Schiffbauer*, Convention Art VI Rz 3 ff); *Sluiter* Art VI (JICJ 2010, 366); *Stevens* einer Zusammenschau der Art I, IV, V, VI und Art VII (VJIL 1999, 460).

669 *Dahm/Delbrück/Wolfrum*, Völkerrecht² 1006; *Schabas*, Genocide 475; *Schiffbauer* in *Tams/ Berster/Schiffbauer*, Convention Art VI Rz 3, 60 ff; *Stevens*, VJIL 1999, 460.

Verpflichtung zwar nicht explizit verankert wurde, sich jedoch implizit aus der Völkermordkonvention ergibt.[670]

Nach Art 31 Abs 1 WVK ist die gewöhnliche Bedeutung einer Bestimmung in ihrem Zusammenhang Ausgangspunkt der Auslegung völkerrechtlicher Verträge.[671] Vorbereitende Arbeiten sind gem Art 32 WVK zur Bestätigung der Textauslegung bzw wenn die Textauslegung die Bedeutung mehrdeutig ist oder im Dunkeln lässt oder zu einem offensichtlich sinnwidrigem oder unvernünftigen Ergebnis führt, heranzuziehen.[672] Hinsichtlich Art I wird in der Lehre überwiegend[673] die Meinung vertreten, dass diese Bestimmung nur programmatischen Charakter besitzt. Aus Art I kann somit keine Strafverfolgungs- oder Auslieferungspflicht abgeleitet werden. Art VI sieht die Verfolgung von Völkermord durch den Tatortstaat oder ein internationales Gericht vor. Eine Verfolgungspflicht für Zufluchtstaaten kann dem Vertragstext eindeutig nicht entnommen werden, was sogar die meisten Autoren, die sich für eine solche aussprechen, zugestehen müssen. Doch auch in der Zusammenschau mit anderen Bestimmungen lässt sich eine *aut dedere aut iudicare*-Verpflichtung nicht ableiten. Aus der Formulierung des Art VII, wonach die Auslieferung „in accordance with their laws and treaties in force"[674] zu erfolgen hat, ergibt sich, dass Vertragsstaaten von der Völkermordkonvention nicht zur Auslieferung verpflichtet werden, sondern nur wenn sie entsprechende Vertragspflichten übernommen haben bzw Auslieferungsgesetzte bestehen, diese ordnungsgemäß auf mutmaßliche Völkermörder

670 Ähnlich auch *Maierhöfer*, „Aut dedere – aut iudicare" 165 FN 164.

671 *Binder/Zemanek* in *Reinisch*, Völkerrecht[5] Rz 323; *Dahm/Delbrück/Wolfrum*, Völkerrecht[2] 640 f; *Doehring*, Völkerrecht[2] Rz 390; *Heintschel von Heinegg* in *Ipsen*, Völkerrecht[6] § 12 Rz 11 f; *Herdegen*, Völkerrecht[7] § 15 Rz 28; *Kempen/Hillgruber*, Völkerrecht[2] § 13 Rz 64; *Verdross/Simma*, Völkerrecht[3] § 776.

672 *Binder/Zemanek* in *Reinisch*, Völkerrecht[5] Rz 325; *Dahm/Delbrück/Wolfrum*, Völkerrecht[2] 645 f; *Heintschel von Heinegg* in *Ipsen*, Völkerrecht[6] § 12 Rz 18; *Herdegen*, Völkerrecht[7] § 15 Rz 28; *Kempen/Hillgruber*, Völkerrecht[2] § 13 Rz 70; *Verdross/Simma*, Völkerrecht[3] § 779.

673 *Maierhöfer*, „Aut dedere – aut iudicare" 165; siehe auch Schweizer Bundesrat, Botschaft betreffend das Übereinkommen über die Verhütung und Bestrafung des Völkermordes sowie die entsprechende Revision des Strafrechts vom 31. März 1999, der von einem überwiegenden programmatischen Charakter spricht (BGBl 1999, 5338); ähnlich auch *Amnesty International*, Aut dedere aut judicare 27 (Onlineabfrage); *Redress*, Jurisdiction 9 (Onlineabfrage).

674 Art VII Völkermordkonvention.

anzuwenden sind.[675] Die vorbereitenden Arbeiten bestätigen diese Interpretation: Aus der Tatsache, dass es den Vertragsstaaten als zu weitreichend erschien die Zulässigkeit der Anwendung des Weltrechtsprinzips in der Konvention festzuschreiben, kann nämlich darauf geschlossen werden, dass sie sich erst recht nicht zur Strafverfolgung des mutmaßlichen Täter verpflichten wollten.

In einer Entscheidung im Zusammenhang mit dem bosnischen Genozid leitet der IGH aus der Tatsache, dass der Völkermord nicht auf dem Territorium von Serbien und Montenegro stattgefunden hat, ab, dass Serbien und Montenegro

> „ (...) cannot be charged with not having tried before its own courts those accused of having participated in the Srebrenica genocide (...). [...] Article VI only obliges the Contracting Parties to institute and exercise territorial criminal jurisdiction; while it certainly does not prohibit States, with respect to genocide, from conferring jurisdiction on their criminal courts based on criteria other than where the crime was committed which are compatible with international law, in particular the nationality of the accused, it does not oblige them to do so“[676].

Der IGH setzt sich in seiner Entscheidung nicht ausdrücklich mit der Frage auseinander, ob die Völkermordkonvention ein *aut dedere aut iudicare* enthält.[677] Indem er in der Nichtverfolgung von mutmaßlichen Völkermördern durch Serbien und Montenegro keinen Verstoß gegen die Völkermordkonvention erblickt, bringt er jedoch implizit zum Ausdruck, dass die Völkermordkonvention keine Strafverfolgungs- oder Auslieferungsverpflichtung beinhaltet.[678] Hingegen kann der Aussage eine implizite Annahme einer *Berechtigung* zur Strafverfolgung auf Basis des Weltrechtsprinzips entnommen werden.

Unter Berücksichtigung der Entstehungsgeschichte der Völkermordkonvention, den Ausführungen des IGH, der gem Art IX zur Auslegung der Konvention berufen ist, sowie der hL komme ich zusammenfassend zu dem Schluss, dass keine vertragliche Verpflichtung zur Strafverfolgung oder Auslieferung von Völkermördern besteht. Auf die Frage, ob sich eine solche Verpflichtung aus dem Völkergewohnheitsrecht ergibt, wird unter V.D.2 näher eingegangen.

---

675 So auch: *Lippman*, Journal of Genocide Research 2002, 186 (Onlineabfrage); *Maierhöfer*, „Aut dedere - aut iudicare“ 168; aM *Dahm/Delbrück/Wolfrum*, Völkerrecht[2] 1006; *Schabas*, Genocide 477 f.

676 IGH, Application of the Convention on the Prevention and Punishment of the Crime of Genocide (Bosnia and Herzegovina v Serbia and Montenegro), Judgment of 26.2.2007, ICJ Reports 2007, 226, para 442.

677 *Mitchell*, Aut Dedere Aut Judicare Kap 1 Rz 54 (Onlineabfrage).

678 *Mitchell*, Aut Dedere Aut Judicare Kap 1 Rz 54 (Onlineabfrage).

3. Verbrechen gegen die Menschlichkeit

a) *Folter*

Die UN-Folterkonvention von 1984 enthält eine nahezu wortwörtlich der Haager Formulierung entsprechende *aut dedere aut iudicare*-Klausel.[679] Ein in der Arbeitsgruppe der UN-Menschenrechtskommission gestellten Antrag[680] auf Festlegung des Auslieferungsersuchens als Voraussetzung für die Strafverfolgungspflicht des Zufluchtstaates war mehrheitlich abgelehnt worden.[681] Der UN-Ausschuss gegen Folter hat in seiner Entscheidung im Fall Suleymane Guengueng et al v Senegal festgestellt, dass das Bestehen der Verpflichtung zur Strafverfolgung eines mutmaßlichen Täters nach der UN-Folterkonvention nicht vom Vorliegen eines Auslieferungsersuchens abhängig ist.[682] Für die Strafverfolgungspflicht ist daher nicht Voraussetzung, dass tatsächlich ein Auslieferungsersuchen gestellt wird.[683] Sofern ein Auslieferungsersuchen gestellt wird, kann der Zufluchtstaat frei zwischen Auslieferung und Strafverfolgung wählen.[684] Eine Auslieferungspflicht sieht die Konvention nicht vor.[685] Den beiden Alternativen Strafverfolgung und Auslieferung kommt nur insofern ein unterschiedliches Gewicht zu, als die Auslieferung nur eine Option ist, die dem Staat von der Konvention eröffnet wird, um sich von der Verpflichtung zur Strafverfolgung zu

---

679 BGBl 1987/492, 2755 f; *Bassiouni/Wise*, Aut dedere aut judicare 17; *ILC*, UN Doc A/CN.4/630, para 108, 117; *Maierhöfer*, „Aut dedere - aut iudicare" 170.

680 UN Doc E/CN.4/1983/L.2, 6.

681 *Burgers/Danelius*, Torture 133; *Maierhöfer*, „Aut dedere - aut iudicare" 340; UN Doc E/CN.4/1984/72, 7.

682 Committee against Torture, Suleymane Guengueng et al v Senegal, Communication No 181/2001, Entscheidung vom 17.5.2006, UN Doc CAT/C/36/D/181/2001, para. 9.7.

683 Siehe oben unter IV.B.4; so auch explizit IGH, Questions relating to the Obligation to Prosecute or Extradite (Belgium v Senegal), Judgment of 20.7.2012, ICJ Reports 2012, 456, para 94 f und Committee against Torture, Suleymane Guengueng et al v Senegal, Communication No 181/2001, Entscheidung vom 17.5.2006, UN Doc CAT/C/36/D/181/2001, para 9.7.

684 Siehe oben unter IV.B.4; so auch explizit IGH, Questions relating to the Obligation to Prosecute or Extradite (Belgium v Senegal), Judgment of 20.7.2012, ICJ Reports 2012, 456, para 95 und Committee against Torture, Suleymane Guengueng et al v Senegal, Communication No 181/2001, Entscheidung vom 17.5.2006, UN Doc CAT/C/36/D/181/2001, para 9.7.

685 Siehe dazu genauer unter IV.B.4.

befreien.[686] Die Strafverfolgung ist hingegen eine sich aus der Konvention ergebende Verpflichtung, deren Verletzung eine völkerrechtswidrige Handlung darstellt.[687] Art 7 der UN-Folterkonvention normiert *fair trial*-Garantien zugunsten des mutmaßlichen Täters.[688]

Art 14 der OAS-Folterkonvention sieht die Pflicht vor jenen Staat vom Ausgang des Verfahrens zu informieren, der einen Auslieferungsantrag gestellt hat.[689] Daraus kann abgeleitet werden, dass die Strafverfolgungspflicht nach der OAS-Folterkonvention – im Gegensatz zum Haager Modell – nur besteht, wenn ein anderer Staat ein Auslieferungsersuchen gestellt hat.[690] Des Weiteren enthält die OAS-Folterkonvention im Unterschied zu den dem Haager Modell folgenden Regelungen keine Verpflichtung den Fall nach denselben Standards wie gewöhnliche Schwerverbrechen zu behandeln.[691]

Auf die in der EMRK, der Amerikanischen Menschenrechtskonvention, der Afrikanischen Charter der Menschenrechte und Rechte der Völker sowie im Internationalen Pakt über bürgerliche und politische Rechte enthaltenen Folterverbote wird im Folgenden unter V.C näher eingegangen.

b) Zwangsweises Verschwindenlassen von Personen

Das Internationale Übereinkommen gegen das Verschwindenlassen folgt dem Haager Modell, unterscheidet sich jedoch von diesem insofern, als es als dritte Alternative die Überstellung an ein internationales Strafgericht vorsieht.[692] Da die Regelung ansonsten dem Haager Modell entspricht, kann im Übrigen auf

686 IGH, Questions relating to the Obligation to Prosecute or Extradite (Belgium v Senegal), Judgment of 20.7.2012, ICJ Reports 2012, 456, para 95; *ILC*, UN-Doc A/69/10, para 65 (42).

687 IGH, Questions relating to the Obligation to Prosecute or Extradite (Belgium v Senegal), Judgment of 20.7.2012, ICJ Reports 2012, 456, para 95; *ILC*, UN-Doc A/69/10, para 65 (42).

688 *ILC*, UN Doc A/CN.4/630, para 116.

689 *ILC*, UN Doc A/CN.4/630, para 116; *Maierhöfer*, „Aut dedere – aut iudicare" 171.

690 *Maierhöfer*, „Aut dedere – aut iudicare" 171; im Ergebnis ebenso *Bassiouni/Wise*, Aut dedere aut judicare 18, welche die OAS-Folterkonvention jedoch als Variante der Haager Formel ansehen.

691 *Maierhöfer*, „Aut dedere – aut iudicare" 170.

692 *Amnesty International*, Aut dedere aut judicare 10 (Onlineabfrage); *ILC*, UN Doc A/CN.4/630, para 113, 116.

die dortige Darstellung[693] verwiesen werden. Art 11 des internationalen Abkommens schreibt *fair trail*-Garantien zugunsten des mutmaßlichen Täters fest.[694]

Die Regelung der OAS-Konvention entspricht nahezu wortwörtlich jener der OAS-Folterkonvention,[695] weshalb an dieser Stelle auf die dortigen Ausführungen verwiesen wird.[696]

C. Exkurs: Bestrafungspflicht aus Menschenrechtsverträgen?

Die bedeutenden internationalen und regionalen Menschenrechtsverträge enthalten keine expliziten Verpflichtungen zur Strafverfolgung (oder Auslieferung).[697] Die mit der Auslegung dieser Konventionen betrauten Organe haben in ihren Entscheidungen jedoch des Öfteren das Bestehen solcher Verpflichtungen angenommen.[698] Abgeleitet werden diese Verpflichtungen zum einen aus den in den Menschenrechtsverträgen enthaltenen *respect and ensure*-Bestimmungen[699], zum anderen aus den sog *effective remedy*-Klauseln[700].

---

693 Siehe oben unter IV.B.4.

694 *ILC*, UN Doc A/CN.4/630, para 116.

695 *Maierhöfer*, „Aut dedere – aut iudicare" 172; *Redress*, Jurisdiction 9 (Onlineabfrage).

696 Siehe zuvor unter V.B.3.a).

697 *Council of Europe*, Extradition 119 (Onlineabfrage); *Maierhöfer*, „Aut dedere – aut iudicare" 259; *Orentlicher*, YLJ, 2568; *Scharf*, L&CP 1996, 48; *Simmler*, VRÜ 2003, 11.

698 *Orentlicher*, YLJ 1991, 2568; *Roht-Arriaza*, CLR 1990, 467; *Scharf*, L&CP 1996, 48; *Simmler*, VRÜ 2003, 11.

699 Den *respect and ensure*-Ansatz verfolgte der EGMR etwa in den folgenden Entscheidungen: *Yasa v Turkey* (EGMR 2.9.1998, 22495/93, para 98); *Assenova and others v Bulgaria* (EGMR 28.10.1998, 24760/94, para 102); *Salman v Turkey* (EGMR 27.6.2000, 21986/93, para 104) sowie der IAGMR in seiner Entscheidung im *Velásequez-Rodríguez*-Fall (IAGMR 29.7.1988, Series C, Nr 4, 1988, para 174). Den *effective remedy*-Ansatz vertritt der der IAGMR etwa in seiner *Bámáca Velásquez*-Entscheidung (IAGMR 25.11.2000, Series C, Nr 70 2000, para 196) sowie im Fall *Blake* (IAGMR 24.1.1998, Series C, Nr 36, 1998, para 104).

700 Den *effective remedy*-Ansatz vertritt der EGMR beispielsweise in den Urteilen zu den Verfahren *Kaya v Turkey* (EGMR 19.2.1998, 22729/93, para 107), *Assenova and others v Bulgaria* (EGMR 28.10.1998, 24760/94, para 118) und *Salman v Turkey* (EGMR 27.6.2000, 21986/93, para 104) sowie der IAGMR in seiner *Bámáca Velásquez*-Entscheidung (IAGMR 25.11.2000, Series C, Nr 70, 2000, para 196) und im Fall *Blake* (IAGMR 24.1.1998, Series C, Nr 36, 1998, para 104). Der Menschenrechtsausschuss stützt sich vorwiegend auf den *effective remedy*-Ansatz (siehe dazu näher in FN 706). Genauer zu den Bestimmungen der Menschenrechtsverträge, welche solche *effective remedy*-Klauseln enthalten siehe bei *Schlunck*, Amnesty 40 ff.

Der IAGMR hat im Velásquez-Rodríguez-Fall[701] festgestellt, dass jeder Vertragsstaat verpflichtet ist, die Rechte aus der Konvention zu wahren und deren Ausübung zu sichern (sog *respect and ensure*-Klausel).[702] Seither fordert der IAGMR, bezugnehmend auf die Velásquez-Rodríguez-Entscheidung, in ständiger Rechtsprechung, die Durchführung gründlicher und unparteiischer Untersuchungen, die Bestrafung der Verantwortlichen und eine angemessene Entschädigung.[703]

Ein weiterer Ermessensspielraum wird den Vertragsstaaten des IPbpR vom UN-Menschenrechtsausschuss in seinem nicht bindenden generellen Kommentar[704] zugestanden.[705] Allerdings leiten der UN-Menschenrechtsausschuss aus Art 2 Abs 3 IPbpR (sog *effective remedy*-Klauseln) in Verbindung mit dem Folterverbot (Art 7 IPbpR) oder dem Recht auf Leben (Art 6 IPbpR) Schutz- und Bestrafungspflichten ab.[706]

Auch der EGMR hat in einigen Fällen[707] zu dieser Problematik Stellung bezogen und dabei das Bestehen einer Verpflichtung zur Untersuchung und gegebenenfalls Bestrafung schwerer Menschenrechtsverstöße – insbesondere von Verletzungen des Rechts auf Leben und des Folterverbots – bejaht.[708] In seinem Urteil X and Y v Netherlands[709] hat er ein Pönalisierungsgebot insofern ausgesprochen, als das Fehlen strafrechtlicher Vorschriften zur Verfolgung von an

---

701 IAGMR 21.7.1989, Series C, Nr 7, 1989.

702 *Ambos*, Straflosigkeit 166 f; *Ambos*, AVR 1999, 319 f; *Orentlicher*, YLJ, 2576; *Roht-Arriaza*, CLR 1990, 467 ff; *Simmler*, VRÜ 2003, 11.

703 *Ambos*, Straflosigkeit 168; *Orentlicher*, YLJ 1991, 2578; *Simmler*, VRÜ 2003, 12; *Tomuschat* in FS Steinberger 321 f.

704 General Comment 20 (1992) abgedruckt in: *UNHCR*, Collection, 96 ff; General Comment 7 (1989), abgedruckt in: *Weissbrodt* ua (Hrsg), Human Rights.

705 *Ambos*, Straflosigkeit 169; *Ambos*, AVR 1999, 321; *Simmler*, VRÜ 2003, 13; ähnlich auch *Scharf*, L&CP 1996, 49 f.

706 *Ambos*, Straflosigkeit 169 f; *Roht-Arriaza*, CLR 1990, 477; *Simmler*, VRÜ 2003, 13 f; *Tomuschat* in FS Steinberger 322 ff. Siehe etwa die Entscheidung im Fall *Guillermo Ignacio Dermit Barbato et al v Uruguay*, UN Doc CCPR/C/OP/2, 116, para 11. Ebenso in *Tshitenge Muteba v Zaire*, UN Doc CCPR/C/OP/2, 160 f, para 13 und *John Khemraadi Baboeram et al v Suriname*, UN Doc CCPR/C/OP/2, 176, para 16.

707 Siehe beispielsweise *Kaya v Turkey* (EGMR 19.2.1998, 22729/93, para 86), Yasa v Turkey, (EGMR 2.9.1998, 22495/93, para 114), *Assenova and others v Bulgaria* (EGMR 28.10.1998, 24760/94, para 102), *Salman v Turkey* (EGMR 27.6.2000, 21986/93, para 104, 121), *Sultan Dölek and others v Turkey* (EGMR 28.4.2015, 34902/10, para 70).

708 *Orentlicher*, YLJ, 2579; *Roht-Arriaza*, CLR 1990, 478 f; *Simmler*, VRÜ 2003 14; *Tomuschat* in FS Steinberger 320 f.

709 EGMR 26.3.1985, 8978/80.

minderjährigen geistig Behinderten begangenen Sexualdelikten in den Niederlanden als Verstoß gegen Art 8 EMRK gewertet wurde.[710]

Die aus den Menschenrechtsverträgen abgeleiteten Verfolgungs- bzw Bestrafungspflichten für Menschenrechtsverletzungen dienen – im Sinne des effektiven Rechtsschutzes – dazu dem Opfer eine Möglichkeit zu eröffnen, die erlittene Menschenrechtsverletzung vor staatlichen Organen geltend zu machen.[711] Sowohl diese aus den Menschenrechtsverträgen abgeleiteten Verfolgungspflichten als auch die *aut dedere aut iudicare*-Klauseln verfolgen somit das Ziel Straffreiheit zu verhindern.[712] Die *aut dedere aut iudicare*-Pflichten sollen vorwiegend eine grenzüberschreitende Strafverfolgung sicherstellen.[713] In der internationalen Menschenrechtsjudikatur wurden bisher nur Tatortstaaten wegen der Nichtverfolgung von Menschenrechtsverletzungen verurteilt.[714] Eine Verpflichtung zur Gewährung von Rechtsschutz gegen von anderen Staaten begangene Menschenrechtsverletzungen lässt sich nach der Rechtsprechung[715] aus den *effective remedy*-Vorschriften hingegen nicht ableiten. Nur jener Staat, dem die Menschenrechtsverletzung zuzurechnen ist, muss – auch bei ausländischem Tatort – Rechtsschutz gewähren.[716] Zudem wurde von Seiten der Kontrollorgane eine

---

710 *Ambos*, AVR 1999, 322; *Orentlicher*, YLJ 1991, 2580; *Simmler*, VRÜ 2003, 14; *Tomuschat* in FS Steinberger 320.

711 *Simmler*, VRÜ 2003, 14.

712 IGH, Questions relating to the Obligation to Prosecute or Extradite (Belgium v Senegal), Judgment of 20.7.2012, ICJ Reports 2012, 461, para 120; IGH, Arrest Warrant of 11 April 2000 (Democratic Republic of the Congo v Belgium), Judgment of 14.2.2002, Separate Opinion of President Guillaume, ICJ Reports 2002, 39, para 9; *ILC*, UN Doc A/CN.4/L.829, para 30; *ILC*, Commentary on the Draft Code of Crimes against the Peace and Security of Mankind, ILC Report 1996, 31; *Maierhöfer*, „Aut dedere – aut iudicare“ 30.

713 *Maierhöfer*, „Aut dedere – aut iudicare“ 30 f.

714 *Maierhöfer*, „Aut dedere – aut iudicare“ 260; *Tomuschat* in FS Steinberger 326. Siehe die *Velásequez-Rodríguez*-Entscheidung in welcher der IAGMR ausführt, dass „(…) [t]he State has a legal duty to take reasonable steps to prevent human rights violations and to use the means at its disposal to carry out a serious investigation of violations committed *within its jurisdiction* […]“ (Hervorhebung durch die Autorin; IAGMR 29.7.1988, Series C, Nr 4, 1988).

715 EGMR 21.11.2001 (*Al-Adsani v The United Kingdom*), 35763/97, para 40.

716 *Maierhöfer*, „Aut dedere – aut iudicare“ 261; siehe auch *Meyer-Ladewig*, Hk-EMRK Art 3 Rz 14. Ähnlich auch der EGMR in *Drozd and Janousek v France and Spain*, wo ausgeführt wird, dass „(…) the term ‘jurisdiction‘ is not limited to the national territory of the High Contracting Parties; their responsibility can be involved because of acts of their authorities producing effects outside their own territory“ (EGMR

Geltung der Menschenrechte außerhalb des Territoriums des Vertragsstaates nur in Ausnahmefällen bejaht.[717] Die bloße Anwesenheit eines mutmaßlichen Täters in einem Drittstaat stellt jedenfalls keine solche Ausnahmesituation dar.[718] Die aus den Menschenrechtsverträgen abgleitenden (einfachen) Strafverfolgungsklauseln dienen folglich vornehmlich der Sicherstellung einer Strafverfolgung durch den Tatortstaat,[719] weshalb sie auch keine zusätzliche Auslieferungsoption enthalten.[720]

Zusammenfassend kann somit lediglich in jenen Fällen, in denen dem Zufluchtstaat die Menschenrechtsverletzung trotz ausländischem Tatort zuzurechnen ist, der erforderlichen Rechtsschutz durch Strafverfolgung des Täters oder durch Auslieferung desselben an einen verfolgungswilligen Staat gewährt werden.[721] Davon abgesehen kann eine Pflicht des Zufluchtstaates zur Strafverfolgung oder Auslieferung aus den beschriebenen Menschenrechtsverträgen nicht abgeleitet werden, weshalb in dieser Arbeit keine vertiefende Auseinandersetzung mit diesen Verfolgungspflichten stattfindet.

26.6.1992, 12747/87, para 91). Ebenso bejahte der EGMR in seiner neueren Rechtsprechung in der Entscheidung *Öcalan v Turkey* die Anwendbarkeit der EMRK auf das Verhalten türkischer Sicherheitskräfte auf keneanischem Territorium (EGMR 12.5.2005, 46221/99, para 91). Der Menschenrechtsauschuss legt in den Fällen *Sergio Euben Lopez Burgos v Uruguay* und *Lilian Celiberti de Casariego v Uruguayn* bezüglich der völkerrechtswidrigen Entführung aus dem Ausland durch Beamte dar, dass Art 2 Abs 3 IPbpR „(…) does not imply that the State party concerned cannot be held accountable for violations of rights under the Covenant which its agents commit upon the territory of another State (…)" (UN Doc A/36/40, para 12.3 und CCPR/C/OP/2, 94, para 10.3).

717 *Maierhöfer*, „Aut dedere – aut iudicare" 261; *Tomuschat* in FS Steinberger 326. Siehe etwa die Entscheidung *Soering v The United Kingdom* in welcher der EGMR in der Auslieferung an einen Folterstaat eine Verletzung des Art 3 EMRK erblickt (EGMR 7.7.1989, 14038/88, para 88). Im Fall *Loizidou v Turkey*, führt der EGMR aus, dass „ (…) the responsibility of a Contracting Party may also arise when as a consequence of military action – whether lawful or unlawful – it exercises effective control of an area outside its national territory" (EGMR 23.3.1995, 15318/89, para 62).

718 *Maierhöfer*, „Aut dedere – aut iudicare" 261.

719 *Tomuschat* in FS Steinberger 326, 336 f; *Werle*, Völkerstrafrecht[3] Rz 154 f.

720 *Maierhöfer*, „Aut dedere – aut iudicare" 30 f. Genauer dazu unter III.A.

721 *Maierhöfer*, „Aut dedere – aut iudicare" 261 f.

D. Völkergewohnheitsrecht

Art 38 des IGH Statuts[722] nennt neben dem Vertragsrecht und den allgemeinen Rechtsgrundsätzen auch das Völkergewohnheitsrecht als Völkerrechtsquelle.[723] Im Folgenden wird untersucht, ob zum jetzigen Zeitpunkt für internationale Verbrechen (bereits) eine völkergewohnheitsrechtliche Verpflichtung zur Strafverfolgung oder Auslieferung besteht.

Für das Zustandekommen von Völkergewohnheitsrecht bedarf es nach hL[724] der Verbindung zweier Entstehungskomponenten: (1) des objektiven Elements der (Staaten-)Praxis und (2) des subjektive Elements der Rechtsüberzeugung (*opinio iuris*). Zur Ermittlung der Staatenpraxis ist das gesamte offizielle Verhalten der Staaten heranzuziehen.[725] Dazu gehören gesetzgeberische Maßnahmen, Entscheidungen nationaler Gerichte sowie offizielle Akte und Erklärungen von Staaten.[726] Erforderlich ist hierbei eine einheitliche, ausgedehnte und grundsätzlich dauerhafte Übung.[727] Diese Übung muss von der Überzeugung getragen

---

722 Deutsche Übersetzung abgedruckt in *Reinisch*, Völkerrecht[5] 544 (D 242).

723 *Ambos*, Strafrecht[4] § 5 Rz 5; *Bantekas*, ICL[4] 4; *Bassiouni* in *Bassiouni*, ICL[3] 5; *Simma/Wittich* in *Reinisch*, Völkerrecht[5] Rz 162.

724 *Bantekas*, ICL[4] 4 f; *Cassese*, ICL[3] 13; *Cryer ua*, ICL[2] 11; *Doehring*, Völkerrecht[2] Rz 286; *Enache-Brown/Fried*, McGill LJ 1998, 627; *Esser*, Strafrecht § 16 Rz 27 f; *Heintschel von Heinegg* in *Ipsen*, Völkerrecht[6] § 17 Rz 2 ff; *Herdegen*, Völkerrecht[7] § 16 Rz 3; *Kempen/Hillgruber*, Völkerrecht[2] § 14 Rz 96; *Simma/Wittich* in *Reinisch*, Völkerrecht[5] Rz 162; *Verdross/Simma*, Völkerrecht[3] § 551; *Werle*, Völkerstrafrecht[3] Rz 154 f.

725 *Werle*, Völkerstrafrecht[3] Rz 155.

726 *Doehring*, Völkerrecht[2] Rz 287; *Henckaerts*, IRRC 2005, 179; *Kempen/Hillgruber*, Völkerrecht[2] § 14 Rz 103; *Werle*, Völkerstrafrecht[3] Rz 155; ähnlich auch *Enache-Brown/Fried*, McGill LJ 1998, 627 f. Eingehend *Heintschel von Heinegg* in *Ipsen*, Völkerrecht[5] § 17 Rz 16 ff.

727 *Heintschel von Heinegg* in *Ipsen*, Völkerrecht[6] § 17 Rz 7; *Kempen/Hillgruber*, Völkerrecht[2] § 14 Rz 109 ff; *Simma/Wittich* in *Reinisch*, Völkerrecht[5] Rz 171; *Werle*, Völkerstrafrecht[3] Rz 155. Der IGH spricht in seiner Entscheidung im *Colombian-Peruvian asylum*-Fall (Colombia v Peru, Judgment of 20.11.1950) von „constant and uniform usage practised by the States" (ICJ Report 1950, 276). Im Fall North Sea Continental Shelf (Federal Republic of Germany v Netherlands, Judgment of 20.2.1969) führte er aus, dass die Staatenpraxis „both extensive and virtually uniform in the sense of the provision invoked" (ICJ Report 1969, 43, para 74) sein müsste. Im seinem Urteil im Verfahren im Fall *Militarv and Puramilitary Activities in und against Nicaragua* (Nicaragua v United States of America, Judgment of 27.6.1986) betont der IGH jedoch, dass die Staatenpraxis nicht „in absolutely rigorous conformity with the rule" (ICJ Report 1986, 98, para 185) sein müsste. Vielmehr sei es ausreichend, dass die Staatenpraxis „in general, be consistent with such rules, and that instances of State

sein, dass es sich dabei um eine rechtliche Verpflichtung handelt bzw das gesetzte Verhalten erlaubt ist, also dem objektiven Recht entspricht (sog *opinio iuris*).[728] IdR indiziert die Staatenpraxis die Rechtsüberzeugung.[729]

Die relevante Staatenpraxis wird im Folgenden für jedes völkerrechtliche Verbrechen gesondert analysiert. Der Fokus wird dabei auf die Justizpraxis gelegt, welcher bei der Entstehung von Gewohnheitsrecht im Bereich des Völkerstrafrechts herausragende Bedeutung zukommt.[730] Die Entscheidungen internationaler Gerichte, die Praxis internationaler Organisationen und die Lehrmeinungen werden im nachstehenden Kapitel in Übereinstimmung mit Art 38 Abs 1 lit d IGH-Statut als „Hilfsmittel" berücksichtigt.[731]

1. Staatenpraxis betreffend Kriegs- und Bürgerkriegsverbrechen

Die Genfer Konventionen wurden bisher von 196 Staaten[732] ratifiziert, weshalb kaum noch Situationen in internationalen bewaffneten Konflikten denkbar sind, die nicht von einer vertraglichen *aut dedere aut iudicare*-Verpflichtung erfasst werden.[733] Ob diese Regelungen darüber hinaus auch Völkergewohnheitsrecht

---

conduct inconsistent with a given rule should generally have been treated as breaches of that rule, not as indications of the recognition of a new rule" (ICJ Report 1986, 98, para 185).

728 *Henckaerts*, IRRC 2005, 181; *Simma/Wittich* in *Reinisch*, Völkerrecht[5] Rz 175, 181; *Werle*, Völkerstrafrecht[3] Rz 157.

729 *Simma/Wittich* in *Reinisch*, Völkerrecht[5] Rz 181; Zur Vermengung von subjektiver und objektiver Entstehungskomponente siehe *Herdegen*, Völkerrecht[7] § 16 Rz 3; *Werle*, Völkerstrafrecht[3] Rz 155. Der IGH hebt in seiner Entscheidung North Sea Continental Shelf (Federal Republic of Germany v Netherlands, Judgment of 20.2.1969) ausdrücklich hervor, dass die Staatenpraxis allein für die Entstehung von Völkergewohnheitsrecht nicht ausreichend sei, weil „many international acts, e.g., in the field of ceremonial and protocol, which are performed almost invariably, [...] are motivated only by considerations of courtesy, convenience or tradition, and not by any sense of legal duty" (ICJ Report 1969, 43, para 77).

730 *Van Steenberghe*, JICJ 2011, 1096; *Werle*, Völkerstrafrecht[3] Rz 158; ICTY, Appeals Chamber, Tadić (IT-94-1), Decision on the Defence Motion for Interlocutory Appeal on Jurisdiction, 2.10.1995, para 99.

731 *Maierhöfer*, „Aut dedere – aut iudicare" 194; *Werle*, Völkerstrafrecht[3] Rz 155.

732 Liste der Mitgliedstaaten abrufbar unter www.icrc.org/applic/ihl/ihl.nsf/States.xsp?xp_viewStates=XPages_NORMStatesParties&xp_treatySelected=365 (6.7.2016).

733 *Maierhöfer*, „Aut dedere – aut iudicare" 194.

darstellen,[734] ist für bewaffnete internationale Konflikte daher von geringer praktischer Bedeutung.[735] In internen bewaffneten Konflikten gesetzte Verstöße gegen das humanitäre Völkerrecht[736] werden von den *aut dedere aut iudicare*-Klauseln der Genfer Konventionen und des ersten Zusatzprotokolls zu diesen hingegen grundsätzlich nicht erfasst.[737] Sog nationale Befreiungskriege gelten gem Art 1 Abs 4 des ersten Zusatzprotokolls[738] unter bestimmten Umständen als „international" und fallen somit in den Anwendungsbereich der *aut dedere aut iudicare*-Verpflichtung.[739]

Für Bürgerkriegsverbrechen fehlen somit weitgehend vertragliche Regelungen, weshalb im Folgenden schwerpunktmäßig auf die Staatenpraxis betreffend schwerer Verstöße gegen humanitäres Völkerrecht außerhalb internationaler bewaffneter Konflikte eingegangen wird.

a) Innerstaatliche Gerichtsentscheidungen betreffend Bürgerkriegsverbrechen

(1) Australien: Polyukhovich v The Commonwealth

Im Fall Polyukhovich v The Commonwealth[740] nahmen die Richter des *High Court of Australia* zum Status der Strafverfolgungs- oder Auslieferungsverpflichtung als Völkergewohnheitsrecht Stellung. Dem Angeklagten Polyukhovich wurde vorgeworfen, während des zweiten Weltkriegs in der von Deutschland zum Tatzeitpunkt okkupierten Ukraine, Kriegsverbrechen begangen zu haben.[741]

---

734 Für die völkergewohnheitsrechtliche Geltung bspw *Kreß*, IYHR 2000, 170. In seiner *Advisory Opinion* im Fall *Legality of the Threat or Use of Nuclear Weapons* vertritt der IGH die Meinung, dass der Großteil der Bestimmungen der Genfer Konventionen mittlerweile Teil des Völkergewohnheitsrechts geworden ist, ohne das *grave breaches*-Regime explizit auszunehmen oder einzuschließen (Advisory Opinion of 8.7.1996, ICJ Reports 1996, 258, para 82); ähnlich auch ICTY, Trial Chamber, Furundžija (IT-98-17/1), Judgment of 10.12.1998, para 137.

735 *Maierhöfer*, „Aut dedere – aut iudicare" 195.

736 Im Folgenden werden diese Verstöße als „Bürgerkriegsverbrechen" bezeichnet.

737 Art 2 Genfer Konvention I (BGBl 1953/155, 582); Art 2 Genfer Konvention II (BGBl 1953/155, 624); Art 2 Genfer Konvention III (BGBl 1953/155, 658); Art 2 Genfer Konvention IV (BGBl 1953/155, 779); Art 1 Abs 3 Protokoll I (BGBl 1982/527, 2409). *Maierhöfer*, „Aut dedere – aut iudicare" 195.

738 Art 1 Abs 4 Protokoll I (BGBl 1982/527, 2409).

739 *Maierhöfer*, „Aut dedere – aut iudicare" 195 FN 307.

740 High Court of Australia, Polyukhovich v The Commonwealth, 14.8.1991.

741 High Court of Australia, Polyukhovich v The Commonwealth, 14.8.1991; *Hanna* in *Bassiouni*, ICL^3 326.

Die Richter *Brennan* and *Toohey* kamen in ihren Urteilen zum Ergebnis, dass mangels ausgedehnter Staatenpraxis und *opinio iuris*, vor Einführung einer solchen vertraglichen Verpflichtung durch die Genfer Konventionen, keine völkergewohnheitsrechtliche Verpflichtung zur Strafverfolgung oder Auslieferung für Kriegsverbrechen und Verbrechen gegen die Menschlichkeit bestanden habe.[742] Aus diesen Ausführungen kann somit nicht abgeleitet werden, ob nach Ansicht der Richter nach 1945 eine solche völkergewohnheitsrechtliche Verpflichtung besteht oder nicht. Bejaht wurde von beiden Richtern das Recht Australiens zur Verfolgung von außerhalb des Territoriums von oder gegen Staatsangehörige anderer Staaten begangener Kriegsverbrechen und Verbrechen gegen die Menschlichkeit.[743]

(2) Belgien: Ntezimana et al

Die gesetzliche Regelung in Belgien sah bis 2003 ein absolutes Weltrechtsprinzip[744] vor, also eine Regelung, die noch über das *aut dedere aut iudicare* hinausging, da nicht einmal gefordert wurde, dass sich der Täter auf belgischem Territorium befinden muss.[745] Trotz dieser weitreichenden Regelung kam es bisher nur in einem Fall zur Verurteilung von vier in Belgien anwesenden ruandischen Staatsbürgern, darunter zwei Nonnen, wegen der Beteiligung an der Ermordung von Zivilisten während des von der *Cour d'Assises de Bruxelles* als interner Konflikt qualifizierten Bürgerkrieges in Ruanda.[746] Das Gericht beurteilte die Taten folgerichtig als Verstöße gegen den gemeinsamen Art 3 der Genfer Konventionen und das 2. Zusatzprotokoll, ohne darauf einzugehen, dass nach dem Vertragswortlaut ein universelles Verfolgungsregime nicht vorgesehen ist.[747] Die Verurteilung stützte sich zusätzlich zu Art 3 der Genfer Konventionen auch noch auf die Art 50

742 High Court of Australia, Polyukhovich v The Commonwealth, 14.8.1991, *Brennan*, para 26, 28, *Toohey* schließt sich in seinem Urteil der Meinung von Richter Brenna an (para 18); *Mitchell*, Aut Dedere Aut Judicare Kap 1 Rz 40 (Onlineabfrage).

743 High Court of Australia, Polyukhovich v The Commonwealth, 14.8.1991, *Brennan*, para 21 ff, *Toohey*, para 5 ff; *Hanna* in *Bassiouni*, ICL[3] 326; *Mitchell*, Aut Dedere Aut Judicare Kap 1 Rz 40 (Onlineabfrage).

744 Siehe dazu unter III.B.2.e).

745 *Maierhöfer*, „Aut dedere – aut iudicare" 202.

746 Cour d'Assises de Bruxelles, Ntezimana et al, 8.6.2001; *Graditzky*, IRRC 1998 (Onlineabfrage); *Henckaerts/Doswald-Beck*, Practice 3984 Rz 517; *Maierhöfer*, „Aut dedere – aut iudicare" 202; *Moir*, JICJ 2009, 781 f.

747 Cour d'Assises de Bruxelles, Ntezimana et al, 8.6.2001; Maierhöfer, „Aut dedere – aut iudicare" 202.

Genfer Konvention I, Art 130 Genfer Konvention II und Art 147 Genfer Konvention IV, deren Geltung eigentlich auf internationale Konflikte begrenzt ist, ohne die Anwendbarkeit für Bürgerkriegsverbrechen näher zu begründen.[748] Diese Normen enthalten zwar nicht selbst eine *aut dedere aut iudicare*-Verpflichtung, definieren aber diejenigen Taten, auf welche die jeweilige Genfer Konvention[749] die Verpflichtung zur Strafverfolgung oder Auslieferung für anwendbar erklären.[750] Die Anwendung dieser Bestimmungen lässt den Schluss zu, dass das Gericht das *grave breaches*-Regime der Genfer Konventionen und somit insbesondere auch dessen Kernbestimmung, das Strafverfolgungs- und Auslieferungsgebot auch für interne bewaffnete Konflikte für anwendbar erachtet.[751]

(3) Chile

Die chilenische *Corte Suprema*[752] hatte über die Anwendbarkeit des Amnestiegesetzes von 1978 auf unmittelbar nach dem Militärputsch gegen Präsident Allende erfolgtes zwangsweises Verschwindenlassen von Personen zu entscheiden.[753] Das Gericht bewertete in seiner Entscheidung den damaligen Konflikt in Chile unter Bezugnahme auf ein Dekret vom 12.9.1973 als innerstaatlichen bewaffneten Konflikt.[754] Es lehnte sodann eine Anwendbarkeit des Amnestiegesetzes ab, da Chile in solchen Konflikten gem Art 146, 147 Genfer Konvention IV zur Verfolgung von Verstößen nach Art 3 der Genfer Konventionen verpflichtet sei.[755] Die *Corte Suprema* erachtete somit das *grave breaches*-Regime der Genfer

---

748 Cour d'Assises de Bruxelles, Ntezimana et al, 8.6.2001; *Maierhöfer*, „Aut dedere - aut iudicare" 202 f.

749 Siehe dazu genauer unter IV.B.2. und V.B.1.a). Art 50 Genfer Konvention I lautet in der deutschen Übersetzung etwa: „Als schwere Verletzungen, wie sie im vorhergehenden Artikel erwähnt sind, gelten (...)" (BGBl 1953/155, 611). Art 50 bezieht sich also ausdrücklich auf den vorhergehenden Artikel, in welchem die *aut dedere aut iudicare*-Verpflichtung verankert ist. Dasselbe gilt für die Art 130 Genfer Konvention II (BGBl 1953/155, 741) und Art 147 Genfer Konvention IV (BGBl 1953/155, 862), welche aut Art 129 Genfer Konvention II und Art 146 Genfer Konvention IV verweisen.

750 *Maierhöfer*, „Aut dedere - aut iudicare" 203.

751 *Maierhöfer*, „Aut dedere - aut iudicare" 203.

752 Corte Suprema de Chile, 9.9.1998, 469–1998.

753 *Maierhöfer*, „Aut dedere - aut iudicare" 207.

754 Corte Suprema de Chile, 9.9.1998, 469–1998, para 9; *Maierhöfer*, „Aut dedere - aut iudicare" 207.

755 Corte Suprema de Chile, 9.9.1998, 469–1998, para 9 f; *Maierhöfer*, „Aut dedere - aut iudicare" 207.

Konventionen und damit auch die Verpflichtung zur Strafverfolgung oder Auslieferung auch bei Bürgerkriegsverbrechen als anwendbar.[756]

(4) Dänemark: Sarić

Refik Sarić wurde wegen der Misshandlung von Gefangenen unter ausdrücklicher Berufung auf Art 129 und 130 Genfer Konventionen III und Art 146 und 147 Genfer Konventionen IV zu acht Jahren Freiheitsstrafe verurteilt.[757] Im Urteil findet keine Auseinandersetzung mit dem internen oder internationalen Charakter des Bosnienkonflikts statt,[758] obwohl es sich auf den ersten Blick um einen internen Konflikt handelt,[759] für welchen nach klassischer Leseart die genannten Bestimmungen nicht zur Anwendung gelangen.[760] Die fehlende Auseinandersetzung lässt zweierlei Schlüsse zu: (1) Die dänischen Gerichte gingen stillschweigend von der naheliegenderen Qualifizierung des Konflikts als „intern" aus und erachteten die Bestimmungen der Genfer Konventionen dennoch als anwendbar.[761] (2) Ebenso denkbar wäre, dass das Gericht die Unterscheidung zwischen internationalen und internen Konflikten für den vorliegenden Fall als irrelevant ansah.[762] Unabhängig davon, von welcher Prämisse das Gericht ausgegangen ist, stellt diese Entscheidung den ersten Anwendungsfall der *grave braches*-Bestimmungen der Genfer Konventionen dar und liefert zugleich erste Indizien für die Anwendbarkeit der Bestimmungen in Bürgerkriegen.[763]

---

756 *Maierhöfer*, „Aut dedere - aut iudicare" 207.

757 Eastern Division of High Court, Prosecutor v Refik Sarić, 25.11.1994, S-3396–94 bestätigt durch den Obersten Gerichtshofs Dänemarks mit Entscheidung vom 15.08.1995; Graditzky, IRRC 1998 (Onlineabfrage); *Maierhöfer*, „Aut dedere - aut iudicare" 196; *Maison*, EJIL 1995, 261 f.

758 ICTY, Appeals Chamber, Tadić (IT-94-1), Decision on the Defence Motion for Interlocutory Appeal on Jurisdiction, 2.10.1995, para 83; *Moir*, JICJ 2009, 783.

759 Der ICTY und schweizer sowie deutsche Gerichte die den Bosnienkonflikt später in großem Umfang als international einstuften, begründen dies ausführlich (*Maierhöfer*, „Aut dedere - aut iudicare" 196). Siehe dazu sogleich unter (4) und (9).

760 *Maierhöfer*, „Aut dedere - aut iudicare" 196. Der Anwendungsbereich der Genfer Konventionen erstreckt sich nach dem gemeinsamen Art 2 der Genfer Konventionen nur auf internationale Konflikte; siehe dazu bei *Kreß*, IYHR 2000, 104 f; *Oeter*, ZaöRV 1993, 30; *Pictet*, Geneva Convention Vol I 28; *ders*, Geneva Convention Vol II 23.

761 *Maierhöfer*, „Aut dedere - aut iudicare" 196; *Moir*, JICJ 2009, 783.

762 *Graditzky*, IRRC 1998 (Onlineabfrage); *Maierhöfer*, „Aut dedere - aut iudicare" 196; *Moir*, JICJ 2009, 783; so auch ICTY, Appeals Chamber, Tadić (IT-94-1), Decision on the Defence Motion for Interlocutory Appeal on Jurisdiction, 2.10.1995, para 83.

763 *Maierhöfer*, „Aut dedere - aut iudicare" 196; *Maison*, EJIL 1995, 261 f.

(5) Deutschland

Im Beschluss des Ermittlungsrichters am BGH[764] über den Haftbefehl gegen Dusko Tadić wird ausgeführt, dass „[d]as Verbrechen der Beihilfe zum Völkermord (...) in Tateinheit mit weiteren schweren Straftaten des Beschuldigten [steht], zu deren Verfolgung die Bundesrepublik aufgrund völkerrechtlicher Vereinbarungen verpflichtet ist"[765].[766] Hierin kann ein Anhaltspunkt für die Annahme einer Strafverfolgungs- oder Auslieferungsverpflichtung bei Bürgerkriegsverbrechen durch den Richter gesehen werden.[767] Welche Verträge gemeint sein sollen, lässt der BGH offen.[768] Denkbar wären die UN-Folterkonvention oder die Genfer Konventionen III und IV.[769] Eine ausdrückliche Nennung dieser Bestimmungen würde eindeutig darauf schließen lassen, dass der BGH die darin enthaltenen *aut dedere aut iudicare*-Bestimmungen auch auf einen – auf den ersten Blick – internen Konflikt anwendet.[770]

Das BayObLG[771] qualifizierte in seinem Urteil den Krieg in Bosnien-Herzegowina aufgrund der jugoslawischen Unterstützung für die bosnischen Serben als internationalen Konflikt.[772] Im Folgenden leitete das Gericht aus den Art 146 und 147 Genfer Konvention IV die Strafverfolgungsverpflichtung für die in diesem Abkommen beschriebenen schweren Verletzungen gegen Zivilpersonen, im gegenständlichen Fall die Tötung muslimischer Zivilisten durch bosnische Serben, ab.[773] Auch das OLG Düsseldorf[774] bewertete den Krieg in Bosnien-Herzegowina in seinen Entscheidungen aus ähnlichen Überlegungen heraus als internationalen Konflikt.[775] Ähnlich argumentierte auch der BGH[776] in einer weiteren

764 BGH (Ermittlungsrichter), Beschluss vom 13.2.1994, 1 BGs 100/94 = NStZ 1994, 232 f.

765 BGH (Ermittlungsrichter), Beschluss vom 13.2.1994, 1 BGs 100/94 = NStZ 1994, 233.

766 *Maierhöfer*, „Aut dedere – aut iudicare" 196; *Maison*, EJIL 1995, 201.

767 *Maierhöfer*, „Aut dedere – aut iudicare" 201.

768 *Maierhöfer*, „Aut dedere – aut iudicare" 201.

769 *Maierhöfer*, „Aut dedere – aut iudicare" 201.

770 *Maierhöfer*, „Aut dedere – aut iudicare" 201.

771 BayObLG 23.5.1997, 3 St 20/96 = NJW 1998, 392 ff.

772 BayObLG 23.5.1997, 3 St 20/96 = NJW 1998, 395; *Ambos/Wirth* in *Fischer/Kreß/Lüder*, Prosecution 777; *Maierhöfer*, „Aut dedere – aut iudicare" 201; *Safferling* AJIL 1998, 530 f.

773 BayObLG 23.5. 1997, 3 St 20/96 = NJW 1998, 395; *Ambos/Wirth* in *Fischer/Kreß/Lüder*, Prosecution 777; *Maierhöfer*, „Aut dedere – aut iudicare" 201.

774 OLG Düsseldorf, 26.9.1997, 2 StE 8/96, 159 f; 29.11.1999, 2 StE 6/97.

775 Ambos, NStZ 1999, 228; Ambos/*Wirth* in *Fischer/Kreß/Lüder*, Prosecution 778.

776 BGH 21.2.2001, 3 StR 372/00.

Entscheidung im Zusammenhang mit bosnisch-serbischen Kriegsverbrechen, in welcher er den Konflikt als internationalen Konflikt ansah und daraus resultierend vom Bestehen einer sich aus der Genfer Konvention IV ergebenden völkervertragsrechtlichen Verfolgungsverpflichtung ausging.[777] Er führte hierfür unter Bezugnahme auf die Entscheidung des ICTY im Fall Dusko Tadić begründend an, dass der Krieg in Bosnien-Herzegowina aufgrund einer Gesamtbetrachtung der Verhältnisse, der politischen Entwicklung sowie der faktischen Kräfteverteilung auch nach dem offiziellen Rückzug der Jugoslawischen Armee – zumindest im Jahre 1992 – noch ein bewaffneter internationaler Konflikt gewesen sei.[778] Er ließ hingegen offen, ob Deutschland auch bei einem internen Konflikt eine völkervertragliche Verfolgungspflicht treffen würde.[779]

Zusammenfassend bewerten die deutschen Gerichte den Konflikt in Bosnien-Herzegowina als international und sehen sich – aufgrund der vertraglichen in den Genfer Konventionen enthaltenen Strafverfolgungs- oder Auslieferungsverpflichtung und nicht aufgrund von Völkergewohnheitsrecht – zur Verfolgung der in diesem Konflikt begangenen Kriegsverbrechen verpflichtet.[780]

(6) Frankreich: Javor und Wencesla Munyeshyaka

Die *Cour de Cassation*[781] verneinte im Fall des Bosniers Elvir Javor, der zusammen mit weiteren Opfern Strafanzeige gegen „Unbekannt" wegen Kriegsverbrechen, Folter, Verbrechen gegen die Menschlichkeit und Völkermordes in Bosnien eingebracht hatte, das Bestehen französischer Gerichtsbarkeit nach den Genfer Konventionen.[782] Als Begründung führte das Gericht an, es gäbe keine Hinweise darauf, dass sich die unbekannten Täter auf französischem Territorium befinden würden.[783] Eine Auseinandersetzung mit dem (internen) Charakter des Konfliktes fand nicht statt.[784] Dies lässt den Schluss zu, die *Cour de Cassation* hätte – trotz des auf den ersten Blick internen Charakters des Bosnienkonfliktes – im Falle eines anwesenden Täters die französische Gerichtsbarkeit auf Basis der Genfer Konventionen angenommen.[785] Hieraus kann – wie im Fall

777 BGH 21.2.2001, 3 StR 372/00; *Maierhöfer*, „Aut dedere – aut iudicare" 201.
778 BGH 21.2.2001, 3 StR 372/00.
779 *Maierhöfer*, „Aut dedere – aut iudicare" 202.
780 *Maierhöfer*, „Aut dedere – aut iudicare" 202.
781 Cour de Cassation, Chambre criminelle, 26.3.1996, 95–81.527.
782 *Maierhöfer*, „Aut dedere – aut iudicare" 197; *Sadat* in *Bassiouni*, ICL[3] 353.
783 *Maierhöfer*, „Aut dedere – aut iudicare" 197; *Sadat* in *Bassiouni*, ICL[3] 353.
784 *Maierhöfer*, „Aut dedere – aut iudicare" 197.
785 *Maierhöfer*, „Aut dedere – aut iudicare" 197.

Sarić – geschlussfolgert werden, dass die *Cour de Cassation* entweder stillschweigend von einem internen Konflikt ausgeht, für welchen sie das *grave breaches*-Regime aber dennoch für anwendbar hält, oder sie sieht für diesen Kontext die Natur des Konfliktes als irrelevant an.[786]

Dem nach Frankreich geflüchteten ruandischen Angeklagten Wencesla Munyeshyaka wurde die Selektion von Tutsi für Massaker und das Vorenthalten von Nahrung an diese sowie Vergewaltigung, während des ohne Zweifel internen bewaffneten Konflikts in Ruanda, vorgeworfen.[787] Die *Cour de Cassation* erachtete in dieser Entscheidung[788] nur Art 3 der Genfer Konvention sowie die im zweiten Zusatzprotokoll zu den Genfer Konventionen enthaltenen Regelungen für interne Konflikte anwendbar.[789] Obwohl diese Bestimmungen keine Strafverfolgungsverpflichtung bei Verstößen gegen humanitäres Völkerrecht vorsehen, erachtete sich die *Cour de Cassation* für berechtigt, ein Bürgerkriegsverbrechen, welches von einem ruandischen Staatsbürger in Ruanda an Ruandern begangen wurde, zu verfolgen.[790] Die Verwendung des *terminus technicus* „infractions graves" für die vorgeworfenen Verbrechen deutet darauf hin, dass das Gericht sogar von einer (Auslieferungs- oder) Strafverfolgungspflicht ausgeht, die die Genfer Konventionen[791] für solche *grave breaches* vorsehen.[792]

(7) Kamerun: Bagosora

Mit Entscheidung vom 15.3.1996 gab die *Cour d'Appel du Centre*[793] dem Ersuchen Belgiens um Auslieferung des Ruanders Bagosora Théoneste, dem die Ermordung belgischer Blauhelme zur Last gelegt wurde, unter Berufung auf die Genfer Konventionen und ihre Zusatzprotokolle, statt.[794] Das Gericht erachtete somit die in den Genfer Konventionen vorgesehenen Auslieferungsverpflichtungen auch für den unbestritten internen Konflikt in Ruanda für anwendbar.[795]

---

786 *Maierhöfer*, „Aut dedere – aut iudicare" 197.
787 *Maierhöfer*, „Aut dedere – aut iudicare" 197; *Sadat* in *Bassiouni*, ICL^3 354.
788 Cour de Cassation, Chambre criminelle, 6.1.1998, 96–82.491.
789 *Maierhöfer*, „Aut dedere – aut iudicare" 197 f.
790 *Maierhöfer*, „Aut dedere – aut iudicare" 198.
791 Zum Bestehen einer *aut dedere aut iudicare*-Verpflichtung nach den Genfer Konventionen siehe unter V.B.1.a).
792 *Maierhöfer*, „Aut dedere – aut iudicare" 198.
793 Cour d'Appel du Centre (Yaounde), 15.3.1996.
794 *Maierhöfer*, „Aut dedere – aut iudicare" 204.
795 *Maierhöfer*, „Aut dedere – aut iudicare" 204.

(8) Kanada: Munyaneza

Der ruandische Staatsbürger Désiré Munyaneza wurde vom kanadischen *Superior Court*[796] wegen Völkermordes, Verbrechen gegen die Menschlichkeit und Kriegsverbrechen in Ruanda im Zeitraum April bis Juli 1994 zu einer lebenslangen Freiheitsstrafe verurteilt.[797] Das Gericht bejahte seine Kompetenz zur Verfolgung von in nicht internationalen Konflikten begangenen Bürgerkriegsverbrechen unter Bezugnahme auf eine Entscheidung des ICTR im Fall Prosecutor v Rutaganda, sofern das Opfer „a protected person taking no direct part in the hostilities, a civilian, or a person who has laid down his or her arms or has been placed hors de combat“[798] sei.[799]

Die Berufung des Angeklagten wurde mit Urteil des *Quebec Court of Appeal* vom 7.5.2014[800] abgewiesen. Das Gericht führte begründend aus, dass – entgegen den Ausführungen des Angeklagten – in einem nicht internationalen Konflikt begangene Bürgerkriegsverbrechen bereits vor der Verabschiedung des Rom-Statuts völkergewohnheitsrechtrechtlich strafbar gewesen seien.[801] Auch Personen, denen Bürgerkriegsverbrechen vor Inkrafttreten des *Crimes Against Humanity and War Crimes Act* aus dem Jahr 2000 zur Last gelegt werden, können nach Ansicht des Gerichts – ohne gegen das Rückwirkungsverbot zu verstoßen – gem Art 6 dieses Acts in Kanada verfolgt werden.[802] Das Gericht kam somit zum Schluss, dass die Verfolgung von Bürgerkriegsverbrechen zulässig ist,[803] ob auch eine Verpflichtung zur Strafverfolgung besteht, ließ das Gericht hingegen offen.

---

796 Superior Court, Criminal Division, Prosecutor v Désiré Munyaneza, 22.5.2009, 500-73-002500-052, para 68, 108, 129.

797 IGH, Questions relating to the Obligation to Prosecute or Extradite (Belgium v Senegal), Supplementary replies from Belgium to the question put to it by Judge Greenwood at the close of the hearing held on 16 March 2012, para 17; *CCIJ*, Munyaneza.

798 Superior Court, Criminal Division, Prosecutor v Désiré Munyaneza, 22.5.2009, 500-73-002500-052, para 153.

799 Superior Court, Criminal Division, Prosecutor v Désiré Munyaneza, 22.5.2009, 500-73-002500-052, para 153; IGH, Questions relating to the Obligation to Prosecute or Extradite (Belgium v Senegal), Supplementary replies from Belgium to the question put to it by Judge Greenwood at the close of the hearing held on 16 March 2012, para 17.

800 Quebec Court of Appeal, 7.5.2014, 500-1 0-004416-093.

801 Quebec Court of Appeal, 7.5.2014, 500-1 0-004416-093, para 15 ff.

802 Quebec Court of Appeal, 7.5.2014, 500-1 0-004416-093, para 46 ff.

803 Quebec Court of Appeal, 7.5.2014, 500-1 0-004416-093, para 55, wo es heißt: „the Act validly *permits* the prosecution of an individual in Canada“(Hervorhebung durch die Autorin); ähnlich auch in para 57, wo wie folgt ausführt wird: „Consequently, the

(9) *Niederlande: Knesevic*

Dem in den Niederlanden anwesenden bosnischen Serben Darko Knesevic wurde die Tötung, Verschleppung und Vergewaltigung von Zivilisten in Bosnien zur Last gelegt.[804] Alle mit diesem Fall befassten niederländischen Gerichte[805] bejahten die Kompetenz niederländischer Gerichte zur Verfolgung dieser Verbrechen und gingen dabei vom Bestehen einer *aut dedere aut iudicare*-Verpflichtung bei Bürgerkriegsverbrechen aus.[806] Dies lässt sich daraus ableiten, dass der *Gerechtshof te Arnhem* die extensive Auslegung der Kompetenzvorschriften des niederländischen Strafrechts damit begründete, dass die in den Genfer Konventionen enthaltenen – nach Ansicht des Gerichts auch in nicht bewaffnenden Konflikten anwendbaren – Verpflichtung, mutmaßliche Täter zu verfolgen (oder auszuliefern), Rechnung getragen werden soll.[807] Die Gerichte gingen dabei in ihren Urteilen eindeutig vom Vorliegen eines internen Konflikts aus, da sie die vorgeworfenen Taten als Verstöße gegen den lediglich in internen bewaffneten Konflikten anwendbaren Art 3 Genfer Konventionen qualifizierten bzw den Konflikt sogar ausdrücklich als intern bewerteten.[808]

Im Jahr 2007 bestätigte der *Gerechtshof's-Gravenhage*[809] ein erstinstanzliches Urteil, mit welchem der afghanische Angeklagte, Leiter des afghanischen militärischen Nachrichtendienstes Khad-e-Nezami, zwischen 1979 und 1989, wegen der Anwendung von Gewalt und Folter in sieben Fällen auf Basis des gemeinsamen Art 3 der Genfer Konventionen zu neun Jahren Freiheitsstrafe verurteilt worden

---

appellant *may* be prosecuted in Canada for acts committed in 1994 in Rwanda (…)" (Hervorhebung durch die Autorin).

804 *Graditzky*, IRRC 1998 (Onlineabfrage); *Maierhöfer*, „Aut dedere – aut iudicare" 198.

805 Das mit Urteil vom 22.10.1996 des *Hoge Raad der Nederlander* (Straftkamer) wegen Verfahrensfehlern (para 5.4 und 5.5) aufgehobene Urteil des *Arnhem District Court* vom 21.2.1996 bejaht unter der Überschrift „Decision on the matter of legal authority" die Kompetenz der niederländischen Gerichte zur Strafverfolgung; bestätigend hinsichtlich der Kompetenzfrage: Gerechtshof te Arnhem, Militaire Kamer, 19.3.1997, para 4.4 ff; (Hoge Raad) Criminal Chamber (Straftkamer), 11.11.1997, para 6.3 f.

806 *Graditzky*, IRRC 1998 (Onlineabfrage); *Maierhöfer*, „Aut dedere – aut iudicare" 198.

807 Gerechtshof te Arnhem, Militaire Kamer, 19.3.1997, para 4.5; ähnlich auch (Hoge Raad) Criminal Chamber (Straftkamer), 11.11.1997, para 5.3; *Maierhöfer*, „Aut dedere – aut iudicare" 199.

808 *Maierhöfer*, „Aut dedere – aut iudicare" 199; *Moir*, JICJ 2009, 780 f.

809 Gerechtshof 's-Gravenhage, 29.1.2007.

war.[810] Die Berufung stützte der Angeklagte ua auf die Begründung, die Genfer Konventionen würden den niederländischen Gerichten nicht die Kompetenz zur Strafverfolgung oder Auslieferung für Verstöße gegen den gemeinsamen Art 3 der vier Genfer Konventionen einräumen.[811] Der *Gerechtshof's-Gravenhage* qualifizierte in seinem Urteil den Konflikt in Afghanistan in den 1980er Jahren als nicht-internationalen bewaffneten Konflikt.[812] Das Gericht gelangte schließlich zum Ergebnis, dass Verstöße gegen den gemeinsamen Art 3 der Genfer Konventionen als Verbrechen iSd Art 8 WOS anzusehen seien und folglich in den Kompetenzbereich der niederländischen Gerichte fallen.[813] Das Gericht, welches den Konflikt ausdrücklich als nicht-internationalen bewaffneten Konflikt qualifizierte und daher folgerichtig Verstöße gegen Art 3 der Genfer Konventionen annahm, ging zugleich vom Bestehen eines *aut dedere aut iudicare* für diese Verstöße aus, aus welchem es die Berechtigung zur Ausübung der niederländischen Gerichtsbarkeit auf Basis des Weltrechtsprinzips ableitete.[814] Dieses Urteil kann somit als Indiz für das Bestehen einer Strafverfolgungs- oder Auslieferungsverpflichtung bei Bürgerkriegsverbechen angesehen werden.

Der Entscheidung des *Hoge Raad*[815] im Jahr 2008 lag ein ähnlicher Sachverhalt zugrunde: Ein Mitglied des afghanischen militärischen Nachrichtendienstes war in unterer Instanz wegen Folter zu 12 Jahren Freiheitsstrafe verurteilt worden.[816] Auch der *Hoge Raad* bestätigte dieses Urteil und stellte in seiner Entscheidung fest, dass Verstöße gegen Art 3 der Genfer Konventionen als Verbrechen iSd Art 8

---

810 IGH, Questions relating to the Obligation to Prosecute or Extradite (Belgium v Senegal), Supplementary replies from Belgium to the question put to it by Judge Greenwood at the close of the hearing held on 16 March 2012, para 16.

811 *Amnesty International,* Aut dedere aut judicare 25 FN 63 (Onlineabfrage); IGH, Questions relating to the Obligation to Prosecute or Extradite (Belgium v Senegal), Supplementary replies from Belgium to the question put to it by Judge Greenwood at the close of the hearing held on 16 March 2012, para 16; Gerechtshof 's-Gravenhage, 29.1.2007, 5.1.

812 Gerechtshof 's-Gravenhage, 29.1.2007, 5.3.

813 *Amnesty International,* Aut dedere aut judicare 25 (Onlineabfrage); Gerechtshof's-Gravenhage, 29.1.2007, 5.4.4.

814 Gerechtshof's-Gravenhage, 29.1.2007, 6.4, wo es heißt: „The court of appeal again underlines that – also in view of the adagium 'aut dedere aut punire' – in the present case it concerns the exercise of secondary universal jurisdiction".

815 Hoge Raad, 8.7.2008.

816 IGH, Questions relating to the Obligation to Prosecute or Extradite (Belgium v Senegal), Supplementary replies from Belgium to the question put to it by Judge Greenwood at the close of the hearing held on 16 March 2012, para 16.

WOS anzusehen seien und die niederländischen Gerichte daher gem Art 3 WOS zur Ausübung von universeller Gerichtsbarkeit hinsichtlich dieser Verstöße berechtigt seien.[817]

(10) *Nigeria: Taylor*

Nigeria als Zufluchtstaat verweigerte zunächst die Auslieferung des liberianischen Ex-Staatschef Charles Taylor, der wegen Bürgerkriegsverbrechen vom SCSL angeklagt worden war, mit der Begründung, man habe diesem anlässlich des liberianischen Friedensprozesses Asyl zugesichert.[818] Ungeachtet dessen, dass keine völkerrechtliche Verpflichtung von Drittstaaten zur Zusammenarbeit mit dem Sondertribunal für Sierra Leone bestand,[819] übte die internationale Gemeinschaft so lange Druck auf Nigeria aus, bis Taylor schließlich im Jahr 2006 an den SCSL übergeben wurde.[820] Das Verhalten der Staatengemeinschaft kann als Indiz dafür angesehen werden, dass vom Bestehen einer Auslieferungsverpflichtung Nigerias ausgegangen wurde, deren Erfüllung auch durch Überstellung an ein internationales Tribunal erfolgen kann.

(11) *Schweiz: Grabec und Niyonteze*

Das Schweizer *Tribunal Militaire de Division 1*[821] qualifizierte den Jugoslawienkonflikt als erstes nationales Gericht als internationalen Konflikt.[822] Das Gericht erachtete den Konflikt seit dem Zeitpunkt des Inkrafttretens der Unabhängigkeitserklärung Sloweniens und Kroatiens (7. und 8.10.1991) als international.[823] Folglich bejahte das Tribunal die Kompetenz der Schweizer Gerichte zur Verfolgung des in der Schweiz anwesenden Angeklagten Grabec, welchem Misshandlungen in den bosnisch-serbischen Lagern Omarska und Keraterm im Sommer 1992 vorgeworfenen wurden, auf Grundlage des Art 108 Abs 1 CPM iVm den

---

817 Hoge Raad, 8.7.2008, 6.1 f; IGH, Questions relating to the Obligation to Prosecute or Extradite (Belgium v Senegal), Supplementary replies from Belgium to the question put to it by Judge Greenwood at the close of the hearing held on 16 March 2012, para 16.

818 *Maierhöfer*, „Aut dedere – aut iudicare" 205.

819 Siehe dazu genauer unter II.E.4.a).

820 *Amnesty International*, Taylor (Onlineabfrage).

821 Tribunal Militaire de Division 1, 18.4.1997; unter der Überschrift „En Droit: Compétence".

822 *Graditzky*, IRRC 1998 (Onlineabfrage); *Maierhöfer*, „Aut dedere – aut iudicare" 199; *Ziegler*, AJIL 1998, 80.

823 Tribunal Militaire de Division 1, 18.4.1997; *Maierhöfer*, „Aut dedere – aut iudicare" 199; *Ziegler*, AJIL 1998, 80.

Strafverfolgungs- und Auslieferungsverpflichtungen der Genfer Konventionen III und IV.[824] Letztendlich wurde der Angeklagte aus Mangel an Beweisen freigesprochen, da die Opfer möglicherweise aufgrund der traumatischen Erlebnisse, die ihnen widerfahren waren, den Angeklagten anstelle des wahren Verbrechers für den Täter gehalten hatten.[825]

Im Verfahren gegen den in die Schweiz geflüchteten ruandischen Staatsbürger Niyonteze wurde erstmals eine Person, der Kriegsverbrechen in einem unstrittig internen Konflikt[826] zur Last gelegt wurden unter Anwendung des Weltrechtsprinzips, auf Basis des Zweiten Zusatzprotokolls zu den Genfer Konventionen, verfolgt.[827] Einen Auslieferungsantrag Ruandas hatte die Schweiz wegen der dort zu befürchtenden Todesstrafe zuvor abgelehnt.[828] Anschließend übernahm die Schweiz somit offensichtlich in Anwendung des *aut dedere aut iudicare*-Grundsatzes selbst die Strafverfolgung.[829] Zunächst stellte das Militärkassationsgericht fest, dass der CPM nur Verstöße gegen Völkerrechtsnormen, die direkt die Kampfhandlungen regeln, erfassen würde, was auf Artikel 3 der vier Genfer Konventionen und Artikel 4 des zweiten Zusatzprotokolls zuträfe, nicht jedoch auf die Artikel 146 und 147 der Genfer Konvention IV.[830] Das Gericht führte des Weiteren aus, dass die Verfolgung ausländischer Täter, die in einem internen Konflikt auf ausländischem Territorium zum Nachteil von Ausländern kriegsrechtliche Bestimmungen verletzen, direkt auf Basis von Art 109 CPM in der Schweiz erfolgen könne.[831] Diese Norm würde insbesondere die Ahndung von

---

824 Tribunal Militaire de Division 1, 18.4.1997; IGH, Questions relating to the Obligation to Prosecute or Extradite (Belgium v Senegal), Supplementary replies from Belgium to the question put to it by Judge Greenwood at the close of the hearing held on 16 March 2012, para 15; *Maierhöfer*, „Aut dedere - aut iudicare" 199; *Ziegler*, AJIL 1998, 80.

825 Tribunal Militaire de Division 1, 18.4.1997; *Maierhöfer*, „Aut dedere - aut iudicare" 199 FN 326; *Ziegler*, AJIL 1998, 80.

826 Militärkassationsgericht, 27.4.2001, 8 (II.3.d).

827 Militärkassationsgericht, 27.4.2001; *Maierhöfer*, „Aut dedere - aut iudicare" 200; *Mitchell*, Aut Dedere Aut Judicare Kap 1 Rz 41; *Moir*, JICJ 2009, 781; *Reydams*, AJIL 2002, 231.

828 *Maierhöfer*, „Aut dedere - aut iudicare" 200; *Mitchell*, Aut Dedere Aut Judicare Kap 1 Rz 41 (Onlineabfrage); *Reydams*, AJIL 2002, 231.

829 *Maierhöfer*, „Aut dedere - aut iudicare" 200; aM *Mitchell*, Aut Dedere Aut Judicare Kap 1 Rz 41 (Onlineabfrage).

830 Militärkassationsgericht, 27.4.2001, 21 (9.a); *Maierhöfer*, „Aut dedere - aut iudicare" 200.

831 Militärkassationsgericht, 27.4.2001, 2; IGH, Questions relating to the Obligation to Prosecute or Extradite (Belgium v Senegal), Supplementary replies from Belgium to the question put to it by Judge Greenwood at the close of the hearing held on 16

Verletzung des gemeinsamen Artikels 3 der vier Genfer Konventionen und des Artikels 4 des Zweiten Zusatzprotokolls ermöglichen.[832]

Zusammengefasst wurde vom Militärkassationsgericht die Kompetenz des Zufluchtstaates zur Aburteilung von Bürgerkriegsverbrechen angenommen, obwohl das interne Konflikte regelnde Recht keine Bestimmung enthält, die ausdrücklich eine universelle Gerichtsbarkeit vorsieht.[833]

(12) Ungarn

Das ungarische Verfassungsgericht[834] hatte über die Verfassungsmäßigkeit eines Gesetzes zu entscheiden, welches vorsah, dass während des „Ungarnaufstandes" von 1956 begangene Verbrechen nicht der Verjährung unterliegen.[835] Eine solche nachträgliche Beseitigung der Verjährung ist nach Ansicht des Verfassungsgerichts nur dann verfassungskonform, wenn und soweit sie Verbrechen gegen die Menschlichkeit oder Kriegsverbrechen iSd Völkerrechts betreffen.[836] Bei der Gesetzesprüfung bemängelte das Gericht insbesondere die mangelnde Unterscheidung zwischen *grave breaches* iSd Genfer Konventionen, welche nur in internationalen Konflikten begangen werden können, und Verstößen gegen Art 3 der Genfer Konventionen in nicht internationalen bewaffneten Konflikten im Rahmen des zu prüfenden Gesetzes.[837] Nur *grave breaches* seien als Kriegsverbrechen zu qualifizieren, Verstöße gegen Art 3 seien als Verbrechen gegen die Menschlichkeit zu bewerten.[838] Eine nachträgliche Beseitigung sei aber grundsätzlich für beide Kategorien möglich, und für beide bestehe die Verpflichtung

---

March 2012, para 15; *Maierhöfer*, „Aut dedere – aut iudicare" 200; *Reydams*, AJIL 2002, 233 f.

832 Militärkassationsgericht, 27.4.2001, 2; *Maierhöfer*, „Aut dedere – aut iudicare" 200.

833 *Maierhöfer*, „Aut dedere – aut iudicare" 200 f.

834 Verfassungsgericht, 13.10.1993, 53/1993.

835 IGH, Questions relating to the Obligation to Prosecute or Extradite (Belgium v Senegal), Supplementary replies from Belgium to the question put to it by Judge Greenwood at the close of the hearing held on 16 March 2012, para 14.

836 *Henckaerts/Doswald-Beck*, Practice 4055 f Rz 830; *ICRC*, Customary IHL, Hungary, Rule 160 (Onlineabfrage); *Maierhöfer*, „Aut dedere – aut iudicare" 206.

837 *Maierhöfer*, „Aut dedere – aut iudicare" 206.

838 *Graditzky*, IRRC 1998 (Onlineabfrage); *ICRC*, Customary IHL, Hungary, Rule 160 (Onlineabfrage); IGH, Questions relating to the Obligation to Prosecute or Extradite (Belgium v Senegal), Supplementary replies from Belgium to the question put to it by Judge Greenwood at the close of the hearing held on 16 March 2012, para 14; *Maierhöfer*, „Aut dedere – aut iudicare" 206.

jeden Staates der internationalen Gemeinschaft, diese zu verfolgen.[839] Die Verfassungsrichter lehnen die Anwendbarkeit des *grave breaches*-Regimes und somit auch der daran geknüpften Strafverfolgungs- oder Auslieferungsverpflichtung auf Bürgerkriegsverbrechen eindeutig ab.[840] Im Ergebnis bejahen sie jedoch unter dem Etikett „Verbrechen gegen die Menschlichkeit" dennoch das Bestehen einer universellen – offenbar gewohnheitsrechtlichen – Pflicht zur Verfolgung dieser Taten.[841]

(13) USA: S Kadic v Radovan Karadzic

In den USA strengten Opfer des Bosnienkrieges auf Basis des Alien Tort Act einen Schadenersatzprozess gegen den ehemaligen Serbenführer Radovan Karadzic an.[842] Im Berufungsurteil im Fall S Kadic v Radovan Karadzic[843] führte der *US Court of Appeal obiter dictum* aus, dass für die Bestrafung von Kriegsverbrechen und Völkermord jedem Staat, unabhängig von Tatort und Nationalität des Täters, Gerichtsbarkeit zukomme.[844] Das Gericht sah dabei auch Verstöße gegen den gemeinsamen Art 3 der Genfer Konventionen als *war crime* an, ging also auch von einem Recht zur Ausübung universeller Gerichtsbarkeit bei nicht internationalen bewaffneten Konflikten aus.[845] Ob neben dem Recht auch eine Verpflichtung zur Strafverfolgung besteht, ließ das Gericht hingegen offen.[846]

(14) Verfolgung von Bürgerkriegsverbrechen durch die Balkanstaaten

2002 wurde der ehemalige Führer der moslemischen Separatisten Fikret Abdic von einem kroatischen Gericht wegen Kriegsverbrechen, nämlich der Errichtung von Konzentrationslagern, zu 20 Jahren Freiheitsstrafe verurteilt.[847] Etwa zeitgleich fanden auch in Serbien Verfahren wegen in Bosnien und Kroatien

---

839 *Maierhöfer*, „Aut dedere – aut iudicare" 206.

840 *Maierhöfer*, „Aut dedere – aut iudicare" 206.

841 *Maierhöfer*, „Aut dedere – aut iudicare" 206.

842 *Graditzky*, IRRC 1998 (Onlineabfrage); *Maierhöfer*, „Aut dedere – aut iudicare" 206; *Malone* in *Bassiouni*, ICL[3] 423.

843 US Court of Appeals, 2nd Circuit, S Kadic v Radovan Kardzic, 13.10.1995, 34 ILM (1995), 1601.

844 *Graditzky*, IRRC 1998 (Onlineabfrage); *Maierhöfer*, „Aut dedere – aut iudicare" 206.

845 US Court of Appeals, 2nd Circuit, S Kadic v Radovan Kardzic, 13.10.1995, 34 ILM (1995), 1604 ff; *Graditzky*, IRRC 1998 (Onlineabfrage); *Maierhöfer*, „Aut dedere – aut iudicare" 206.

846 *Maierhöfer*, „Aut dedere – aut iudicare" 206.

847 *McDonald*, YHL 2002, 476, Der Standard, Kroatien: Ehemaliger Separatistenführer Abdic vor Gericht, 19.7.2001; *Maierhöfer*, „Aut dedere – aut iudicare" 203. Dieses

begangener Kriegsverbrechen statt.[848] 2003 wurden vier Serben von einem Belgrader Bezirksgericht wegen Kriegsverbrechen, nämlich der Entführung und Ermordung von 16 Zivilisten im Oktober 1992, zu langjährigen Haftstrafen verurteilt.[849] Hierbei wurde über einen Verstoß gegen das in internen bewaffneten Konflikten anwendbare Recht verhandelt, da von Seiten der serbischen Staatsorgane die Rechtsauffassung vertreten wurde, dass die Bundesrepublik Jugoslawien nicht Konfliktpartei des Bosnienkrieges war und somit kein internationaler Konflikt vorgelegen habe.[850] 2005 wurden 14 ehemalige Angehörige der serbischen Territorialverteidigung von einem Belgrader Gericht in erster Instanz wegen der Ermordung von ca 200 kroatischen Kriegsgefangenen in der kroatischen Stadt Vukovar, auf einer Farm Namens Ovcara im November 1991, verurteilt.[851] Im Dezember 2006 wurde dieses Urteil vom serbischen Obergericht wegen prozeduraler Fehler aufgehoben.[852] Da Kroatien sich bereits im Oktober 1991 für unabhängig erklärt hatte, ist zweifelhaft, ob hier über Verbrechen, die im Rahmen eines internationalen bewaffneten oder eines internen Konflikts begangen wurden, geurteilt wurde.[853] Aus den Äußerungen serbischer Repräsentanten gegenüber der Staatengemeinschaft kann abgeleitet werden, dass sich der Staat Serbien zur Durchführung solcher Verfahren durchaus verpflichtet fühlte:[854] Die Überstellung von mutmaßlichen Kriegsverbrechern an der ICTY wurde zwar anfänglich abgelehnt, aber nicht, weil man der Meinung war diesen Asyl gewähren zu dürfen, sondern weil man die Aburteilung vor heimischen Gerichten für die zu präferierende Alternative hielt.[855] Mittlerweile ist die Überstellung infolge

---

Urteil wurde 2004 vom obersten Gericht Kroatien bestätigt (NZZ, Haftstrafe für Fikret Abdic in Kroatien bestätigt, Onlineabfrage [14.7.2016]).

848 *Maierhöfer*, „Aut dedere – aut iudicare“ 203.

849 *Maierhöfer*, „Aut dedere – aut iudicare“ 203 f; Der Standard, Vier Serben wegen Kriegsverbrechen zu 75 Jahren Haft verurteilt, Onlineabfrage (14.7.2016).

850 IGH, Application of the Convention on the Prevention and Punishment of the Crime of Genocide, Preliminary Objections, Judgment of 11.06.1996, ICJ, Reports 1996, 615.

851 Der Standard, Oberstes Gericht annullierte Urteil im Fall Ovcara, Onlineabfrage (14.7.2016); NZZ, Urteil im Vukovar-Prozess aufgehoben, Rückschlag im Verhältnis zwischen Belgrad und Zagreb, Onlineabfrage (14.7.2016); *Maierhöfer*, „Aut dedere – aut iudicare“ 203.

852 Der Standard, Oberstes Gericht annullierte Urteil im Fall Ovcara, Onlineabfrage (14.7.2016); NZZ, Urteil im Vukovar-Prozess aufgehoben, Rückschlag im Verhältnis zwischen Belgrad und Zagreb, Onlineabfrage (14.7.2016).

853 *Maierhöfer*, „Aut dedere – aut iudicare“ 203.

854 *Maierhöfer*, „Aut dedere – aut iudicare“ 204.

855 *Maierhöfer*, „Aut dedere – aut iudicare“ 204; Der Standard, Serbien verweigert Auslieferung mutmaßlicher Kriegsverbrecher, Onlineabfrage (30.06.2015).

massiven internationalen Drucks erfolgt: 2011 wurde der letzte noch flüchtige, vom ICTY angeklagte, mutmaßliche Kriegsverbrecher Goran Hadžić von Serbien an das Tribunal überstellt.[856]

b) *Innerstaatliche Gesetzgebung betreffend Bürgerkriegsverbrechen*

Zumindest 51 Staaten[857] normieren in ihren Gesetzen universelle Gerichtsbarkeit für Bürgerkriegsverbrechen.[858] Es kann zwischen zwei Kategorien von Staaten unterschieden werden: (1) Staaten, die ihren Gerichten konkret die Zuständigkeit zur Verfolgung von Bürgerkriegsverbrechen einräumen, und (2) Staaten, die ihren Gerichten pauschal die Kompetenz verleihen, bestimmte Gruppen von Verbrechen zu verfolgen.[859] Oftmals findet sich dabei die Regelung, dass die Zuständigkeit inländischer Gerichte für Verbrechen, zu deren Verfolgung sich der Staat durch ein internationales Übereinkommen verpflichtet hat, besteht.[860] Staaten, welche das Rom-Statut ratifiziert haben, sind bei einer Regelung, die der zweiten Kategorie zuzuordnen ist, zur Verfolgung der nach Art 5 Abs 1 lit c iVm Art 8 Abs 2 lit c des ICC-Statuts auch in die Zuständigkeit des ICC fallenden Bürgerkriegsverbrechen berechtigt.[861] Als Beispiel für erstere Kategorie kann die

---

856 ICTY Press Releases, Tribunal Welcomes the Arrest of Goran Hadžić, Onlineabfrage (30.06.2015); ORF, Druck auf Belgrad steigt, Onlineabfrage (30.06.2015); ORF, "Mladic und Hadzic sind in Serbien", UNO-Chefankläger Brammertz sicher, Onlineabfrage (30.06.2015).

857 Eine genaue Untersuchung der Gesetzgebung zu Kriegsverbrechen findet sich bei *ICRC*, Customary IHL database (Onlineabfrage); *Amnesty International*, Jurisdiction (Onlineabfrage) und *Redress*, Jurisdiction (Onlineabfrage).

858 IGH, Questions relating to the Obligation to Prosecute or Extradite (Belgium v Senegal), Supplementary replies from Belgium to the question put to it by Judge Greenwood at the close of the hearing held on 16 March 2012, para 10; aM *Van Steenberghe*, der von einer viel kleineren Anzahl von Staaten ausgeht, die eine solche Verpflichtung in ihrer Gesetzgebung vorsehen (JICJ 2011, 1097).

859 *Mitchell*, Aut Dedere Aut Judicare Kap 1 Rz 33 (Onlineabfrage); ähnlich auch IGH, Questions relating to the Obligation to Prosecute or Extradite (Belgium v Senegal), Supplementary replies from Belgium to the question put to it by Judge Greenwood at the close of the hearing held on 16 March 2012, para 10.

860 *Mitchell*, Aut Dedere Aut Judicare Kap 1 Rz 33 (Onlineabfrage).

861 IGH, Questions relating to the Obligation to Prosecute or Extradite (Belgium v Senegal), Supplementary replies from Belgium to the question put to it by Judge Greenwood at the close of the hearing held on 16 March 2012, para 10.

deutsche Regelung in § 1 VStGB genannt werden.[862] Art 6 schwStGB kann der zweiten Kategorie zugeordnet werden.[863]

Daraus, dass Staaten ihren Gerichten die Kompetenz einräumen Bürgerkriegsverbrechen auch zu verfolgen, wenn der Tatort im Ausland liegt und weder Täter noch Opfer die Nationalität des Verfolgungsstaates aufweisen, kann nicht unmittelbar geschlossen werden, dass sich die Staaten zur Verfolgung dieser Verbrechen auch verpflichtet fühlen.[864] Selbst wenn man annimmt, dass eine solche Rechtsüberzeugung aus dieser Gesetzgebungspraxis abgeleitet werden kann, ist die Praxis jedoch für sich gesehen nicht ausgedehnt, da lediglich 51 von 192 Staaten (entspricht etwa 25 %) das Recht zur Verfolgung von Bürgerkriegsverbrechen nach dem Weltrechtsprinzip gesetzlich verankert haben.[865]

Einige Staaten haben Amnestiegesetze für in internen Konflikten begangene Kriegsverbrechen erlassen, die in der Folge von ihren eigenen Gerichten oder regionalen Menschenrechtsgerichtshöfen für unrechtmäßig erklärt und von der internationalen Gemeinschaft kritisiert wurden.[866] Aufgrund der völkerrechtlich für internationale Verbrechen anerkannten Verfolgungspflicht (des Tatortstaates) sind pauschale Straffreistellungen grundsätzlich völkerrechtswidrig.[867] Es würde den Rahmen dieser Arbeit sprengen, würde hier der Frage nachgegangen werden,

862 IGH, Questions relating to the Obligation to Prosecute or Extradite (Belgium v Senegal), Supplementary replies from Belgium to the question put to it by Judge Greenwood at the close of the hearing held on 16 March 2012, para 11.

863 IGH, Questions relating to the Obligation to Prosecute or Extradite (Belgium v Senegal), Supplementary replies from Belgium to the question put to it by Judge Greenwood at the close of the hearing held on 16 March 2012, para 12.

864 Ähnlich *Henckaerts/Doswald-Beck*, Rules 608.

865 Ähnlich *Mitchell*, Aut Dedere Aut Judicare Kap 1 Rz 34 (Onlineabfrage).

866 *Henckaerts/Doswald-Beck*, Rules 609. Siehe beispielsweise die Fälle *Cavallo* (näher dazu bei Straßner, Vergangenheitspolitik 138 ff), *Videla* (näher dazu bei Straßner, Vergangenheitspolitik 116), *Masacre Las Hojas* (Inter-American Commission on Human Rights, Case 10.287 [El Salvador]; *Lucio Parada Cea et al* (Inter-American Commission on Human Rights, Case 10.480 [El Salvador]).

867 *Ambos*, HRLJ 1997, 7; *O'Shea*, Amnesty 195 f; *Werle* in *Conde/Vormbaum*, Transformation 23. Siehe dazu auch: UN Commission on Human Rights, Res 2002/79, UN Doc E/CN.4/RES/2002/79; UN Secretary-General, Report on the establishment of a Special Court for Sierra Leone, UN Doc S/2000/915, para 22; UN Committee against Torture, UN Doc CAT/C/23/4; Human Rights Committee, General Comment 20, Article 7, UN Doc HRI/GEN/1/Rev.1 at 30 (1994), para 15; SCSL, Kallon/Kamara, Entscheidung vom 13.3.2004, para 71, 73, 84, 88.

unter welchen Bedingungen ein Amnestiegesetz dennoch zulässig wäre und ob Amnestiegesetze der Verfolgung durch Drittstaaten entgegenstehen.[868]

Aus diesen Gerichtsentscheidungen und der Reaktion der Staatengemeinschaft lässt sich jedenfalls nur das Bestehen einer Verpflichtung zur Verfolgung durch den Tatortstaat ableiten. Rückschlüsse auf das (Nicht-)Bestehen einer Verpflichtung des Zufluchtstaates zur Strafverfolgung- oder Auslieferung eines mutmaßlichen Täters lassen sie hingegen nicht zu.

c) UN-Resolutionen

Auch Resolutionen der UN-Generalversammlung, die mit einer überwiegenden Mehrheit der Staaten angenommen wurden, können als Staatenpraxis herangezogen werden.[869] Aus der Zustimmung der Staaten zu diesen kann unter gewissen Voraussetzungen auf eine *opinio iuris* geschlossen werden.[870] Resolutionen der UN-Generalversammlung stellen nach Art 10 der UN-Charta[871] nur Empfehlungen dar, sind somit rechtlich nicht verbindlich.[872] Das Abstimmungsverhalten für sich allein ist nach hL[873] auch nicht als ausreichende „Übung" iSd Art 38 IGH-Statuts anzusehen. Die Resolutionen können aber Ausdruck der *opinio iuris* der nahezu zur Gänze versammelten Staatengemeinschaft sein und somit zur Erzeugung von Völkergewohnheitsrecht führen, sofern das Abstimmungsverhalten durch andere Elemente der Staatenpraxis bestätigt wird.[874] Im Folgenden muss anhand des Wortlauts der Resolutionen und der Umstände der Verabschiedung geprüft werden, ob diese Ausdruck des Völkergewohnheitsrechts sind oder nicht.[875]

---

868 Zu dieser Frage eingehend *Ambos*, HRLJ 1997, 1 ff; *O'Shea*, Amnesty 320 ff.

869 *Bantekas*, ICL[4] 5; IGH, South West Africa, Second Phase, Judgment of 18.7.1966, Dissenting Opinion of Judge Tanaka, ICJ Report 1966, 291; *Mitchell*, Aut Dedere Aut Judicare Kap 1 Rz 44 (Onlineabfrage); *Werle*, Völkerstrafrecht[3] Rz 179.

870 *Bantekas*, ICL[4] 5; IGH, South West Africa, Second Phase, Judgment of 18.7.1966, Dissenting Opinion of Judge Tanaka, ICJ Report 1966, 291; *Mitchell*, Aut Dedere Aut Judicare Kap 1 Rz 44 (Onlineabfrage); *Werle*, Völkerstrafrecht[3] Rz 179.

871 Originaltext und Übersetzung abgedruckt in *Reinisch*, Völkerrecht[5] 5 f (D 1)

872 *Heintschel von Heinegg* in *Ipsen*, Völkerrecht[6] § 20 Rz 21; *Maierhöfer*, „Aut dedere – aut iudicare" 219.

873 *Doehring*, Völkerrecht[2] Rz 308; *Verdross/Simma*, Völkerrecht[3] § 637; *Vitzthum* in *Vitzthum/Proelß*, Völkerrecht[7] Rz 137.

874 *Maierhöfer*, „Aut dedere – aut iudicare" 219; *Heintschel von Heinegg* in *Ipsen*, Völkerrecht[6] § 19 Rz 21.

875 *Maierhöfer*, „Aut dedere – aut iudicare" 219.

Ein erstes Indiz für das Bestehen eines völkergewohnheitsrechtlichen *aut dedere aut iudicare* für Bürgerkriegsverbrechen kann in der einstimmig verabschiedeten[876] Resolution 2840 (XXVI) der UN-Generalversammlung gesehen werden.[877] Nachdem die Generalversammlung zunächst ihre Sorge darüber ausdrückt, dass nach wie vor mutmaßliche Kriegsverbrecher Zuflucht in anderen Staaten finden und von diesen geschützt werden, wird ausgeführt:

> „4. *Affirms* that refusal by States to co-operate in the arrest, extradition, trial and punishment of persons guilty of war crimes and crimes against humanity is contrary to the purposes and principles of the Charter of the United Nations and to generally recognized norms of international law".[878]

Die Bezeichnung bestimmter Verhaltensweisen als gegen „generally recognized norms of international law"[879] verstoßend spricht dafür, dass die Staatengemeinschaft mit dieser Resolution ihre *opinio iuris*, wonach der *aut dedere aut iudicare*-Grundsatz Teil des Völkergewohnheitsrechts ist, zum Ausdruck bringen wollte.[880]

In den – in der ebenfalls von der Mehrheit der Staaten getragenen[881] Resolution 3074 (XXVIII) – aufgestellten Grundsätzen werden Verfolgungsverpflichtungen für mutmaßliche Kriegsverbrecher nicht nur für den Heimatstaat des Täters, sondern auch den Zufluchtstaat festgelegt, wenngleich die Verpflichtung des Tatortstaates in Grundsatz Nr 5 speziell hervorgehoben und diesem in Grundsatz Nr 2 ein Verfolgungsrecht eingeräumt wird.[882] Grundsatz Nr 7 sieht vor, dass kein Staat einem mutmaßlichen Täter Asyl gewähren soll.[883] Ob sich aus dieser

---

876 Die Resolution wurde mit 71 zu 0 Stimmen bei 42 Enthaltungen angenommen. Befürchtungen im Zusammenhang mit der Anerkennung der *aut dedere aut iudicare*-Verpflichtung waren nicht der Grund für die Enthaltungen (*Van Steenberghe*, JICJ 2011, 1100).

877 *Maierhöfer*, „Aut dedere - aut iudicare" 208; *Van Steenberghe*, JICJ 2011, 1100.

878 UN Doc A/RES 2840 (XXVI) vom 18.12.1971.

879 UN Doc A/RES 2840 (XXVI) vom 18.12.1971.

880 *Maierhöfer*, „Aut dedere - aut iudicare" 219.

881 94 Staaten stimmten der Resolution zu, kein Staat stimmte mit „Nein", 29 enthielten sich. Auch hier waren Befürchtungen im Zusammenhang mit der Anerkennung der *aut dedere aut iudicare*-Verpflichtung nicht ausschlaggebend für die Enthaltungen (*Van Steenberghe*, JICJ 2011, 1100).

882 UN Doc A/RES/3074 (XXVIII) vom 03.12.1973; *Maierhöfer*, „Aut dedere - aut iudicare" 208; *Van Steenberghe*, JICJ 2011, 1100.

883 UN Doc A/RES/3074 (XXVIII) vom 03.12.1973; *Maierhöfer*, „Aut dedere - aut iudicare" 208.

Resolution nur das Recht oder auch die Pflicht zur Verfolgung mutmaßlicher Kriegsverbrecher ableiten lässt, ist strittig.[884]

Zudem ist für die Resolution 2840 (XXVI) und 3074 (XXVIII) fraglich, ob auch Bürgerkriegsverbrechen von diesen miterfasst sind.[885] Die Resolutionen enthalten selbst keine Definition. Resolution 2840 (XXVI) verweist auf die in Art I der *Convention of the Non-Applicability of Statutory Limitations to War Crimes and Crimes against humanity* enthaltene Definition.[886] Art I lit a bezieht sich bei der Definition von Kriegsverbrechen va auf die *grave breaches* nach den Genfer Konventionen,[887] also auf Verstöße, die nach hL[888] zum damaligen Zeitpunkt nur in internationalen bewaffneten Konflikten begangen werden konnten.[889] Bürgerkriegsverbechen sind somit von den *war crimes* nicht mitumfasst.[890] Verbrechen gegen die Menschlichkeit sind nach Art I lit b unabhängig von der Begehung in Kriegs- oder Friedenszeiten definiert.[891] Jene Bürgerkriegsverbrechen, die gegen Nichtkombattanten gerichtet sind und zumeist auch Verbrechen gegen die Menschlichkeit darstellen, sind somit von den Resolutionen der Generalversammlung mitumfasst.[892]

Auch in den Resolutionen 2583 (XXIV)[893] und 2712 (XXV) hat die Generalversammlung die Verpflichtung von Staaten zur Sicherstellung der Verfolgung und Bestrafung von Kriegsverbrechen und Verbrechen gegen die Menschlichkeit betont.[894] Hinsichtlich der Situation in Afrika bekräftigt die Generalversammlung

---

884 Für eine Verpflichtung: *Maierhöfer*, „Aut dedere - aut iudicare" 208 f; aM *Tomuschat* in FS Steinberger 339.

885 *Maierhöfer*, „Aut dedere - aut iudicare" 209.

886 *Maierhöfer*, „Aut dedere - aut iudicare" 209.

887 Art I Convention of the Non-Applicability of Statutory Limitations to War Crimes and Crimes against humanity enthatene Definition, abgedruckt in *Bassiouni/Wise*, Aut dedere aut judicare 288.

888 Nach dem gemeinsamen Art 2 der Genfer Konventionen sind diese nur auf internationale Konflikte anwendbar; siehe dazu bei *Kreß*, IYHR 2000, 104 f; *Oeter*, ZaöRV 1993, 30; *Pictet*, Geneva Convention Vol I 28; *ders*, Geneva Convention Vol II 23.

889 *Maierhöfer*, „Aut dedere - aut iudicare" 209.

890 *Maierhöfer*, „Aut dedere - aut iudicare" 209.

891 Art I Convention of the Non-Applicability of Statutory Limitations to War Crimes and Crimes against humanity enthatene Definition, abgedruckt in *Bassiouni/Wise*, Aut dedere aut judicare 288; *Maierhöfer*, „Aut dedere - aut iudicare" 209.

892 *Maierhöfer*, „Aut dedere - aut iudicare" 209.

893 Die Resolution wurde mit 74 Ja-Stimmen angenommen, 5 Staaten stimmten mit „Nein", 32 enthielten sich.

894 *Henckaerts/Doswald-Beck*, Rules 609.

in der Resolution 293 (2013)[895] ebenfalls die Verpflichtung Genozid, Kriegsverbrechen und Verbrechen gegen die Menschlichkeit zu verfolgen.

Weitere Hinweise auf ein völkergewohnheitsrechtliches *aut dedere aut iudicare* finden sich in Resolutionen des Sicherheitsrates.[896]

In der einstimmig beschlossenen Resolution 764 (1992) vom 13.6.1992, welche den Bosnienkonflikt betrifft, weist der Sicherheitsrat ausdrücklich auf die Anwendbarkeit des *grave breaches*-Regime der Genfer Konventionen hin, welches eine Strafverfolgungs- oder Auslieferungsverpflichtung enthält:[897]

> „*Reaffirms* that all parties are bound to comply with obligations under international humanitarian law and in particular the Geneva Convention of 12 August 1949 and that persons who commit or order the commission of grave breaches of the Convention are individually responsible in respect of such breaches".[898]

Prima facie lag zum damaligen Zeitpunkt, aufgrund des Rückzuges der jugoslawischen Volksarmee im Mai 1992, ein rein interner Konflikt vor.[899] Selbst wenn der Sicherheitsrat von einem gemischt international-internen Charakter ausgegangen ist, weist nichts in der Resolution darauf hin, dass die Anwendbarkeit des *grave breaches*-Regimes auf den internationalen Teil beschränkt sein soll.[900]

In der Resolution 1214 (1998)[901] hält der Sicherheitsrat bezüglich des afghanischen Bürgerkrieges mit nahezu identischen Worten wie in Resolution 764 (1992) das *grave breaches*-Regime der Genfer Konventionen für anwendbar.[902]

Hinsichtlich des eindeutig internen Konflikts in Ruanda wurden die Zufluchtsstaaten mutmaßlicher Täter in der Resolution 978 (1995) vom Sicherheitsrat in die Pflicht genommen:

> „Urges States to arrest and detain, in accordance with their national law and relevant standards of international law, pending prosecution by the International Tribunal for Rwanda or by the appropriate national authorities, persons found within their territory against whom there is sufficient evidence that they were responsible for acts within the jurisdiction of the International Tribunal for Rwanda".[903]

---

895 UN Doc A/RES/67/293 (2013), 2.
896 *Maierhöfer*, „Aut dedere – aut iudicare" 209.
897 *Maierhöfer*, „Aut dedere – aut iudicare" 209.
898 Ziffer 10 der Resolution 764. Dieser Grundsatz wurde in der Präambel von Resolution 780 (1992) bestätigt.
899 *Maierhöfer*, „Aut dedere – aut iudicare" 209.
900 *Maierhöfer*, „Aut dedere – aut iudicare" 210.
901 UN Doc S/RES/1214 (1998).
902 *Maierhöfer*, „Aut dedere – aut iudicare" 210.
903 UN Doc S/RES/978 (1995), Ziffer 1.

Flüchtige Täter, denen Bürgerkriegsverbrechen, die in die Gerichtsbarkeit des ICTR fallen, zur Last gelegt werden, müssen nicht nur verhaftet werden, wenn eine Überstellung an den ICTR erfolgen soll, sondern auch zum Zweck einer Strafverfolgung vor geeigneten nationalen Behörden.[904] Von dieser Formulierung dürfte sowohl die Strafverfolgung durch Gerichte des Zufluchtstaates (*iudicare*) als auch durch die eines anderen aburteilungsbereiten Staates (*dedere*) umfasst sein.[905]

Mit der Resolution 1315 (2000) ordnet der Sicherheitsrat zwar keine auf Kapitel VII UN-Charta gestützte Auslieferungsverpflichtung für Drittstaaten an,[906] verleiht aber seiner Rechtsansicht Ausdruck, dass diese sich an der Bestrafung der Verantwortlichen beteiligen müssten.[907] Hinsichtlich der Problematik der Auswirkungen bewaffneter Konflikte auf Kinder fordert der Sicherheitsrat die Mitgliedstaaten in der Resolutionen 1379 (2001)[908], 1612 (2005)[909], 1882 (2009)[910] und 2068 (2012)[911] auf, der Straflosigkeit ein Ende zu bereiten und die für Völkermord, Verbrechen gegen die Menschlichkeit und Kriegsverbrechen Verantwortlichen zu verfolgen.[912] Die Wortwahl in den bisher dargestellten Sicherheitsratsresolutionen („reaffirms", „urges" bzw „recalling") weist eindeutig darauf hin, dass der Sicherheitsrat mit diesen nicht selbst Pflichten auf Basis der UN-Charter erzeugen, sondern gewohnheitsrechtliche Pflichten bestätigen will.[913]

---

904 *Maierhöfer,* „Aut dedere - aut iudicare" 210.

905 *Maierhöfer,* „Aut dedere - aut iudicare" 210.

906 Siehe dazu II.E.4.a).

907 *Maierhöfer,* „Aut dedere - aut iudicare" 211. In der Resolution heißt es dazu auszugsweise „*Reaffirming* the importance of compliance with international humanitarian law, and *reaffirming further* (...) that the international community will exert every effort to bring those responsible to justice (...)" (UN Doc S/RES/1325).

908 UN Doc S/RES/1379 (2001), para 9 (a).

909 UN Doc S/RES/1612 (2005).

910 UN Doc S/RES/1882 (2009).

911 UN Doc S/RES/2068 (2012).

912 In der Resolution 1379 heißt es auszugsweise „*Urges* Member States to: (a) Put an end to impunity, prosecute those responsible for genocide, crimes against humanity, war crimes [...]" (para 9 [a]). In den Resolutionen 1612 (2005), 1882 (2009) und 2068 (2012) wird folgendes ausgeführt: „*Recalling* the responsibilities of States to end impunity and to prosecute those responsible for genocide, crimes against humanity, war crimes [...]".

913 *Maierhöfer,* „Aut dedere - aut iudicare" 220; zur Bedeutung der Wortwahl „urges" siehe auch *Frowein/Krisch* in *Simma,* Charter Art 40 Rz 16.

In der einstimmig beschlossenen Resolution 1325 (2000) betont der Sicherheitsrat erneut, die Verantwortung aller Staaten „(…) to put an end to impunity and to prosecute those responsible for genocide, crimes against humanity, and war crimes (…)“[914]. Auch in der Resolution 1318 (2000)[915] unterstreicht der Sicherheitsrat, dass die Staatengemeinschaft mutmaßliche Kriegsverbrecher vor Gericht bringen sollte.[916] In dieser Resolution wählt der Sicherheitsrat andere einleitenden Worte als zuvor[917] und spricht nicht ausdrücklich von einer Verpflichtung[918] der Staaten. Aufgrund der Wortwahl ist davon auszugehen, dass der Sicherheitsrat in diesen Resolutionen seinem Wunsch nach Verfolgung internationaler Verbrechen Ausdruck verleihen, nicht jedoch eine bereits bestehende allgemeine Pflicht bestätigen will.

In den Resolutionen 1674 (2006)[919] und 2220 (2015)[920] hebt der Sicherheitsrat die Verantwortung der Staaten, ihrer Verpflichtung zur Beendigung der Straflosigkeit und zur Verfolgung der für Völkermord, Verbrechen gegen die Menschlichkeit und Kriegsverbrechen Verantwortlichen nachzukommen, hervor.[921] Da der Sicherheitsrat hier von der Verpflichtung („obligation“) der Staaten zur Strafverfolgung spricht, ist trotz der Wahl anderer einleitender Worte von einer Bestätigung bestehender völkerrechtlicher Verpflichtungen auszugehen.

Anzumerken gilt es noch, dass in einigen Resolutionen nur auf die Verpflichtung zur Strafverfolgung der aufgezählten Verbrechen, nicht jedoch auf jene zur Auslieferung, eingegangen wird.[922] Somit bestätigen diese Resolutionen allenfalls

914 UN Doc S/RES/1325 (2000).

915 In S/RES/1318 (2000) heißt es auszugsweise „*Stresses* that the perpetrators of crimes against humanity, crimes of genocide, war crimes, and other serious violations of international humanitarian law should be brought to justice“.

916 *Van Steenberghe*, JICJ 2011, 1101.

917 „*Emphasizes*“ in der Resolution 1325 (2000), 1674 (2006), 2220 (2015) bzw „*stresses*“ in der Resolution 1318 (2000).

918 In der Resolution 1325 (2000) spricht der Sicherheitsrat von einer „responsibility“, nicht von einer „obligation“; in der Resolution 1318 (2000) heißt es „should be brought zu justice“.

919 UN Doc S/RES/1674 (2006).

920 UN Doc S/RES/2220 (2015), 2.

921 In diesen Resolutionen führt der Sicherheitsrat auszugsweise aus: „*Emphasizes* (…) the responsibility of States to comply with their relevant obligations to end impunity and to [thoroughly investigate and] prosecute those responsible for war crimes, genocide, crimes against humanity (…)“ (UN Doc S/RES/1674 [2006], S/RES/2220 [2015], 2).

922 Ähnlich auch *Mitchell*, Aut Dedere Aut Judicare Kap 1 Rz 44 (Onlineabfrage).

das Bestehen einer völkergewohnheitsrechtlichen Verpflichtung zur Strafverfolgung, nicht jedoch eines *aut dedere aut iudicare*. Andererseits darf diese Tatsache auch nicht als Indiz für das Nicht-Vorliegen einer solchen Verpflichtung gewertet werden.

Ein Hinweis auf die Existenz einer Pflicht zur Strafverfolgung oder Auslieferung kann jedoch (indirekt) aus jenen Resolutionen[923] abgeleitet werden, welche die Genfer Konventionen für interne Konflikte für anwendbar erachten.

Eine deutliche Erklärung gibt die *UN Commission on Human Rights* hinsichtlich des Bürgerkrieges in Sierra Leone ab:[924]

> „(…) that in any armed conflict, including an armed conflict not of an international character, the taking of hostages, wilful killing and torture or inhuman treatment of persons taking no active part in the hostilities constitute grave breaches of international humanitarian law, and that all countries are under the obligation to search for persons alleged to have committed, or to have ordered to be committed, such grave breaches and to bring such persons, regardless of their nationality, before their own courts“[925].

d) Die Schaffung der internationalen Strafgerichtsbarkeit

Der ICC, ICTY und ICTR verfügt über Gerichtsbarkeit betreffend Bürgerkriegsverbrechen aufgrund spezieller Vorschriften,[926] sowie soweit diese auch als Verbrechen gegen die Menschlichkeit[927] anzusehen sind.[928] Von Seiten mancher Staaten wurde argumentiert, dass die diesen internationalen Gerichten eingeräumte Zuständigkeit zur Aburteilung von internationalen Verbrechen ein Indiz dafür darstellt, dass ein völkergewohnheitsrechtliches *aut dedere aut iudicare* für diese Verbrechen im Entstehen begriffen ist.[929]

---

923 Siehe dazu A/RES 2840 (XXVI), A/RES 764 (1992), S/RES/1214 (1998), S/RES/978 (1995).

924 *Moir*, JICJ 2009, 783.

925 UN Comission on Human Rights, Res 1991/1, Ziffer 2.

926 Art 8 Abs 2 lit c und e ICC-Statut; Art 3 ICTY-Statut, Art 4 ICTR-Statut.

927 Art 7 ICC-Statut; Art 5 ICTY-Statut; Art 3 ICTR-Statut.

928 *Maierhöfer*, „Aut dedere – aut iudicare“ 212; *Henckaerts/Doswald-Beck*, Rules 610.

929 *ILC*, UN Doc A/CN.4/603, para 98.

Gegen einen solchen Schluss spricht, dass die Statuten des ICC[930], ICTY[931] und ICTR[932] den *terminus technicus* „grave breaches" der Genfer Konventionen, welcher jene Verstöße bezeichnen, die einer Strafverfolgungs- oder Auslieferungsverpflichtung unterliegen, vermeiden.[933] Alle drei Statuten treffen eine Regelung zum Verhältnis von internationaler und nationaler Gerichtsbarkeit,[934] schreiben jedoch keine ausdrückliche Verpflichtung zur Strafverfolgung für Zufluchtstaaten fest.[935] Im Bericht zum ICTY-Statut heißt es dazu etwa nur: „national courts should be encouraged to exercice their jurisdiction in accordance with their relevant national laws and proceedings"[936]. Diese Formulierung (insbesondere „ermutigen") lässt darauf schließen, dass es sich bei der Verfolgung von Bürgerkriegsverbrechen um ein politisch wünschenswertes, jedoch nicht rechtlich erzwingbares Verhalten handelt.[937]

Außerdem wird zur Begründung einer völkergewohnheitsrechtlichen Pflicht zur Strafverfolgung oder Auslieferung auf die Präambel des ICC-Statuts verwiesen,[938] wo es auszugsweise heißt:

> „[...] *bekräftigend*, dass die schwersten Verbrechen, welche die internationale Gemeinschaft als Ganzes berühren, nicht unbestraft bleiben dürfen und dass ihre wirksame Verfolgung durch Maßnahmen auf einzelstaatlicher Ebene und durch verstärkte internationale Zusammenarbeit gewährleistet werden muss,
> *entschlossen*, der Straflosigkeit der Täter ein Ende zu setzen und so zur Verhütung solcher Verbrechen beizutragen,
> *daran erinnernd*, dass es die Pflicht eines jeden Staates ist, seine Strafgerichtsbarkeit über die für internationale Verbrechen Verantwortlichen auszuüben, [...]".[939]

---

930 Dass ICC-Statut spricht in Art 8 Abs 2 lit c und e von *serious violations*.

931 Im ICTY-Statut fallen Bürgerkriegsverbrechen unter Art 3 (*laws or costums of war*) und nicht unter Art 2 (*grave breaches*), siehe dazu bei ICTY, Appeals Chamber, Tadić (IT-94-1), Decision on the Defence Motion for Interlocutory Appeal on Jurisdiction vom 2.10.1995, para 84, 137, 142.

932 Art 4 des ICTR-Statuts spricht von *serious violations*.

933 *Maierhöfer*, „Aut dedere - aut iudicare" 212.

934 Siehe dazu unter II.E. 2. und 3.

935 *Maierhöfer*, „Aut dedere - aut iudicare" 212.

936 Bericht des UN-Generalsekretärs, UN Doc S/25704, para 64.

937 *Maierhöfer*, „Aut dedere - aut iudicare" 212.

938 *Maierhöfer*, „Aut dedere - aut iudicare" 213; *Mitchell*, Aut Dedere Aut Judicare Kap 1 Rz 46 (Onlineabfrage).

939 Übersetzung Präambel ICC-Statut abrufbar unter: www.un.org/depts/german/internatrecht/roemstat1.html (14.7.2016).

Diese Formulierung lässt bewusst offen, ob jeder Staat, auf dessen Territorium sich ein mutmaßlicher Täter befindet, zur Strafverfolgung auf Basis des Weltrechtsprinzips verpflichtet ist oder ob diese Pflicht nur innerhalb der üblichen Reichweite der nationalen Strafgewalt[940] besteht.[941] Zudem wurde die Verpflichtung zur Strafverfolgung oder Auslieferung, welche in Art 54 des *ILC*-Entwurfes des Statuts im Jahr 1994[942] noch ausdrücklich vorgesehen gewesen war, während der Verhandlungen in Rom gestrichen.[943] Ein völkergewohnheitsrechtliches *aut dedere aut iudicare* für Bürgerkriegsverbrechen lässt sich aus der Präambel somit nicht ableiten.[944]

Umgekehrt darf der Umstand, dass der ICC selbst über keine universelle Gerichtsbarkeit verfügt, nicht als Indiz gegen eine Strafverfolgungspflicht von Drittstaaten gewertet werden.[945] Die Ablehnung der universellen Zuständigkeit des ICC kann vielerlei Gründe haben, die nicht zugleich auch gegen eine Akzeptanz universeller Gerichtsbarkeit nationaler Gerichte sprechen müssen.[946] Die USA, einer der größten Gegner einer universellen Zuständigkeit des ICC, spricht sich an anderer Stelle[947] etwa ausdrücklich für eine Strafverfolgungs- oder Auslieferungsverpflichtung bei Bürgerkriegsverbrechen aus.[948]

e) Weitere Staatenpraxis

(1) Stellungnahmen und sonstiges staatliches Handeln

Gegen das Bestehen einer völkergewohnheitsrechtlichen Verpflichtung zur Strafverfolgung oder Auslieferung sprechen die Stellungnahmen der Niederlande[949] und Israels am *11. International Congress of Comparative Law* in Caracas im Jahr

---

940 Zum Territorialitäts- und (aktiven) Personalitätsprinzip siehe unter III.B.2.a) und c).

941 *Maierhöfer*, „Aut dedere – aut iudicare" 213; *Triffterer* in *Triffterer*, Statute preamble Rz 17; ähnlich auch *Swart* in *Cassese/Gaeta/Jones*, Statute 1663. *Werle* sieht in dieser Formulierung nur die Bekräftigung, dass innerhalb des Hoheitsgebietes eines Staates begangene Straftaten von diesem zu verfolgen sind (Völkerstrafrecht[3] Rz 233).

942 *ILC*, UN Doc A/49/355, 27. Auch der Entwurf aus dem Jahr 1996 sah eine solche Regelung noch vor (*ILC*, UN Doc A/51/10, 30).

943 *Schabas*, Commentary Rome Statute 995 f.

944 *Bungenberg*, AVR 2001, 199; *Maierhöfer*, „Aut dedere – aut iudicare" 213; *Mitchell*, Aut Dedere Aut Judicare Kap 1 Rz 46 (Onlineabfrage); *Van Steenberghe*, JICJ 2011, 1096.

945 *Maierhöfer*, „Aut dedere – aut iudicare" 213; *Werle*, Völkerstrafrecht[3] Rz 233.

946 *Maierhöfer*, „Aut dedere – aut iudicare" 213.

947 Siehe dazu die Stellungnahme als *amicus curiae* im Tadić-Verfahren Abgedruckt in ICTY, Appeals Chamber, Tadić (IT-94-1), Decision on the Defence Motion for Interlocutory Appeal on Jurisdiction, 2.10.1995, para 83. Dazu sogleich genauer unter V.D.1.e).

948 *Maierhöfer*, „Aut dedere – aut iudicare" 213.

949 *D'Oliveira*, Reports 415.

1982: Die Staaten bringen in diesen Stellungnahmen klar zum Ausdruck, dass sie sich nur dann an *aut dedere aut iudicare*-Verpflichtungen gebunden erachten, wenn sich diese aus Verträgen ergeben.[950] Diese Stellungnahmen betreffen aber zum einen nicht spezifisch die Fragestellung nach dem Bestehen eines *aut dedere aut iudicare* für Bürgerkriegsverbrechen, zum anderen sind diese Aussagen in den Niederlanden bezüglich Bürgerkriegsverbrechen durch in späteren Jahren gefällte Gerichtsentscheidungen[951], die in Richtung einer völkergewohnheitsrechtlichen Strafverfolgungs- oder Auslieferungsverpflichtung deuten, relativiert worden.

Im *Sixth Committee* wurde bei allen Sitzungen der Generalversammlung seit 2006 die Frage nach einem (möglichen) völkergewohnheitsrechtlichen Status des Gebotes zur Strafverfolgung oder Auslieferung thematisiert.[952] Einige Delegationen haben im Rahmen dieser Diskussionen den Standpunkt vertreten, dass die *aut dedere aut iudicare*-Verpflichtung insbesondere bezüglich schwerer internationaler Verbrechen bereits den Status von Völkergewohnheitsrecht besitzt.[953] In diesem Zusammenhang haben die Delegationen insbesondere auf Kriegsverbrechen, Völkermord, Verbrechen gegen die Menschlichkeit, Folter, Terrorismus, Sklavenhandel, Apartheid und Piraterie Bezug genommen.[954] Andere Delegationen[955] haben hingegen die Meinung vertreten, dass völkerrechtliche Verträge die einzige Rechtsquelle der Verpflichtung zur Strafverfolgung

950 *Mitchell*, Aut Dedere Aut Judicare, 1.3 Rz 47 (Onlineabfrage).

951 Siehe dazu unter V.D.1.a)(9).

952 *ILC*, UN Doc A/CN.4/648, para 78.

953 *ILC*, UN Doc A/CN.4/648, para 79; UN Doc A/C.6/64/SR.20, para 32; *ILC*, UN Doc A/CN.4/603, para 98; *ILC*, UN Doc A/CN.4/585, para 27. Diese Meinung wurde in der 64. Sitzung im Jahr 2009 ua von Ungarn, Mexiko, Kuba, dem Iran und Uruguay vertreten. Auch Schweden, als Vertreter der nordischen Länder, der Kongo, Sierra Leone, Brasilien, Südafrika, Peru und Belgien haben sich für das Bestehen einer *aut dedere aut iudicare*-Verpflichtung für Völkerrechtsverbrechen ausgesprochen (*Van Steenberghe*, JICJ 2011, 1099).

954 *ILC*, UN Doc A/CN.4/648, para 79 *ILC*, UN Doc A/CN.4/603, para 98.

955 Diese Ansicht wurde in der 64. Sitzung im Jahr 2009 etwa von Deutschland, Korea, Malaysia, den USA, Israel, Jamaika und dem Vereinigten Königreich vertreten. Auch Österreich (UN Doc A/C.6/62/SR.22, para 55), Griechenland (UN Doc A/C.6/62/SR.24, para 35) und Russland (UN Doc A/C.6/62/SR.24, para 84) haben sich im Rahmen der Arbeit des ILC gegen das Bestehen einer völkergewohnheitsrechtlichen Strafverfolgungs- oder Auslieferungsverpflichtung ausgesprochen (*Van Steenberghe*, JICJ 2011, 1102).

oder Auslieferung darstellen.[956] Wieder andere Delegationen waren der Ansicht, dass ein völkergewohnheitsrechtliches *aut dedere aut iudicare* gerade im Entstehen begriffen ist.[957]

Die USA vertritt in ihrer Stellungnahme als *amicus curiae* im Tadić-Verfahren eine Rechtsauffassung, aus der sich eine Strafverfolgungs- oder Auslieferungsverpflichtung für Bürgerkriegsverbrechen ableiten lässt:[958]

> "(…) the 'grave breaches' provisions of Article 2 of the International Tribunal Statute apply to armed conflicts of a non-international character as well as those of an international character."[959]

Aus diesen Ausführungen lässt sich darauf schließen, dass die USA Bürgerkriegsverbechen als *grave breaches* – für welche eine *aut dedere aut iudicare*-Verpflichtung besteht – ansehen.[960] Auch im Militärhandbuch der US Army werden Bürgerkriegsverbrechen als „war crimes" qualifiziert, für welche nach § 506 des Militärhandbuches[961] ein völkergewohnheitsrechtliches *aut dedere aut iudicare* zur Anwendung gelangt.[962] Im *United States War Crime Act* aus 1996[963] werden Bürgerkriegsverbrechen zwar ebenfalls als „war crimes" qualifiziert,[964] jedoch nur auf Basis des aktiven und passiven Personalitätsprinzips verfolgt.[965]

Die Mitgliedstaaten der Europäischen Gemeinschaft haben 1992 mehrere Erklärungen zur strafrechtlichen Verantwortlichkeit für Verstöße gegen das humanitäre Völkerrecht im – *prima facie* internen – Jugoslawienkonflikt abgegeben, in denen auf das *grave breaches*-Regime der Genfer Konventionen und damit implizit auch auf die darin enthaltene Pflicht zur Strafverfolgung oder

---

956 *ILC*, UN Doc A/CN.4/648, para 80; *ILC*, UN Doc A/CN.4/603, para 98; *ILC*, UN Doc A/CN.4/585, para 26; *ILC*, UN Doc A/CN.4/666, para 60.

957 *ILC*, UN Doc A/CN.4/648, para 80; *ILC*, UN Doc A/CN.4/603, para 98. Diese Meinung wurde beispielsweise von Rumänien vertreten.

958 *Maierhöfer*, „Aut dedere – aut iudicare" 215; ähnlich auch *Moir*, JICJ 2009, 783.

959 US Amicus Curiae Brief, 35, abgedruckt in ICTY, Appeals Chamber, Tadić (IT-94-1), Decision on the Defence Motion for Interlocutory Appeal on Jurisdiction, 2.10.1995, para 83.

960 *Maierhöfer*, „Aut dedere – aut iudicare" 215.

961 US Department of the Army, Field Manual Nr 27-10, 1956, The Law of Land Warfare, § 506.

962 *Maierhöfer*, „Aut dedere – aut iudicare" 215.

963 § 2441 (b), (c) (1), (3).

964 *Graditzky*, IRRC 1998 (Onlineabfrage).

965 *Maierhöfer*, „Aut dedere – aut iudicare" 215.

Auslieferung Bezug genommen wurde.[966] Auch hinsichtlich des unbestritten internen Konfliktes in Ruanda betont die EU in einem Ratsbeschluss vom 24.10.1994, „(…) wie wichtig es ist, dass diejenigen, die für die schweren Verletzungen des humanitären Völkerrechts einschließlich des Völkermordes verantwortlich sind, vor Gericht gestellt werden"[967].

Die aus Vertretern von zahlreichen Parlamenten zusammengesetzte Generalversammlung der *Inter-Parliamentary Union*[968] erklärte 2005 in einer einstimmig angenommenen Resolution zur Rolle der Parlamente bei der Verfolgung und Bestrafung von Kriegsverbrechen, Verbrechen gegen die Menschlichkeit, Völkermord und Terrorismus und der Verhinderung von Straffreiheit:[969]

> „(…) that each State has the obligation and the duty to prosecute or extradite the perpetrators of war crimes, crimes against humanity, crimes of genocide and terrorist crimes, irrespective of the location of the crime or the nationality of the perpetrator or the victim"[970].

Wenngleich dieser Erklärung nicht die gleiche Bedeutung zugemessen werden kann wie UN-Resolutionen, so setzt sich diese Organisation doch aus Staatenvertretern zusammen, aus deren Stellungnahmen auf eine Staatenpraxis geschlossen werden kann.[971] Dasselbe gilt für die Resolution der Generalversammlung der *OAS* aus 2006, in der ausdrücklich auf die Verpflichtung Bezug genommen wird,[972]

---

966 *Graditzky*, IRRC 1998 (Onlineabfrage); *Maierhöfer*, „Aut dedere – aut iudicare" 214. In einer gemeinsamen Erkärung von August 1992 wird unter Bezugnahme auf den Sicherheitsrat ausgeführt, dass „(…) [p]ersons who commit or order the commission of grave breaches of the Conventions bear individual responsibility for such breaches" (Joint Statement of the 6 August 1992, Official Journal of the European Communities, Commision, Nr 7/8, 1992, 109).

967 Beschluss 94/697/GASP des Rates, Bull EU 10-1994, 54. Zwar wird hierbei die Einsetzung eines internationalen Strafgerichts als effektivste Methode angesehen, um zu verhindern, dass diese Verbrechen ungesühnt bleiben und um die Begehung solcher Verbrechen in Zukunft hintan zu halten. Es gibt jedoch keine Hinweise darauf, dass dies in den Augen der EU die *ausschließliche* Methode zur Erreichung dieses Ziels darstellt.

968 Derzeit hat diese Organisation 170 Mitgliedstaaten; Liste der Mitgliedstaaten abrufbar unter www.ipu.org/english/membshp.htm (14.7.2015).

969 *Van Steenberghe*, JICJ 2011, 1101.

970 Inter-Parliamentary Union (IPU) Res, 112th IPU Assembly vom 8.04.2005, Doc No 13, www.ipu.org/conf-e/112/112-1.htm (14.7.2016), preamble.

971 *Van Steenberghe*, JICJ 2011, 1101; *Werle*, Völkerstrafrecht[3] Rz 155.

972 *Van Steenberghe*, JICJ 2011, 1101.

„(…) to prosecute or extradite, in accordance with their obligations under international law, those responsible for all violations of human rights and international humanitarian law that constitute crimes, including genocide, crimes against humanity, and war crimes, in order to bring them to justice“[973].

Auch Deutschland scheint von einer Verpflichtung zur Strafverfolgung oder Auslieferung bei Bürgerkriegsverbrechen auszugehen.[974] In der Dienstvorschrift 15/2 der Bundeswehr aus dem Jahr 1992 werden in § 1209[975] im Zusammenhang mit der strafrechtlichen Verantwortlichkeit von Angehörigen der Streitkräfte als schwere Verletzungen des humanitären Völkerrechts, abgesehen von den in den Genfer Konventionen enthaltenen *grave breaches*, auch noch Bürgerkriegsverbrechen aufgezählt.[976] Das deutsche VStGB[977] stellt Bürgerkriegsverbrechen auch dann unter Strafe, wenn sie von Ausländern gegen Ausländer begangen wurden.[978] Während des Gesetzgebungsverfahrens zum VStGB führte das Bundesjustizministerium im Bundestag aus:

„Deutschland nimmt seine Verantwortung wahr und leistet seinen Beitrag zur Bekämpfung und Verfolgung der schwersten Verbrechen in unserer internationalen Gemeinschaft: Bei Völkermord, Verbrechen gegen die Menschlichkeit und Kriegsverbrechen darf es künftig nirgendwo auf dieser Welt mehr Straflosigkeit geben“[979].

Auch nach der belgischen Rechtslage können sowohl mutmaßliche Täter von *grave breaches* als auch von Bürgerkriegsverbechen für im Ausland begangene Taten in Belgien verfolgt werden, sofern sie sich eine gewisse Dauer auf belgischem Territorium aufgehalten haben.[980] In seiner *Counter-Memorial*[981] im Arrest Warrant-Fall führt das Königreich Belgien aus, dass es sich völkerrechtlich

973 OAS General Assembly Res 2225 (XXXVI-O/06) vom 6.6.2006 mit dem Titel „Cooperation among Member States of the Organization of American States to Ensure the Protection of Human Rights and Fight Impunity“, www.oas.org/juridico/english/ga06/AGRES-2006%20XXXVI.doc (27.7.2015), 252.

974 *Maierhöfer*, „Aut dedere - aut iudicare“ 215.

975 Abgedruckt in Bundesministerium der Verteidigung (Hrsg), Humanitäres Völkerrecht in bewaffneten Konflikten, Handbuch.

976 *Maierhöfer*, „Aut dedere - aut iudicare“ 216.

977 § 1, 8 Abs 1, 2; § 9 Abs 1; § 10 Abs 1, 2; § 11 Abs 1; § 12 Abs 1 VStGB.

978 *Maierhöfer*, „Aut dedere - aut iudicare“ 216.

979 Deutscher Bundestag, Plenarprotokoll 14/233, 25.4.2002, abgedruckt in *Lüder/Vormbaum* (Hrsg), Materialien zum Völkerstrafgesetzbuch 99.

980 *Maierhöfer*, „Aut dedere - aut iudicare“ 216.

981 IGH, Arrest Warrant of 11 April 2000 (Democratic Republic of the Congo v Belgium), Counter-Memorial of the Kingdom of Belgium vom 28.9.2001, para 3.3.22–3.3.25.

zwar nicht zur – nach der damaligen Rechtslage noch zulässigen – Verfolgung von nicht im Territorium anwesenden mutmaßlichen Tätern internationaler Verbrechen verpflichtet fühlt, sehr wohl aber zur Verfolgung von anwesenden Tätern.[982]

Kein (zwingendes) Indiz für das Bestehen einer völkergewohnheitsrechtlichen Verpflichtung zur Strafverfolgung oder Auslieferung sind hingegen die Sondervereinbarungen[983], mit welchen sich die Konfliktparteien des bosnischen Bürgerkrieges zur Bestrafung von Verstößen gegen bestimmte Vorschriften des Rechts der internationalen Konflikte verpflichteten.[984] Diese Regelungen können nämlich auch so interpretiert werden, dass die Parteien sich durch eine Vereinbarung zur Verfolgung dieser in Art 3 vorgesehenen Bürgerkriegsverbrechen verpflichten, da sie sich ansonsten hierzu nicht verpflichtet fühlen.[985]

(2) Ratifizierung von völkerrechtlichen Verträgen

Von einem Teil der Lehre[986] wird die Meinung vertreten, dass aus der großen Anzahl an Staaten, die eine Vielzahl von Verträgen unterzeichnet haben, welche *aut dedere aut iudicare*-Klauseln beinhalten, auf den völkergewohnheitsrechtlichen Status dieser Bestimmungen geschlossen werden kann.[987]

Aus solchen globalen Verträgen kann durchaus auf die Anerkennung des *aut dedere aut iudicare*-Grundsatzes in der Staatengemeinschaft und somit auf das Bestehen einer Staatenpraxis geschlossen werden.[988] Allerdings ergibt sich daraus nicht (zwangsläufig), dass sich die Staaten auch an diesen Grundsatz

---

982 *Maierhöfer*, „Aut dedere - aut iudicare" 216.

983 Art 3 der Sondervereinbarung vom 1.1.2003, abgedruckt in: ICTY, Appeals Chamber, Tadić (IT-94-1), Decision on the Defence Motion for Interlocutory Appeal on Jurisdiction, 2.10.1995, para 136.

984 *Maierhöfer*, „Aut dedere - aut iudicare" 214.

985 *Maierhöfer*, „Aut dedere - aut iudicare" 214.

986 *Enache-Brown/Fried*, McGill LJ 1998, 629 f; *Freestone* in *Flory/Higgins*, Terrorism 60; *Roht-Arriaza*, CLR 1990, 490 f; *Ambos*, AVR 1999, 350; ähnlich auch *Bassiouni/Wise*, Aut dedere aut judicare 5; IGH, North Sea Continental Shelf (Federal Republic of Germany v Netherlands), Judgment of 20.2.1969, ICJ Report 1969, 42, para 73.

987 *Bassiouni/Wise*, Aut dedere aut judicare 47 f; *Baxter*, BYIL 1965/66, 275 ff; *Henckaerts*, IRRC 2005, 182; *Larsaeus*, Nord J Int Law 2004, 85; *Mitchell*, Aut Dedere Aut Judicare Kap 1 Rz 25 (Onlineabfrage); *Van Steenberghe*, JICJ 2011, 1095.

988 *Larsaeus*, Nord J Int Law 2004, 85; *Mitchell*, Aut Dedere Aut Judicare Kap 1 Rz 27 (Onlineabfrage). Ähnlich auch *Heintschel von Heinegg* in *Ipsen*, Völkerrecht[6] § 17 Rz 22.

gebunden fühlen (*opinio iuris*).[989] In der Tatsache, dass dieser Grundsatz in einer Vielzahl von Verträgen kodifiziert wurde, kann man sogar einen Hinweis darauf sehen, dass sich Staaten nicht durch Völkergewohnheitsrecht an dieses Prinzip gebunden fühlen.[990] Zudem handelt es sich bei den *aut dedere aut iudicare*-Klauseln, die in den im Rahmen dieser Arbeit relevanten Verträgen enthaltenen sind, auch eindeutig um Normen von fundamentaler Bedeutung, zu denen Vorbehalte nicht ausdrücklich zulässig sind. Somit sind die ersten beiden Voraussetzungen, an die der IGH im Nordseesockelfall das Entstehen von Gewohnheitsrecht aus ursprünglich nur vertraglichen Quellen geknüpft hat, grundsätzlich erfüllt.[991] Die dritte Bedingung, nämlich das Vorliegen einer breiten und repräsentativen Ratifikation,[992] trifft allerdings nicht auf alle solche Bestimmungen enthaltenden Verträge zu.[993] Zudem müssen völkerstrafrechtliche Normen dem *Principle of Legality* entsprechen, also ausreichend bestimmt sein.[994] Die Verpflichtung zur Strafverfolgung oder Auslieferung ist in den unterschiedlichen Abkommen jedoch in unterschiedlichster Art und Weise geregelt.[995] Somit fehlt hier die für das Entstehen von Völkergewohnheitsrecht erforderliche einheitliche Übung.

Aus diesen Gründen kann aus der im Ausmaß höchst unterschiedlich umfangreichen Ratifizierung dieser verschiedenartig ausgestalteten Klauseln das

989 *Larsaeus*, Nord J Int Law 2004, 85; *Heintschel von Heinegg* in *Ipsen*, Völkerrecht[6] § 17 Rz 22; *Mitchell*, Aut Dedere Aut Judicare Kap 1 Rz 27 (Onlineabfrage); Ähnlich auch *Maierhöfer*, der annimmt, dass es neben einer breiten und repräsentativen Ratifikation auch einer vertragsunabhängigen Staatenpraxis zum Beweis dafür bedarf, dass Staaten sich auch abseits der vertraglichen Bindung, an die Verpflichtung gebunden fühlen („Aut dedere – aut iudicare" 257).

990 *Mitchell*, Aut Dedere Aut Judicare Kap 1 Rz 27 (Onlineabfrage); *Freestone* in *Flory/Higgins*, Terrorism 58. Ähnlich auch *Heintschel von Heinegg* in *Ipsen*, Völkerrecht[6] § 17 Rz 22. Alternativ kann auch davon ausgegangen werden, dass es sich hier um die Kodifizierung von bereits bestehendem Völkergewohnheitsrecht (sog *law making treaty*) handelt (*Freestone* in *Flory/Higgins*, Terrorism 58).

991 *Maierhöfer*, „Aut dedere – aut iudicare" 257; IGH, North Sea Continental Shelf (Federal Republic of Germany v Netherlands), Judgment of 20.2.1969, ICJ Report 1969, 41 ff, para 71 ff.

992 *Maierhöfer*, „Aut dedere – aut iudicare" 257; IGH, North Sea Continental Shelf (Federal Republic of Germany v Netherlands), Judgment of 20.2.1969, ICJ Report 1969, 41 ff, para 71 ff.

993 *Mitchell*, Aut Dedere Aut Judicare Kap 1 Rz 30 (Onlineabfrage). Hinsichtlich der OAS-Konvention: *Maierhöfer*, „Aut dedere – aut iudicare" 257.

994 *Mitchell*, Aut Dedere Aut Judicare Kap 1 Rz 31 (Onlineabfrage).

995 *Mitchell*, Aut Dedere Aut Judicare Kap 1 Rz 31 (Onlineabfrage); zu den verschiedenen Regelungsmodellen siehe unter IV.B.

Bestehen einer völkergewohnheitsrechtlichen Strafverfolgungs- oder Auslieferungsverpflichtung nicht abgeleitet werden.[996]

(3) Entscheidung internationaler Gerichte

Aus der Praxis internationaler Gerichte, deren Kompetenz nur in der Rechtsanwendung, nicht in der Rechtserzeugung liegt, kann sich nicht unmittelbar Völkergewohnheitsrecht entwickeln,[997] diese kann aber gem Art 38 Abs 2 IGH-Statut[998] als Hilfsmittel zur Feststellung völkergewohnheitsrechtlicher Normen herangezogen werden.[999]

Die *Appeals Chamber* des ICTY beschäftigte sich im Fall Tadić mit der Frage, ob die Gerichtsbarkeit für *grave braches* nach den Genfer Konventionen nach Art 2 des ICTY-Statuts auch in innerstaatlichen Konflikten begangene Verbrechen erfasst.[1000] Das Gericht kommt nach einer Analyse der Staatenpraxis zu dem Schluss, dass sich noch keine Norm des Völkergewohnheitsrechts entwickelt hat, die die Anwendbarkeit der *grave breaches*-Bestimmungen auf interne Konflikte zum Inhalt hat.[1001] Damit verneint der ICTY implizit auch die Anwendbarkeit des an diesen Begriff gekoppelten *aut dedere aut iudicare*-Regimes.[1002] Seine Zuständigkeit stützt das Gericht im Folgenden auf Art 3 seines Statuts, welches die Zuständigkeit für Verletzungen der Gesetze und Gebräuche des Krieges regelt.[1003] An anderer Stelle lässt das Tribunal zwar erkennen, dass es von einem Recht aller Staaten zur Strafverfolgung von Bürgerkriegsverbrechen ausgeht, ob der Zufluchtstaat zur Verfolgung der Tat jedoch verpflichtet ist, dazu nimmt es

---

996 Ähnlich auch *Mitchell*, Aut Dedere Aut Judicare Kap 1 Rz 31 (Onlineabfrage).

997 Doehring, Völkerrecht[2] Rz 287; *Maierhöfer*, „Aut dedere – aut iudicare" 223 f.

998 Deutsche Übersetzung abgedruckt in *Reinisch*, Völkerrecht[5] 544 (D 242).

999 *Bantekas*, ICL[4] 4; Doehring, Völkerrecht[2] Rz 312; *Heintschel von Heinegg* in *Ipsen*, Völkerrecht[6] § 22 Rz 1 ff; *Herdegen*, Völkerrecht[7] § 21 Rz 1; *Verdross/Simma*, Völkerrecht[3] § 617.

1000 *Maierhöfer*, „Aut dedere – aut iudicare" 222; ICTY, Appeals Chamber, Tadić (IT-94-1), Decision on the Defence Motion for Interlocutory Appeal on Jurisdiction, 2.10.1995, para 80 ff.

1001 *Maierhöfer*, „Aut dedere – aut iudicare" 222; ICTY, Appeals Chamber, Tadić (IT-94-1), Decision on the Defence Motion for Interlocutory Appeal on Jurisdiction, 2.10.1995, para 80–84.

1002 *Maierhöfer*, „Aut dedere – aut iudicare" 222.

1003 *Maierhöfer*, „Aut dedere – aut iudicare" 222; ICTY, Appeals Chamber, Tadić (IT-94-1), Decision on the Defence Motion for Interlocutory Appeal on Jurisdiction, 2.10.1995, para 137.

hingegen keine Stellung.[1004] Ebenso enthält die Entscheidung der *Trial Chamber* im Verfahren gegen Furundžija nur Aussagen zu einem Verfolgungsrecht, von einer Verpflichtung ist nicht die Rede.[1005]

Im Fall Blaškić führt der ICTY aus, dass „[n]ational courts [...] are under a customary-law obligation to try or extradite persons who have allegedly committed grave breaches of international humanitarian law"[1006].[1007] Das Gericht differenziert in seiner Aussage nicht zwischen in internationalen Konflikten begangenen Verbrechen und Bürgerkriegsverbrechen.[1008] Es erscheint daher naheliegend, dass sich die Ausführungen auf alle von der Zuständigkeit des ICTY erfassten Verbrechen, somit auch auf Bürgerkriegsverbrechen, beziehen.[1009] Die zurückhaltenden Aussagen des ICTY sprechen nicht gegen das Bestehen einer völkergewohnheitsrechtlichen Verpflichtung zur Strafverfolgung oder Auslieferung für Bürgerkriegsverbechen, zumal in diesen Entscheidungen nur die Staatenpraxis bis 1995 bzw 1997 und 1998 berücksichtigt werden konnte.[1010]

Der IGH hat im Verfahren *Arrest Warrant* die Gelegenheit zur Stellungnahme zur Frage der völkergewohnheitsrechtlichen Geltung des *aut dedere aut iudicare*-Grundsatzes ungenützt verstreichen lassen.[1011]

1004 *Maierhöfer*, „Aut dedere - aut iudicare" 222; In ICTY, Appeals Chamber, Tadić (IT-94-1), Decision on the Defence Motion for Interlocutory Appeal on Jurisdiction, 2.10.1995, para 58 heißt es auszugsweise : „Borders should not be considered as a shield against the reach of the law and as a protection for those who trample underfoot the most elementary rights of humanity".

1005 *Maierhöfer*, „Aut dedere - aut iudicare" 223; *Mitchell*, Aut Dedere Aut Judicare Kap 1 Rz 57 (Onlineabfrage). Der ICTY führt aus wie folgt: „[...] every State is entitled to investigate, prosecute and punish or extradite individuals accused of torture, who are present in a territory under its jurisdiction" (Furundžija [IT-95-17/1], Judgment of 10.12.1998, para 156).

1006 ICTY, Appeals Chamber, Blaškić (IT-95-14), Judgment on the Request of The Republic of Croatia for Review of the Decision of Trial Chamber II of 18 July 1997, 29.10.1997, para 29.

1007 *Mitchell*, Aut Dedere Aut Judicare Kap 1 Rz 55 (Onlineabfrage); *Swart* in *Cassese/ Gaeta/ Jones*, Statute 1663.

1008 *Maierhöfer*, „Aut dedere - aut iudicare" 223.

1009 *Maierhöfer*, „Aut dedere - aut iudicare" 223.

1010 *Maierhöfer*, „Aut dedere - aut iudicare" 223.

1011 *Mitchell*, Aut Dedere Aut Judicare Kap 1 Rz 53 (Onlineabfrage).

(4) *Völkerrechtlicher Literatur*

Ebenso wie die Entscheidungen internationaler Gerichte können auch die in der Lehre vertretenen Meinungen gem Art 38 IGH-Statut[1012] als Hilfsmittel zur Feststellung herangezogen werden, ob ein völkergewohnheitsrechtliches *aut dedere aut iudicare* für Verstöße gegen in internen bewaffneten Konflikten anwendbare Normen des humanitären Völkerrechts besteht.[1013]

Bis Ende des 20. Jahrhunderts war hL[1014], dass für Bürgerkriegsverbechen keine Strafverfolgungs- oder Auslieferungsverpflichtung gilt.[1015] Vom Großteil der Lehre[1016] wird und wurde hingegen ein Verfolgungs*recht* des Zufluchtstaates für Bürgerkriegsverbrechen bejaht.[1017] Mittlerweile wird von einigen Autoren[1018] die Meinung vertreten, dass eine völkergewohnheitsrechtliche Verpflichtung zur Strafverfolgung oder Auslieferung mutmaßlicher Täter internationaler Verbrechen besteht, während andere[1019] die Staatenpraxis noch nicht als ausreichend erachten, um eine solche Verpflichtung zu begründen.[1020]

1012 Deutsche Übersetzung abgedruckt in *Reinisch*, Völkerrecht[5] 544 (D 242).

1013 *Bantekas*, ICL[4] 4; *Mitchell*, Aut Dedere Aut Judicare Kap 1 Rz 58 (Onlineabfrage).

1014 *Graditzky*, IRRC 1998 (Onlineabfrage); *Kreß*, IYHR 2000, 162 ff, 170; *Oeter*, ZaöRV 1993, 30; Im Zusammenhang mit der Errichtung des ICTY erklärte das ICRC im Jahr 1993, dass „(...) according to humanitarian law as it stands today, the notion of war crimes is limited to situations of international armed conflict" (Erklärung des ICRC vom 25.3.1993, DDM/JUR/442 b, zitiert nach *Kreß*, IYHR 2000, 104 FN 4).

1015 *Maierhöfer*, „Aut dedere – aut iudicare" 224.

1016 *Henckaerts/Doswald-Beck*, Rules 604; *Meron*, AJIL 1995, 569; *ders*, EJIL, 23, 29; *Kreß*, IYHR 2000, 168 f; *Simma/Paulus*, AJIL 1999, 312 f.

1017 *Maierhöfer*, „Aut dedere – aut iudicare" 224.

1018 *Amnesty International*, Aut dedere aut judicare 27 (Onlineabfrage); *ILC*, Draft Code of Crimes against the Peace and Security of Mankind with commentaries 1996, Art 8, 9, 20 f Rz 5, 14; *Maierhöfer*, „Aut dedere – aut iudicare" 217; für die Einbeziehung von Bürgerkriegsverbrechen in das gewohnheitsrechtlich geltende „grave breaches"-Regime: *Werle*, Völkerstrafrecht[3] Rz 230, ähnlich auch *Ambos*, AVR 1999, 340; für das Bestehen einer solche Verpflichtung hinsichtlich aller Völkerrechtsverbrechen: *Bassiouni/Wise*, Aut dedere aut judicare 20 ff; ähnlich auch *Enache-Brown/Fried*, McGill LJ 1998, 625 ff; *Van Steenberghe*, JICJ 2011, 1102, 1115; für den völkergewohnheitsrechtlichen Status des *aut dedere aut iudicare* hinsichtlich schwerer Menschenrechtsverletzungen: *Roht-Arriaza*, CLR 1990, 499 f; *Orentlicher*, YLJ 1991, 2537 ff.

1019 *Cryer ua, ICL*[2] 71 f; *Dugard* in *Cassese/Gaeta/Jones*, Statute 698; *Gilbert*, Offenders 322; *Mitchell*, Aut Dedere Aut Judicare Kap 1 Rz 72 (Onlineabfrage); *Moir*, JICJ 2009, 785; *Tomuschat* in FS Steinberger 334.

1020 *Mitchell*, Aut Dedere Aut Judicare Kap 1 Rz 64 (Onlineabfrage); *Scharf*, MPEPIL, para 6 (Onlineabfrage).

f) Fazit

Die zuvor untersuchten Gerichtsentscheidungen zeigen, dass es seit den 1990er-Jahren regelmäßig zur Strafverfolgung von nicht ausgelieferten mutmaßlichen Tätern von Bürgerkriegsverbrechen durch Zufluchtstaaten gekommen ist.[1021] Während hinsichtlich des Bosnienkonflikts teilweise, wenn auch nicht überwiegend, der Lösungsansatz gewählt wurde, den Konflikt als international zu qualifizieren, um die darin begangenen Verbrechen verfolgen zu können, bezieht sich die Staatenpraxis zu Ruanda und Afghanistan eindeutig auf rein interne Konflikte.[1022] Sofern es in den beschriebenen Verfahren zu Freisprüchen kam, sprechen die dafür angeführten Gründe keinesfalls gegen das Bestehen einer völkergewohnheitsrechtlichen Verpflichtung zur Strafverfolgung oder Auslieferung.[1023] Auch die offiziellen Erklärungen der Staaten sowie die UN-Resolutionen sprechen für die Existenz eines völkergewohnheitsrechtlichen *aut dedere aut iudicare*. Jene Stellungnahmen, in denen sich Staaten gegen das Bestehen einer solchen völkergewohnheitsrechtlichen Norm aussprechen, liegen allesamt mehrere Jahre zurück und werden zum Teil durch eine andere Praxis dieser Staaten, die in Richtung einer völkergewohnheitsrechtlichen Strafverfolgungs- oder Auslieferungsverpflichtung deuten, relativiert.[1024] Für sich genommen spricht die innerstaatliche Gesetzgebung weder für noch gegen die Qualifizierung der Strafverfolgungs- oder Auslieferungsverpflichtung als Völkergewohnheitsrecht. In Zusammenschau mit der sonstigen Staatenpraxis unterstützt die Tatsache, dass einige Staaten in ihren Gesetzen universelle Gerichtsbarkeit für Bürgerkriegsverbrechen vorsehen, jedoch die Annahme einer solchen Qualifizierung. Aus der Schaffung der internationalen Strafgerichtsbarkeit kann, wie bereits ausgeführt, weder auf das Bestehen noch auf das Nicht-Bestehen eines völkergewohnheitsrechtlichen *aut dedere aut iudicare* für Bürgerkriegsverbrechen geschlossen werden. Die hilfsweise heranzuziehenden Entscheidungen internationaler Gerichte und Lehrmeinungen lassen ebenfalls den Schluss zu, dass seit geraumer Zeit eine Norm des Völkergewohnheitsrechts besteht, die Zufluchtstaaten zur Strafverfolgung oder Auslieferung von mutmaßlichen Tätern von Bürgerkriegsverbrechen verpflichtet.

1021 *Maierhöfer*, „Aut dedere – aut iudicare“ 217.

1022 So auch *Maierhöfer*, „Aut dedere – aut iudicare“ 217 f.

1023 *Maierhöfer*, „Aut dedere – aut iudicare“ 218.

1024 Siehe etwa die niederländische Entscheidung im Fall *Knesevic* oder die Stellungnahme der USA als *amicus curiae* im Tadić-Verfahren.

Zusammenfassend kann zum jetzigen Zeitpunkt vom Bestehen einer völkergewohnheitsrechtlichen Verpflichtung zur Strafverfolgung oder Auslieferung mutmaßlicher Bürgerkriegsverbrecher ausgegangen werden.

g) Exkurs: Strafverfolgungs- oder Auslieferungsverpflichtung für Bürgerkriegsverbrechen aufgrund authentischer Auslegung der Genfer Konventionen

Die Verpflichtung zur Strafverfolgung oder Auslieferung mutmaßlicher Täter von Bürgerkriegsverbechen kann anstelle des Völkergewohnheitsrechts auch auf eine authentische Auslegung der Genfer Konventionen, die ihren Ausdruck in der Vertragsanwendung durch die Parteien findet, gestützt werden.[1025] Eine solche von der ursprünglichen Vorstellung der Vertragsparteien abweichende Neuinterpretation des Vertrages ist durch eine übereinstimmende Praxis der Parteien nach Vertragsabschluss möglich, wobei die Grenzen zur stillschweigenden Vertragsänderung fließend sind.[1026] Für die Begründung der Verpflichtung durch authentische Auslegung spricht, dass die Staatengemeinschaft in einigen Fällen der zuvor beschriebenen Staatenpraxis[1027] bei der Aburteilung von Bürgerkriegsverbechen die *grave breaches*-Bestimmungen der Genfer Konventionen herangezogen hat.[1028]

Da die Genfer Konvention von nahezu sämtlichen Staaten der Erde ratifiziert wurde bzw ihnen nach überwiegender Ansicht sogar völkergewohnheitsrechtliche Geltung zukommt[1029], macht es praktisch kaum einen Unterschied, ob

---

1025 *Maierhöfer*, „Aut dedere – aut iudicare" 221; *Moir*, JICJ 2009, 769 ff; ähnlich auch *Redress*, Jurisdiction 8 (Onlineabfrage).

1026 *Dahm/Delbrück/Wolfrum*, Völkerrecht[2] 635; *Heintschel von Heinegg* in *Ipsen*, Völkerrecht[6] § 12 Rz 2; *Maierhöfer*, „Aut dedere – aut iudicare" 221; *Schroeder* in *Reinisch*, Völkerrecht[5] Rz 512; siehe auch Art 31 Abs 3 lit b WVK.

1027 Siehe dazu bspw die Entscheidungen zu den Fällen *Ntzimana et al*, *Sarić*, *Javor*, *Knesevic*, die Entscheidung des chilenische *Corte Suprema* sowie die Sicherheitsratsresolutionen 164 (1992) und 1214 (1998), die gemeinsame Erklärung der EG-Staaten, die Stellungnahme der USA als *amicus curiae* im Tadić-Verfahren und die Dienstvorschrift 15/2 der deutschen Bundeswehr.

1028 *Maierhöfer*, „Aut dedere – aut iudicare" 221.

1029 Für die völkergewohnheitsrechtliche Geltung *Kreß*, IYHR 2000, 170. In seiner *Advisory Opinion* im Fall *Legality of the Threat or Use of Nuclear Weapons* vertritt der IGH die Meinung, dass der Großteil der Bestimmungen der Genfer Konventionen mittlerweile Teil des Völkergewohnheitsrechts geworden ist, ohne das *grave breaches*-Regime explizit auszunehmen oder einzuschließen (Advisory Opinion

die Verpflichtung zur Strafverfolgung oder Auslieferung aus den Genfer Konventionen oder dem ebenso allgemeinverbindlichen Völkergewohnheitsrecht abgeleitet wird.[1030] Im Ergebnis besteht jedenfalls entweder aufgrund Völkergewohnheitsrecht oder authentischer Auslegung der Genfer Konventionen eine universell gültige Strafverfolgungs- oder Auslieferungsverpflichtung für Bürgerkriegsverbrechen.[1031]

2. Staatenpraxis betreffend Völkermord

Nach heute überwiegender Ansicht enthält die Völkermordkonvention keine Verpflichtung zur Strafverfolgung oder Auslieferung.[1032] Im nachstehenden Kapitel soll untersucht werden, ob aus der Staatenpraxis auf das Bestehen eines völkergewohnheitsrechtlichen *aut dedere aut iudicare* für dieses Verbrechen geschlossen werden kann.

a) Innerstaatliche Gerichtsentscheidungen

(1) Australien: Nulyarimma v Thompson

Inhalt dieses Verfahrens war der mutmaßliche Völkermord an Ureinwohnern in Australien.[1033] Dieser Fall betraf also nicht unmittelbar eine *aut dedere aut iudicare*-Situation, da Australien der Tatort- und nicht der Zufluchtstaat war.[1034] Richter *Wilcox* führte in seiner Entscheidung über diesen Fall *obiter dictum* aus, dass er das Verbot des Völkermordes als *ius cogens* ansieht, und leitete daraus die Verpflichtung jeden Staates zur Strafverfolgung oder Auslieferung jedes auf australischem Territorium befindlichen mutmaßlichen Täters ab.[1035]

---

of 8.7.1996, ICJ Reports 1996, 258, para 82); ähnlich auch ICTY, Trial Chamber, Furundžija (IT-98-17/1), Judgment of 10.12.1998, para 137.

1030 *Maierhöfer*, „Aut dedere - aut iudicare" 221.

1031 *Maierhöfer*, „Aut dedere - aut iudicare" 221.

1032 Siehe dazu oben unter V.B.2.

1033 *Maierhöfer*, „Aut dedere - aut iudicare" 235; *Mitchell*, Aut Dedere Aut Judicare Kap 1 1.3 Rz 40 (Onlineabfrage).

1034 *Maierhöfer*, „Aut dedere - aut iudicare" 235.

1035 *Amnesty International, Aut dedere aut judicare* 23 f (Onlineabfrage); *Maierhöfer*, „Aut dedere - aut iudicare" 235; *Mitchell*, Aut Dedere Aut Judicare Kap 1 Rz 40 (Onlineabfrage); Federal Court of Australia, Nulyarimma v Thompson, 1.9.1999, para 18; ähnlich auch Richter Merkel, ebd, para 156.

(2) Belgien: Ntezimana et al[1036]

Die Brüsseler *Cour d'Assises* verurteilte vier Ruander neben Bürgerkriegsverbechen auch wegen Völkermordes.[1037] Wie bereits ausgeführt, beschäftigte sich das Gericht in seinem Urteil nicht mit der völkerrechtlichen Kompetenzfrage.[1038] Das Gericht sah sich als zur Anwendung des Weltrechtsprinzips berechtigt an, auf die Frage des Bestehens einer Verpflichtung zur Verfolgung von Völkermord ging es hingegen nicht ein.[1039]

(3) Deutschland

In der ersten deutschen Entscheidung zum Verbrechen des Völkermordes, dem Beschluss des Ermittlungsrichters am BGH[1040] aus dem Jahr 1994 über den Haftbefehl gegen Dusko Tadić, scheint dieser von einer Verfolgungspflicht auszugehen, wenn er erklärt:[1041]

> „Unter diesen Umständen kann von einer völkerrechtswidrigen Einmischung in die inneren Angelegenheiten des Staates Bosnien-Herzegowina oder der jetzigen Bundesrepublik Jugoslawien keine Rede sein. Im Gegenteil müßte [sic] es auf Unverständnis stoßen, wenn die BR Deutschland einen ausländischen Täter, der im Verdacht steht, sich im Konflikt in Bosnien-Herzegowina schwerster Verbrechen schuldig gemacht zu haben, und der sich freiwillig auf deutsches Territorium begeben hat, in Kenntnis des Tatvorwurfs und entgegen der Vorschrift des § 6 Nr. 1 StGB unbehelligt lassen würde"[1042].

In späteren Urteil des BGH[1043] im Zusammenhang mit dem Völkermord in Bosnien-Herzegowina differenzierte dieser – ähnlich wie die Gerichte im Fall Eichmann – zwischen einer Verfolgungs*pflicht* des Tatortstaates und einem jedem Staat zukommenden Verfolgungs*recht*:

> „Aus dem Umstand, daß [sic] die Völkermordkonvention das Weltrechtsprinzip nicht vorschreibt, folgt deshalb nur, daß [sic] die Vertragsstaaten nicht verpflichtet sind, dieses Prinzip einzuführen (...) und einen von einem Ausländer an Ausländern im Ausland begangenen Völkermord zu verfolgen. Den Vertragsstaaten ist es aber völkerrechtlich nicht

---

1036 Zum Sachverhalt dieses Falls siehe unter V.D.1.a)(2).

1037 Cour d'Assises de Bruxelles, Ntezimana et al, 8.6.2001; *Maierhöfer*, „Aut dedere – aut iudicare" 235.

1038 *Maierhöfer*, „Aut dedere – aut iudicare" 235.

1039 *Maierhöfer*, „Aut dedere – aut iudicare" 235.

1040 BGH (Ermittlungsrichter), Beschluss vom 13.02.1994, 1 BGs 100/94 = NStZ 1994, 232 f.

1041 *Maierhöfer*, „Aut dedere – aut iudicare" 229.

1042 BGH (Ermittlungsrichter), Beschluss vom 13.02.1994, 1 BGs 100/94 = NStZ 1994, 233.

1043 BGH 3 StR 215/98 = BGHSt 45, 64; bestätigt durch BGH 21.2.2001, 3 StR 372/00 = BGHSt 46, 292.

verwehrt, bei der Verfolgung des Völkermords, dessen internationaler Charakter kraft Völkergewohnheitsrechts (...) und durch internationalen Vertrag anerkannt ist, innerstaatlich mehr zu tun als das völkerrechtliche Minimum, das ihnen die Verfolgung von Auslandstaten nur unter einschränkenden Voraussetzungen zur Pflicht macht (...)"[1044].

Zur Begründung der universellen Gerichtsbarkeit stützte sich der BGH auf die Entstehungsgeschichte der Konvention und eine teleologische Auslegung derselben: Mit der in Art 1 der Konvention enthaltenen Verpflichtung zur Verhinderung und Bestrafung von Völkermord, sei die Annahme, die Verfolgung von Völkermord dürfe nur durch den Tatortstaat oder ein internationales Gericht erfolgen, nicht in Einklang zu bringen.[1045] Eine effektive Verfolgung durch den Tatortstaat sei in vielen Fällen nicht zu erwarten, da Völkermord häufig durch oder mit Duldung des Heimatstaates der Opfer begangen würde.[1046] Des Weiteren bezieht sich der BGH in seiner Begründung zustimmend auf das Zwischenurteil des IGH im Verfahren Bosnien-Herzegowina gegen Jugoslawien[1047] und zitiert aus diesem, dass „(...) die Verpflichtung jedes Staates, das Verbrechen des Völkermordes zu verhüten und zu bestrafen, durch die Konvention nicht territorial begrenzt ist"[1048]. Aus dieser Passage leitet *Bungenberg*[1049] ab, dass der BGH eine Verfolgungs*pflicht* des Zufluchtstaates anerkannt hat.[1050] Da der BGH aber an anderer Stelle[1051] eine solche Verpflichtung explizit ablehnt, lässt der bloße Verweis auf Teile des IGH-Urteils einen solchen Schluss nicht zu.[1052]

In der Entscheidung über die gegen dieses Urteil erhobene Verfassungsbeschwerde bejahte das Bundesverfassungsgericht ebenso das Bestehen eines Verfolgungsrechts Deutschlands auf Basis des Weltrechtsprinzips und lehnte eine Verfolgungspflicht für Völkermord gleichfalls ab.[1053]

Unter Bezugnahme auf die zuvor dargestellte BGH-Entscheidung hinsichtlich des Völkermordes in Bosnien-Herzegowina[1054] erachtete sich das OLG

1044 BGH 3 StR 215/98 = BGHSt 45, 68.
1045 BGH 3 StR 215/98 = BGHSt 45, 66 f; *Maierhöfer*, „Aut dedere - aut iudicare" 229 f.
1046 BGH 3 StR 215/98 = BGHSt 45, 66 f; *Maierhöfer*, „Aut dedere - aut iudicare" 229.
1047 *Maierhöfer*, „Aut dedere - aut iudicare" 230 FN 472.
1048 BGH 3 StR 215/98 = BGHSt 45, 68.
1049 *Bungenberg*, AVR 2001, 189 FN 162.
1050 *Maierhöfer*, „Aut dedere - aut iudicare" 230 FN 472.
1051 BGH 3 StR 215/98 = BGHSt 45, 68.
1052 So auch *Maierhöfer*, „Aut dedere - aut iudicare" 230 FN 472.
1053 BVerfG Kammerbeschluss 12.12.200, 2 BvR 1290/99, Rz 40; *Maierhöfer*, „Aut dedere - aut iudicare" 230.
1054 BGH 3 StR 215/98.

Frankfurt am Main zur Aburteilung eines Ruanders wegen der Beteiligung am Völkermord in Ruanda für zuständig.[1055] Das Gericht führte dazu aus, dass der Anwendung deutschen Strafrechts kein völkerrechtliches Verbot entgegenstehe, insbesondere sich ein solches nicht aus Art VI der Völkermordkonvention ergeben würde.[1056] Während das Gericht somit von einer Berechtigung zur Verfolgung von mutmaßlichen Völkermördern ausging, war von einer Verpflichtung hierzu nicht die Rede. Die Auslieferung des Angeklagten an Ruanda war wegen der Befürchtungen, dort würde kein faires Verfahren stattfinden, abgelehnt worden.[1057] Die Argumentation mit dem Nichtbestehen eines Verfolgungsverbots sowie die Tatsache, dass das Gericht zur Begründung seiner Zuständigkeit nicht auf die ablehnende Auslieferungsentscheidung Bezug genommen hat, spricht dafür, dass das OLG die Strafverfolgung zwar als völkerrechtlich zulässig ansah, jedoch nicht vom Bestehen eines völkergewohnheitsrechtlichen *aut dedere aut iudicare* ausging. Der BGH[1058] hob das Urteil des OLG auf und verwies die Sache zu neuer Verhandlung und Entscheidung an das OLG zurück, da der Angeklagte wegen Mittäterschaft und nicht nur wegen Beihilfe zu verurteilen sei.[1059] Zur Frage des Bestehens einer Verfolgungspflicht nahm der BGH in seiner Entscheidung nicht Stellung. Im neuerlichen Verfahren[1060] wurde der Angeklagte wegen Mittäterschaft an dem Kirchenmassaker in Kiziguro zu einer lebenslangen Freiheitsstrafe verurteilt.[1061]

1055 OLG Frankfurt am Main 18.2.2014 5-3 StE 4/10-4-3/10; Eingehend zu dieser Entscheidung: *Werle/Burghardt*, ZIS 2015, 46 ff.

1056 OLG Frankfurt am Main 18.2.2014 5-3 StE 4/10-4-3/10.

1057 Tagesschau, Prozess in Frankfurt, Ruander wegen Völkermordes verurteilt, Onlineabfrage (9.2.2015); *Magsam* in *Wenin/Fornasari/Fronza*, Verfolgung 180; *Werle/Burghardt*, ZIS 2015, 47.

1058 BGH 21.5.2015 3 StR 575/14.

1059 Zeit Online, Ruander wegen Völkermordes zu lebenslänglich verurteilt, Onlineabfrage (18.7.2016).

1060 OLG Frankfurt 29.12.2015 4-3 StE 4/10- 4-1/15.

1061 Pressemitteilung des OLG Frankfurt am Main vom 29.12.2015; Zeit Online, Ruander wegen Völkermords zu lebenslänglich verurteilt, Onlineabfrage (18.7.2016); Tagesschau, Prozess in Frankfurt, Ruander wegen Völkermords verurteilt, Onlineabfrage (9.2.2015).

(4) *Frankreich: Javor und Wenceslas Munyeshyaka*[1062]

Die französische *Cour de Cassation*[1063] verneinte im Fall Javor französische Gerichtsbarkeit, weil der Täter sich nicht auf französischem Territorium befand, er scheint jedoch für den Fall der Anwesenheit des Täters von einem Verfolgungsrecht des Zufluchtstaates eines Völkermörders auszugehen.[1064]

Im Fall des in Frankreich anwesenden ruandischen Völkermörders Wenceslas Munyeshyaka bejahte die *Cour de Cassation*[1065] die französische Kompetenz zur Strafverfolgung.[1066] Hinweise auf das Bestehen einer Verpflichtung zur Strafverfolgung von Völkermördern können dem Urteil hingegen nicht entnommen werden.[1067]

(5) *Guatemala: José Efraín Ríos Montt et al*

Das Verfassungsgericht verweigerte in seiner Entscheidung vom 12.12.2007[1068] die Auslieferung von fünf Personen[1069] an Spanien, denen die mutmaßliche Beteiligung am Völkermord an den Maya und weitere Verbrechen zur Last gelegt wurden.[1070] Begründend gab das Gericht an, Spanien könne keine (universelle) Gerichtsbarkeit über die den mutmaßlichen Tätern vorgeworfenen Verbrechen ausüben.[1071] Das Gericht stellte sodann klar, dass Guatemala in Folge der Ablehnung des Auslieferungsersuchens zur Strafverfolgung der mutmaßlichen Täter – einschließlich des Verbrechens des Völkermordes – verpflichtet sei.[1072] Dabei nahm das Gericht

1062 Zum Sachverhalt dieses Falls siehe unter V.D.1.a)(6).

1063 Cour de Cassation, Chambre criminelle, 26.3.1996, 95–81.527.

1064 *Maierhöfer*, „Aut dedere – aut iudicare" 231; *Volkmann*, Strafverfolgung 196 f.

1065 Cour de Cassation, Chambre criminelle, 6.1.1998, 96–82.491.

1066 *Maierhöfer*, „Aut dedere – aut iudicare" 231.

1067 *Maierhöfer*, „Aut dedere – aut iudicare" 231.

1068 Corte de Constitucionalidad, 12.12.2007.

1069 Spanien ersuchte um Auslieferung von Guevara Rodríguez, García Arredondo, José Efraín Ríos Montt, Oscar Humberto Mejía Victoria und Germán Chupina Barahona (*Amnesty International*, Guatemala 5 [Onlineabfrage]).

1070 *Amnesty International*, Aut dedere aut judicare 25 (Onlineabfrage); *Amnesty International*, Guatemala 5 f (Onlineabfrage); *ILC*, UN Doc A/CN.4/603, para 88.

1071 *Amnesty International*, Aut dedere aut judicare 25 (Onlineabfrage); *Amnesty International*, Guatemala 5 f (Onlineabfrage); *ILC*, UN Doc A/CN.4/603, para 88.

1072 *Amnesty International*, Aut dedere aut judicare 25 (Onlineabfrage); *ILC*, UN Doc A/CN.4/603, para 88.

auf keine Vertragsbestimmung Bezug,[1073] es scheint also von einer völkergewohnheitsrechtlichen *aut dedere aut iudicare*-Verpflichtung auszugehen.

Der ehemalige Militärmachthaber José Efraín Ríos Montt wurde 2013 wegen Völkermordes und Kriegsverbrechen zu einer 80-jährigen Haftstrafe verurteilt.[1074] Das Urteil wurde jedoch wegen Verfahrensfehler vom Verfassungsgericht aufgehoben.[1075] Eine neuerliche Verhandlung hat bisher noch nicht stattgefunden, derzeit wird die Prozessfähigkeit des Angeklagten geprüft.[1076]

(6) Indien: Karamira

Obwohl kein Auslieferungsabkommen zwischen den beiden Staaten bestand, lieferte Indien 1996 den mutmaßlich am ruandischen Völkermord beteiligten Karamira an Ruanda aus.[1077] Die beiden Staaten erachteten Indien als durch Art VII der Völkermordkonvention zur Auslieferung verpflichtet.[1078] Dieser Fall spricht somit für das Bestehen einer völkergewohnheitsrechtlichen Verpflichtung zur Auslieferung oder Strafverfolgung von Völkermördern.[1079]

(7) Israel: Eichmann

Eichmann, der für die Umsetzung des Holocaust und damit ua für die Tötung von etwa 6 Millionen Juden mitverantwortlich war, wurde in Israel wegen Völkermord, Verbrechen gegen die Menschlichkeit und Kriegsverbrechen vor Gericht gestellt, nachdem er 1960 vom israelischen Geheimdienst aus Argentinien entführt worden war.[1080]

Obwohl Israel somit nicht der Zufluchtstaat Eichmanns war, enthalten die Entscheidungen des Jerusalemer Bezirksgerichts und des israelischen Obersten

---

1073 *Amnesty International*, Aut dedere aut judicare 25 (Onlineabfrage); *ILC*, UN Doc A/CN.4/603, para 88.

1074 Der Standard, Hafturteil gegen Guatemalas Ex-Diktator Rios Montt aufgehoben, Onlineabfrage (18.7.2016).

1075 Der Standard, Hafturteil gegen Guatemalas Ex-Diktator Rios Montt aufgehoben, Onlineabfrage (18.7.2016).

1076 Der Standard, Guatemalas Ex-Diktator muss doch nicht in Psychiatrie, Onlineabfrage (18.7.2016).

1077 *Maierhöfer*, „Aut dedere – aut iudicare" 234; *Schabas*, Genocide 483.

1078 *Maierhöfer*, „Aut dedere – aut iudicare" 234; *Schabas*, Genocide 483 f.

1079 *Maierhöfer*, „Aut dedere – aut iudicare" 234.

1080 *Amnesty International*, Eichmann 4 (Onlineabfrage); *Lasok*, ICLQ 1962, 355 f; *Maierhöfer*, „Aut dedere – aut iudicare" 226; *Schabas*, Genocide 426.

Gerichtshofes doch essentielle Ausführungen zur *aut dedere aut iudicare*-Verpflichtung.[1081] Die Verteidigung argumentierte, Jerusalem fehle die Kompetenz zur Aburteilung Eichmanns, da in Artikel VI Völkermordkonvention die zur Aburteilung von Völkermord berechtigten Gerichte abschließend aufgezählt seien.[1082] Das Jerusalemer Bezirksgericht[1083] sowie der Oberste Gerichtshof Israels[1084] kamen zu dem Ergebnis, dass nach Artikel VI Völkermordkonvention zwar nur für den Tatortstaat eine Verfolgungs*pflicht* bestehe, jedoch alle Staaten der Welt auf Basis des Völkergewohnheitsrechts zur Verfolgung von Völkermord *befugt* seien.[1085] Die Staatengemeinschaft hat gegen diese mit dem Wortlaut und der Entstehungsgeschichte der Völkermordkonvention[1086] nur schwer vereinbare Auslegung nicht protestiert.[1087]

(8) Kamerun: Bagosora sowie weitere Fälle betreffend Ruanda

Kamerun, das kein Mitgliedsstaat der Völkermordkonvention ist, lehnte mehrfach die Auslieferung von Beteiligten des ruandischen Völkermordes ab.[1088]

Die *Cour d'Appel du Centre*[1089] hatte, wie bereits erörtert, dem Ersuchen Belgiens um Auslieferung des Ruanders Bagosora Théoneste nur wegen der Ermordung belgischer Blauhelme stattgegeben, nicht jedoch wegen des mutmaßlichen Völkermordes.[1090] In einem anderen Fall wurde die Auslieferung von 19 Ruandern zunächst wegen eines konkurrierenden Überstellungsersuchen des ICTR abgelehnt.[1091] Als das ICTR auf die Überstellung von 8 dieser Personen verzichtete, wurde ein neuerlicher Antrag Ruandas zur Auslieferung dieser Verdächtigen

1081 *Maierhöfer*, „Aut dedere - aut iudicare" 226.

1082 *Lasok*, ICLQ 1962, 359 f; *Maierhöfer*, „Aut dedere - aut iudicare" 226; *Quigley*, Genocide 25 f; *Schabas*, Genocide 427.

1083 District Court of Jerusalem, Criminal Case Nr 40/61, 1961.

1084 Supreme Court, 29.5.1962.

1085 *Amnesty International*, Eichmann 6 f (Onlineabfrage); *Maierhöfer*, „Aut dedere - aut iudicare" 226; *Quigley*, Genocide 25; *Schabas*, Genocide 428 f.

1086 Siehe dazu unter V.B.2.

1087 *Maierhöfer*, „Aut dedere - aut iudicare" 227; *Schabas*, Genocide 429.

1088 *Maierhöfer*, „Aut dedere - aut iudicare" 234; UN Doc CERD/C/SR.1201, para 74; *Schabas*, Genocide 484.

1089 Cour d'Appel du Centre (Yaounde), 15.3.1996.

1090 *Maierhöfer*, „Aut dedere - aut iudicare" 234.

1091 Cour d'Appel du Centre (Yaounde), 31.05.1996. *Maierhöfer*, „Aut dedere - aut iudicare" 234.

wegen formaler Fehler und menschenrechtlicher Bedenken abgewiesen.[1092] Das Gericht ging offensichtlich nicht vom Bestehen einer völkergewohnheitsrechtlichen *aut dedere aut iudicare*-Verpflichtung aus, da es in seiner Entscheidung hervorhob, dass ein in Ruanda begangener Völkermord in Kamerun nicht strafbar sei.[1093] Ebenso spricht die Tatsache, dass keiner der mutmaßlichen Täter von Kamerun[1094] in der Folge verfolgt wurde, gegen die Annahme des Bestehens eines *aut dedere aut iudicare* für Völkermörder.[1095]

(9) Kanada: Mugesera

Nachdem bekannt geworden war, dass der nach Kanada geflüchtete ruandische Staatsangehörige Léon Mugesera durch seine Hetzrede im November 1992 wesentlich zum Völkermord in Ruanda beigetragen hatte, wurde gegen ihn vom *Minister of Citizenship and Immigration* ein Verfahren zur Abschiebung eingeleitet.[1096] Kanada hatte klargestellt, dass eine Auslieferung – trotz entsprechendem Ersuchen Ruandas[1097] – nicht in Frage käme.[1098] Der vom *Minister of Citizenship and Immigration* erlassene Abschiebungsbefehl wurde von den ersten beiden Instanzen[1099] zunächst aufrechterhalten, bevor er vom *Federal Court of Appeal* aufgehoben wurde.[1100] In seiner Entscheidung über das vom *Minister of Citizenship and Immigration* gegen

---

1092 Cour d'Appel du Centre (Yaounde), 21.2.1997; *Maierhöfer*, „Aut dedere - aut iudicare" 234; *Schabas*, Genocide 484.

1093 Cour d'Appel du Centre (Yaounde), 21.2.1997; *Maierhöfer*, „Aut dedere - aut iudicare" 234.

1094 Dass zwei der Verdächtigen, nämlich Bosco Bayaragwiza und Laurent Semanza, von Kamerun schließlich doch noch an das ICTR überstellt und von diesem verfolgt wurden, ist dabei für die hier untersuchte Fragestellung irrelevant: Kamerun hat hierdurch lediglich seine Verpflichtung nach Art 28 ICTR-Statut erfüllt, woraus keine Rückschlüsse für Situationen für die der UN-Sicherheitsrat keine Überstellungspflicht anordnet, möglich sind (*Maierhöfer*, „Aut dedere - aut iudicare" 234 FN 494).

1095 *Maierhöfer*, „Aut dedere - aut iudicare" 234.

1096 *Bartrop* in *Bartrop/Jacobs*, Genocide 1769 f; *Maierhöfer*, „Aut dedere - aut iudicare" 233; *Schabas*, AJIL 1999, 529–531; *Volkmann*, Strafverfolgung 223.

1097 Zum Haftbefehl gegen Mugesera sie bei: *Bartrop/Jacobs*, Genocide 1769.

1098 *Maierhöfer*, „Aut dedere - aut iudicare" 233; *Schabas*, AJIL 1999, 532; *Volkmann*, Strafverfolgung 224.

1099 Zunächst entschied *The Immigration and Refugee Board (Appeal Division)* und in der Folge der *Federal Court (Trial Division)*.

1100 *Bartrop* in *Bartrop/Jacobs*, Genocide 1770; *Godoy*, 44 ILM (2005), 1465; Supreme Court of Canada, Minister of Citizenship and Immigration v Léon Mugesera et al, 28.5.2005, 4 f.

diese Entscheidung erhobenen Rechtsmittel erklärte der *Canada Supreme Court*[1101] 2005 den Abschiebungsbefehl für gültig.[1102] In seinem Urteil stellte der *Supreme Court*[1103] fest, dass der Minister genug Beweise vorgebracht habe, um das Gericht davon zu überzeugen, dass Mugesera durch die Hetzrede eine Anstiftung zum Völkermord und Verbrechen gegen die Menschlichkeit begangen hat.[1104] Erst nachdem die Bedenken Kanadas hinsichtlich der Abschiebung im Jahr 2007 durch die Abschaffung der Todesstrafe in Ruanda ausgeräumt worden waren, wurde das Abschiebungsverfahren erneut aufgenommen und Mugesera im Februar 2012 schließlich abgeschoben.[1105] Er wurde sogleich in Ruanda wegen Völkermordes vor Gericht gestellt.[1106] Das Verfahren ist nach wie vor anhängig.[1107]

Dass Kanada Mugesera – trotz des Vorliegens eines Auslieferungsersuchens – abgeschoben hat, anstatt ihn an Ruanda auszuliefern, spricht dafür, dass es sich weder aufgrund der Völkermordkonvention noch völkergewohnheitsrechtlich zur Strafverfolgung oder Auslieferung von mutmaßlichen Völkermördern verpflichtet erachtet.[1108]

(10) Österreich: Cvjetkovic

Der OGH hatte 1994 über die von dem in Österreich wohnhaften Serben Cvjetkovic gegen seine Verhaftung und die Verhängung der U-Haft wegen des dringenden Verdachtes des Völkermordes erhobene Grundrechtsbeschwerde zu entscheiden.[1109] Cvjetkovic machte geltend, er sei in seinem Recht auf persönliche Freiheit verletzt, weil die österreichischen Gerichte nicht zur Aburteilung von in Bosnien-Herzegowina begangenen Taten zuständig seien.[1110] Der OGH wies die Grundrechtsbeschwerde mit der Begründung ab, dass Art VI

1101 Supreme Court of Canada, Minister of Citizenship and Immigration v Léon Mugesera et al, 28.5.2005, 5.

1102 *Bartrop* in *Bartrop/Jacobs*, Genocide 1770; *Godoy*, 44 ILM (2005), 1465; *Volkmann*, Strafverfolgung 223 f.

1103 Supreme Court of Canada, Minister of Citizenship and Immigration v Léon Mugesera et al, 28.5.2005, 7–11.

1104 *Godoy*, 44 ILM (2005), 1465.

1105 *Bartrop* in *Bartrop/Jacobs*, Genocide 1770; *Volkmann*, Strafverfolgung 224.

1106 *Bartrop* in *Bartrop/Jacobs*, Genocide 1770.

1107 *Bartrop* in *Bartrop/Jacobs*, Genocide 1770; *Ntwari*, prosecution (Onlineabfrage).

1108 AM *Volkmann* die in dieser Entscheidung des *Supreme Court* eine Anwendung des *aut dedere aut iudicare* Grundsatzes erblickt (Strafverfolgung 225).

1109 OGH 13.7.1994 15 Os 99/94 = ÖJZ 1994/268 (NRsp); *Maierhöfer*, „Aut dedere – aut iudicare" 228.

1110 OGH 13.7.1994 15 Os 99/94; *Maierhöfer*, „Aut dedere – aut iudicare" 228.

der Völkermordkonvention implizit eine funktionierende Strafgerichtsbarkeit im Tatortstaat, die eine Auslieferung an diesen möglich macht, voraussetzt.[1111] Im vorliegenden Fall sei dies aufgrund des totalen Zusammenbruchs des Auslieferungs- und Rechtshilfeverkehrs mit Bosnien-Herzegowina nicht gegeben.[1112] Soweit eine Auslieferung nicht möglich sei, weil im Tatortstaat keine geordnete Strafrechtspflege stattfinden könne,[1113] sei der Zufluchtstaat zur Verfolgung berechtigt, weil es Sinn und Zweck der Konvention widersprechen würde, wenn der mutmaßliche Täter gar nicht verfolgt werde.[1114] Das Urteil enthält jedoch keinen Hinweise darauf, dass der OGH von einer völkerrechtlichen Verpflichtung zur Strafverfolgung nach Scheitern der Auslieferung ausgeht.[1115]

(11) Schweiz: Niyonteze[1116]

Der erste nach dem Bürgerkrieg in Ruanda im Territorium der Schweiz aufgegriffene mutmaßliche Völkermörder wurde von der Schweiz nicht nach dem Grundsatz *aut dedere aut iudicare* behandelt, sondern schlichtweg ausgewiesen.[1117] Eine Verurteilung wegen des Verbrechens des Völkermordes scheiterte im Verfahren gegen Niyonteze daran, dass das Schweizer Strafrecht zum damaligen Zeitpunkt keinen entsprechenden Tatbestand vorsah und ein Verstoß gegen humanitäres Völkergewohnheitsrecht gem Art 108 Abs 1 CPM in der Schweiz nur strafbar war, wenn er in internationalen bewaffneten Konflikten begangen worden war.[1118] Nach Abs 2 leg cit waren in Bürgerkriegen nur Verstöße gegen von der Schweiz ratifizierte Verträge strafbar, was auf die Völkermordkonvention zum damaligen

---

1111 OGH 13.7.1994 15 Os 99/94; *Maierhöfer*, „Aut dedere - aut iudicare" 228; *Volkmann*, Strafverfolgung 205.

1112 OGH 13.7.1994 15 Os 99/94; *Maierhöfer*, „Aut dedere - aut iudicare" 228; *Volkmann*, Strafverfolgung 205.

1113 Offen bleibt, ob ein solches Auslieferungshindernis nur dann besteht, wenn das Justizsystem faktisch zusammengebrochen ist oder ob es auch dann bestünde, wenn der Tatortstaat nicht verfolgungswillig ist, somit seiner aus Art VI erwachsenden Verpflichtung nicht nachkommt (*Maierhöfer*, „Aut dedere - aut iudicare" 229 FN 465).

1114 OGH 13.7.1994 15 Os 99/94; *Maierhöfer*, „Aut dedere - aut iudicare" 228; *Volkmann*, Strafverfolgung 205.

1115 So auch *Maierhöfer*, „Aut dedere - aut iudicare" 229.

1116 Zum Sachverhalt dieses Falls siehe unter V.D.1.a)(11).

1117 *Maierhöfer*, „Aut dedere - aut iudicare" 227; *Reydams*, AJIL 2002, 231 FN 3.

1118 Tribunal Militaire d'Appel 1a (Genève), 26.5.2000, III. En Droit, Chapitre I, B; *Magsam* in *Wenin/Fornasari/Fronza*, Verfolgung 185; *Maierhöfer*, „Aut dedere - aut iudicare" 232.

Zeitpunkt nicht zutraf.[1119] Für den Fall eines internationalen bewaffneten Konfliktes – wofür beispielhaft der Jugoslawien-Konflikt angeführt wird – bejahte das Gericht in seinem Urteil hingegen die Kompetenz der Schweiz zur Bestrafung von Völkermördern auf Basis des CPM iVm dem völkergewohnheitsrechtlichen Verbot des Völkermordes.[1120] Aus Sicht des Schweizer Gerichts standen der Verfolgung des Völkermordes im Falle eines Bürgerkrieges somit lediglich Besonderheiten des nationalen Rechts und keine völkerrechtlichen Schranken entgegen.[1121] Die Ablehnung der Verfolgung von Völkermord in Bürgerkriegssituationen durch das Gericht, ohne zu diskutieren, ob darin ein Völkerrechtsverstoß zu sehen ist, sowie die Tatsache, dass ein mutmaßlicher Täter einfach abgeschoben und nicht an einen verfolgungswilligen Staat ausgeliefert worden war, lässt den Schluss zu, dass nicht von einer völkergewohnheitsrechtlichen Verfolgungspflicht des Zufluchtstaates ausgegangen wird.[1122]

(12) Spanien: Ríos Montt

Die den Völkermord in Guatemala betreffenden Entscheidungen spanischer Gerichte[1123] sehen nur den Tatortstaat gem Art VI Völkermordkonvention als zur Strafverfolgung verpflichtet an, während anderen Staaten unter bestimmten Voraussetzungen ein Verfolgungsrecht zukomme.[1124] Dieser Fall betrifft dabei keine *aut dedere aut iudicare*-Konstellation, da sich der mutmaßliche Täter zum Zeitpunkt der Strafverfolgung nicht auf spanischem Territorium aufhielt, Spanien somit nicht Zufluchtstaat war.[1125] In seinem offiziellen Reaktionsschreiben auf die Ablehnung des von Spanien gestellten Ersuchens um Auslieferung der mutmaßlichen Völkermörder durch Guatemala[1126], erklärte der zuständige spanische Richter Santiago Pedraz, dass aus dem *ius cogens*-Charakter des Verbots von Völkermord und Verbrechen gegen die Menschlichkeit die

1119 Tribunal Militaire d'Appel 1a (Genève), 26.5.2000, III. En Droit, Chapitre I, B; *Maierhöfer*, „Aut dedere – aut iudicare" 232; *Volkmann*, Strafverfolgung 214.

1120 Tribunal Militaire d'Appel 1a (Genève), 26.5.2000, III. En Droit, Chapitre I, B; *Maierhöfer*, „Aut dedere – aut iudicare" 232.

1121 *Maierhöfer*, „Aut dedere – aut iudicare" 232.

1122 *Maierhöfer*, „Aut dedere – aut iudicare" 232 f.

1123 Tribunal Supremo (Salad e lo Penal), 25.2.2003, englische Übersetzung abrufbar unter: www.derechos.org/nizkor/guatemala/doc/stsgtm.html (8.3.2016); Audiencia Nacional (Sala de lo penal), 13.12.2000.

1124 *Maierhöfer*, „Aut dedere – aut iudicare" 235 f; *Roht-Arriaza*, AJIL 2006, 208 f.

1125 *Maierhöfer*, „Aut dedere – aut iudicare" 235.

1126 Siehe dazu oben unter V.D.2.a)(5).

völkergewohnheitsrechtliche Verpflichtung zur Auslieferung oder Strafverfolgung abzuleiten sei.[1127] Seiner Ansicht nach verstoße Guatemala gegen Völkerrecht, indem es den ehemaligen Präsident Ríos Montt weder selbst verfolge noch an Spanien ausliefere.[1128]

(13) USA: Demjanjuk v Petrovsky, S Kadic v Radovan Karadzic[1129]

Im Verfahren Demjanjuk v Petrovsky[1130] bestätigten die US-Gerichte das Recht zur Ausübung von universeller Gerichtsbarkeit über das Verbrechen des Völkermordes.[1131] John Demjanjuk hatte sich gegen seine Auslieferung nach Israel mit dem Argument gewehrt, dass Israel keine Kompetenz zur Aburteilung der angeblich in Polen, als Wächter im KZ Treblinka begangenen Taten, besitze.[1132] Das Gericht wies diesen Einwand unter Bezugnahme auf die Nürnberger Prozesse, das *Restatement of the Foreign Relations Law* und das Eichmann-Urteil zurück.[1133] Mit Artikel VI der Völkermordkonvention setzte sich das Gericht hingegen nicht auseinander.[1134] Trotz dieser eher schwachen Begründung ist dieses Urteil insofern von großer Bedeutung, als es den zweiten Anwendungsfall des Weltrechtsprinzips für Völkermord darstellt.[1135] Von einer Verfolgungspflicht ist im Urteil hingegen nicht die Rede, der zustimmende Verweis auf die Entscheidung im Fall Eichmann, in welcher eine Verfolgungsverpflichtung eindeutig abgelehnt worden war, lässt sogar eher den gegenteiligen Schluss zu.[1136]

1127 Audiencia Nacional, Juzgado Central de Instrucción Uno, D Previas 331/1999, 16.1.2008, Richter Santiago Pedraz, considerando quinto; *Amnesty International*, Aut dedere aut judicare 26 (Onlineabfrage).

1128 Audiencia Nacional, Juzgado Central de Instrucción Uno, D Previas 331/1999, 16.1.2008, Richter Santiago Pedraz, considerando quinto; *Amnesty International*, Aut dedere aut judicare 26 (Onlineabfrage).

1129 Zum Sachverhalt dieses Falls siehe unter V.D.1.a)(13).

1130 US Court of Appeals, 6th Circuit, Demjanjuk v Petrovsky, 31.10.1985, IV.C.

1131 *Maierhöfer*, „Aut dedere - aut iudicare" 227.

1132 US Court of Appeals, 6th Circuit, Demjanjuk v Petrovsky, 31.10.1985; *Maierhöfer*, „Aut dedere - aut iudicare" 227.

1133 US Court of Appeals, 6th Circuit, Demjanjuk v Petrovsky, 31.10.1985; *Maierhöfer*, „Aut dedere - aut iudicare" 227.

1134 *Maierhöfer*, „Aut dedere - aut iudicare" 227.

1135 *Maierhöfer*, „Aut dedere - aut iudicare" 227.

1136 *Maierhöfer*, „Aut dedere - aut iudicare" 227 f.

Im Berufungsurteil im Fall S Kadic v Radovan Karadzic[1137] führte der *US Court of Appeal obiter dictum* ebenfalls aus, dass jedem Staat, unabhängig von Tatort und Nationalität des Täters, ein Recht zur Verfolgung von Völkermord zukomme.[1138] Ob den Staat auch eine Verpflichtung zur Strafverfolgung trifft, ließ das Gericht hingegen wiederum offen.[1139]

b) Innerstaatliche Gesetzgebung

Derzeit normieren zumindest 94 Staaten[1140] in ihren Gesetzen universelle Gerichtsbarkeit für Völkermord.[1141] Eine ausdrückliche Verpflichtung zur Strafverfolgung oder Auslieferung bei Völkermord enthalten hingegen nur wenige Gesetzgebungsakte, beispielsweise in Argentinien, Uruguay, Panama, Peru und Portugal.[1142]

c) UN Resolutionen

Die UN-Generalversammlung nahm gleich in ihrer ersten Sitzung einstimmig eine Resolution[1143] betreffend das Verbrechen des Völkermordes an:

> „The punishment of the crime of genocide is a matter of international concern.
> *The General Assembly, therefore*;
> *Affirms* that genocide is a crime under international law, which the civilized world condemns, and for the commission of which principals and accomplices (…) are punishable;
> *Invites* the Member States to enact the necessary legislation for the prevention and punishment of this crime;
> *Recommends* the international co-operation be organized between States, with view to facilitating the speedy prevention and punishment of the crime of genocide, and, to this end,

---

1137 US Court of Appeals, 2nd Circuit, S Kadic v Radovan Kardzic, 13.10.1995, 34 ILM (1995), 1601.

1138 *Graditzky*, IRRC 1998 (Onlineabfrage); *Maierhöfer*, „Aut dedere – aut iudicare" 206.

1139 *Maierhöfer*, „Aut dedere – aut iudicare" 206.

1140 Eine genaue Untersuchung der Gesetzgebung zum Völkermord findet sich bei *Amnesty International*, Jurisdiction (Onlineabfrage) und *Redress*, Jurisdiction (Onlineabfrage).

1141 *Amnesty International*, Update 13 (Onlineabfrage); siehe auch *Mitchell*, Aut Dedere Aut Judicare Kap 1 Rz 33, Annex III (Onlineabfrage), der von einer geringeren Zahl ausgeht; siehe auch *Bungenberg*, der beispielhaft nationale Bestimmungen nennt, die die Verfolgung auf Basis des Weltrechtsprinzips vorsehen (AVR 2001, 190 FN 121).

1142 *Van Steenberghe*, JICJ 2011, 1097. Eingehend zur Regelung des *aut dedere aut iudicare* in nationalen Gesetzgebungsakten ILC, UN Doc A/CN.4/579, 95 ff.

1143 UN Doc A/RES/96 (I), 11.12.1946.

Requests the Economic and Social Council to undertake the necessary studies, with a view to drawing up a draft convention on the crime of genocide (...)"[1144].

Dieser Resolution können lediglich Hinweise für ein universelles Verfolgungs*recht*, nicht jedoch für eine Verpflichtung zur Strafverfolgung oder Auslieferung entnommen werden. Als Indiz für ein Verfolgungsrecht kann die Erklärung der Bestrafung des Völkermordes zu einem „matter of international concern"[1145] angesehen werden.[1146] Daraus kann der Schluss gezogen werden, dass die Bestrafung nicht bloß dem Tatortstaat vorbehalten sein soll und die Aburteilung eines Völkermordes durch einen anderen Staat somit keine Einmischung in innere Angelegenheiten darstellt.[1147] Die bloße Einladung zum Erlass von Strafvorschriften kann auch so interpretiert werden, dass für den traditionellen Anwendungsbereich des nationalen Strafrechts, also vornehmlich für im eigenen Territorium begangene Straftaten, ein Völkerrechtstatbestand geschaffen werden soll.[1148] Ein ausdrücklicher Hinweis für ein Weltrechtsprinzip bzw eine universelle Verfolgungspflicht ist darin nicht zu sehen.[1149] Dasselbe gilt für die ebenfalls nur empfohlene Zusammenarbeit mit anderen Staaten zur Erleichterung der Bestrafung und Verhütung von Genozid, auch hieraus kann nicht auf eine Verfolgungspflicht geschlossen werden.[1150]

In der bereits unter V.D.1.c) vorgestellte Resolution 2840 (XXVI) der UN-Generalversammlung spricht sich diese sehr deutlich für das Bestehen einer Strafverfolgung- oder Auslieferungsverpflichtung für Kriegsverbrechen und Verbrechen gegen die Menschlichkeit aus.[1151] Diese Resolution verweist hinsichtlich der Definition dieser Verbrechen auf Art I der *Convention of the Non-Applicability of Statutory Limitations to War Crimes and Crimes against humanity*, von dessen Definition der Völkermord ausdrücklich mitumfasst ist.[1152] Die Sicherheitsratsresolutionen 978 (1995) und 1325 (2000) deuten ebenfalls in Richtung eines *aut dedere aut iudicare* für Völkermord.[1153]

1144 UN Doc A/RES/96 (I), 11.12.1946.

1145 UN Doc A/RES/96 (I), 11.12.1946.

1146 *Maierhöfer*, „Aut dedere – aut iudicare" 236 f.

1147 *Maierhöfer*, „Aut dedere – aut iudicare" 237.

1148 *Maierhöfer*, „Aut dedere – aut iudicare" 236.

1149 *Maierhöfer*, „Aut dedere – aut iudicare" 236.

1150 *Maierhöfer*, „Aut dedere – aut iudicare" 237.

1151 *Maierhöfer*, „Aut dedere – aut iudicare" 237.

1152 *Maierhöfer*, „Aut dedere – aut iudicare" 237; Art I lit b Convention of the Non-Applicability of Statutory Limitations to War Crimes and Crimes against humanity, abgedruckt in *Bassiouni/Wise*, Aut dedere aut judicare 289.

1153 Zu den Resolutionen siehe unter V.D.1.c); *Maierhöfer*, „Aut dedere – aut iudicare" 237.

d) *Die Schaffung der internationalen Strafgerichtsbarkeit*

Wie bereits hinsichtlich der Bürgerkriegsverbrechen erörtert, kann aus dem Umstand, dass internationalen Strafgerichten Gerichtsbarkeit über das Verbrechen des Völkermordes eingeräumt wurde[1154], nicht auf eine *aut dedere aut iudicare*-Verpflichtung für nationale Gerichte des Zufluchtstaates geschlossen werden.[1155]

e) *Weitere Staatenpraxis*

(1) *Stellungnahmen*[1156] *und sonstiges staatliches Handeln*

Wie bereits bezüglich der Bürgerkriegsverbrechen ausgeführt,[1157] kann aus der Ratifizierung von *aut dedere aut iudicare*-Klauseln enthaltenden Verträgen durch eine große Anzahl von Staaten nicht auf den völkergewohnheitsrechtlichen Status dieser Verpflichtung geschlossen werden.

Gegen das Bestehen einer völkergewohnheitsrechtlichen Strafverfolgungs- oder Auslieferungsverpflichtung spricht, dass in Südamerika Völkermördern, nämlich Tätern des Holocaust, wiederholt eine sichere Zuflucht gewährt wurde, zT sogar trotz Vorliegens eines von Seiten des Tatort- oder Heimatstaates gestellten Auslieferungsersuchens.[1158] Der wegen Völkermordvorwürfen mit Haftbefehl vom Internationalen Gerichtshof gesuchte Präsident des Sudans, Omar Hassan al-Baschir, hielt sich 2015 wegen eines Treffens der Staats- und Regierungschefs der Afrikanischen Union in Johannesburg auf.[1159] Trotz einer Anordnung des Obersten Gerichts des Landes, wonach dieser nicht ausreisen dürfte, bis das Gericht eine endgültige Entscheidung über seine Verhaftung getroffen habe, ließen die südafrikanischen Behörden ihn, ohne einzuschreiten, wieder abreisen.[1160] Im selben Jahr wurde al-Baschir, trotz nach wie vor aufrechtem Haftbefehl, von

---

1154 Art 1 iVm Art 4 ICTY-Statut, Art 1 iVm Art 2 ICTR-Statut und Art 5 iVm Art 6 ICC-Statut sehen eine Gerichtsbarkeit für Völkermord vor.

1155 *Maierhöfer*, „Aut dedere – aut iudicare" 237.

1156 Zu den auch hier relevanten Stellungnahmen der Delegationen im Rahmen der Arbeit der ILC sowie der EU siehe unter V.D.1.e)(1).

1157 Siehe dazu unter V.D.1.e)(2).

1158 *Maierhöfer*, „Aut dedere – aut iudicare" 227; *Riding*, Nazi, Onlineabfrage; siehe auch *Lichtblau*, Nazis und *Stahl*, Nazi-Jagd 244 ff. Beispielhaft kann hier die Weigerung Brasiliens zur Auslieferung Gustav Franz Wagners an Israel, Deutschland, Polen oder Österreich genannt werden (siehe dazu bei *Stahl*, Nazi-Jagd 263 ff).

1159 Zeit Online, Sudans Präsident soll aus Südafrika geflüchtet sein, Onlineabfrage (18.7.2016).

1160 The NY Times, Omar al-Bashir, Leaving South Africa, Eludes Arrest Again, Onlineabfrage (18.7.2016).

Indien zum Indien-Afrika-Gipfel in Neu Delhi eingeladen.[1161] Die Regierung Indiens argumentierte dabei, nicht zur Verhaftung al-Baschirs verpflichtet zu sein, da Indien kein Mitglied des ICC sei.[1162] Etwa zwei Monate zuvor war Baschir in China von Präsident Xi Jinping empfangen worden.[1163] Offensichtlich fühlen sich weder Indien noch China völkergewohnheitsrechtlich zur Strafverfolgung oder Auslieferung Al-Baschirs verpflichtet.

Der Schweizer Bundesrat anerkennt in seiner Botschaft zur Völkermordkonvention in einigen Passagen hingegen scheinbar eine Verpflichtung zur Strafverfolgung oder Auslieferung.[1164] Er führt etwa aus, dass die Schweiz aufgrund der Völkermordkonvention insbesondere die völkerrechtliche Verpflichtung trifft, Völkermörder auszuliefern oder eine rechtliche Basis für deren Bestrafung zu schaffen.[1165] An späterer Stelle heißt es, dass aus heutiger Sicht Artikel VI der Völkermordkonvention, welcher das Territorialitätsprinzip vorsieht, zu eng gefasst sei.[1166] Auf Grund der *ius cogens*-Charakters und der *erga omnes*-Wirkung des Völkermordverbots sei heute eine Verfolgung von Völkermördern auf Basis des Weltrechtsprinzips zweifelsohne völkerrechtlich zulässig, wenn nicht sogar geboten.[1167] Durch das Universalitätsprinzip seien Staaten berechtigt, ja sogar verpflichtet, nicht nur eigene, sondern auch fremde Staatsbürger für im Inland oder im Ausland begangenen Völkermord zu verfolgen und zu bestrafen.[1168] In anderen Passagen unterscheidet der Bundesrat jedoch ausdrücklich zwischen einem Verfolgungs*recht* und einer nur für den Tatortstaat bestehenden Verfolgungs*pflicht*.[1169]

1161 Die Presse, Trotz Haftbefehl lädt Indien al-Bashir ein, Onlineabfrage (9.2.2016); *Simettinger*, Afrika, Onlineabfrage.

1162 Die Presse, Trotz Haftbefehl lädt Indien al-Baschir ein, Onlineabfrage (9.2.2016); *Simettinger*, Afrika, Onlineabfrage.

1163 *Simettinger*, Afrika, Onlineabfrage.

1164 *Maierhöfer*, „Aut dedere – aut iudicare" 238.

1165 Bundesblatt 1999, 5334.

1166 Bundesblatt 1999, 5342.

1167 Bundesblatt 1999, 5342.

1168 Bundesblatt 1999, 5342.

1169 Hinsichtlich des örtlichen Anwendungsbereiches der Völkermordkonvention führt er etwa aus: „Verkürzt gesagt, besteht für den Tatbestand des Völkermordes für einen Staat zwar keine Pflicht, wohl aber ein Recht zur Verfolgung und Bestrafung dieser Tat nach dem Universalitätsprinzip" (Bundesblatt 1999, 5349). Im Zusammenhang mit der Beschreibung des Werdegangs des Übereinkommens leitet er aus der *erga omnes*-Charakter des Völkermordverbots nur ab, „(...) dass jeder Staat Völkermord bestrafen darf, wo immer dieser begangen wurde" (Bundesblatt 1999, 5332),

(2) Entscheidung internationaler Gerichte

Der IGH anerkennt in seinem Gutachten über Vorbehalte zur Völkermordkonvention möglicherweise ein Verfolgungs*recht*, wenn er den „universal character both of the condemnation of genocide and of the co-operation required 'in order to liberate mankind from such an odious scourge' (...)"[1170] hervorhebt.[1171] Von einer Verfolgungs*pflicht* ist in diesem Gutachten jedenfalls nicht die Rede.[1172]

Im Barcelona-Traction-Fall[1173] bezeichnet der IGH im Zusammenhang mit der Aktivlegitimation Belgiens *obiter dictum* die Verfolgung von Völkermord als *erga omnes*-Verpflichtung.[1174] Der IGH wollte hiermit verdeutlichen, dass gewisse Völkerrechtsverstöße – jedoch nicht die im Verfahren von Belgien geltend gemachten Verstöße – auch von eigentlich nicht aktiv legitimierten Staaten vor den IGH gebracht werden können.[1175] Ein Verfolgungsrecht oder gar eine Pflicht zur Strafverfolgung des individuellen Täters durch den Zufluchtstaat lässt sich hieraus jedoch nicht ableiten.[1176]

Im Verfahren Bosnia-Herzegowina gegen die Bundesrepublik Jugoslawien führt der IGH in seinem Zwischenurteil über die Zuständigkeit aus, dass

> „(...) the rights and obligations enshrined by the [die Verf: Genocide] Convention are rights and obligations *erga omnes*. The Court notes that the obligation each State thus has to prevent and to punish the crime of genocide is not territorially limited by the Convention"[1177].

---

während „(...) zur strafrechtlichen Verfolgung des Völkermordes im Sinne der Genozidkonvention nur derjenige Staat verpflichtet [ist], auf dessen Hoheitsgebiet das Verbrechen begangen wurde" (Bundesblatt 1999, 5333).

1170 IGH, Reservations to the Convention of Genocide, Advisory Opinion of 28.5.1951, ICJ Reports 1951, 23.

1171 *Maierhöfer*, „Aut dedere – aut iudicare" 241.

1172 *Maierhöfer*, „Aut dedere – aut iudicare" 241.

1173 IGH, Barcelona Traction, Light and Power Company, Limited, Judgment of 15.2.1970, ICJ Reports 1970.

1174 IGH, Barcelona Traction, Light and Power Company, Limited, Judgment of 15.2.1970, ICJ Reports 1970, 32, para 33 f.

1175 *Maierhöfer*, „Aut dedere – aut iudicare" 241.

1176 *Higgins*, Problems 57; *Maierhöfer*, „Aut dedere – aut iudicare" 242. Siehe dazu auch unter V.F.

1177 IGH, Application of the Convention on the Prevention and Punishment of the Crime of Genocide, Preliminary Objections, Judgment of 11.06.1996, ICJ, Reports 1996, 615 para 31.

Maierhöfer[1178] versteht diese Passage keinesfalls als Hinweis auf ein *aut dedere aut iudicare*, während andere Autoren[1179] hieraus eine Verpflichtung von Zufluchtstaaten zur Strafverfolgung von Völkermördern unabhängig von der Staatsangehörigkeit von Täter oder Opfer ableiten. Meiner Ansicht nach legt *Maierhöfer*[1180] überzeugend dar, dass diese Aussage nur vor dem Hintergrund der von Bosnien Herzegowina der Bundesrepublik Jugoslawien vorgeworfenen aktiven Planung, Steuerung und Förderung des Völkermordes auf bosnischem Staatsgebiet[1181] verstanden werden kann. Die Bundesrepublik Jugoslawien hatte die Zuständigkeit des IGH bestritten, da alle streitgegenständlichen Geschehnisse außerhalb ihres Territoriums stattgefunden hätten.[1182] Soweit die Pflicht aller Mitgliedstaaten, keinen Völkermord zu begehen oder aktiv zu fördern, durch die Organisation von Völkermord im Gebiet eines anderen Staates verletzt wird, ist die Völkermordkonvention nach Ansicht des IGH jedoch nicht auf das eigene Staatsgebiet beschränkt, weshalb sich der IGH für zuständig erachtet.[1183] Eine Verpflichtung des Zufluchtstaates, jeden in seinem Gebiet aufhältigen mutmaßlichen Völkermörder strafrechtlich zu verfolgen oder auszuliefern, kann daraus hingegen nicht abgeleitet werden.[1184] In seiner Entscheidung in der Sache[1185] selbst beschäftigt sich der IGH nicht mit der Frage nach dem Bestehen einer völkergewohnheitsrechtlichen Verpflichtung zur Strafverfolgung oder Auslieferung.[1186]

1178 *Maierhöfer*, „Aut dedere - aut iudicare“ 242.

1179 *Bungenberg*, AVR 2001, 198, 201; *Ragazzi*, Concept 153.

1180 *Maierhöfer*, „Aut dedere - aut iudicare“ 242 f.

1181 Siehe zu den Vorwürfen der Klägerin in Statement of the Government of the Republic of Bosnia and Herzegovina on Preliminary Objections vom 14.11.1995, para 5.11 f.

1182 IGH, Application of the Convention on the Prevention and Punishment of the Crime of Genocide, Preliminary Objections of the Federal Republic of Yugoslavia vom 26.5.1995, 129 f; *Maierhöfer*, „Aut dedere - aut iudicare“ 242.

1183 *Maierhöfer*, „Aut dedere - aut iudicare“ 242.

1184 So auch *Maierhöfer*, „Aut dedere - aut iudicare“ 243.

1185 IGH, Application of the Convention on the Prevention and Punishment of the Crime of Genocide (Bosnia and Herzegovina v Serbia and Montenegro), Judgment of 26.2.2007, ICJ Reports 2007, 43 ff.

1186 Genauer zu dieser Entscheidung siehe unter V.B.2.

In einigen Sondervoten[1187] von IGH-Richtern bejahen diese ein Verfolgungs*recht* des Zufluchtstaates, eine Verfolgungs*pflicht* für Völkermord wird hingegen nicht befürwortet bzw sogar ausdrücklich[1188] abgelehnt.[1189]

(3) Völkerrechtlicher Literatur

Die herrschende Lehre[1190] nimmt an, dass der Zufluchtstaat eines Völkermordes zu dessen Verfolgung auf Basis des Weltrechtsprinzips berechtigt ist, während eine Verfolgungspflicht abgelehnt wird. Nur einige wenige Autoren[1191] vertreten nach wie vor die Ansicht, der Zufluchtstaat sei nur bei Bestehen eines *genuine links* berechtigt einen Völkermörder zu verfolgen. Von einem Teil der Lehre[1192]

1187 Richter *Lauterpacht* führt in seiner Seperate Opinion etwa aus: „The purpose of this (…) provision [die Verf: Art I Völkermordkonvention] is to permit parties, (…) to assume universal jurisdiction over the crime of genocide - that is to say, even when the acts have been committed outside their respective territories by persons who are not their nationals" (IGH, Application of the Convention on the Prevention and Punishment of the Crime of Genocide, Provisional Measures, Order of 13.9.1993, ICJ Reports 1993, 443, para 110). Vorsichtiger die Richter *Higgins*, *Kooijmans* and *Buergenthal* in ihrer *Joint Separate Opinion* im Fall IGH, Arrest Warrant of 11 April 2000 (Democratic Republic of the Congo v Belgium), Judgment of 14.2.2002, ICJ Reports 2002, 71, para 27.

1188 Ausdrücklich abgelehnt wird eine Verfolgungspflicht hinsichtlich des Verbrechens des Völkermordes von Richter *Abraham* in seiner *Seperate Opinion* im Verfahren IGH, Questions relating to the Obligation to Prosecute or Extradite (Belgium v Senegal), Judgment of 20.7.2012, ICJ Reports 2012, 476, para 21.

1189 *Maierhöfer*, „Aut dedere - aut iudicare" 243.

1190 *Beigbeder*, Justice 52; *Cryer ua*, *ICL*[2] 71 f; *Gärditz*, Weltrechtspflege 299 ff; *Maierhöfer*, „Aut dedere - aut iudicare" 410; *Mitchell*, Aut Dedere Aut Judicare Kap 1 Rz 71 (Onlineabfrage); *Simma/Paulus*, AJIL 1999, 314; *Tomuschat* in FS Steinberger 332; *Vogel* in *Grützner/Pötz/ Kreß*, Rechtshilfeverkehr Vor § 1 Rz 26 f; *Volkmann*, Strafverfolgung 275 f; *Werle*, Völkerstrafrecht[3] Rz 231; siehe auch IGH, IGH, Application of the Convention on the Prevention and Punishment of the Crime of Genocide (Bosnia and Herzegovina v Serbia and Montenegro), Judgment of 26.2.2007, ICJ Reports 2007, 226, para 442; aM *Kadelbach*, JZ 2001, 981 f, der eine Pflicht der Staaten zur Bestrafung von Völkermord annimmt.

1191 *Oeter*, ZaöRV 1993, 34; *Oehler* in FS Carstens 442.

1192 *Amnesty International*, Aut dedere aut judicare 27 (Onlineabfrage); *Bungenberg*, AVR 2001, 198 ff; *ILC*, Draft Code of Crimes against the Peace and Security of Mankind with commentaries 1996, Art 8, 9, 17; für das Bestehen einer *aut dedere aut iudicare*-Verpflichtung hinsichtlich aller Völkerrechtsverbrechen: *Bassiouni/Wise*, Aut dedere aut judicare 20 ff, ähnlich auch *Enache-Brown/Fried*, McGill LJ 1998, 627 ff; *Van Steenberghe*, JICJ 2011, 1102, 1115; für den völkergewohnheitsrechtlichen

wird die Existenz einer völkergewohnheitsrechtlichen Verpflichtung zur Strafverfolgung oder Auslieferung für das Verbrechen des Völkermordes bejaht. Zur Begründung einer solchen universellen Verfolgungspflicht stützen sich manche Autoren auf den *ius cogens*-Charakter des Völkermordsverbots[1193] oder sehen dieses als allgemeinen Rechtsgrundsatz[1194] an.[1195] Des Weiteren wird argumentiert, dass Völkermord keine innere Angelegenheit des Staates sei, sondern die Weltgemeinschaft als Ganzes betreffe, weshalb der Nichteinmischungsgrundsatz bei solchen Taten zurücktreten müsse, insbesondere um Straffreiheit zu verhindern.[1196] Eine universelle Verfolgungspflicht bzw eine Ausnahme vom Einmischungsverbot können aber nur dann als bestehend angenommen werden, wenn deren Existenz durch die Staatenpraxis gestützt wird.[1197] Die Staatenpraxis reicht aber – wie zuvor aufgezeigt – derzeit noch nicht aus, um eine solche Verpflichtung zu begründen. Auch der Umstand, dass der *ILC Draft Code of Crimes against the Peace and Security of Mankind* eine Strafverfolgungs- oder Auslieferungsverpflichtung für Völkermord vorsieht[1198], vermag hieran nichts zu ändern.[1199] Aufgrund der bereits beschriebenen Staatenpraxis und der Tatsache, dass die UN-Generalversammlung diesen Entwurf bisher nicht durch eine Resolution bekräftigt hat, ist äußerst zweifelhaft, ob der Entwurf Völkergewohnheitsrecht wiedergibt.[1200] Die ILC ist zudem kein Legislativorgan, der von ihr erarbeitete *Draft Code* stellt somit lediglich eine Rechtserkenntnisquelle und keine Völkerrechtsquelle dar.[1201]

Status des *aut dedere aut iudicare* hinsichtlich schwerer Menschenrechtsverletzungen: *Roht-Arriaza*, CLR 1990, 499 f; *Orentlicher*, YLJ 1991, 2537 ff.

1193 *Bassiouni/Wise*, Aut dedere aut judicare 51 ff; siehe dazu genauer unter V.F.

1194 *Enache-Brown/Fried*, McGill LJ 1998, 631 ff.

1195 Genauer zum *ius cogens* und den allgemeinen Rechtsgrundsätzen als mögliche Rechtsquelle für *aut dedere aut iudicare*-Verpflichtungen siehe unter V.F und V.G.

1196 *Ambos*, NStZ 1999, 405 f; *ders*, NStZ 1999, 227.

1197 *Maierhöfer*, „Aut dedere – aut iudicare" 244.

1198 Siehe Art 17 iVm Art 9 Draft Code of Crimes against the Peace and Security of Mankind.

1199 *Maierhöfer*, „Aut dedere – aut iudicare" 244.

1200 *Maierhöfer*, „Aut dedere – aut iudicare" 244; *Tomuschat* in FS Steinberger 338; ähnlich auch *Werle*, Völkerstrafrecht[3] Rz 232 f.

1201 *Maierhöfer*, „Aut dedere – aut iudicare" 244; *Werle*, Völkerstrafrecht[3] Rz 181.

f) Fazit

Mutmaßliche Völkermörder wurden von den Gerichten einiger Staaten an verfolgungswillige Staaten ausgeliefert bzw im Fall der Nichtauslieferung verfolgt.[1202] Es besteht allerdings auch eine gegenteilige Praxis.[1203] Einige der erkennenden Gerichte haben sich in ihren Urteilen ausdrücklich gegen das Bestehen einer Verpflichtung zur Strafverfolgung mutmaßlicher Völkermörder ausgesprochen,[1204] während diese Ansicht in anderen Entscheidungen zumindest implizit zum Ausdruckt kommt.[1205] In anderen Urteilen fehlt wiederum jeglicher Hinweis auf eine solche Verfolgungspflicht.[1206] Ausdrücklich befürwortet wird eine völkergewohnheitsrechtliche Verpflichtung zur Strafverfolgung oder Auslieferung nur in einem – nicht unmittelbar eine *aut dedere aut iudicare*-Situation betreffenden – australischen[1207] und einem guatemaltekischen Urteil[1208].

Aufgrund der Staatenpraxis[1209], insbesondere der Entscheidungen nationaler Gerichte[1210] und der Verankerung eines universellen Verfolgungsrecht in vielen nationalen Strafrechten[1211], kann heute mit Sicherheit vom Bestehen eines völkergewohnheitsrechtlichen *Rechts* zur Verfolgung eines mutmaßlichen Völkermörders auf Basis des Weltrechtsprinzips ausgegangen werden.[1212] Eine für das Entstehen von Völkergewohnheitsrecht erforderliche von einer *opinio iuris* getragene einheitliche Übung liegt hinsichtlich einer *Pflicht* zur Strafverfolgung

---

1202 Etwa in Guatemala: siehe oben V.D.2.a)(5); Indien: siehe oben V.D.2.a)(6); USA: siehe oben V.D.2.a)(13).

1203 Etwa in Kamerun: siehe oben V.D.2.a)(8); Kanada: siehe oben V.D.2.a)(9); Südamerika: siehe oben V.D.2.e)(1).

1204 Etwa die spanischen Gerichte (siehe oben V.D.2.a)[12], jedoch relativiert durch das offizielle Reaktionsschreiben des spanischen Richters auf die Nichtauslieferung), israelischen (siehe oben V.D.2.a)[7]) und deutschen (siehe oben V.D.2.a)[3]) Gerichte.

1205 So etwa in den Entscheidungen der US-Gerichte (siehe oben V.D.2.a)[13]) und jenen der Schweiz (siehe oben V.D.2.a)[11]).

1206 Siehe etwa in den Urteilen österreichischer (siehe oben V.D.2.a)[10], französischer (siehe oben V.D.2.a)[4]) und belgischer (siehe oben V.D.2.a)[2])Gerichte.

1207 Siehe dazu oben unter V.D.2.a)(1).

1208 Siehe dazu oben unter V.D.2.a)(5).

1209 Für eine umfangreiche Untersuchung zur Anerkennung der universellen Strafverfolgung des Völkermordes im Völkergewohnheitsrecht siehe bei *Volkmann*, Strafverfolgung.

1210 Siehe oben unter V.D.2.a). Für weitere Rechtssprechungsbeispiele siehe bei *Volkmann*, Strafverfolgung 159 ff.

1211 Siehe dazu oben unter V.D.2.b).

1212 Die ist auch hL in der völkerrechtlichen Literatur: siehe oben unter V.D.2.e)(3).

oder Auslieferung hingegen (noch) nicht vor.[1213] Die von Staaten abgegebenen Erklärungen, in denen diese sich für ein *aut dedere aut iudicare* bei Völkermord ausgesprochen haben, ändern hieran nichts, da Worte für sich für die Entstehung von Völkergewohnheitsrecht nicht ausreichend sind.[1214]

g) Exkurs: Strafverfolgungsrecht bzw -pflicht aufgrund authentischer Auslegung der Völkermordkonvention?

Die Berechtigung bzw Verpflichtung zur Strafverfolgung oder Auslieferung mutmaßlicher Völkermörder kann auch auf eine authentische Auslegung der Völkermordkonvention, die ihren Ausdruck in der Vertragsanwendung durch die Parteien findet, gestützt werden.[1215] Organe der Vertragsstaaten dieser Konventionen, denen die authentische Auslegung zukommt, nämlich Gerichte,[1216] haben mehrfach die Zulässigkeit der Verfolgung von mutmaßlichen Völkermördern auf Grundlage des Weltrechtsprinzips bejaht.[1217] Während etwa im Eichmann-Fall die Berechtigung zur Ausübung universeller Gerichtsbarkeit als gewohnheitsrechtlich neben der Völkermordkonvention bestehend angesehen wird, leitet der BGH[1218] dieses Recht aus Art I der Völkermordkonvention ab.[1219] In beiden Fällen wurde das Bestehen einer Verfolgungspflicht jedoch ausdrücklich abgelehnt.[1220] Diese Entscheidungen sprechen somit für die Begründung der

1213 So auch *Maierhöfer*, „Aut dedere – aut iudicare" 239; *Mitchell*, Aut Dedere Aut Judicare Kap 1 Rz 71 f (Onlineabfrage).

1214 *Maierhöfer*, „Aut dedere – aut iudicare" 239; *Heintschel von Heinegg* in *Ipsen*, Völkerrecht[6] § 17 Rz 5, 39. IGH, Military and Paramilitary Activities in and against Nicaragua (Nicaragua v United States of America), Merits, Judgment of 27.6.1986, ICJ Reports 1986, 97 f, para 184, wo es heißt: „The mere fact that States declare their recognition of certain rules is not sufficient for the Court to consider these as being part of customary international law (…). (…) the Cout may not disregard the essential role played by general practice. […] The Court must satisfy itself that the existence of the rule in the opinio juris of States is confirmed by practice".

1215 Zur authentischen Vertragsauslegung siehe unter V.D.1.g).

1216 Siehe etwa die Entscheidung im Fall Eichmann, jene des Cour d'Assises de Bruxelles im Fall Ntezimana et al; BGH 3 StR 215/98 = BGHSt 45,68; BVerfG Kammerbeschluss 12.12.200, 2 BvR 1290/99, Rz 40; Audiencia Nacional (Sala de lo penal), 13.12.2000; US Court of Appeals, 6th Circuit, Demjanjuk v Petrovsky, 31.10.1985, IV.C.

1217 *Maierhöfer*, „Aut dedere – aut iudicare" 230.

1218 BGH 3 StR 215/98 = BGHSt 45, 68.

1219 *Maierhöfer*, „Aut dedere – aut iudicare" 230.

1220 *Maierhöfer*, „Aut dedere – aut iudicare" 230.

Berechtigung, nicht jedoch für die Verpflichtung zur Strafverfolgung von Völkermördern auf Basis des Weltrechtsprinzips (auch) durch authentische Auslegung.

Da die Völkermordkonvention von nahezu sämtlichen Staaten der Erde ratifiziert wurde,[1221] macht es praktisch kaum einen Unterschied, ob die Verpflichtung zur Strafverfolgung oder Auslieferung aus der Konvention selbst oder dem ebenso allgemein verbindlichen Völkergewohnheitsrecht abgeleitet wird.[1222] Im Ergebnis sind Zufluchtstaaten jedenfalls entweder aufgrund Völkergewohnheitsrecht oder authentischer Auslegung der Völkermordkonvention zur Strafverfolgung mutmaßlicher Völkermörder berechtigt, nicht jedoch verpflichtet.

3. Staatenpraxis betreffend schwerer Menschenrechtsverstöße außerhalb bewaffneter Konflikte

Auf die Frage, ob aus Menschenrechtsverträgen eine Strafverfolgungs- oder Auslieferungsverpflichtung für in Friedenszeiten begangene Menschenrechtsverletzungen abgeleitet werden kann, wurde bereits unter V.C eingegangen. Im Folgenden wird die Staatenpraxis betreffend solcher schweren Menschenrechtsverletzungen, namentlich dem Verschwindenlassen bzw Ermordung von Regimegegnern und der Folter, einer genauen Analyse unterzogen.

a) Innerstaatliche Gerichtsentscheidungen

(1) Chile: der Mord an Letelier und die Fälle Sandoval und Fujimori

Orlando Letelier, der frühere chilenische Außenminister und Botschafter in Washington, sowie seine US-amerikanische Mitarbeiterin Ronni Moffitt waren am 21. September 1976 in Washington DC durch eine Autobombe ermordet worden.[1223] Verantwortlich für den Mord waren zwei Mitarbeiter des Pinochet-Geheimdienstes DINA – der Chilene Armando Fernández und der US-Bürger Michael Townley –, die nach der Tat nach Chile flüchteten.[1224] Den zur Führungsetage des chilenischen Geheimdienstes gehörenden Generälen Pedro Espinoza Bravo und Manuel Contreras wurde die Beteiligung an der Planung und

---

1221 Die Völkermordkonvention wurde bisher von 147 Staaten ratifiziert (Stand Juli 2016); Liste der Mitgliedsstaaten abrufbar unter: https://treaties.un.org/Pages/ViewDetails.aspx?src=IND&mtdsg_no=IV-1&chapter=4&lang=en (18.7.2016).

1222 So auch *Maierhöfer* („Aut dedere – aut iudicare" 221) hinsichtlich der Genfer Konventionen.

1223 *Ambos*, Straflosigkeit 62; *Maierhöfer*, „Aut dedere – aut iudicare" 246; *Straßner*, Vergangenheitspolitik 261.

1224 *Maierhöfer*, „Aut dedere – aut iudicare" 246.

Vorbereitung des Attentates vorgeworfen.[1225] Chile war somit sowohl Tatortstaat hinsichtlich der Vorbereitung und Planung des Attentates als auch Zufluchtstaat der in den USA begangenen Tat.[1226] Aufgrund des massiven politischen Drucks seitens der USA wurde Townley zwei Jahre später aus Chile ausgewiesen.[1227] Es erfolgte somit keine Auslieferung mit dem Ziel der Strafverfolgung durch die USA, im Ergebnis stellte sich Townley aber der US-Justiz, anstatt in einem Drittstaat Zuflucht zu suchen.[1228] Fernández Larios stellte sich 1987 ebenfalls freiwillig der US-Justiz.[1229] Pedro Espinoza Bravo und Manuel Contreras wurden erst 1993 von der chilenischen Corte Suprema zu Freiheitsstrafen von 6 bzw 7 Jahren verurteilt.[1230] Eine vertragliche Verpflichtung zur Strafverfolgung der beiden Generäle bestand für Chile nicht, weshalb in der Aburteilung der Attentäter ein Indiz für ein *aut dedere aut iudicare* bei Menschenrechtsverstößen gesehen werden kann.[1231] Die Bedeutung dieser Urteile wird dadurch relativiert, dass Chile nur zwei von vier Tätern verfolgt hat, und zwar nur diejenigen, bei denen Chile zugleich Zufluchts- als auch Tatortstaat der Vorbereitungshandlungen war.[1232] Zudem handelt es sich bei den beiden Tätern um Ex-Generäle des chilenischen Geheimdienstes. Die Verurteilung kann daher auch als Wiedergutmachung des in den USA durch chilenische Staatsorgane zugefügten Schadens und damit als Rechtsfolge der durch diese Tat begründeten völkerrechtlichen Verantwortung Chiles für das Verbrechen betrachtet werden.[1233]

Das Berufungsgericht von Santiago bestätigte in seiner Entscheidung vom 4.1.2004[1234] im Fall des 1975 dem Verschwindenlassen zum Opfer gefallenen Miguel Angel Sandoval Rodríguez die gegen den ehemaligen Geheimdienst-Chef Manuel Contreras und vier weitere Personen verhängten Freiheitsstrafen.[1235] In seinem Urteil stellte das Gericht fest, dass an das Verbrechen des Verschwindenlassens

1225 *Maierhöfer*, „Aut dedere - aut iudicare" 246; *Straßner*, Vergangenheitspolitik 261.
1226 *Maierhöfer*, „Aut dedere - aut iudicare" 246.
1227 *Maierhöfer*, „Aut dedere - aut iudicare" 246.
1228 *Maierhöfer*, „Aut dedere - aut iudicare" 246.
1229 *Maierhöfer*, „Aut dedere - aut iudicare" 247.
1230 *Ambos*, Straflosigkeit 62; *Maierhöfer*, „Aut dedere - aut iudicare" 247; *Straßner*, Vergangenheitspolitik 261.
1231 *Maierhöfer*, „Aut dedere - aut iudicare" 247.
1232 *Maierhöfer*, „Aut dedere - aut iudicare" 247.
1233 *Maierhöfer*, „Aut dedere - aut iudicare" 247.
1234 Corte de Apelaciones de Santiago, 5.1.2004.
1235 *Amnesty International*, Jahresbericht Chile 2005 (Onlineabfrage).

von Personen iSd OAS-Konvention gegen das Verschwindenlassen[1236] bestimmte Folgen geknüpft sind, etwa die individuelle strafrechtliche Verantwortlichkeit, Staatenverantwortlichkeit, universelle Gerichtsbarkeit und die Verpflichtung zur Strafverfolgung oder Auslieferung.[1237] Nichts deutet darauf hin, dass sich Chile zur Strafverfolgung oder Auslieferung gewohnheitsrechtlich verpflichtet fühlte. Vielmehr nahm das Gericht ausdrücklich Bezug auf die OAS-Konvention zum zwangsweisen Verschwindenlassen von Personen, die eine *aut dedere aut iudicare*-Verpflichtung enthält, weshalb dieses Urteil nicht als Indiz für das Bestehen einer völkergewohnheitsrechtlichen Verpflichtung angesehen werden kann.

Der wegen Menschenrechtsverbrechen mit internationalem Haftbefehl gesuchte peruanische Ex-Präsident Alberto Fujimori war im November 2005 in Chile festgenommen worden.[1238] In seiner Entscheidung über den Auslieferungsantrag Perus erklärte die *Suprema Corte de Justicia de Chile*[1239], dass aufgrund des Auslieferungsabkommens zwischen Chile und Peru aus 1932 die Verweigerung der Auslieferung eigener Staatsangehöriger zulässig sei.[1240] In solchen Fällen bestehe jedoch die Verpflichtung zur Strafverfolgung des nicht ausgelieferten mutmaßlichen Täters.[1241] Das Gericht entschied, dass Fujimori an Peru ausgeliefert wird.[1242] Auf den ersten Blick könnte in dieser Entscheidung ein Indiz für ein völkergewohnheitsrechtliches *aut dedere aut iudicare* gesehen werden. In Zusammenschau mit der einige Monate zuvor erfolgten Erklärung Chiles im Zusammenhang mit der Arbeit der ILC,[1243] wonach das Auslieferungsabkommen zwischen Chile und Peru aus 1932 eine Verpflichtung zur Strafverfolgung oder Auslieferung enthält,[1244] erfolgte die Auslieferung aber wohl in Erfüllung vertraglicher Verpflichtungen.

1236 Chile hatte die Konvention zwar bereits am 10.6.1994 unterzeichnet, zum Zeitpunkt des Urteils jedoch noch nicht ratifiziert. Die Ratifizierung erfolgte erst am 13.1.2010. Liste der Mitgliedsstaaten der Konvention samt Datum der Unterzeichnung und Ratifikation abrufbar unter: www.oas.org/juridico/english/sigs/a-60.html (18.7.2016)

1237 *Amnesty International*, Aut dedere aut judicare 24 (Onlineabfrage).

1238 Der Standard, Perus Ex-Präsident Fujimori in Chile festgenommen, 22.11.2005.

1239 Suprema Corte de Justicia de Chile, 21.9.2007.

1240 *Amnesty International*, Aut dedere aut judicare 24 (Onlineabfrage).

1241 *Amnesty International*, Aut dedere aut judicare 24 (Onlineabfrage).

1242 Der Standard, Fujimori wird von Chile an Peru ausgeliefert, Onlineabfrage (18.7.2016).

1243 *ILC*, UN Doc A/CN.4/579, 86.

1244 *Amnesty International*, Aut dedere aut judicare 24 (Onlineabfrage).

(2) *Frankreich*

Die *Cour de Cassation*[1245] bestätigte in ihrem Urteil, dass Frankreich als Zufluchtstaat zur Verfolgung der mutmaßlichen Täter von Folter in Brazzaville, Kongo im Jahr 1999, auf Basis des Weltrechtsprinzips berechtigt ist.[1246] Auf die Frage des Bestehens einer Verpflichtung zur Verfolgung von Folter geht das Gericht hingegen nicht ein. Zudem nimmt das Gericht in seiner Entscheidung Bezug auf die – eine *aut dedere aut iudicare*-Verpflichtung enthaltende[1247] – UN-Folterkonvention, weshalb dem Urteil kein Hinweis für eine völkergewohnheitsrechtliche Verfolgungspflicht entnommen werden kann.

(3) *Mexiko, Spanien, Argentinien: Cavallo*

2001 beantragte Spanien die Auslieferung des argentinischen Ex-Offiziers Ricardo Miguel Cavallo wegen Völkermord, Folter und Terrorismus.[1248] Cavallo wurde ua die Folterung und Ermordung zahlreicher Oppositioneller in der Marinetechnik-Schule von Buenos Aires während der argentinischen Militärdiktatur von 1976 bis 1983 vorgeworfen.[1249] Eine Auslieferung erfolgte 2003 schließlich nur wegen der Verbrechen des Völkermordes und des Terrorismus, nicht jedoch wegen Folter, da die Foltervorwürfe nach Ansicht des Obersten Gerichtshofs Mexikos[1250] nach mexikanischem Recht schon verjährt seien.[1251] Es gibt keine Hinweise darauf, dass

---

1245 Cour de Cassation – Chambre criminelle, 04-87.245, Arrêt n° 7513, 10.1.2007, II. 8), wo es unter Bezugnahme auf Art 689, 689-1, 689-2, 40,41 und 80 des *Code de Procédure Pénale* heißt: „Attendu que, d'une part, selon les trois premiers de ces textes, peut être poursuivie et jugée par les juridictions françaises, si elle se trouve en France, toute personne qui, hors du territoire de la République, s'est rendue coupable de torture au sens de l'article 1er de la Convention contre la torture et autres peines ou traitements cruels, inhumains ou dégradants, adoptée à New York, le 10 décembre 1984".

1246 *Amnesty International*, Aut dedere aut judicare 25 (Onlineabfrage); *FIDH*, Case.

1247 Zur in der UN-Folterkonvention enthaltenen Verpflichtung zur Strafverfolgung oder Auslieferung siehe oben unter V.A.3.a).

1248 *Amnesty International*, Straflosigkeit (Onlineabfrage); *Benavides*, 42 ILM (2003), 884, 886; Der Standard, Mexiko will argentinischen Ex-Offizier Cavallo an Spanien ausliefern, Onlineabfrage (18.7.2016); *Maierhöfer*, „Aut dedere - aut iudicare" 251; *Wilson*, ASIL Insight 2008; *Wilson*, ASIL Insights 2003.

1249 *Amnesty International*, Straflosigkeit (Onlineabfrage); *Benavides*, 42 ILM (2003), 884, 886; Der Standard, Mexiko will argentinischen Ex-Offizier Cavallo an Spanien ausliefern, 4.1.2001; *Maierhöfer*, „Aut dedere - aut iudicare" 251; *Wilson*, ASIL Insight 2008; *Wilson*, ASIL Insights 2003.

1250 Supreme Court of Mexico, Decision on the Extradition of Ricardo Miguel Cavallo, 42 ILM (2003), 913 f.

1251 *Benavides*, 42 ILM (2003), 885; *Maierhöfer*, „Aut dedere - aut iudicare" 251 FN 568.

sich Mexiko zur Auslieferung Cavallos völkergewohnheitsrechtlich verpflichtet erachtete.[1252] Hinsichtlich der Auslieferung stützte sich der Oberste Gerichtshof Mexikos[1253] vielmehr auf einen spanisch-mexikanischen Auslieferungsvertrag von 1978.[1254] Das Gericht[1255] verweigerte in seiner Entscheidung eine Stellungnahme zur Anwendbarkeit des Weltrechtsprinzips im konkreten Fall und sah dieses Prinzip als jedenfalls nicht zwingend vorgeschrieben an.[1256]

Am 18.7.2007 bejahte der Oberste Gerichtshof Spaniens in Aufhebung einer Entscheidung der *Audiencia Nacional* die Zuständigkeit Spaniens zur Strafverfolgung Cavallos.[1257] In der Folge wurde jedoch von der spanischen Regierung die Auslieferung Cavallos an Argentinien autorisiert, nachdem die mexikanischen Behörden einer weiteren Auslieferung Cavallos zugestimmt hatten und dieser am 31.3.2008 den argentinischen Behörden übergeben worden war.[1258] Das Gericht erachtete sich also zweifelsohne zur Verfolgung eines mutmaßlichen Folterknechts berechtigt, ob auch eine Verfolgungspflicht besteht, dazu schwieg das Gericht jedoch. Aus dieser Entscheidung kann weder auf das Bestehen noch auf das Nicht-Bestehen eines völkergewohnheitsrechtlichen *aut dedere aut iudicare* bei Verbrechen gegen die Menschlichkeit geschlossen werden.

(4) Senegal, Belgien und Tschad: Habré

Hissène Habré, Ex-Präsident des Tschads, wurde die Verhaftung, Folterung und Ermordung tausender Menschen während seiner Herrschaft vorgeworfen.[1259] Habré fand nach seinem Sturz 1999 zunächst Zuflucht im Senegal.[1260] Eine

---

1252 *Maierhöfer*, „Aut dedere - aut iudicare“ 251.

1253 Supreme Court of Mexico, Decision on the Extradition of Ricardo Miguel Cavallo, 42 ILM (2003), 901 f.

1254 *Maierhöfer*, „Aut dedere - aut iudicare“ 251.

1255 Supreme Court of Mexico, Decision on the Extradition of Ricardo Miguel Cavallo, 42 ILM (2003), 901 ff.

1256 *Benavides*, 42 ILM (2003), 886; *Maierhöfer*, „Aut dedere - aut iudicare“ 251 f.

1257 *Wilson*, ASIL Insight 2008; Tribunal Supremo, Sala de lo Penal, 705/2007, 18.7.2007.

1258 BBC News, Argentina ex-junta man extradited, Onlineabfrage (19.9.2016); *Micus*, Safeguard 227 f.

1259 *HRW*, Chad 4 f; IGH, Questions relating to the Obligation to Prosecute or Extradite (Belgium v Senegal), Judgment of 20.7.2012, ICJ Reports 2012, 431, para 16; *Maierhöfer*, „Aut dedere - aut iudicare“ 249 f; FAZ, Tschads Diktator Hissène Habré in Senegal vor Gericht, Onlineabfrage (18.7.2016); *Volkmann*, Strafverfolgung 185; ausführlich dazu siehe Chad: Report of the Commision of Inquiry into the Crimes and Misaprropriations committed by Ex-President Habré, his Accomplices and/od Accessories (1992).

1260 *HRW*, Chad 18 f; *Maierhöfer*, „Aut dedere - aut iudicare“ 250; *Volkmann*, Strafverfolgung 185.

Auslieferung in den Tschad war abgelehnt worden, weil Habré dort Folter drohe.[1261] Sieben Opfer brachten 2000 im Senegal Strafanzeige wegen politischen Mordes, Folter, Verschwindenlassens von Personen und willkürlicher Verhaftung gegen Habré ein.[1262] Das daraufhin eingeleitete Strafverfahren wurde durch Entscheidungen der *Cour d'Appel*[1263] in Dakar und der *Cour de Cassation*[1264] wegen Unzuständigkeit Senegals eingestellt.[1265] Maßgebliche Begründung der Gerichte war, dass die von Senegal bereits 1986 ratifizierte UN-Folterkonvention nicht *self executing* sei und der senegalesische Gesetzgeber die in der UN-Folterkonvention vorgesehene Zuständigkeit des Zufluchtstaates zur Strafverfolgung nicht in innerstaatliches Recht umgesetzt habe.[1266] Ob eine solche Auslegung der UN-Folterkonvention überzeugt, kann hier außer Acht bleiben.[1267] Obwohl sich die Opfer in ihrer Strafanzeige auch auf Völkergewohnheitsrecht berufen hatten, wurde die Frage nach dem Bestehen einer Verpflichtung zur Strafverfolgung oder Auslieferung nur unter dem Aspekt der UN-Folterkonvention beleuchtet.[1268]

Zur selben Zeit war in Belgien bereits ein auf Grundlage des Weltrechtsprinzips eingeleitetes Strafverfahren gegen Hissène Habré anhängig.[1269] 2005 stellte Belgien ein Auslieferungsersuchen an Senegal.[1270] Die *Chambre d'accusation* des *Cour d'Appel* in Dakar kam zu dem Schluss, dass Habré als ehemaliges Staatsoberhaupt Immunität genieße und es deshalb nicht über dessen Auslieferung entscheiden

---

1261 FAZ, Tschads Diktator Hissène Habré in Senegal vor Gericht, Onlineabfrage (18.7.2016).

1262 *HRW*, Chad 18 f; IGH, Questions relating to the Obligation to Prosecute or Extradite (Belgium v Senegal), Judgment of 20.7.2012, ICJ Reports 2012, 431, para17; *Maierhöfer*, „Aut dedere - aut iudicare" 250.

1263 *Cour d'Appel de Dakar*, Chambre d'accusation, Arrêt n° 135, 4.7.2000.

1264 *Cour de Cassation*, Première chambre statuant en matière pénale, Arrêt n° 14, 20.3.2001.

1265 *HRW*, Chad 19; IGH, Questions relating to the Obligation to Prosecute or Extradite (Belgium v Senegal), Judgment of 20.7.2012, ICJ Reports 2012, 431, para 18; *Maierhöfer*, „Aut dedere - aut iudicare" 250; *Volkmann*, Strafverfolgung 185.

1266 *Maierhöfer*, „Aut dedere - aut iudicare" 250; *Volkmann*, Strafverfolgung 185.

1267 Kritisch *Brody/Duffy* in *Fischer/Lüder/Kreß*, 832 ff.

1268 *Maierhöfer*, „Aut dedere - aut iudicare" 250.

1269 *HRW*, Chad 20; IGH, Questions relating to the Obligation to Prosecute or Extradite (Belgium v Senegal), Judgment of 20.7.2012, ICJ Reports 2012, 432, para 19; FAZ, Tschads Diktator Hissène Habré in Senegal vor Gericht, Onlineabfrage (18.7.2016).

1270 IGH, Questions relating to the Obligation to Prosecute or Extradite (Belgium v Senegal), Judgment of 20.7.2012, ICJ Reports 2012, 432 f, para 21; FAZ, Tschads Diktator Hissène Habré in Senegal vor Gericht, Onlineabfrage (18.7.2016); *Volkmann*, Strafverfolgung 186.

könne.[1271] Am darauffolgenden Tag verwies Senegal die Angelegenheit an die African Union, welche entscheiden sollte, ob Senegal ein Strafverfahren gegen Habré einzuleiten habe.[1272] Belgien wandte sich in der Folge mehrfach im diplomatischen Weg an Senegal und bekräftigte seine Ansicht, wonach der aus der UN-Folterkonvention erwachsenden *aut dedere aut iudicare*-Verpflichtung durch die Überweisung des Habré-Falls an die *African Union* nicht genüge getan sei und Senegal entweder dem Auslieferungsantrag Belgiens stattgeben oder Habré selbst verfolgen müsse.[1273] Senegal vertrat hingegen die Meinung, die Überweisung an die African Union stehe in Einklang mit der *aut dedere aut iudicare*-Verpflichtung.[1274] Die Generalversammlung der *African Union* beauftragte im Juli 2006[1275] Senegal mit der Strafverfolgung Habrés unter Sicherstellung eines fairen Verfahrens.[1276] Die 2011 neuerlich beantragte Auslieferung nach Belgien lehnten die senegalesischen Gerichte Anfang 2012 ab, weil Dokumente, welche nach senegalesischem Recht dem Auslieferungsersuchen beizuschließen seien, insbesondere der Nachweis eines anhängigen Verfahrens in Belgien, fehlen würden.[1277] Der UN-Ausschuss gegen Folter[1278] entschied 2006 aufgrund der Beschwerde von Opfern, die Strafanzeige gegen Habré eingebracht hatten, dass Senegal Art 5 Abs 1 UN-Folterkonvention

---

1271 IGH, Questions relating to the Obligation to Prosecute or Extradite (Belgium v Senegal), Judgment of 20.7.2012, ICJ Reports 2012, 433, para 22.

1272 FAZ, Tschads Diktator Hissène Habré in Senegal vor Gericht, Onlineabfrage (18.7.2016); IGH, Questions relating to the Obligation to Prosecute or Extradite (Belgium v Senegal), Judgment of 20.7.2012, ICJ Reports 2012, 433, para 23; *Williams*, JICJ 2013, 1142.

1273 IGH, Questions relating to the Obligation to Prosecute or Extradite (Belgium v Senegal), Judgment of 20.7.2012, ICJ Reports 2012, 433, para 23.

1274 IGH, Questions relating to the Obligation to Prosecute or Extradite (Belgium v Senegal), Judgment of 20.7.2012, ICJ Reports 2012, 434 f, para 26.

1275 Assembly/AU/Dec.127 (VII).

1276 FAZ, Tschads Diktator Hissène Habré in Senegal vor Gericht, Onlineabfrage (18.7.2016); IGH, Questions relating to the Obligation to Prosecute or Extradite (Belgium v Senegal), Judgment of 20.7.2012, ICJ Reports 2012, 433, para 23; *Williams*, JICJ 2013, 1142.

1277 Der Standard, Keine Auslieferung von Ex-Präsident Habre an Belgien, Onlineabfrage (18.7.2016); FAZ, Tschads Diktator Hissène Habré in Senegal vor Gericht, Onlineabfrage (18.7.2016); IGH, Questions relating to the Obligation to Prosecute or Extradite (Belgium v Senegal), Judgment of 20.7.2012, ICJ Reports 2012, 439, para 37; zu den erforderlichen Dokumenten siehe Art 9 Loi N° 71-77 du 28 Decembre 1971 relative a l'extradition, abrufbar unter: www.centif.sn/loi_7177.pdf (13.10.2016).

1278 CAT/C/36/D/181/2001, 9.5.

verletze, indem es nicht die notwendigen Maßnahmen setze, um seine Gerichtsbarkeit über die in der UN-Folterkonvention genannten Straftaten zu begründen.[1279] In der Folge wurden in Senegal mehrere Gesetzesänderungen vorgenommen, um in Übereinstimmung mit Art 5 Abs 1 UN-Folterkonvention Gerichtsbarkeit für die genannten Verbrechen zu begründen.[1280] Diese Gesetzesänderungen wurden von Habré beim Gericht der ECOWAS angefochten.[1281] Das Gericht[1282] entschied 2010, dass Senegal Habré nicht strafrechtlich verfolgen könne, ohne den Grundsatz *nullum crimen sine lege* bzw das Rückwirkungsverbot zu verletzen, eine Verfolgung durch ein *ad hoc*-Tribunal wäre hingegen möglich.[1283]

Am 19. Februar 2009 hatte Belgien die Eröffnung des Verfahrens vor dem IGH beantragt.[1284] Der IGH[1285] urteilte, dass Senegal seine aus Art 6 Abs 2 und Art 7 Abs 1 der UN-Folterkonvention erwachsenden Verpflichtungen durch die Nicht-Verfolgung oder Auslieferung Habrés verletze.[1286] Dieses Urteil führte zu neuerlichen Verhandlungen zwischen der *African Union* und Senegal, die schließlich im Abkommen über die Errichtung und das Statut der *Extraordinary African Chambers* im Senegal mündeten.[1287] 2012 erließ Senegal die für die Errichtung des Tribunals notwendigen Gesetze, am 30.6.2013 wurde Habré schließlich verhaftet und ein Monat später Anklage gegen ihn erhoben.[1288] Im Mai 2016 wurde Habré schließlich zu einer lebenslangen Freiheitsstrafe verurteilt.[1289]

1279 IGH, Questions relating to the Obligation to Prosecute or Extradite (Belgium v Senegal), Judgment of 20.7.2012, ICJ Reports 2012, 435, para 27.

1280 IGH, Questions relating to the Obligation to Prosecute or Extradite (Belgium v Senegal), Judgment of 20.7.2012, ICJ Reports 2012, 435 f, para 28.

1281 IGH, Questions relating to the Obligation to Prosecute or Extradite (Belgium v Senegal), Judgment of 20.7.2012, ICJ Reports 2012, 438, para 35; *Williams*, JICJ 2013, 1142.

1282 ECOWAS Court of Justice, Hissein Habré v Republic of Senegal, ECW/CCJ/JUD/06/10, 18.11.2010.

1283 IGH, Questions relating to the Obligation to Prosecute or Extradite (Belgium v Senegal), Judgment of 20.7.2012, ICJ Reports 2012, 438, para 35; *Williams*, JICJ 2013, 1142.

1284 IGH, Questions relating to the Obligation to Prosecute or Extradite (Belgium v Senegal), Judgment of 20.7.2012, ICJ Reports 2012, 437, para 33. Auf dieses Verfahren wird im Folgenden unter V.D.3.e)(2) noch näher eingegangen.

1285 IGH, Questions relating to the Obligation to Prosecute or Extradite (Belgium v Senegal), Judgment of 20.7.2012, ICJ Reports 2012, 460 f, para 117.

1286 *Williams*, JICJ 2013, 1143.

1287 *Williams*, JICJ 2013, 1143.

1288 FAZ, Tschads Diktator Hissène Habré in Senegal vor Gericht, Onlineabfrage (18.7.2016); *Williams*, JICJ 2013, 1144.

1289 *Kaleck*, Die Zeit (Onlineabfrage).

In keiner der im Zusammenhang mit der Auslieferung Habrés getroffenen Entscheidungen finden sich Hinweise auf eine völkergewohnheitsrechtliche Verpflichtung zur Auslieferung oder Strafverfolgung, vielmehr nehmen alle entscheidenden Organe auf die Folterkonvention Bezug. Die Tatsache, dass eine Auslieferung Habrés mehrfach abgelehnt wurde und sich die senegalesische Justiz zugleich für die Verfolgung unzuständig erklärte, somit ein mutmaßlicher Täter von Menschenrechtsverstößen trotz Nicht-Auslieferung nicht verfolgt wurde, spricht sogar gegen die Annahme einer völkergewohnheitsrechtlichen *aut dedere aut iudicare*-Verpflichtung.

(5) Spanien: Martínez de Perón

In ihrer Entscheidung über das Ersuchen Argentiniens um Auslieferung von María Estela Martínez de Perón, der das Verbrechen der Folter und des Verschwindenlassens von Personen in den Jahren 1974 bis 1976 vorgeworfen wurden, stellte die Audiencia Nacional[1290] fest, dass im Falle der Ablehnung eines Auslieferungsantrages der Zufluchtstaat des mutmaßlichen Täters verpflichtet sei diesen zu verfolgen.[1291] Das Gericht sah Spanien jedoch nur zur Verfolgung verpflichtet, wenn dies vom ersuchenden Staat verlangt wird.[1292] Diese Entscheidung aus dem Jahr 2008 kann somit als Indiz für das Bestehen einer völkergewohnheitsrechtlichen Verpflichtung zur Strafverfolgung oder Auslieferung bei Verbrechen gegen die Menschlichkeit gesehen werden. Im Fall von María Estela Martínez de Perón sind die Verbrechen nach Ansicht des Gerichts nicht im Rahmen eines ausgedehnten oder systematischen Angriffes gegen die Zivilbevölkerung begangen worden, weshalb es sich nicht um Verbrechen gegen die Menschlichkeit handelt.[1293] Aus diesem Grund stehe die Verjährung einer Verfolgung der mutmaßlichen Täterin entgegen.[1294]

1290 Audiencia Nacional, Sala de lo Penal, Sección 2, Rollo de Sala 12/2007, Extradición 1/2007, Juzgado Central de Instrucción nº 3, 28.4.2008. Dort heißt es auf Seite 14: „Por tanto si se opta por la denegación de la extracción por esta causa, el Estado requerido asume la obligación de juzgar en su territorio al reclamado, a petición de la Parte requirente (*aut dedere aut punire*)".

1291 *Amnesty International*, Aut dedere aut judicare 26 (Onlineabfrage); *ILC*, UN Doc A/CN.4/603, para 88.

1292 Audiencia Nacional, Sala de lo Penal, Sección 2, Rollo de Sala 12/2007, Extradición 1/2007, Juzgado Central de Instrucción nº 3, 28.4.2008, 14 (siehe Auszug aus dem Urteil in FN 1290); *ILC*, UN Doc A/CN.4/603, para 88.

1293 *Amnesty International*, Aut dedere aut judicare 26 (Onlineabfrage); *ILC*, UN Doc A/CN.4/603, para 88.

1294 *Amnesty International*, Aut dedere aut judicare 26 (Onlineabfrage); *ILC*, UN Doc A/CN.4/603, para 88.

(6) USA: Pena-Irala

Die zivilrechtliche Entscheidung des *US Court of Appeals* im Fall Filartiga v Pena-Irala[1295] stellt kein Indiz für das Bestehen eines völkergewohnheitsrechtlichen *aut dedere aut iudicare* dar.[1296] Die beiden paraguayischen Staatsbürger Joel und Dolly Filartiga klagten den in den USA anwesenden Paraguayer Americo Noberto Pena-Irala auf Schadenersatz wegen der Tötung und Folterung ihres Sohnes bzw Bruders in Paraguay.[1297] Es lag somit zwar eine klassische *aut dedere aut iudicare*-Situation vor, die US-Behörden verwiesen Pena-Irala jedoch lediglich des Landes, lieferten ihn hingegen weder an einen verfolgungswilligen Staat aus noch leiteten sie ein Strafverfahren gegen ihn ein.[1298] Der zivilrechtlichen Entscheidung lassen sich keine Hinweise für eine strafrechtliche Verfolgungspflicht des Folterknechts entnehmen.[1299]

(7) Vereinigtes Königreich: Pinochet

1998 wurde der ehemalige chilenische Militärdiktator Augusto Pinochet aufgrund eines spanischen Haftbefehls in London, wo er sich wegen einer medizinischen Behandlung aufhielt, festgenommen.[1300] Ihm wurde ua die Folterung und Ermordung spanischer Staatsangehöriger in der Zeit seiner diktatorischen Herrschaft zur Last gelegt.[1301] Die zentrale in den drei Entscheidungen des *House of Lords* behandelte Frage ist, ob die Immunität eines ehemaligen Staatsoberhaupts der Auslieferung an einen Drittstaat entgegensteht.[1302] In seiner endgültigen dritten Entscheidung sah das *House of Lords*[1303] nur die Folterhandlungen nach Inkrafttreten der UN-Folterkonvention für das Vereinigte Königreich als auslieferungsfähig an.[1304] Vor Inkrafttreten der Folterkonvention wird ein Verfolgungsrecht Spaniens auf Basis des Weltrechtsprinzips und somit implizit erst recht eine Verfolgungspflicht abgelehnt.[1305] Hinsichtlich der Ermordung von Regimegegnern erachteten die *Lords* die extraterritoriale Strafverfolgung nur insofern

---

1295 US Court of Appeals, 2nd Circuit, Filartiga v Pena-Irala, 30.6.1980.

1296 *Maierhöfer*, „Aut dedere – aut iudicare" 254.

1297 Aceves, Torture xvii; *Maierhöfer*, „Aut dedere – aut iudicare" 254 f; US Court of Appeals, 2nd Circuit, Filartiga v Pena-Irala, 30.6.1980.

1298 *Maierhöfer*, „Aut dedere – aut iudicare" 255.

1299 *Maierhöfer*, „Aut dedere – aut iudicare" 255.

1300 *Brody* in *Brody/Ratner*, Pinochet 8; *Von Arnauld*, Völkerrecht² 137.

1301 *Von Arnauld*, Völkerrecht² 137.

1302 *Maierhöfer*, „Aut dedere – aut iudicare" 248; *Von Arnauld*, Völkerrecht² 137.

1303 UK House of Lords, Entscheidung vom 24.3.1999.

1304 *Fox/Warbrick/McGoldrick*, ICLQ 1999, 687; *Maierhöfer*, „Aut dedere – aut iudicare" 248.

1305 *Maierhöfer*, „Aut dedere – aut iudicare" 248.

als zulässig, als sich vertraglich durch die Antiterrorkonvention legitimiert ist.[1306] Der Fall Pinochet spricht somit gegen das Bestehen einer völkergewohnheitsrechtlichen Verpflichtung zur Strafverfolgung oder Auslieferung.[1307]

b) Innerstaatliche Gesetzgebung

Eine ausdrückliche Verpflichtung zur Strafverfolgung oder Auslieferung bei Verbrechen gegen die Menschlichkeit normieren nur Gesetzgebungsakte in Argentinien, Uruguay, Panama, Peru und Portugal.[1308]

c) UN Resolutionen

Aus den zuvor bereits behandelten Resolutionen 2840 (XXVI) und 3074 (XXVIII)[1309] der UN-Generalversammlung geht deutlich die Rechtsüberzeugung hervor, dass eine völkergewohnheitsrechtliche Strafverfolgungs- oder Auslieferungsverpflichtung für Verbrechen gegen die Menschlichkeit besteht.[1310]

Die Generalversammlung verurteilt in ihren Resolutionen[1311] wiederholt Verschwindenlassen von Personen und Folter.[1312] In den mit der Bestrafung des Täters befassten Teilen dieser Resolutionen wird die Verpflichtung zur Strafverfolgung entweder nicht ausdrücklich auch dem Zufluchtstaat auferlegt[1313] oder es geht sogar klar hervor, dass diese Pflicht nur den Tatortstaat trifft[1314].[1315]

1306 *Maierhöfer*, „Aut dedere - aut iudicare" 248.

1307 *Maierhöfer*, „Aut dedere - aut iudicare" 248 f.

1308 *Van Steenberghe*, JICJ 2011, 1097.

1309 Siehe oben unter V.D.1.c).

1310 *Maierhöfer*, „Aut dedere - aut iudicare" 256.

1311 Siehe etwa UN Doc A/RES/3452 (XXX), A/RES/47/133, A/RES/57/215, A/RES/57/200, A/RES/56/143, A/RES/55/103, zuletzt UN Doc A/RES/68/156, A/RES/67/161, A/RES/66/150, A/RES/65/205, A/RES/64/153.

1312 *Maierhöfer*, „Aut dedere - aut iudicare" 255.

1313 Siehe etwa UN Doc A/RES/68/156, A/RES/67/161, A/RES/66/150, A/RES/65/205, A/RES/64/153 wo es heißt „*Stresses* (...) that those who encourage, instigate, order, tolerate, acquiesce in, consent to or perpetrate such acts must be held responsible, brought to justice and punished (...)", ähnlich auch A/RES/56/143.

1314 Hinsichtlich des Verschwindenlassen führt die Generalversammlung in A/RES/55/103 und A/RES/57/215 etwa aus „*Reminds* Governments (...) of the need to ensure that their competent authorities conduct (...) inquiries in all circumstances in which there is a reason to believe that an enforced disappearance has occurred in territory under their jurisdiction, and that, if allegations are confirmed, perpetrators should be prosecuted".

1315 *Maierhöfer*, „Aut dedere - aut iudicare" 255.

Eine *aut dedere aut iudicare*-Verpflichtung kann der *Declaration on the Protection of All Persons from Enforced Disappearance* entnommen werden,[1316] wo es in Art 14 heißt:

> „Any person alleged to have perpetrated an act of enforced disappearance in a particular State shall, (...) be brought before the competent civil authorities of that State for the purpose of prosecution and trial unless he has been extradited to another State wishing to exercise jurisdiction (...)"[1317].

Hinsichtlich der Sicherheitsratsresolutionen[1318], in welchen die Staaten aufgefordert werden, der Straflosigkeit ein Ende zu bereiten und die für Völkermord, Verbrechen gegen die Menschlichkeit und Kriegsverbrechen Verantwortlichen zu verfolgen, kann auch das unter V.D.1.c) Gesagte verwiesen werden.

d) Die Schaffung der internationalen Strafgerichtsbarkeit

Wie bereits zuvor erörtert, kann aus dem Umstand, dass internationalen Strafgerichten Gerichtsbarkeit über Verbrechen gegen die Menschlichkeit eingeräumt wurde,[1319] nicht auf eine *aut dedere aut iudicare*-Verpflichtung für nationale Gerichte des Zufluchtstaates geschlossen werden.[1320]

e) Weitere Staatenpraxis

(1) Stellungnahmen und sonstiges staatliches Handeln

Wie bereits in Bezug auf Bürgerkriegsverbrechen erörtert,[1321] kann aus der Ratifizierung von *aut dedere aut iudicare*-Klauseln enthaltenden Verträgen durch eine große Anzahl von Staaten nicht auf den völkergewohnheitsrechtlichen Status dieser Verpflichtung geschlossen werden.

Gegen das Bestehen einer völkergewohnheitsrechtlichen Verpflichtung zur Strafverfolgung oder Auslieferung spricht, dass Menschenrechtsverbrechern in einer Reihe von Fällen von Drittstaaten sichere Zuflucht gewährt wurde.[1322] Beispielhaft kann hier Idi Amin, der sog Schlächter von Afrika, genannt werden,

---

1316 Ähnlich auch *Maierhöfer*, „Aut dedere – aut iudicare" 256.

1317 UN Doc A/RES/47/133, 6.

1318 Siehe etwa die Resolutionen 1325 (2000), 1379 (2001), 1612 (2005), 1882 (2009), 2068 (2012), 1674 (2006) und 2220 (2015).

1319 Art 1 iVm Art 5 ICTY-Statut, Art 1 iVm Art 3 ICTR-Statut und Art 5 iVm Art 7 ICC-Statut sehen eine Gerichtsbarkeit für Verbrechen gegen die Menschlichkeit vor.

1320 *Maierhöfer*, „Aut dedere – aut iudicare" 237.

1321 Siehe dazu unter V.D.1.e)(2).

1322 *Maierhöfer*, „Aut dedere – aut iudicare" 252.

der 2003 nach mehr als 20 Jahren im Asyl in Saudi-Arabien verstarb.[1323] Auch Milton Obote, der für die Ermordung und Folterung von tausenden Regimegegnern während seiner Herrschaft in Uganda verantwortlich war, lebte nach seinem Sturz 1985 bis zu seinem Tod im Oktober 2005 unbehelligt in Sambia.[1324] Ebenso wurde der paraguayische Ex-Diktator Alfredo Stroessner nie für die von ihm während seiner Amtszeit begangenen zahlreichen Menschenrechtsverletzungen, darunter die Folterung und das Verschwindenlassen tausender Regimegegner, zur Rechenschaft gezogen, er starb 2006 im brasilianischen Exil.[1325] Sein Zufluchtstaat Brasilen hatte die von Paraguay beantragte Auslieferung zu seinen Lebzeiten stets verweigert.[1326] Der einstige Staatschef Äthiopiens Mengistu Haile Mariam, der an der Ermordung von zehntausenden Oppositionellen während seiner Herrschaft beteiligt war, fand nach seinem Sturz 1991 Zuflucht in Simbabwe und wurde trotz Auslieferungsersuchens und Verurteilung in Abwesenheit wegen dieser Verbrechen durch das Oberste Bundesgericht Äthiopiens bisher nicht an Äthiopien ausgeliefert.[1327] Südafrika, wo sich Mengistu 1999 zwischenzeitlich wegen einer medizinischen Behandlung aufgehalten hatte, hatte diesen weder an Äthiopien ausgeliefert noch selbst verfolgt.[1328] Haitis einstiger Diktator Jean-Claude Duvalier (*Baby Doc*), dem politische Morde, willkürliche Verhaftungen, Folter und Verschwindenlassen von politischen Gegnern während seiner Präsidentschaft von 1971 und 1986 zur Last gelegt werden, lebte 25 Jahre lang unbehelligt im französischen Exil.[1329] Während der Schreckensherrschaft der beiden Putchführer gegen Haitis gewählten Präsidenten Jean-Bertrand Aristide Raoul Cédras und Philippe Biamby wurden Tausende ermordet und gefoltert.[1330] Nach der durch Intervention der US Streitmacht erzwungenen Wiedereinsetzung Aristides flohen die beiden nach Panama, wo sie seither trotz Auslieferungsersuchens Haitis und Verurteilung in Abwesenheit durch die haitianische Justiz weder

---

1323 FAZ, Ugandas früherer Diktator Idi Amin gestorben, Onlineabfrage (18.7.2016); *Maierhöfer*, „Aut dedere – aut iudicare" 252.

1324 *Maierhöfer*, „Aut dedere – aut iudicare" 252; NZZ, Der frühere ugandische Präsident Obote gestorben, Onlineabfrage (18.7.2016).

1325 *Amnesty International*, Paraguay 2007 und 2008 (Onlineabfrage).

1326 *Amnesty International*, Paraguay 2007 und 2008 (Onlineabfrage); Die Zeit, Zwischenlager, 35/2006.

1327 *Dückers*, Amnesty Journal April 2013 (Onlineabfrage); *Maierhöfer*, „Aut dedere – aut iudicare" 252; *Räther*, Diktatur, Onlineabfrage.

1328 *Dückers*, Amnesty Journal April 2013 (Onlineabfrage); *Maierhöfer*, „Aut dedere – aut iudicare" 252; *Räther*, Diktatur, Onlineabfrage.

1329 *Amnesty International*, Bericht (Onlineabfrage); *Maierhöfer*, „Aut dedere – aut iudicare" 252.

1330 *HRW*, Torturers (Onlineabfrage); *Maierhöfer*, „Aut dedere – aut iudicare" 252.

ausgeliefert noch strafverfolgt werden.[1331] Aristide, dem ebenfalls Menschenrechtsverletzungen vorgeworfen wurden, begab sich 2004 ua auf Druck der USA und Frankreich ins Exil nach Südafrika, wo er bis zu seiner freiwilligen Rückkehr nach Haiti im Jahr 2011 unbehelligt lebte.[1332] Auch Emmanuel Constant (*Toto*), Anführer der haitischen Todesschwadronen, lebte jahrelang als freier Mann in New York, obwohl seitens Haitis seine Auslieferung beantragt und er in Abwesenheit wegen der Ermordung zahlreicher politischer Gegner im Rahmen des Raboteau Massakers verurteilt worden war.[1333] Die Auslieferung war von den USA wegen Mängeln des haitischen Auslieferungsersuchens sowie aus humanitären Gründen abgelehnt worden, Constant wurde in der Folge aber von den USA nicht für die von ihm in Haiti begangenen Verbrechen verfolgt.[1334] Constant wurde schließlich in New York wegen in den USA begangenen Hypotheken-Betruges zu einer mehrjährigen Freiheitsstrafe verurteilt.[1335] Auch der Ex-Präsident Perus Alberto Fujimori, dem Menschenrechtsverletzungen zur Last gelegt wurden, fand 2000 nach seinem erzwungenen Rücktritt zunächst in Japan eine sichere Zuflucht.[1336] Japan hatte die von Peru beantragte Auslieferung abgelehnt.[1337] Als Begründung für das Nichtbestehen einer Auslieferungspflicht wird einerseits das Prinzip der Nichtauslieferung eigener Staatsangehöriger, anderseits das Nicht-Bestehen eines Auslieferungsvertrages zwischen Japan und Peru angeführt.[1338] Auch Peru, das Japan als aufgrund der von beiden Staaten ratifizierten UN-Folterkonvention zur Auslieferung oder Strafverfolgung Fujimori verpflichtet ansieht, stützt seine Argumentation ausschließlich auf vertragliche Quellen.[1339]

1331 *HRW*, Torturers (Onlineabfrage); *Maierhöfer*, „Aut dedere – aut iudicare" 252 f; NY Times, Haitian Junta Is Sentenced In Absentia, Onlineabfrage (18.7.2016).

1332 Die Presse, Haiti: Ex-Präsident Aristide aus Exil zurückgekehrt, Onlineabfrage (18.7.2016); SZ, Nach "Baby Doc" bittet noch ein Despot um Einreise, Onlineabfrage (18.7.2016).

1333 *HRW*, Torturers (Onlineabfrage); *Maierhöfer*, „Aut dedere – aut iudicare" 253; NY Times, Haitian Junta Is Sentenced In Absentia, Onlineabfrage (18.7.2016).

1334 *Pyle*, Extradition 217.

1335 CNN, Haitian strongman convicted of mortgage fraud in US, Onlineabfrage (18.8.2015); NY Times, Ex-Militia Chief From Haiti Is Sentenced to Up to 37 Years for Fraud, Onlineabfrage (18.7.2016).

1336 *Düker*, GLJ 2003, 1166; *Maierhöfer*, „Aut dedere – aut iudicare" 253; SZ, Foltervorwürfe gegen Fujimori, Onlineabfrage (18.7.2016).

1337 *Düker*, GLJ 2003, 1165 f; *Maierhöfer*, „Aut dedere – aut iudicare" 253 f.

1338 *Düker*, GLJ 2003, 1166; *Maierhöfer*, „Aut dedere – aut iudicare" 253 f.

1339 *Düker*, GLJ 2003, 1167, 1173; *Maierhöfer*, „Aut dedere – aut iudicare" 254.

Somit handelt es sich um keine Staatenpraxis für eine gewohnheitsrechtliche Verpflichtung zur Strafverfolgung oder Auslieferung.[1340] Erst als Fujimori 2005 überraschend nach Chile reiste, wurde er dort festgenommen, nach Peru ausgeliefert und von peruanischen Gerichten wegen dieser Verbrechen zu 25 Jahren Freiheitsstrafe verurteilt.[1341]

All diese Fälle zeigen, wie weit die Gewährung sicherer Zuflucht für die für politische Morde, Folter und das Verschwindenlassen von Regimegegnern Verantwortlichen nach wie vor verbreitet ist.[1342] Auch mit einer möglichen Immunitäts-Ausnahme vom *aut dedere aut iudicare*-Grundsatz kann die Nichtverfolgung in den meisten Fällen nicht gerechtfertigt werden, weil es sich bei den mutmaßlichen Tätern entweder nicht um (ehemalige) Staatsoberhäupter handelt oder diese bereits von ihrem Heimatstaat – in dem sie keine Immunität genießen – gesucht wurden.[1343] Zusammenfassend lässt die Nichtauslieferung bzw -verfolgung der mutmaßlichen Täter nur den Schluss zu, dass die Zufluchtstaaten sich nicht an ein völkergewohnheitsrechtliches *aut dedere aut iudicare* für Menschenrechtsverstöße gebunden erachten.[1344]

(2) Entscheidung internationaler Gerichte

Die bereits zuvor[1345] untersuchte Rechtsprechung der internationalen Menschenrechtsgerichte bleibt im Folgenden außer Betracht.

Ein Recht des Zufluchtstaates zur Strafverfolgung von Folter auf Basis des Weltrechtsprinzips kann aus dem Furundžija-Urteil abgeleitet werden.[1346] Eine Bestrafungspflicht ergibt sich aus dieser Entscheidung aber genauso wenig wie aus dem Urteil des IGH im Barcelona Traction-Fall.[1347]

Im Verfahren Belgien gegen Senegal verneinte der IGH seine Zuständigkeit zur Entscheidung über die von Belgien geltend gemachte Verletzung von

---

1340 *Maierhöfer*, „Aut dedere – aut iudicare" 254.

1341 Der Standard, Gericht bestätigte Urteil gegen Ex-Präsident Fujimori, Onlineabfrage (18.7.2016); SZ, Foltervorwürfe gegen Fujimori, Onlineabfrage (18.7.2016); näheres zum Auslieferungsverfahren siehe oben unter V.D.3.a)(1).

1342 Ebenso *Maierhöfer*, „Aut dedere – aut iudicare" 254.

1343 *Maierhöfer*, „Aut dedere – aut iudicare" 254.

1344 *Maierhöfer*, „Aut dedere – aut iudicare" 254.

1345 Siehe oben unter V.C.

1346 ICTY, Trial Chamber, Furundžija (IT-98-17/1), Judgment of 10.12.1998, para 156.

1347 *Maierhöfer*, „Aut dedere – aut iudicare" 258. Siehe dazu auch oben unter V.D.1.e)(3) und V.D.2.e)(2).

Völkergewohnheitsrecht, da diesbezüglich zum Zeitpunkt der Klageerhebung beim IGH kein Disput zwischen den Parteien bestanden hat, weil in der die Auslieferung Habrés betreffenden Korrespondenz zwischen den beiden Staaten nur auf Vertragsrecht Bezug genommen worden war.[1348] Der IGH hat damit leider erneut die Gelegenheit zur Frage der völkergewohnheitsrechtlichen Geltung des *aut dedere aut iudicare*-Grundsatzes Stellung zu nehmen, ungenützt verstreichen lassen. Lediglich in den Sondervoten der Richter *Abraham* und *Sur* findet eine Auseinandersetzung mit dieser Fragestellung statt: Beide verneinen dabei das Bestehen einer völkergewohnheitsrechtlichen Verpflichtung zur Strafverfolgung oder Auslieferung.[1349]

(3) völkerrechtliche Literatur

Die hM[1350] verneint das Bestehen einer völkergewohnheitsrechtlichen Verpflichtung zur Strafverfolgung oder Auslieferung für schwere Menschenrechtsverstöße außerhalb bewaffneter Konflikte.[1351] Manche Autoren[1352] sprechen sich hingegen für das Bestehen einer *aut dedere aut iudicare*-Verpflichtung aus.[1353] Vom Großteil dieser Autoren wird dabei argumentiert, dass die Staatenpraxis bereits ausreichend

1348 IGH, Questions relating to the Obligation to Prosecute or Extradite (Belgium v Senegal), Judgment of 20.7.2012, ICJ Reports 2012, 444 f, para 54 f.

1349 IGH, Questions relating to the Obligation to Prosecute or Extradite (Belgium v Senegal), Judgment of 20.7.2012, Separate Opinion of Judge Abraham, ICJ Reports 2012, 476, para 21 und Dissenting Opinion of Judge *ad hoc* Sur, ICJ Reports 2012, 610, para 17.

1350 *Cryer ua, ICL*[2] 71 f; *Hailbronner* in *Vitzthum* Rz 33; *Maierhöfer*, „Aut dedere – aut iudicare“ 256 ff; *Mitchell*, Aut Dedere Aut Judicare Kap 1 Rz 72 (Onlineabfrage); *Scharf*, Amnesty 34 ff (Onlineabfrage); *Schlunck*, Amnesty 35; *Tomuschat* in FS Steinberger 326, 336 f; *Swart* in *Cassese/Gaeta/Jones*, Statute 1663; *Werle*, Völkerstrafrecht[3] Rz 232 ff. *Dahm/Delbrück/Wolfrum* äußern Bedenken gegen eine gewohnheitsrechtliche Geltung hinsichtlich aller internationalen Delikte (Völkerrecht[2] 1006 f).

1351 *Maierhöfer*, „Aut dedere – aut iudicare“ 258.

1352 Für das Bestehen einer solche Verpflichtung hinsichtlich aller Völkerrechtsverbrechen: *Amnesty International*, Aut dedere aut judicare 27 (Onlineabfrage); *Bassiouni/Wise*, Aut dedere aut judicare 20 ff, ähnlich auch *Enache-Brown/Fried*, McGill LJ 1998, 625 ff; *Van Steenberghe*, JICJ 2011, 1102, 1115; für den völkergewohnheitsrechtlichen Status des *aut dedere aut iudicare* hinsichtlich schwerer Menschenrechtsverletzungen: *Bungenberg*, AVR 2001, 198–200; *Roht-Arriaza*, CLR 1990, 499 f; *Orentlicher*, YLJ 1991, 2537 ff.

1353 *Scharf*, Amnesty 35 (Onlineabfrage).

sei, um eine solche Verpflichtung zu belegen.[1354] *Ambos*[1355] leitet eine Strafverfolgungspflicht des Zufluchtstaates aus den Menschenrechten des Opfers ab.[1356]

Der *ILC Draft Code of Crimes against the Peace and Security of Mankind* sieht zwar eine Strafverfolgungs- oder Auslieferungsverpflichtung für Verbrechen gegen die Menschlichkeit vor,[1357] da die UN-Generalversammlung diesen Entwurf aber bisher nicht durch eine Resolution bekräftigt hat, bestehen große Zweifel, ob der Entwurf Völkergewohnheitsrecht wiedergibt.[1358] Bei dem Entwurf handelt sich lediglich um ein von einer Expertenkommission erstelltes rechtlich nicht verbindliches Dokument, es stellt somit lediglich eine Rechtserkenntnisquelle und keine Völkerrechtsquelle dar.[1359]

f) Fazit

Nur einige Resolutionen der UN-Generalversammlung sowie des Sicherheitsrates[1360] sprechen für das Bestehen einer völkergewohnheitsrechtlichen Verpflichtung zur Strafverfolgung oder Auslieferung.[1361] Zusätzlich zu der in diesen Resolutionen zum Ausdruck gebrachten *opinio iuris* bedarf es allerdings für die Entstehung von Völkergewohnheitsrecht noch des Hinzutretens des zweiten Elements, nämlich der Staatenpraxis. Abgesehen von der Entscheidung eines spanischen Gerichts im Verfahren Martínez de Perón[1362] fehlt eine solche jedoch vollkommen.[1363] Die ausführliche Analyse in diesem Kapitel ergibt, dass

---

1354 *Amnesty International*, Aut dedere aut judicare 27 (Onlineabfrage); *Bungenberg*, AVR 2001, 198–200; *Roht-Arriaza*, CLR 1990, 499 f; *Orentlicher*, YLJ 1991, 2593 f; *Van Steenberghe*, JICJ 2011, 1092 ff. *Enache-Brown/Fried* sind der Meinung, dass neben der Staatenpraxis auch aus der Ratifizierung einer großen Anzahl völkerrechtlichen Verträgen durch eine Vielzahl von Staaten auf das Bestehen einer völkergewohnheitsrechtlichen *aut dedere aut iudicare*-Verpflichtung geschlossen werden kann (McGill LJ 1998, 629 ff). Zu dieser Argumentation siehe oben unter V.D.1.e)(2). *Bassiouni/Wise* leiten die Verpflichtung zur Strafverfolgung oder Auslieferung aus dessen *ius cogens*-Charakter ab (Aut dedere aut judicare 24 f). Näher zu diesem Ansatz unter V.F.

1355 *Ambos*, AVR 1999, 353.

1356 *Maierhöfer*, „Aut dedere – aut iudicare" 258. Näher zu dieser Argumentation unter V.C.

1357 Siehe Art 17 iVm Art 9 Draft Code of Crimes against the Peace and Security of Mankind.

1358 *Maierhöfer*, „Aut dedere – aut iudicare" 244, 259; *Tomuschat* in FS Steinberger 338.

1359 *Maierhöfer*, „Aut dedere – aut iudicare" 244, 259; *Werle*, Völkerstrafrecht[3] Rz 181.

1360 Dazu genauer oben unter V.D.3.c).

1361 *Maierhöfer*, „Aut dedere – aut iudicare" 256.

1362 Dazu genauer oben unter V.D.3.a)(5).

1363 Ähnlich auch *Maierhöfer*, „Aut dedere – aut iudicare" 256 f.

mutmaßlichen Tätern von Folter und Verschwindenlassen von Personen nach wie vor in faktisch allen Erdteilen sichere Zuflucht gewährt wird.[1364] Sofern Personen ausgeliefert oder verfolgt wurden, stützten sich die zuständigen Stellen auf das Vertrags- und nicht das Völkergewohnheitsrecht.[1365] Zusammenfassend muss somit festgestellt werden, dass derzeit keine völkergewohnheitsrechtliche Verpflichtung zur Strafverfolgung oder Auslieferung hinsichtlich in Friedenszeiten begangener schwerer Menschenrechtsverstöße besteht.[1366]

E. Sicherheitsratsbeschlüsse nach Kapitel VII UN-Charta

Nach Kapitel VII der UN-Charta darf der Sicherheitsrat Resolutionen erlassen, die nach Art 25 UN-Charta alle Mitgliedstaaten binden.[1367] Von dieser Zwangsbefugnis darf er jedoch nur bei festgestelltem Vorliegen einer Friedensbedrohung, eines Friedensbruchs oder einer Angriffshandlung gem Art 39 UN-Charta Gebrauch machen.[1368] Als Reaktionsmöglichkeit stehen ihm dabei vier verschiedene Maßnahmen zur Verfügung: die Abgabe von Empfehlungen gem Art 39 UN-Charta, die Aufforderung zur Einhaltung vorläufiger Maßnahmen (Art 40 UN-Charta) sowie nichtmilitärische (Art 41 UN-Charta) und militärische (Art 42 UN-Charta) Zwangsmaßnahmen.[1369]

Sofern ein Staat weder durch Vertrag noch durch Völkergewohnheitsrecht zur Strafverfolgung oder Auslieferung eines mutmaßlichen Täters völkerrechtlicher Verbrechen verpflichtet ist, stellt sich die Frage, ob er angesichts der daher an sich völkerrechtskonformen Gewährung einer sicheren Zuflucht mit Zwangsmaßnahmen nach Kapitel VII der UN-Charta belegt und somit zu einem *aut dedere aut iudicare* gezwungen werden kann.[1370] Ausschlaggebend für das Vorliegen einer Friedensbedrohung iSd Art 39 UN-Charta und damit für die Zulässigkeit von Maßnahmen nach dem Kapitel VII UN-Charta ist nicht die Völkerrechtskonformität eines Verhaltens, sondern ob dieses den Weltfrieden

1364 So auch: *Maierhöfer*, „Aut dedere – aut iudicare“ 257.

1365 *Maierhöfer*, „Aut dedere – aut iudicare“ 257.

1366 *Maierhöfer*, „Aut dedere – aut iudicare“ 258.

1367 *Macke*, UN-Sicherheitsrat 176; *Kempen/Hillgruber*, Völkerrecht² § 36 Rz 12.

1368 *Macke*, UN-Sicherheitsrat 176; *Doehring*, Völkerrecht² Rz 462; *Herdegen*, Völkerrecht, § 41 Rz 3; *Heintschel von Heinegg* in *Ipsen*, Völkerrecht⁶ § 53 Rz 8; *Kempen/Hillgruber*, Völkerrecht² § 36 Rz 12.

1369 *Heintschel von Heinegg* in *Ipsen*, Völkerrecht⁶ § 53 Rz 7; *Herdegen*, Völkerrecht, § 41 Rz 3 ff; *Macke*, UN-Sicherheitsrat 176; *Martenczuk*, Rechtsbindung 42 f.

1370 Ähnlich auch *Maierhöfer*, „Aut dedere – aut iudicare“ 322 f.

gefährdet.[1371] Nach ständiger Praxis des Sicherheitsrats werden auch schwere Verletzungen des humanitären Völkerrechts sowie der Menschenrechte als Friedensgefahr qualifiziert.[1372] Die auf Kapitel VII gestützte Errichtung des ICTY und ICTR zur Bekämpfung von (Bürger-)Kriegsverbrechen, Völkermord und Verbrechen gegen die Menschlichkeit und die Möglichkeit des Sicherheitsrates, dem ICC Situationen zuzuweisen, ist mittlerweile allgemein anerkannt.[1373] Durch diese Anerkennung, dass völkerrechtliche Verbrechen iSd ICC-Statuts Anlassfall für Maßnahmen nach Kapitel VII UN-Charta sein können, haben die Staaten implizit zum Ausdruck gebracht, dass sie diese Straftaten als Friedensbedrohung ansehen.[1374] Mit den Resolutionen 1373 (2001) und 1390 (2002), die den Terrorismus als solches als Friedensbedrohung ansehen, vollzog der Rat eine Kehrtwende weg von seiner bisherigen Auffassung, wonach nur konkrete, den Frieden im Einzelfall bedrohende Situationen, als Friedensbedrohung qualifiziert werden können.[1375] Im Schrifttum ist nach wie vor strittig, ob auch abstrakte Phänomene eine Friedensbedrohung darstellen und somit Maßnahmen nach Kapitel VII UN-Charta nach sich ziehen können oder nicht.[1376] Die UN-Charta ist wegen ihres verfassungsartigen Charakters einer dynamischen Interpretation zugänglich.[1377] Eine Weiterentwicklung ist jedoch nur dann rechtmäßig, wenn die Mitgliedstaaten diese nach Art 31 Abs 3 lit b WVK akzeptiert haben.[1378]

1371 *Herdegen*, Befugnisse 20 ff; *Frowein/Krisch* in *Simma*, Charter Art 39 Rz 9, Art 41 Rz 7; *Maierhöfer*, „Aut dedere - aut iudicare“ 323;

1372 *Herdegen*, Befugnisse 15 f; *Frowein/Krisch* in *Simma*, Charter Art 39 Rz 20; *Fischer* in *Ipsen*, Völkerrecht[6] § 60 Rz 8; *Macke*, UN-Sicherheitsrat 184 f; *Maierhöfer*, „Aut dedere - aut iudicare“ 323.

1373 *Condorelli/Villalpando* in *Cassese/Gaeta/Jones*, Statute 629 f; *Frowein/Krisch* in *Simma*, Charter Art 41 Rz 19; *Herdegen*, Befugnisse 11 ff; *Maierhöfer*, „Aut dedere - aut iudicare“ 324.

1374 *Condorelli/Villalpando* in *Cassese/Gaeta/Jones*, Statute 631 f; *Maierhöfer*, „Aut dedere - aut iudicare“ 324.

1375 *Cárdenas*, MJIL 2004, 1341; *Macke*, UN-Sicherheitsrat 186; *Maierhöfer*, „Aut dedere - aut iudicare“ 328.

1376 Für eine Erstreckung der Friedensbedrohung auch auf abstrakte Phänomene: *Cárdenas*, MJIL 2004, 1341; *Frowein/Krisch* in *Simma*, Charter Art 39 Rz 23; *Martenczuk*, Rechtsbindung 237 f, eingehend *Aston*, ZaöRV 2002, 280 ff; Für eine Begrenzung auf konkrete Gefahren: *Happold*, LJIL 2003, 600, *Geiß*, „Failed States“ 301 f; eingehend *Macke*, UN-Sicherheitsrat 186 ff.

1377 *Aston*, ZaöRV 2002, 278; *Macke*, UN-Sicherheitsrat 191; eingehend zur Interpretation der UN-Charta: *Ress* in *Simma*, Charter 13 Rz 1 ff (zur dynamischen Interpretation siehe Rz 27 ff).

1378 *Macke*, UN-Sicherheitsrat 191.

Während des Konsultationsprozesses zur Resolution 1540 (2004), welche die Bedrohung durch nukleare, chemische und biologische Waffen betrifft, wurde das gesetzgeberische Auftreten des Sicherheitsrates deutlich kritisiert.[1379] Zum jetzigen Zeitpunkt erscheint es daher zu früh, um einen generellen Konsens iSd Art 31 Abs 3 lit b WVK hinsichtlich dieser neuen – abstrakte Gefahren mitumfassenden – Leseart des Art 39 UN-Charta anzunehmen.[1380] Es bleibt daher abzuwarten, ob die dargestellten Resolutionen den Ausgangspunkt einer neuen allgemeinen Praxis bilden.[1381] Derzeit ist es dem Sicherheitsrat durch eine Resolution nach Kapitel VII UN-Charta nur gestattet, den Mitgliedstaaten angesichts einer konkreten Gefahrensituation eine *aut dedere aut iudicare*-Verpflichtung für konkrete völkerrechtliche Verbrechen aufzuerlegen, eine abstrakt-generelle Anordnung solcher Pflichten durch den Sicherheitsrat ist derzeit (noch) nicht zulässig.

Als mögliche Rechtsgrundlage für die Anordnung eines *aut dedere aut iudicare* durch den Sicherheitsrat kommt nur Art 41 UN-Charta in Frage, der nichtmilitärische Reaktionsmöglichkeiten regelt.[1382] Art 40 UN-Charta scheidet aus, da es sich bei dieser Verpflichtung um eine endgültige und nicht bloß um eine vorläufige Regelung handelt.[1383] Die Auslieferung oder Strafverfolgung ist auch nicht mit militärischer Gewalt verbunden, weshalb eine Heranziehung von Art 42 UN-Charta ebenfalls auszuschließen ist.[1384] Der Sicherheitsrat ist nicht auf die in Art 41 beispielhaft angeführten Maßnahmen beschränkt.[1385] Vielmehr ist er berechtigt jede Maßnahme anzuordnen, die nicht die Anwendung militärischer Gewalt beinhaltet und seinem Ermessen nach geeignet ist, den Frieden zu wahren bzw wiederherzustellen.[1386] Auch die Auferlegung neuer Rechtspflichten, also solcher,

---

1379 *Macke*, UN-Sicherheitsrat 192.

1380 *Macke*, UN-Sicherheitsrat 192; ähnlich auch *Maierhöfer*, „Aut dedere – aut iudicare“ 335.

1381 *Maierhöfer*, „Aut dedere – aut iudicare“ 329.

1382 *Frowein/Krisch* in *Simma*, Charter Art 41 Rz 10; *Maierhöfer*, „Aut dedere – aut iudicare“ 330.

1383 So auch *Maierhöfer*, „Aut dedere – aut iudicare“ 329.

1384 So auch *Maierhöfer*, „Aut dedere – aut iudicare“ 329 f.

1385 *Aston*, ZaöRV 2002, 280 f; *Bothe* in *Vitzthum/Proelß*, Völkerrecht[7] Rz 48; *Fischer* in *Ipsen*, Völkerrecht[6] § 60 Rz 17; *Herdegen*, Befugnisse 25; ICTY, Appeals Chamber, Tadić (IT-94-1), Decision on the Defence Motion for Interlocutory Appeal on Jurisdiction, 2.10.1995, para 31 f, 35; *Maierhöfer*, „Aut dedere – aut iudicare“ 330; *Martenczuk*, Rechtsbindung 43.

1386 ICTY, Appeals Chamber, Tadić (IT-94-1), Decision on the Defence Motion for Interlocutory Appeal on Jurisdiction, 2.10.1995, para 31 f, 35; *Bothe* in *Vitzthum/*

die sich nicht schon aus dem Völkervertrags- oder Gewohnheitsrecht ergeben, wie beispielsweise einer Strafverfolgungs- oder Auslieferungsverpflichtung, ist möglich.[1387] Diese Möglichkeit ist ebenso wie die Berechtigung zur Schaffung von *ad-hoc*-Gerichtshöfen auf Basis von Art 41 UN-Charta mittlerweile von der Staatengemeinschaft[1388], in der Literatur[1389] sowie von der internationalen Rechtsprechung[1390] anerkannt.[1391] Beschränkt wird die Kompetenz des Sicherheitsrats durch den Grundsatz *nulla poena sine lege*, dem *ius cogens*-Charakter zukommt, weshalb kein Vertrag, also auch nicht die UN-Charta, von diesem abweichen darf.[1392] Dh eine Verpflichtung zur Strafverfolgung oder Auslieferung darf nur einem Staat auferlegt werden, der zum Zeitpunkt der Tatbegehung auf Basis des nationalen Rechts oder des Völkerrechts zur Strafverfolgung berechtigt war.[1393]

Proelß, Völkerrecht[7] Rz 48; *Herdegen*, Befugnisse 25; *Maierhöfer*, „Aut dedere - aut iudicare" 330.

1387 *Frowein/Krisch* in *Simma*, Charter Art 41 Rz 17; *Maierhöfer*, „Aut dedere - aut iudicare" 330.

1388 Siehe dazu etwa die dem Irak nach dem Zweiten Golfkrieg auferlegte Abrüstungspflicht, die Beschlüsse, die die bosnischen Serben verpflichteten eine bestimmte Friedensregelung zu akzeptieren (*Maierhöfer*, „Aut dedere - aut iudicare" 330; *Frowein/Krisch* in *Simma*, Charter Art 41 Rz 17). Die Resolution 748 (1992) erlegt Libyen eine Auslieferungsverpflichtung aus, aus der Resolution 1373 (2001) ergibt sich implizit eine Verpflichtung zur Strafverfolgung oder Auslieferung (*Maierhöfer*, „Aut dedere - aut iudicare" 330 f). Seitens der UN-Mitgliedstaaten wurden diese Rechtssetzungsakte gebilligt (*Maierhöfer*, „Aut dedere - aut iudicare" 330 f).

1389 Zur Befugnis *ad-hoc*-Strafgerichte einzusetzen: *Bienk-Koolman*, Sicherheitsrat 440; Doehring, Völkerrecht[2] Rz 1169; *Bothe* in *Vitzthum/Proelß*, Völkerrecht[7] Rz 48; *Condorelli/Villalpando* in *Cassese/Gaeta/Jones*, Statute 629 f; zur Möglichkeit Auslieferungsverpflichtungen anzuordnen siehe *Greenwood*, International Affairs 2002, 303; *Plachta*, EJIL 2001, 129 f; *Herdegen*, Befugnisse 25 f.

1390 ICTR, Trial Chamber, Kanyabashi (ICTR-96-15-T), Decision on the Defence Motion on jurisdiction, 18.6.1997, para 9 ff; ICTY, Appeals Chamber, Tadić (IT-94-1), Decision on the Defence Motion for Interlocutory Appeal on Jurisdiction, 2.10.1995, para 30 ff; IGH, Questions of Interpretation and Application of the 1971 Montreal Convention arising from the Aerial Incident at Lockerbie (Libyan Arab Jamahiriya v United Kingdom), Provisional Measures, Order of 14.4.1992, ICJ Reports 1992, 15, para 38.

1391 Doehring, Völkerrecht[2] Rz 1169; *Frowein/Krisch* in *Simma*, Charter Art 41 Rz 17–19; *Maierhöfer*, „Aut dedere - aut iudicare" 332.

1392 *Frowein/Krisch* in *Simma*, Charter Int to Chap VII Rz 29; *Maierhöfer*, „Aut dedere - aut iudicare" 332.

1393 *Maierhöfer*, „Aut dedere - aut iudicare" 334.

Hinsichtlich zukünftig drohender Auslandstaten kann ein Staat jedoch ermächtigt oder verpflichtet werden seine Gerichtsbarkeit auf diese zu erstrecken.[1394]

F. Ius cogens

Nach der hM[1395] zählen die Achtung elementarer Menschenrechte, das Verbot des Völkermordes und der Folter und die Achtung des humanitären Völkerrechts zu den *ius-cogens*-Normen. Von einigen Autoren[1396] wird die Meinung vertreten, dass sich aus dem *ius cogens*-Charakter der internationalen Verbrechen eine *aut dedere aut iudicare*-Verpflichtung für diese Verbrechen ergibt.[1397] Dies wird einerseits damit argumentiert, dass aufgrund des zwingenden Charakters der *ius cogens*-Normen die Verletzung einer solchen das Entstehen einer *erga omnes*-Verpflichtung für alle Staaten zur Strafverfolgung oder Auslieferung eines mutmaßlichen Täters zur Folge hat.[1398] Andererseits wird der Verpflichtung zur Strafverfolgung oder Auslieferung selbst *ius cogens*-Status zugeschrieben.[1399] Zur Untermauerung ihrer These wird von diesen Autoren die Entscheidung des ICTY im Furundžija-Fall[1400] und die *advisory opinion* des IGH im Fall *Legal*

1394 *Maierhöfer*, „Aut dedere - aut iudicare" 334 f.

1395 *Bantekas*, ICL[4] 6, 204, 230; *Cryer ua, ICL*[2] 93, 204, 251; *Herdegen*, Völkerrecht § 16 Rz 14; *Kau* in *Vitzthum/Proelß*, Völkerrecht[7] Rz 49; *Doehring*, Völkerrecht[2] Rz 300; *Heintschel von Heinegg* in *Ipsen*, Völkerrecht[6] § 15 Rz 59; hinsichtlich des Völkermordes: *Cassese*, ICL[3] 113; *Werle*, Völkerstrafrecht[3] Rz 753; IGH, Armed Activities on the Territory of the Congo (New Application: 2002) (Democratic Republic of the Congo v Rwanda), Jurisdiction and Admissibility, Judgment of 3.2.2006, ICJ Reports 2006, 31 f, para 64; IGH, Application of the Convention on the Prevention and Punishment of the Crime of Genocide (Bosnia and Herzegovina v Serbia and Montenegro), Judgment of 26.2.2007, ICJ Reports 2007, 110 f, para 161; ICTY, Trial Chamber, Jelisić (IT-95-10), Judgment of 14.12.1999, para 60; ICTY, Trial Chamber, Krstić (IT-98-33), Judgment of 2.8.2001, para 541. Hinsichtlich Folter: ICTY, Trial Chamber, Furundžija (IT-98-17/1), Judgment of 10.12.1998, para 153.

1396 *Bassiouni* in FS Triffterer 729; *Bassiouni*, L&CP 1996, 65 f; *Paust*, HJIL 1989, 337 ff; *Stevens*, VJIL 1999, 447 ff.

1397 *Cryer ua, ICL*[2] 72; *Mitchell*, Aut Dedere Aut Judicare Kap 1 Rz 75 (Onlineabfrage); *ILC*, UN Doc A/CN.4/648, para 92; *Plachta*, MJ 1999, 333; *Scharf*, MPEPIL, para 14 (Onlineabfrage); *Van Steenberghe*, JICJ 2011, 1092.

1398 *Cryer ua, ICL*[2] 72; *Mitchell*, Aut Dedere Aut Judicare Kap 1 Rz 75 (Onlineabfrage); *Stevens*, VJIL 1999, 450.

1399 *Bassiouni*, L&CP 1996, 63, 65; *Mitchell*, Aut Dedere Aut Judicare Kap 1 Rz 81 (Onlineabfrage); *Stevens*, VJIL 1999, 447 ff.

1400 ICTY, Trial Chamber, Furundžija (IT-98-17/1), Judgment of 10.12.1998, para 156.

Consequences of the Construction of a Wall in the Occupied Palestinian Territory herangezogen.[1401] Ersterer Theorie wird entgegengehalten, dass sich aus der Furundžija-Entscheidung nur eine Berechtigung zur Ausübung universeller Gerichtsbarkeit und zur Verfolgung oder Auslieferung eines mutmaßlichen Täters internationaler Verbrechen, nicht jedoch eine Verpflichtung zur Strafverfolgung oder Auslieferung ergibt.[1402] Des Weiteren wird vertreten, dass die Verpflichtung zur Strafverfolgung oder Auslieferung keineswegs eine Rechtsfolge ist, die sich aus dem *ius cogens*-Charakter oder der *erga omnes*-Verpflichtungswirkung der internationalen Verbrechen ableiten lässt.[1403] Der Theorie des *ius cogens*-Charakters des *aut dedere aut iudicare*-Grundsatzes wird mit dem Argument widersprochen, dass wie bei gewöhnlichem Völkergewohnheitsrecht auch für die Entstehung von *ius cogens* eine – derzeit jedoch nicht vorliegende – weitgehende Staatenpraxis Voraussetzung ist,[1404] mit dem einzigen Unterschied, dass ein Staat die Bindung an eine *ius cogens*-Norm nicht dadurch verhindern kann, dass er sich von Anfang an deren Anwendung beharrlich widersetzt (sog *persistent objector*).[1405] Heutzutage – wird dabei argumentiert – stehe der *ius cogens*-Charakter von internationalen Verbrechen zwar außer Frage, daraus könne aber nicht automatisch geschlossen werden, dass die diese Verbrechen betreffende Verpflichtung zur Strafverfolgung oder Auslieferung derselbe Status zukommt.[1406] Es gibt zahlreiche Beweise, die gegen einen solchen *ius cogens*-Charakter der *aut dedere aut*

1401 *Amnesty International, Aut dedere aut judicare* 22 (Onlineabfrage); *ILC*, UN Doc A/CN.4/648, para 93; *Scharf*, MPEPIL, para 18 (Onlineabfrage); *Mitchell*, Aut Dedere Aut Judicare Kap 1 Rz 79 (Onlineabfrage).

1402 *Mitchell*, Aut Dedere Aut Judicare Kap 1 Rz 79 (Onlineabfrage); ähnlich auch *Paulus*, Gemeinschaft 352 f. Siehe auch IGH, Barcelona Traction, Light and Power Company, Limited, Judgment of 15.2.1970, ICJ Reports 1970, 32, para 33.

1403 *Kadelbach*, JZ 2001, 982; *Maierhöfer*, „Aut dedere – aut iudicare" 318; *Maierhöfer*, EuGRZ 2002, 397 f; *Paulus*, Gemeinschaft 352 f.

1404 Für das Vorliegen einer einheitlichen Staatenpraxis und Rechtsüberzeugung als Voraussetzung für die Entstehung von *ius cogens*: *Herdegen*, Völkerrecht[7] § 16 Rz 14; *Higgins*, Problems 21 f; *Heintschel von Heinegg* in *Ipsen*, Völkerrecht[6] §15 Rz 42; *Kempen/Hillgruber*, Völkerrecht[2] § 14 Rz 129 f; *Maierhöfer*, „Aut dedere – aut iudicare" 244, 309 f, 309 FN 850; *Paulus*, Gemeinschaft 341 f.

1405 *Cryer*, Prosecuting 110–117; *Mitchell*, Aut Dedere Aut Judicare Kap 1 Rz 82 (Onlineabfrage); *Larsaeus*, Nord J Int Law 2004, 91; *Scharf*, MPEPIL, para 20 (Onlineabfrage); siehe auch *Simma/Wittich* in *Reinisch*, Völkerrecht[5] Rz 174; aM *Stevens*, VJIL 1999, 448.

1406 *Mitchell*, Aut Dedere Aut Judicare Kap 1 Rz 83 (Onlineabfrage); *Scharf*, MPEPIL, para 21 (Onlineabfrage); im Ergebnis auch *Van Steenberghe*, JICJ 2011, 1092.

iudicare-Bestimmungen sprechen, insbesondere, dass bereits von zahlreichen Staaten mutmaßlichen Tätern solcher internationaler Verbrechen Amnestie oder Asyl gewährt worden ist, ohne dass andere Staaten dagegen protestiert hätten.[1407] Des Weiteren ist in der Rechtsprechung, ua vom IGH im *Arrest Warrant*-Fall[1408], bereits mehrfach anerkannt, dass der *ius cogens*-Status einer Norm der Anwendbarkeit der Immunitätsbestimmungen für Staatsoberhäupter – sowohl in Straf- als auch in Zivilverfahren – nicht entgegenstehe.[1409] Die einzige Möglichkeit zu diesem Ergebnis zu gelangen, liege darin, der Verpflichtung zur Strafverfolgung keinen *ius cogens*-Charakter zuzuschreiben, da diese ansonsten gegenüber den Immunitätsbestimmungen Vorrang genießen würde und damit keine Immunität gewährt werden könnte.[1410]

Ius cogens Normen sind nach Art 53 WVK Normen, von denen nicht abgewichen werden darf. Rechtsfolge des *ius cogens* ist gem *leg cit* die Nichtigkeit von Verträgen, die gegen dieses zwingende Recht verstoßen.[1411] *Erga omnes*-Verpflichtungen müssen nicht nur gegenüber einem bestimmten Vertragspartner, sondern gegenüber sämtlichen Vertragspartnern bzw hinsichtlich völkergewohnheitsrechtlicher Verpflichtungen gegenüber allen anderen Staaten erfüllt werden.[1412] (Vertrags-) Verletzungen können daher auch vom nicht unmittelbar betroffenen/verletzten Staat geltend gemacht werden.[1413] Dieses Konzept wurde vom IGH im *Barcelona Traction*-Fall anerkannt, jedoch ging der IGH nicht darauf ein, welche konkreten Mittel von Staaten als Reaktion auf die Verletzung solcher Verpflichtungen ergriffen

---

1407 *Cryer ua*, ICL² 72; *Scharf*, MPEPIL, para 21 (Onlineabfrage); siehe auch *Mitchell*, Aut Dedere Aut Judicare Kap 1 Rz 80 (Onlineabfrage).

1408 IGH, Arrest Warrant of 11 April 2000 (Democratic Republic of the Congo v Belgium), Judgment of 14.2.2002, ICJ Reports 2002, 24 ff, para 58 ff.

1409 *Scharf*, MPEPIL, para 21 (Onlineabfrage).

1410 *Scharf*, MPEPIL, para 21 (Onlineabfrage).

1411 Art 53, 64 WVK; siehe auch *Binder/Zemanek* in *Reinisch*, Völkerrecht⁵ Rz 362 f; Doehring, Völkerrecht² Rz 301; *Heintschel von Heinegg* in *Ipsen*, Völkerrecht⁶ § 16 Rz 46; *Herdegen*, Völkerrecht⁷ § 16 Rz 15; *Kadelbach*, AVR 2006, 251; *Verdross/Simma*, Völkerrecht³ § 525.

1412 *Hafner/Wittich* in *Reinisch*, Völkerrecht⁵ Rz 2521; *Heintschel von Heinegg* in *Ipsen*, Völkerrecht⁶ § 13 Rz 28; *Kempen/Hillgruber*, Völkerrecht² § 14 Rz 131; *Paulus*, Gemeinschaft 380.

1413 *Doehring*, Völkerrecht² Rz 988 f; *Hafner/Wittich* in *Reinisch*, Völkerrecht⁵ Rz 2521; siehe auch Art 48 Draft articles on Responsibility of States for Internationally Wrongful Acts, YILC 2001, vol II, Part 2.

werden können.[1414] Die Rechtsfolgen von *erga omnes*-Verpflichtungen sind umstritten.[1415] Die *Draft Articles on State Responsibility* der *ILC*[1416] – welche überwiegend bestehendes Völkergewohnheitsrecht kodifizieren[1417] – regeln Rechtsfolgen der schweren Verletzung zwingender Verpflichtungen.[1418] Der Text enthält die Pflicht zur Setzung kollektiver Maßnahmen sowie das Verbot, Situationen, die durch derartige Rechtsverletzungen geschaffen wurden, für rechtmäßig anzuerkennen.[1419] Die Beendigung eines rechtswidrigen Aktes und Unterlassungsgarantien dürfen dabei alle Staaten geltend machen, denen eine Pflicht geschuldet wird, wenn der Schutz eines kollektiven Interesses bezweckt wird.[1420] Offen bleibt im ILC-Text, ob nicht unmittelbar betroffene Staaten ein Recht auf die Ergreifung von Gegenmaßnahmen haben.[1421] Bezüglich dieser Fragestellung konnte innerhalb der Staatengemeinschaft keine einheitliche Meinung erzielt werden.[1422] Von einigen Autoren[1423] wird jedoch argumentiert, dass sich aus der *erga omnes*-Verpflichtungswirkung die Zulässigkeit zur Setzung von Gegenmaßnahmen durch Drittstaaten ableiten lässt. Die nationale Strafverfolgung internationaler Verbrechen wird dabei als eine geeignete Gegenmaßnahme angesehen.[1424] Die Frage nach dem Verhältnis zwischen *ius cogens*-Normen und *erga omnes*-Verpflichtungen ist sehr umstritten.[1425] Das Meinungsspektrum reicht von der Annahme der Deckungsgleichheit beider

---

1414 Der IGH beschreibt diese Verpflichtungen als „(…) obligations of a State towards the international community as a whole" und „concern of all States", hinsichtlich derer „all States (…) have a legal interest in their protection" (Barcelona Traction, Light and Power Company, Limited, Judgment of 15.2.1970, ICJ Reports 1970, 32, para 33). *Hafner/Wittich* in *Reinisch*, Völkerrecht[5] Rz 2521; *Tams*, Obligations 97.

1415 *Doehring*, Völkerrecht[2] Rz 989; *Paulus*, Gemeinschaft 385.

1416 Siehe Art 40, 41, 48 Draft articles on Responsibility of States for Internationally Wrongful Acts, YILC 2001, vol II, Part 2.

1417 *Hafner/Wittich* in *Reinisch*, Völkerrecht[5] Rz 2421.

1418 *Hafner/Wittich* in *Reinisch*, Völkerrecht[5] Rz 2512; *Paulus*, Gemeinschaft 407.

1419 Art 41 Draft articles on Responsibility of States for Internationally Wrongful Acts, YILC 2001, vol II, Part 2; *Hafner/Wittich* in *Reinisch* Rz 2512.

1420 Art 48 Draft articles on Responsibility of States for Internationally Wrongful Acts, YILC 2001, vol II, Part 2; *Hafner/Wittich* in *Reinisch*, Völkerrecht[5] Rz 2512.

1421 *Hafner/Wittich* in *Reinisch*, Völkerrecht[5] Rz 2563.

1422 *Hafner/Wittich* in *Reinisch*, Völkerrecht[5] Rz 2563.

1423 *Ambos*, Straflosigkeit 194 f; *Hofmann*, ZaöRV 1985, 227 f; *Kokott*, ZaöRV 1987, 530; *Mohr* in *Hankel/Stuby* 413 f; *Murschetz*, Auslieferung 38.

1424 *Murschetz*, Auslieferung 38; ähnlich auch *Ambos*, Straflosigkeit 195.

1425 *Paulus*, Gemeinschaft 413.

Rechtsfiguren[1426] über die Theorie, dass neben anderen auch zwingende Normen *erga omnes*-Verpflichtungen erzeugen,[1427] bis hin zur Ansicht, beides seien völlig verschiedene Rechtsfiguren[1428].[1429] Da internationale Verbrechen nicht nur zu den *ius cogens*-Normen zählen,[1430] sondern auch eine Verpflichtungswirkung *erga omnes* entfalten,[1431] muss für den Zweck der hier relevanten Fragestellung nicht näher auf das Verhältnis der beiden Rechtsfiguren zueinander eingegangen werden.

Weder die Qualifizierung völkerrechtlicher Verbrechen als *ius cogens* noch als Verpflichtungen *erga omnes* hat zur Folge, dass mutmaßliche Täter solcher Verbrechen strafverfolgt oder ausgeliefert werden müssen. Sowohl Art 48 der *Draft Articles on State Responsibility* als auch der ICTY in seinem Furundžija-Urteil gehen nach dem Wortlaut eindeutig nur von einer Berechtigung zu bestimmten Reaktionsmöglichkeiten, nicht jedoch von einer Verpflichtung der Staaten zur Strafverfolgung oder Auslieferung aus.[1432] Auch unter der Annahme, Strafverfolgung würde eine zulässige

---

1426 Für die Deckung von *erga omnes*-Verpflichtungen und *ius cogens*: *Hofmann*, ZaöRV 1985, 219 f; *Malanczuk*, ZaöRV 1983, 743.

1427 Abi-Saab, EJIL 1999, 348; *Gaja*, RdC 1981, 281; *Günther*, Klagebefugnis 111–114.

1428 *Ragazzi*, Concept 214.

1429 *Paulus*, Gemeinschaft 413 f. Zum Verhältnis zwischen *ius cogens*-Normen und *erga omnes*-Verpflichtungen eingehend *Kadelbach* in *Tomuschat/Thouvenin*, Rules 35 ff; *Paulus*, Gemeinschaft 413 ff.

1430 Dazu siehe oben FN 1395.

1431 Zur *erga omnes*-Verpflichtungswirkung des Völkermordes: *Kadelbach*, JZ 2001, 982; *Ragazzi*, Concept 92 ff; Barcelona Traction, Light and Power Company, Limited, Judgment of 15.2.1970, ICJ Reports 1970, 32, para 34. Für die Qualifizierung von in größerem Umfang begangene schwere Menschenrechtsverletzungen als *erga omnes*-Verpflichtung: *Oellers-Frahm*, AVR 1992, 31 f; für den *erga omnes*-Charakter aller in der Allgemeinen Erklärung der Menschenrechte von 1948 angeführten Menschenrechte: *Dinstein*, AVR 1992, 16 ff. Hinsichtlich Folter: ICTY, Trial Chamber, Furundžija (IT-98-17/1), Judgment of 10.12.1998, para 151; betreffend das humanitäre Völkerrecht: ICTY, Trial Chamber, Kupreškić et al (IT-95-16), Judgment of 14.1.2000, para 23; Legal Consequences of the Construction of a Wall in the Occupied Palestinian Territory, Advisory Opinion, ICJ Reports 2004, 199, para 155.

1432 In Art 48 Draft articles on Responsibility of States for Internationally Wrongful Acts heißt es "Any State other than an injured State is *entitled* to invoke the responsibility of another State (…)" (YILC 2001, vol II, Part 2; Hervorhebung durch die Autorin), im Urteil des ICTY: „(…) one of the consequences of the *jus cogens* character (…) is that every State is *entitled* to investigate, prosecute and punish or extradite individuals accused of torture (…)" (Trial Chamber, Furundžija (IT-98-17/1), Judgment of 10.12.1998, para 156; Hervorhebung durch die Autorin). So auch *Mitchell*, Aut Dedere Aut Judicare Kap 1 Rz 79 (Onlineabfrage).

Gegenmaßnahme darstellen, wäre der Staat zur Ergreifung derselben nur berechtigt, nicht jedoch zur Strafverfolgung oder Auslieferung verpflichtet.[1433]

Es stellt sich daher die Frage, ob die *aut dedere aut iudicare*-Verpflichtung selbst eine zwingende völkerrechtliche Norm darstellt. In der Staatenpraxis[1434] können keine Hinweise dafür gefunden werden, dass – wie in Art 53 WVK für die Entstehung von *ius cogens* gefordert – von der Staatengemeinschaft in ihrer Gesamtheit der zwingende Charakter der Verpflichtung zur Strafverfolgung oder Auslieferung bei völkerrechtlichen Verbrechen anerkannt wird. Im Gegenteil, die Gewährung von Amnestie oder Asyl bzw die Anwendbarkeit der Immunitätsbestimmungen für völkerrechtliche Verbrechen spricht sogar gegen eine Qualifikation dieses Grundsatzes als zwingendes Recht. Daher kann aus derzeitiger Sicht die *aut dedere aut iudicare*-Verpflichtung nicht als *ius cogens* angesehen werden. Ob sich eine solche Verpflichtung aus dem Völkergewohnheitsrecht ergibt, ist unabhängig davon zu betrachten.[1435]

G. Allgemeiner Rechtsgrundsatz

Manche Autoren[1436] sehen die Verpflichtung zur Strafverfolgung oder Auslieferung als allgemeinen Rechtsgrundsatz an. Gem Art 38 Abs 1 lit c des IGH-Statuts sind allgemeine Rechtsgrundsätze eine eigenständige Völkerrechtsquelle.[1437] Darunter versteht man Rechtsprinzipien, die in den Rechtsordnungen der Welt (quasi) universell anerkannt sind.[1438] Zur Feststellung der Existenz eines solchen allgemeinen Rechtsgrundsatzes ist ein Rechtsvergleich unter Berücksichtigung

1433 Selbst die Befürworter der Zulässigkeit zur Setzung von Gegenmaßnahmen durch Drittstaaten sprechen größtenteils von einer Zulässigkeit bzw einem Recht zur Ergreifung von Gegenmaßnahmen und nicht von einer Pflicht (siehe etwa *Ambos*, Straflosigkeit 194 f; *Hofmann*, ZaöRV 1985, 227 f; *Kokott*, ZaöRV 1987, 530; *Mohr* in *Hankel/Stuby* 413 f).

1434 Siehe dazu unter V.D.

1435 Siehe dazu unter V.D.

1436 *Bassiouni* in FS Triffterer 729; *Enache-Brown/Fried*, McGill LJ 1998, 631 f.

1437 *Heintschel von Heinegg* in *Ipsen*, Völkerrecht^6 § 18 Rz 1; *Kempen/Hillgruber*, Völkerrecht^2 § 15 Rz 144; *Schroeder* in *Reinisch*, Völkerrecht^5 Rz 427 f; *Verdross/Simma*, Völkerrecht^3 § 599.

1438 *Bantekas*, ICL^4, 11; *Cryer ua*, ICL^2 11; ICTY, Trial Chamber, Furundžija (IT-98-17/1), Judgment of 10.12.1998, para 178; *Heintschel von Heinegg* in *Ipsen*, Völkerrecht^6 § 18 Rz 1; *Schroeder* in *Reinisch*, Völkerrecht^5 Rz 427 f; *Verdross/Simma*, Völkerrecht^3 § 602; *Werle*, Völkerstrafrecht^3 Rz 161.

der wichtigsten Rechtskreise der Welt vorzunehmen.[1439] Die allgemeinen Rechtsgrundsätze sind gegenüber dem Völkervertrags- und Völkergewohnheitsrecht subsidiär.[1440] Somit ist zunächst zu prüfen, ob ein Rechtsgrundsatz bereits völkergewohnheitsrechtliche Geltung erlangt hat, bevor auf einen allgemeinen Rechtsgrundsatz zurückgegriffen wird.[1441] Eine solche Unterscheidung ist in der Praxis jedoch oftmals schwierig, da sich die Herausbildung von Staatenpraxis ständig im Fluss befindet.[1442] In der gegenständlichen Arbeit wird für (Bürger-) Kriegsverbrechen das Bestehen einer völkergewohnheitsrechtlichen Verpflichtung zur Strafverfolgung oder Auslieferung bejaht. An dieser Stelle wird somit nur hinsichtlich des Verbrechens des Völkermordes und der Verbrechen gegen die Menschlichkeit kurz darauf eingegangen, ob das *aut dedere aut iudicare*-Prinzip einen allgemeinen Rechtsgrundsatz darstellt. Es würde den Rahmen dieser Arbeit jedoch sprengen, hier einen umfassenden Rechtsvergleich vorzunehmen.

Zur Herausbildung von allgemeinen Rechtsgrundsätzen tragen ua staatliche Gerichte bei.[1443] Wie die untersuchte Staatenpraxis[1444] zeigt, ist der *aut dedere aut iudicare*-Grundsatz in der Rechtsprechung nationaler Gerichte keinesfalls universell anerkannt. Eine ausdrückliche Verpflichtung zur Strafverfolgung oder Auslieferung bei Völkermord bzw Verbrechen gegen die Menschlichkeit enthalten lediglich einige wenige Gesetzgebungsakte.[1445] Als Rechtserkenntnisquelle für die Feststellung allgemeiner Rechtsgrundsätze kann auch der *ILC Draft Code of Crimes against the Peace and Security of Mankind* herangezogen werden,[1446] der eine Strafverfolgungs- oder Auslieferungsverpflichtung für Völkermord und Verbrechen gegen die Menschlichkeit vorsieht.[1447]

Eine *prima facie*-Einschätzung unter Berücksichtigung der im Rahmen dieser Arbeit untersuchten Staatenpraxis lässt vermuten, dass in den Rechtsordnungen der Welt keine (quasi) universelle Anerkennung eines *aut dedere aut iudicare* für

---

1439 ICTY, Appeals Chamber, Tadić (IT-94-1), Judgment of 15.7.1999, para 225; *Schroeder* in *Reinisch*, Völkerrecht[5] Rz 430 f; *Werle*, Völkerstrafrecht[3] Rz 161.

1440 *Ambos*, Strafrecht[4] § 5 Rz 5, *Bantekas*, ICL[4] 11 f; *Cassese*, ICL[3] 9 f; *Safferling*, Strafrecht § 4 Rz 87; *Schroeder* in *Reinisch*, Völkerrecht[5] Rz 433.

1441 *Schroeder* in *Reinisch*, Völkerrecht[5] Rz 434.

1442 *Werle*, Völkerstrafrecht[3] Rz 161.

1443 *Werle*, Völkerstrafrecht[3] Rz 183.

1444 Siehe dazu oben unter V.D.2 a) und V.D.3.a).

1445 *Van Steenberghe*, JICJ 2011, 1097. Siehe dazu oben unter V.D.2.b) und V.D.3.b).

1446 ICTY, Trial Chamber, Furundžija (IT-98-17/1), Judgment of 10.12.1998, para 227; *Werle*, Völkerstrafrecht[3] Rz 181.

1447 Siehe Art 17 bzw 18 iVm Art 9 Draft Code of Crimes against the Peace and Security of Mankind.

Völkermord und Verbrechen gegen die Menschlichkeit gegeben ist und somit kein allgemeiner Rechtsgrundsatz vorliegt.

H. Die Ableitung eines aut dedere aut iudicare aus dem Gedanken einer civitas maxima

Bassiouni[1448] geht vom Bestehen einer Interessen- und Wertegemeinschaft aller Staaten (*civitas maxima*) aus, die zur Verteidigung ihrer Werte internationale Straftatbestände beinhaltende multilaterale Verträge geschlossen haben, zu deren Durchsetzung alle Staaten verpflichtet seien.[1449] Dafür sei es unabdingbar, dass sämtliche Zufluchtstaaten nach dem Grundsatz *aut dedere aut iudicare* vorgehen, unabhängig davon, ob sie sich vertraglich dazu verpflichtet haben oder überhaupt eine entsprechende vertragliche Verpflichtung besteht.[1450] Die Verpflichtung zur Strafverfolgung oder Auslieferung gilt nach *Bassiouni*[1451] somit – unabhängig vom (Nicht-)Bestehen einer entsprechenden Staatenpraxis – allein deshalb gewohnheitsrechtlich, weil es für das Funktionieren des Völkerstrafrechts und damit zur Verteidigung des Gemeinwohls erforderlich und somit den Begriffen internationales Verbrechen und internationale Gemeinschaft inhärent sei.[1452]

Das Völkerrecht beruht jedoch auf dem Willen souveräner Staaten.[1453] Dieser Wille muss in Verträgen, in der Staatenpraxis oder allen Rechtsordnungen innewohnenden gemeinsamen Grundsätzen seinen Ausdruck finden, um eine Völkerrechtsquelle iSd Art 38 des IGH Statuts darzustellen.[1454] Souveräne Staaten sind nur dann an Rechtsvorschriften gebunden, wenn sie diesen zustimmen (Konsensgrundsatz).[1455]

1448 *Bassiouni/Wise*, Aut dedere aut judicare 24 f, 34 f, 49 f, 68.

1449 *Maierhöfer*, „Aut dedere – aut iudicare" 307; *Mitchell*, Aut Dedere Aut Judicare Kap 1 Rz 21 (Onlineabfrage).

1450 *Bassiouni/Wise*, Aut dedere aut judicare 24 f, 34 f, 49 f, 68

1451 *Bassiouni/Wise*, Aut dedere aut judicare 49 f.

1452 *Maierhöfer*, „Aut dedere – aut iudicare" 308.

1453 *Maierhöfer*, „Aut dedere – aut iudicare" 312; ähnlich auch *Hillgruber*, JZ 2002, 1075.

1454 *Hillgruber*, JZ 2002, 1075; *Maierhöfer*, „Aut dedere – aut iudicare" 312; *Ipsen* in *Ipsen*, Völkerrecht[6] § 1 Rz 43 ff; *Simma/Paulus*, AJIL 1999, *Tomuschat*, RdC 1993, 209 f. So auch der StIGH in seinem Urteil im Lotus-Fall, wo ausgeführt wird: „The rules of law binding upon States therefore emanate from their own free will as expressed in conventions or by usages […]" (The Case of the SS „Lotus" (France v Turkey), Judgment of 7.9.1927, PCIJ Ser A, Nr 10, 18).

1455 *Ipsen* in *Ipsen*, Völkerrecht[6] § 1 Rz 49 f; *Maierhöfer*, „Aut dedere – aut iudicare" 312; *Reinisch/Neuhold* in *Reinisch*, Völkerrecht[5] Rz 47; *Verdross/Simma*, Völkerrecht[3] § 35.

Andere Autoren[1456] stützen sich zur Begründung der Zurückdrängung dieses Konsensprinzips nicht direkt auf die Weltgemeinschaft, sondern auf das *ius cogens*, aus dessen Höherrangigkeit sie Strafverfolgungs- oder Auslieferungspflichten[1457] oder andere Rechtsfolgen ableiten, die sich so nicht aus der Staatenpraxis ergeben, wie etwa Immunitätseinschränkungen bei Klagen von Folteropfern. Nach dem klassischen Völkerrechtsverständnis setzt die Entstehung von *ius cogens* jedoch ebenso eine entsprechende Staatenpraxis voraus.[1458]

Unabhängig davon, ob man zur Begründung des Bestehens einer vom Konsens der Staaten unabhängigen Verpflichtung zur Strafverfolgung oder Auslieferung das *civitas maxima*- oder das *ius cogens*-Argument heranzieht, resultieren aus dieser nicht nur Bestimmtheits- und Rechtssicherheitsdefizite, sondern auch ein Legitimitäts- und Effizienzdefizit.[1459] Mit der Beantwortung dieser grundlegenden Frage, ob der klassischen Völkerrechtskonzeption oder diesem modernen Völkerrechtsverständnis der Vorzug gegeben werden soll, könnten noch ausführliche Diskurse gehalten werden. Hier soll nur in aller Kürze aufgezeigt werden, welche Probleme mit dem modernen Verständnis verbunden sind, und damit begründet werden, warum in dieser Arbeit dem klassischen Völkerrechtsverständnis gefolgt wird.

Wenn die Grundwerte der Weltgemeinschaft vom Konsens der Staaten unabhängig sein sollen, stellt sich die Frage, wer ansonsten den Inhalt dieser Grundsätze bestimmt. Weltweite Abstimmungen bzw Wahlen sind aus derzeitiger Sicht utopisch.[1460] Mit Werten gehen immer auch Wertekonflikte einher,[1461] weshalb es unmöglich ist, auf Basis rationaler Mittel in allen Fällen eindeutige Ergebnisse zu erzielen.[1462] Würden Nichtregierungsorganisationen oder die völkerrechtliche Lehre diese Werte festlegen, ergäbe sich die Problematik, dass diese hierfür nicht ausreichend vom Weltvolk legitimiert wären.[1463] Außerdem hätte dies eine

1456 Siehe dazu etwa IGH, Arrest Warrant of 11 April 2000 (Democratic Republic of the Congo v Belgium), Judgment of 14.2.2002, Dissenting opinion of Judge Al-Khasawneh, ICJ Reports 2002, 98, para 7; Dissenting opinion of Judge ad hoc Van den Wyngaert, ICJ Reports 2002, 155 ff, para 28; *Nettesheim*, JZ 2002, 576; *Schultz*, ZaöRV 2002, 745 *Uerpmann*, JZ 2011, 571 ff.

1457 Zur Ableitung eines *aut dedere aut iudicare* aus dem zwingenden Völkerrecht siehe oben unter V.F.

1458 Siehe dazu oben unter V.F.

1459 Eingehender dazu *Maierhöfer*, „Aut dedere – aut iudicare“ 308 ff.

1460 Ebenso *Maierhöfer*, „Aut dedere – aut iudicare“ 312 f; *ders*, EuGRZ 2003, 550.

1461 *Kelsen*, Gerechtigkeit 15; *Paulus*, Gemeinschaft 269.

1462 *Maierhöfer*, „Aut dedere – aut iudicare“ 313.

1463 *Maierhöfer*, „Aut dedere – aut iudicare“ 315; *ders*, EuGRZ 2003, 550.

Verschärfung des ohnehin im Völkerrecht bereits bestehenden Effizienzdefizits zur Folge.[1464] Wenn die Gültigkeit des Völkerrechts (teilweise) nicht mehr vom Willen der Staaten abhängig ist, werden diese noch weniger bereit sein diesem Folge zu leisten.[1465]

1464 *Maierhöfer,* „Aut dedere – aut iudicare" 316 f; *ders*, EuGRZ 2003, 550.
1465 *Maierhöfer,* „Aut dedere – aut iudicare" 316; *ders*, EuGRZ 2003, 550.

VI. Aut dedere aut iudicare und Internationale Strafgerichtsbarkeit

Auf die wichtigsten Etappen in der Entwicklung der Internationalen Strafgerichtbarkeit wurde bereits unter II.D näher eingegangen. Im Folgenden wird dargestellt, in welchem Verhältnis die – insbesondere seit der Errichtung des Internationalen Strafgerichtshofes immer mehr an Bedeutung gewinnende – Internationale Gerichtsbarkeit zum Rechtsinstitut *aut dedere aut iudicare* steht und welche Konsequenzen sich daraus ergeben. Insbesondere wird auf die Frage eingegangen, ob ein Zufluchtstaat seine Verpflichtung zur Strafverfolgung oder Auslieferung auch durch die Überstellung an ein Internationales Gericht erfüllen kann.

Als erstes muss allerdings geklärt werden, inwieweit Überschneidungspunkte zwischen *aut dedere aut iudicare*-Verpflichtungen und der internationalen Strafgerichtbarkeit bestehen. Die Strafverfolgungs- oder Auslieferungsverpflichtungen betreffend der Kriegsverbrechen und des bei innerstaatlichen Konflikten anwendbaren humanitären Völkerrechts überschneiden sich mit der in Art 8 des ICC-Statuts[1466] festgelegten Gerichtsbarkeit für Kriegsverbrechen.[1467] Überschneidungspunkte bestehen auch zwischen Art 17 des Zweiten Zusatzprotokolls zur Kulturschutzkonvention und Art 8 Abs 2 lit b) ix) und e) iv) ICC-Statut.[1468] Bezüglich Verbrechen gegen die Menschlichkeit ist festzuhalten, dass nur hinsichtlich einzelner Verhaltensweisen, nämlich Folter und Verschwindenlassen von Personen, *aut dedere aut iudicare*-Verpflichtungen bestehen. Bezüglich dieser Bereiche kommt es daher zu Überschneidungen mit Art 7 Abs 1 lit f und lit i des ICC-Statuts.[1469] Solche Konkurrenzen bestehen hingegen bezüglich des ebenfalls der Gerichtsbarkeit des Internationalen Strafgerichtshofs unterworfenen Verbrechens des Völkermordes[1470] nicht, da – wie bereits zuvor[1471] ausführlich dargelegt – bei Völkermord für den Zufluchtstaat keine *aut dedere aut iudicare*-Verpflichtung besteht.[1472]

1466 Übersetzung Art 8 ICC-Statuts in Reinisch, Völkerrecht[5] 733 ff (D 328).

1467 *Maierhöfer*, „Aut dedere – aut iudicare" 400.

1468 *Maierhöfer*, „Aut dedere – aut iudicare" 400.

1469 *Maierhöfer*, „Aut dedere – aut iudicare" 400 f.

1470 Vgl Art 5 Abs 1 lit a ICC-Statuts in *Reinisch*, Völkerrecht[5] 731 (D 328).

1471 Siehe oben unter V.B.2 und V.D.2.

1472 *Maierhöfer*, „Aut dedere – aut iudicare" 399 f.

Einige *aut dedere aut iudicare*-Klauseln enthaltende Verträge, etwa das Internationale Übereinkommen gegen das Verschwindenlassen von Personen[1473], sehen ausdrücklich die Überstellung an ein internationales Gericht als dritte Alternative neben der Strafverfolgung und Auslieferung vor.[1474] Der Zufluchtstaat kann daher seine *aut dedere aut iudicare*-Verpflichtung durch Strafverfolgung, Auslieferung oder Überstellung an ein internationales Gericht erfüllen.[1475] In den übrigen Fällen stellt sich die Frage, ob der aus einer *aut dedere aut iudicare*-Klausel erwachsenden Verpflichtung auch durch die Überstellung an ein internationales Gericht entsprochen werden kann. Außerdem wird im Folgenden darauf eingegangen, ob ein Staat, den sowohl die Pflicht zur Überstellung an ein Internationales Gericht als auch eine *aut dedere aut iudicare*-Verpflichtung trifft, die Strafverfolgung durchzuführen oder den mutmaßlichen Täter zu überstellen hat. Des Weiteren gilt es zu klären, wie der Zufluchtstaat vorzugehen hat, wenn ihm sowohl ein Auslieferungsersuchen eines anderen Staates als auch ein Überstellungsersuchen des Internationalen Strafgerichtshofes vorliegen.

A. Erfüllung der aut dedere aut iudicare-Verpflichtung durch Überstellung an ein internationales Gericht

Wenn ein Zufluchtstaat eine *aut dedere aut iudicare*-Klausel zu erfüllen hat, welche nicht ausdrücklich die Überstellung an ein internationales Gericht als dritte Alternative neben der Strafverfolgung und Auslieferung vorsieht, stellt sich die Frage, ob der Zufluchtstaat seine *aut dedere aut iudicare*-Verpflichtung verletzt, wenn er den Täter an ein internationales Gericht überstellt.[1476] In einem solchen Fall hat er den Täter nämlich streng genommen weder strafrechtlich verfolgt noch ausgeliefert.[1477] Richterin *Xue* setzte sich mit dieser Fragestellung in ihrer *Dissenting Opinion* zum Urteil Belgien gegen Senegal auseinander und kam zu dem Schluss, dass die in Art 7 (1) der UN-Folterkonvention enthaltene Verpflichtung auch durch die Überstellung an ein internationales Gericht erfüllt werden

---

1473 Siehe dazu unter V.B.3.b).

1474 *ILC*, UN-Doc A/69/10, para 65 (27).

1475 *ILC*, UN-Doc A/69/10, para 65 (35).

1476 *Maierhöfer*, „Aut dedere – aut iudicare" 403.

1477 *Maierhöfer*, „Aut dedere – aut iudicare" 403. Siehe dazu die Begriffsdefinition von „überstellen" und „ausliefern" in Art 102 des ICC-Statuts. Zum Unterschied zwischen den Rechtsinstituten der Auslieferung und der Überstellung siehe auch bei *Swart* in *Cassese/Gaeta/Jones*, Statute 1678 ff.

kann.[1478] Weder die Konvention noch die Staatenpraxis würde ein solches Vorgehen verbieten.[1479] *Maierhöfer*[1480] geht ebenfalls davon aus, dass im Falle einer Überstellung an den ICC kein Völkerrechtsverstoß vorliegt. Seiner Ansicht nach leitet der ICC seine Strafgewalt von denjenigen Staaten ab, die aufgrund eines *genuine links*[1481] zur Tat originäre Strafgewalt über diese besitzt. Der ICC ist gem Art 12 Abs 2 ICC-Statut nämlich nur dann zur Strafverfolgung berufen, wenn die Tat auf dem Territorium oder von einem Staatsangehörigen eines Vertragsstaates begangen wurde.[1482] Die Auslieferung an einen solchen Staat mit originärer Strafgewalt wäre nach *Maierhöfer*[1483] ein ordnungsgemäßes *dedere*, womit die aus der *aut dedere aut iudicare*-Klausel erwachsende Verpflichtung erfüllt würde. Wenn somit ein Staat seine originäre Strafgewalt an den ICC durch Beitritt zu dessen Statut überträgt, wird konsequenterweise die *aut dedere aut iudicare*-Verpflichtung auch durch Überstellung an dieses Internationale Gericht erfüllt.[1484] Im Ergebnis stimmen die beiden somit darin überein, dass die *aut dedere aut iudicare*-Verpflichtung auch durch Überstellung an ein Internationales Gericht erfüllt werden kann.

Somit gelangt man durch eine teleologische Interpretation der *aut dedere aut iudicare*-Klauseln in Übereinstimmung mit Art 31 WVK[1485] zu dem Ergebnis, dass auch in jenen Fällen, in denen die dritte Alternative nicht ausdrücklich in einem Vertrag vorgesehen ist, der *aut dedere aut iudicare*-Verpflichtung durch Überstellung an ein Internationales Gericht entsprochen werden kann.[1486] Zur Ermittlung von Ziel und Zweck eines Vertrages sind der Vertragstext, die Präambeln sowie etwaige Anhänge heranzuziehen.[1487] Wie bereits dargelegt, liegt der wesentliche Zweck des *aut dedere aut iudicare*-Grundsatzes nämlich darin, grenzüberschreitende Strafverfolgung sicherstellen und somit zu verhindern,

---

1478 IGH, Questions relating to the Obligation to Prosecute or Extradite (Belgium v Senegal), Judgment of 20.7.2012, Dissenting Opinion of Judge Xue, ICJ Reports 2012, 582, para 42.

1479 IGH, Questions relating to the Obligation to Prosecute or Extradite (Belgium v Senegal), Judgment of 20.7.2012, Dissenting Opinion of Judge Xue, ICJ Reports 2012, 582, para 42.

1480 *Maierhöfer*, „Aut dedere - aut iudicare“ 403.

1481 Siehe dazu unter III.B.1.

1482 *Maierhöfer*, „Aut dedere - aut iudicare“ 403.

1483 *Maierhöfer*, „Aut dedere - aut iudicare“ 403.

1484 *Maierhöfer*, „Aut dedere - aut iudicare“ 403.

1485 Übersetzung abgedruckt in *Reinisch*, Völkerrecht[5] 57 (D 9).

1486 Ähnlich auch *Council of Europe*, Extradition 119 (Onlineabfrage).

1487 *Heintschel von Heinegg* in *Ipsen*, Völkerrecht[6] § 12 Rz 15.

dass sich ein Straftäter der Strafverfolgung durch Flucht ins Ausland entziehen kann.[1488] Dieses Ziel, durch Kooperation Straflosigkeit zu verhindern bzw das Verbrechen effektiver bekämpfen zu können, ergibt sich eindeutig aus den Präambeln der im Rahmen dieser Arbeit relevanten Verträge.[1489] Diesem Zweck kann sowohl mittels Strafverfolgung durch nationale als auch durch internationale Gerichte Rechnung getragen werden. Dabei spielt es keine Rolle, aufgrund welcher Rechtsgrundlage die internationalen Gerichte geschaffen wurden.[1490] Der Zufluchtstaat kann seine Verpflichtung also nicht nur durch Überstellung an den ICC, ICTY und ICTR, sondern auch an die sog hybriden Tribunale erfüllen. Sofern der mutmaßliche Täter durch eines dieser (internationalen) Gerichte strafrechtlich verfolgt wird, trägt dies nämlich dazu bei, das durch die *aut dedere aut iudicare*-Klauseln verfolgte Ziel der Sicherstellung der Strafverfolgung durch die Abschaffung sicherer Zufluchtsorte[1491] zu erreichen. Hinsichtlich der Genfer Konvention wurde zuvor[1492] bereits festgestellt, dass sich die Zulässigkeit einer Überstellung an ein Internationales Gericht aus den vorbereitenden Arbeiten ableiten lässt. Eine Erfüllung des völkergewohnheitsrechtlichen *aut dedere aut iudicare* bei Bürgerkriegsverbrechen ist auch durch Überstellung an ein internationales Gericht möglich. Dies ergibt sich aus der Staatenpraxis:[1493]

1488 *Bassiouni/Wise*, Aut dedere aut judicare 26; IGH, Questions relating to the Obligation to Prosecute or Extradite (Belgium v Senegal), Judgment of 20.7.2012, 443 f, para 50; *ILC*, UN Doc A/CN.4/L.829, para 2; *ILC*, UN-Doc A/69/10, para 65 (1), (24); *Maierhöfer*, „Aut dedere – aut iudicare" 31. Siehe dazu auch unter III.A.

1489 In der UN-Antisöldnerkonvention heißt es „Convinced of the necessity to develop and enhance international co-operation among States for the prevention, prosecution and punishment of such offences" (UN Treaty Series, vol 2163, 132). Die Präambel der OAS-Antisöldnerkonvention lautet auszugsweise wie folgt: „Convinced that total solidarity and co-operation between Member States are indispensable for putting an end to the subversive activities of mercenaries in Africa" (UN Treaty Series, vol 1490, 96). Das Internationales Übereinkommen gegen das Verschwindenlassen definiert das Ziel des Abkommens wie folgt: „Determined to prevent enforced disappearances and to combat impunity for the crime (…)" (BGBl III 2012/104). In der OAS-Konvention gegen das Verschwindenlassen heißt es „Hoping that this Convention may help to prevent, punish, and eliminate the forced disappearance of persons (…)" (OAS Treaty Series No 68). Der UN-Folterkonvention liegt der Wunsch zugrunde „(…) to make more effective the struggle against torture (…) throughout the world" (BGBl 1987/182, 2752).

1490 Siehe dazu unter II.D.5 bis 7.

1491 Siehe dazu unter III.A.

1492 Siehe oben unter V.B.1.a).

1493 Siehe dazu oben unter V.D.1.a).

Mutmaßliche Täter von Bürgerkriegsverbrechen sind wiederholt auf Druck der Staatengemeinschaft an internationale Gerichte überstellt worden.[1494]

Um Unklarheiten über die Zulässigkeit der Überstellung an ein internationales Gericht künftig zu vermeiden und der stetig steigenden Bedeutung der internationalen Gerichte für die Strafverfolgung von völkerrechtlichen Verbrechen Rechnung zu tragen, sollte bei der Ausgestaltung neuer *aut dedere aut iudicare*-Klauseln die Überstellung als dritte Alternative aufgenommen werden.[1495]

B. Die Pflicht zur Überstellung an ein internationales Strafgericht und die Berechtigung zur Ausübung der Gerichtsbarkeit durch den Zufluchtstaat

Wie bereits ausgeführt, gelangt nach den Statuten des ICTY und ICTR in Kollisionsfällen der Grundsatz des Vorrangs internationaler Strafgerichtsbarkeit zur Anwendung.[1496] Somit ist dem Zufluchtstaat die Strafverfolgung verwehrt, wenn vor dem ICTY oder dem ICTR ein Verfahren gegen denselben Täter eingeleitet wurde oder wird.[1497] Da die Satzungen des ICTY und des ICTR vom UN-Sicherheitsrat aufgrund Kapitel VII UN-Charta erlassen wurden,[1498] genießt die Verpflichtung zur Überstellung an diese beiden Tribunale gem Art 25 iVm Art 103 UN-Charta Vorrang gegenüber allen völkerrechtlichen Verpflichtungen und damit auch dem *aut dedere aut iudicare*-Grundsatz.[1499] Somit hat der Zufluchtstaat den mutmaßlichen Täter jedenfalls an den ICTY oder ICTR zu überstellen und darf nicht selbst die Strafverfolgung durchführen.

Das in Art 17 ICC-Statut vorgesehene Komplementaritätsprinzip schreibt hingegen grundsätzlichen keinen Vorrang gegenüber der nationalen Gerichtsbarkeit

---

1494 Siehe dazu insbesondere der Fall Taylor, dazu unter V.D.1.a)(10) und die Verfolgung von Bürgerkriegsverbrechen durch die Balkanstaaten, dazu unter V.D.1.a)(14).

1495 Ähnlich auch *ILC*, UN-Doc A/69/10, para 65 (29) und *Maierhöfer*, „Aut dedere – aut iudicare" 403.

1496 *Cassese*, ICL[3] 293; *Esser*, Strafrecht § 17 Rz 16, § 18 Rz 18; *Hafner/Wittich* in *Reinisch*, Völkerrecht[5] Rz 2609; *Werle*, Völkerstrafrecht[3] Rz 260. Siehe dazu genauer oben unter II.E.2.

1497 *Maierhöfer*, „Aut dedere – aut iudicare" 402.

1498 Die Errichtung des ICTY erfolgte durch SR-Res 827 vom 25.5.1993, die des ICTR durch SR-Res 955 vom 8.11.1994. Siehe dazu bei *Mayr-Singer* in *Schroeder/Mayr-Singer*, Völkerstrafrecht 57.

1499 *Maierhöfer*, „Aut dedere – aut iudicare" 402; ähnlich auch *Swart* in *Cassese/Gaeta/Jones*, Statute 1664; f siehe hinsichtlich eines möglichen Jurisdiktionskonfliktes mit dem ICC *Mayr-Singer* in *Schroeder/Mayr-Singer*, Völkerstrafrecht 61.

fest.[1500] In Kollisionsfällen kann der Zufluchtstaat daher den mutmaßlichen Täter ernsthaft strafrechtlich verfolgen, wodurch er seine *aut dedere aut iudicare*-Verpflichtung erfüllt und ein Verfahren vor und damit auch die Überstellung des mutmaßlichen Täters an den ICC unzulässig wird.[1501]

Da die Rechtsgrundlage der sog hybriden Tribunale nationales Recht ist,[1502] diese also im Unterschied zum ICTY und ICTR nicht vom UN-Sicherheitsrat aufgrund Kapitel VII UN-Charta errichtet wurden,[1503] genießt die Verpflichtung zur Überstellung an diese Tribunale keinen Vorrang gegenüber dem *aut dedere aut iudicare*-Grundsatz. Somit ist der Zufluchtstaat im Kollisionsfall berechtigt selbst die Strafverfolgung durchzuführen.

C. Die Pflicht zur Überstellung an ein internationales Strafgericht und die Berechtigung des Zufluchtstaates zur Auslieferung an einen Drittstaat

Da die Verpflichtung zur Überstellung an den ICTY und ICTR – wie bereits ausgeführt – gem Art 25 iVm Art 103 UN-Charta Vorrang gegenüber allen Vertragspflichten und damit auch dem *aut dedere aut iudicare*-Klauseln genießt,[1504] muss der Zufluchtstaat den mutmaßlichen Täter unabhängig von allfälligen Auslieferungsersuchen an den ICTY oder ICTR überstellen.[1505]

1500 *Cassese*, ICL[3] 296 f; *Esser*, Strafrecht § 19 Rz 22; *Hafner/Wittich* in *Reinisch*, Völkerrecht[5] Rz 2618; *Maierhöfer*, „Aut dedere - aut iudicare" 403; *Mayr-Singer* in *Schroeder/Mayr-Singer*, Völkerstrafrecht 59 f; *Safferling*, Strafrecht § 4 Rz 11, § 7 Rz 22 ff; *Satzger*, Strafrecht[7] § 14 Rz 17; *Werle*, Völkerstrafrecht[3] Rz 263. Siehe dazu auch unter II.E.3.

1501 *Cassese*, ICL[3] 296 f; *Esser*, Strafrecht § 19 Rz 22; *Hafner/Wittich* in *Reinisch*, Völkerrecht[5] Rz 2618; *Maierhöfer*, „Aut dedere - aut iudicare" 403; *Satzger*, Strafrecht[7] § 14 Rz 17; *Werle*, Völkerstrafrecht[3] Rz 263 f.

1502 Siehe dazu unter II.D.7 und II.E.4.

1503 *Bienk-Koolman*, Sicherheitsrat 400. Zum gegenseitigen Vergleich dieser hybriden Tribunale bzw dieser mit den *ad-hoc*-Tribunalen siehe bei *Bienk-Koolman*, Sicherheitsrat 366 (hinsichtlich des SCSL), 373 (hinsichtlich der ECCC), 379 f, 384 f (hinsichtlich der SPSC), 390 (hinsichtlich der WCC), 392 f (hinsichtlich des *IHT*), 411 f (hinsichtlich des STL).

1504 *Maierhöfer*, „Aut dedere - aut iudicare" 402; siehe hinsichtlich eines möglichen Jurisdiktionskonfliktes mit dem ICC *Mayr-Singer* in *Schroeder/Mayr-Singer*, Völkerstrafrecht 61.

1505 *Maierhöfer*, „Aut dedere - aut iudicare" 404.

Art 90 des ICC-Statuts trifft eine Regelung für den Fall konkurrierender Ersuchen.[1506] Wenn ein Auslieferungsersuchen eines Mitgliedstaates des Rom-Statuts und ein Überstellungsersuchen des ICC vorliegt, greift die Regelung des Art 90 Abs 2 ICC-Statut:[1507] Sofern der ICC das bei ihm anhängige Verfahren für zulässig erachtet, besteht ein Vorrang des Überstellungsersuchens.[1508] Voraussetzung für die Zulässigkeit ist nach dem Komplementaritätsgrundsatz[1509] (Art 17 ICC-Statut), dass der ersuchende Staat nach Ansicht des ICC nicht Willens oder in der Lage ist den Täter zu verfolgen.[1510] Durch diesen Vorrang wird der ersuchende Staat nicht in seinen Rechten verletzt, da dieser durch die Ratifizierung des Rom-Statuts der Regelung in Art 90 Abs 2 ICC-Statut selbst zugestimmt hat.[1511] Vertritt der ICC jedoch die Auffassung, dass hinter dem Auslieferungsersuchen ein ernsthaftes Bemühen um Strafverfolgung steht, ist das Verfahren vor dem ICC gem Art 17 ICC-Statut unzulässig und somit das Überstellungsersuchen hinfällig.[1512] In diesem Fall kann der Zufluchtstaat, ohne das Rom-Statut zu verletzen, an den ersuchenden Staat ausliefern.[1513]

Art 90 Abs 4 und 6 ICC-Statut regeln den Fall, dass ein Auslieferungsersuchen eines Nichtmitgliedstaates des Rom-Statuts und ein Überstellungsersuchen des ICC vorliegt.[1514] Wenn der Zufluchtstaat gegenüber dem ersuchten Staat völkerrechtlich zur Auslieferung verpflichtet ist, dann kann der Zufluchtstaat gem Art 90 Abs 6 ICC-Statut frei wählen, welchem Ersuchen er stattgibt.[1515] Trifft den Zufluchtstaat hingegen keine solche völkerrechtliche Verpflichtung, kommt es wiederum darauf an, ob der ICC gem Art 17 ICC-Statut das Verfahren für zulässig hält.[1516] Ist er der

---

1506 *Kreß/Prost* in *Triffterer*, Statute Art 90 Rz 5; *Maierhöfer*, „Aut dedere – aut iudicare" 404; *Schabas*, Commentary Rome Statute 1003.

1507 *Kreß/Prost* in *Triffterer*, Statute Art 90 Rz 7; *Maierhöfer*, „Aut dedere – aut iudicare" 404; *Schabas*, Commentary Rome Statute 1004.

1508 *Kreß/Prost* in *Triffterer*, Statute Art 90 Rz 9; *Maierhöfer*, „Aut dedere – aut iudicare" 404 f; *Schabas*, Commentary Rome Statute 1004.

1509 Siehe dazu auch unter II.E.3.

1510 *Kreß/Prost* in *Triffterer*, Statute Art 90 Rz 8; *Maierhöfer*, „Aut dedere – aut iudicare" 404 f; *Schabas*, Commentary Rome Statute 1004 f.

1511 *Maierhöfer*, „Aut dedere – aut iudicare" 405; *Schabas*, Commentary Rome Statute 1005.

1512 *Maierhöfer*, „Aut dedere – aut iudicare" 405; *Schabas*, Commentary Rome Statute 1004 f.

1513 *Maierhöfer*, „Aut dedere – aut iudicare" 405.

1514 *Kreß/Prost* in *Triffterer*, Statute Art 90 Rz 16, 21; *Maierhöfer*, „Aut dedere – aut iudicare" 405; *Schabas*, Commentary Rome Statute 1005.

1515 *Kreß/Prost* in *Triffterer*, Statute Art 90 Rz 21 f; *Maierhöfer*, „Aut dedere – aut iudicare" 405; *Schabas*, Commentary Rome Statute 1006.

1516 *Kreß/Prost* in *Triffterer*, Statute Art 90 Rz 16; *Maierhöfer*, „Aut dedere – aut iudicare" 405; *Schabas*, Commentary Rome Statute 1005.

Ansicht, dass der ersuchende Staat den Täter nicht ordnungsgemäß verfolgen kann oder will, muss der Zufluchtstaat gem Art 90 Abs 4 ICC-Statut das Auslieferungsersuchen ablehnen und den Beschuldigten an den ICC überstellen.[1517] Hält der ICC den Drittstaat für willig und fähig den mutmaßlichen Täter zu verfolgen, muss er gem Art 17 ICC-Statut das Verfahren für unzulässig erklären, wodurch das Überstellungsersuchen hinfällig wird.[1518] Der ersuchte Staat kann somit den mutmaßlichen Täter an den Drittstaat ausliefern.[1519]

Die völkerrechtliche Verbrechen betreffenden *aut dedere aut iudicare*-Klauseln verpflichten den Staat überwiegend nicht zur Auslieferung, sondern nur zur Strafverfolgung oder Auslieferung.[1520] Wie bereits zuvor[1521] dargestellt, kann der Zufluchtstaat diese Verpflichtung auch durch Überstellung an ein internationales Gericht erfüllen. Somit kommt in diesen Fällen Art 90 Abs 4 ICC-Statut zur Anwendung: Er hat den mutmaßlichen Täter an den ICC zu überstellen, wenn er die Bemühungen des ersuchenden Staates zur Strafverfolgung desselben nicht für ausreichend erachtet.[1522]

Da die Verpflichtung zur Überstellung an Hybrid-Tribunale keinen Vorrang gegenüber dem *aut dedere aut iudicare*-Grundsatz genießt, ist der Zufluchtstaat im Falle des Vorliegens eines Überstellungsersuchens eines solchen Tribunals und eines Auslieferungsersuchens berechtigt, den mutmaßlichen Täter an den ersuchenden Staat auszuliefern. Trifft den Staat eine völkerrechtliche Verpflichtung zur Auslieferung an den ersuchten Staat, darf er den Beschuldigten nicht überstellen, sondern muss an den ersuchenden Staat ausliefern.

D. Fazit und Ausblick

Der Strafverfolgung durch nationale Gerichte kommt trotz der Errichtung internationaler Gerichte nach wie vor wesentliche Bedeutung zu, da die direkte Durchsetzung – aus Kapazitätsgründen – immer noch die Ausnahme bildet.[1523]

1517 *Kreß/Prost* in *Triffterer*, Statute Art 90 Rz 16; *Maierhöfer*, „Aut dedere – aut iudicare“ 405; *Schabas*, Commentary Rome Statute 1005.

1518 *Kreß/Prost* in *Triffterer*, Statute Art 90 Rz 16; *Maierhöfer*, „Aut dedere – aut iudicare“ 405; *Schabas*, Commentary Rome Statute 1005.

1519 *Kreß/Prost* in *Triffterer*, Statute Art 90 Rz 16; *Maierhöfer*, „Aut dedere – aut iudicare“ 405; *Schabas*, Commentary Rome Statute 1005.

1520 *Maierhöfer*, „Aut dedere – aut iudicare“ 406. Siehe oben unter IV.B.

1521 Siehe dazu unter VI.A.

1522 *Maierhöfer*, „Aut dedere – aut iudicare“ 406.

1523 *Kindt* Menschenrechte 74; *Maierhöfer*, „Aut dedere – aut iudicare“ 407; *Safferling*, Strafrecht § 4 Rz 11; *Satzger*, Strafrecht[7] § 12 Rz 9; *Werle*, Völkerstrafrecht[3] Rz 255. Siehe auch unter II.C.

Daher sind die *aut dedere aut iudicare*-Klauseln nach wie vor erforderlich, um die Strafverfolgung durch nationale Gerichte sicherzustellen.[1524] Hinsichtlich des ICC gilt es zudem zu beachten, dass das Rom-Statut bisher bei weitem nicht von der gesamten Staatengemeinschaft ratifiziert wurde,[1525] während der *aut dedere aut iudicare*-Grundsatz, einerseits hinsichtlich der Bürgerkriegsverbrechen aufgrund seiner völkergewohnheitsrechtlichen Geltung, andererseits aufgrund der umfassenden Ratifikation bestimmter im Rahmen dieser Arbeit relevanter Verträge[1526], teilweise (nahezu) alle Staaten bindet. In diesen Fällen, in denen (rein rechtlich) bereits aufgrund des *aut dedere aut iudicare*-Grundsatzes eine (fast) lückenlose Strafverfolgung gesichert ist, kommt der Errichtung des ICC jedoch insofern Bedeutung zu, als dadurch ein Kontrollinstrument[1527] und somit die Grundlage für die Wirksamkeit in der politischen Realität geschaffen wurde.[1528] Kommt der ICC nämlich zum Ergebnis, dass der Zufluchtstaat oder der ersuchende Staat den Täter nicht ordnungsgemäß verfolgen kann oder will, hat der Zufluchtstaat den mutmaßlichen Täter an den ICC zu überstellen.[1529] Der ICC wacht daher über die Einhaltung der Strafverfolgungs- oder Auslieferungsverpflichtung, ohne die redliche Erfüllung dieser Verpflichtung zu behindern.[1530] Wird die Verpflichtung vom Zufluchtstaat ordnungsgemäß erfüllt, wird das Verfahren vor dem ICC unzulässig und beschränkt somit die dem Staat aus der *aut dedere aut iudicare*-Verpflichtung erwachsenden Rechte und Pflichten nicht.[1531]

1524 Ähnlich auch *Maierhöfer*, „Aut dedere – aut iudicare" 407.

1525 Bisher (Stand Juli 2016) sind dem Statut des Internationalen Strafgerichtshofs 124 Staaten – darunter auch Österreich und Deutschland – beigetreten. Bedeutende Staaten – wie die USA – sind jedoch nach wie vor keine Vertragsparteien. Liste der Vertragsstaaten abrufbar unter: https://treaties.un.org/Pages/ViewDetails.aspx?src=TREATY&mtdsg_no=XVIII-10&chapter=18&lang=en (11.7.2016).

1526 So wurden etwa die Genfer Konventionen von 196 Staaten ratifiziert, zu den Mitgliedstaaten siehe unter: www.icrc.org/applic/ihl/ihl.nsf/vwTreaties1949.xsp (11.7.2016). Die UN-Folterkonvention weist 159 Mitgliedsstaaten auf, siehe dazu unter: http://indicators.ohchr.org/ (11.7.2016).

1527 Die mangelnde Einhaltung und das Fehlen von Kontrollmechanismen werden in der Lehre allgemein bedauert. Hinsichtlich der Genfer Konventionen, deren Bestimmungen erst seit den 90er Jahren tatsächlich angewandt werden: *Maison*, EJIL 1995, 261; *Maierhöfer*, „Aut dedere – aut iudicare" 407. Zu den bestehenden Kontrollmechanismen siehe unter V.E.

1528 *Maierhöfer*, „Aut dedere – aut iudicare" 406 f.

1529 Siehe dazu oben unter VI. A und B.

1530 *Maierhöfer*, „Aut dedere – aut iudicare" 406.

1531 *Maierhöfer*, „Aut dedere – aut iudicare" 406.

Abgesehen von jenen Fällen, in denen der ICTY oder ICTR ausschließlich zuständig ist, kann der Staat den mutmaßlichen Täter grundsätzlich entweder strafverfolgen, ausliefern oder an ein Internationales Gericht überstellen.[1532] Da ausländische Staats- und Regierungschefs vor nationalen Gerichten Immunität genießen, können diese nur von internationalen Gerichten verfolgt werden.[1533] In diesen Fällen kommt der dritten Alternative daher essentielle Bedeutung zu.

Zusammenfassend ergänzen sich die Internationale Strafgerichtsbarkeit und die *aut dedere aut iudicare*-Verpflichtung, indem sie im Zusammenspiel eine wirksame Strafverfolgung und Kontrolle sicherstellen und den Staaten, die weder strafverfolgen noch ausliefern möchten, eine dritte Alternative eröffnen.[1534] Da immer noch wesentliche Teile der Staatengemeinschaft der internationalen Strafgerichtsbarkeit ablehnend gegenüberstehen[1535] und aus Kapazitätsgründen nach wie vor das Bedürfnis nach nationaler Strafverfolgung besteht, sollte auch bei künftigen politischen und wissenschaftlichen Überlegungen zur Weiterentwicklung der Bekämpfung internationaler Verbrechen beiden Konzepten Beachtung geschenkt werden.[1536]

1532 *Maierhöfer*, „Aut dedere – aut iudicare" 406. Genauer siehe oben unter VI. A und B.

1533 IGH, Arrest Warrant of 11 April 2000 (Democratic Republic of the Congo v Belgium), Judgment of 14.2.2002, ICJ Reports 2002, 24 ff, para 58, 61; *Maierhöfer*, „Aut dedere – aut iudicare" 407; *Maierhöfer*, EuGRZ 2003, 545 ff.

1534 Ähnlich *Maierhöfer*, „Aut dedere – aut iudicare" 406 ff.

1535 Siehe dazu FN 1525.

1536 Ähnlich *Maierhöfer*, „Aut dedere – aut iudicare" 407 f.

VII. Resümee und Ausblick

Internationale Gerichte gewinnen bei der Strafverfolgung internationaler Verbrechen zunehmend an Bedeutung, können sich aus Kapazitätsgründen jedoch nur auf die höchste Ebene der Entscheidungsträger konzentrieren.[1537] Bei der Verhinderung der Straffreiheit von internationalen Verbrechen kommt der Verfolgung durch nationale Gerichte somit nach wie vor wesentliche Bedeutung zu. Um zu verhindern, dass sich Völkerrechtsverbrecher der Strafverfolgung durch Flucht ins Ausland entziehen können,[1538] wurden in zahlreichen internationale Verbrechen betreffenden Konventionen *aut dedere aut iudicare*-Verpflichtungen verankert.[1539] Nach wie vor besteht aber für manche dieser Verbrechen keine vertragliche Regelung. Hinsichtlich Bürgerkriegsverbrechen konnte diese Lücken durch die Entstehung von Völkergewohnheitsrecht bzw authentische Interpretation der Genfer Konventionen geschlossen werden.[1540] Bei Menschenrechtsverletzung außerhalb bewaffneter Konflikte besteht eine solche Verpflichtung nur dann, wenn dem Zufluchtstaat diese Verletzung trotz ausländischem Tatort zuzurechnen ist.[1541] Für andere, in Friedenszeiten begangene Verbrechen gegen die Menschlichkeit, wird mutmaßlichen Tätern immer noch in vielen Teilen der Welt sichere Zuflucht gewährt.[1542] Auch für das schwerwiegendste völkerrechtliche Verbrechen des Völkermordes besteht keine Verpflichtung zur Strafverfolgung oder Auslieferung, weil die Völkermordkonvention eine solche nicht vorsieht und sich aus der Staatenpraxis nur ein Verfolgungs*recht*, jedoch keine solche Pflicht ableiten lässt.[1543] Diese immer noch bestehenden Lücken können vom UN-Sicherheitsrat im Einzelfall durch die Auferlegung eines *aut dedere aut iudicare* durch einen Sicherheitsratsbeschluss nach Kapitel VII der UN-Charter geschlossen werden.[1544] Aus dem *ius cogens* oder dem Gedanken einer *civitas*

1537 Zu den wichtigen Etappen in der Entstehung der internationalen Strafgerichtsbarkeit siehe oben unter II.D.

1538 Zur Funktion der *aut dedere aut iudicare*-Verpflichtung siehe oben unter III.

1539 Siehe dazu oben unter V.B.

1540 Siehe dazu oben unter V.D 1.

1541 Siehe dazu oben unter V.C.

1542 Siehe dazu oben unter V.D.3.

1543 Siehe dazu oben unter V.B.2. und V.D.2.

1544 Siehe dazu oben unter V.E.

maxima kann eine solche Verpflichtung hingegen nicht abgeleitet werden.[1545] Ebenso wenig stellt diese einen allgemeinen Rechtsgrundsatz dar.[1546]

Die im Rahmen dieser Arbeit untersuchten *aut dedere aut iudicare*-Verpflichtungen sind sehr unterschiedlich ausgestaltet. Insbesondere unterscheiden sie sich dahingehend, ob die Verpflichtung zur Strafverfolgung ab Bekanntwerden der Anwesenheit des Täters auf dem Territorium des Zufluchtstaates besteht oder erst entsteht, nachdem bei diesem ein Auslieferungsersuchen eingelangt ist.[1547] Außerdem ist die Strafverfolgungsverpflichtung selbst sehr unterschiedlich ausgestaltet. Je nach Formulierung sind unterschiedliche Einstellungsentscheidungen (un-)zulässig.[1548]

Gewisse Verpflichtungen sind hingegen allen Strafverfolgungs- oder Auslieferungsverpflichtungen gemein:[1549] Zunächst muss der Zufluchtstaat die Anwesenheit des mutmaßlichen Täters durch entsprechende Maßnahmen sicherstellen sowie eine Voruntersuchung durchführen. Sodann muss er den Fall seinen Strafverfolgungsbehörden unterbreiten. Während des gesamten Verfahrens hat der Zufluchtstaat die konsularischen Betreuungsrechte sowie Menschenrechte zu achten. Hinsichtlich der Auslieferung gelten dieselben Grundsätze, die generell für das Rechtsinstitut der Auslieferung bestehen.[1550] Der einzige Unterschied zur normalen Auslieferung besteht darin, dass das Unterbleiben der Auslieferung den Fall nicht beendet, sondern der Staat nunmehr zur Strafverfolgung überzugehen hat.

Aufgrund des parallelen Bestehens von direkten und indirekten Mechanismen der Durchsetzung des Völkerrechts kommt es immer wieder zu Überschneidungen zwischen *aut dedere aut iudicare*-Verpflichtungen und der internationalen Strafgerichtsbarkeit.[1551] Die Verpflichtung zur Strafverfolgung oder Auslieferung hinsichtlich völkerrechtlicher Verbrechen kann dabei auch durch Überstellung an ein internationales Gericht erfüllt werden.[1552] Bei Pflichtenkollisionen ist je nach Rechtsgrundlage des Internationalen Gerichts unterschiedlich vorzugehen.[1553] Die Internationale Strafgerichtsbarkeit stellt eine sinnvolle Ergänzung des

1545 Siehe dazu oben unter V.F und V.H.
1546 Siehe dazu oben unter V.G.
1547 Siehe dazu oben unter IV.A.
1548 Siehe dazu oben unter IV.C.4.
1549 Siehe dazu oben unter IV.C.
1550 .Siehe dazu oben unter IV.D.
1551 Siehe dazu oben unter VI.
1552 Siehe dazu oben unter VI.A.
1553 Siehe dazu oben unter VI.B und VI.C.

aut dedere aut iudicare dar, weil sie eine wirksame Strafverfolgung und Kontrolle sicherstellt und den Staaten, die weder strafverfolgen noch ausliefern möchten, eine dritte Alternative eröffnet.[1554] Ebenso kann es zu einer gleichzeitigen Beanspruchung der Verfolgungszuständigkeit durch mehrere Staaten kommen. In diesen Fällen ist die Errichtung eines hybriden Tribunals am besten geeignet, um die mit der Verfolgung von (extraterritorialen) internationalen Verbrechen einhergehenden Schwierigkeiten zu bewältigen.[1555]

Um die Verfolgung internationaler Verbrechen in Zukunft noch besser sicherzustellen, ist in erster Linie die vertragliche Verankerung eines *aut dedere aut iudicare* für Völkermord und in Friedenszeiten begangene Menschenrechtsverstöße anzustreben. Eine Orientierung am Haager Modell erscheint dabei einerseits sinnvoll, um eine möglichst gleichförmige Regelung hinsichtlich aller internationalen Verbrechen zu erreichen, andererseits ist bei diesen Klauseln der Entscheidungsspielraum der Zufluchtstaaten hinsichtlich Einstellungsentscheidungen weder zu weit noch zu eng gefasst, da die Strafverfolgung nach denselben Grundsätzen zu erfolgen hat, die nach dem nationalen Recht für andere Schwerkriminalität gelten, nicht jedoch zwingend ein Gericht befasst werden muss.[1556] In zukünftigen Verträgen wird es nötig sein, Jurisdiktionsklauseln vorzusehen, welche die Mitgliedstaaten verpflichten, ihre Zuständigkeit auf in ihrem Territorium anwesende mutmaßliche Täter zu erstrecken, sofern diese nicht ausgeliefert werden.[1557] Darüber hinaus sollten die Konsequenzen bei Nichtbeachtung von *aut dedere aut iudicare*-Bestimmungen verschärft und die Kontrolle über deren Einhaltung ausgebaut werden. Die Möglichkeit, Wirtschaftssanktionen zu verhängen, könnte zu diesem Zweck in die entsprechenden Konventionen aufgenommen werden. Die Überwachung der Umsetzung des *aut dedere aut iudicare* sollte unabhängigen Stellen, wie etwa den regionalen Menschenrechtsgerichtshöfen, übertragen werden.

1554 Siehe dazu oben unter VI.D.

1555 Siehe dazu oben unter III.B.5.

1556 Siehe dazu oben unter IV.C.4.

1557 Siehe dazu oben unter III.B.4.

VIII. Literaturverzeichnis

Abi-Saab, The Proper Role of Universal Jurisdiction, JICJ 2003, 596.

Abi-Saab, The Uses of Article 19, EJIL 1999, Vol 10, Nr 2, 339.

Abtahi/Webb, The Genocide Convention: The Travaux Préparatoires (2008).

Akçam, Armenien und der Völkermord, Die Istanbuler Prozesse und die türkische Nationalbewegung.

Aceves, The Anatomy of Torture: A Documentary History of Filartiga v Pena-Irala (2007).

Ambos, Internationales Strafrecht. Strafanwendungsrecht • Völkerstrafrecht • Europäisches Strafrecht • Rechtshilfe, 4. Aufl (2014).

Ambos, Straflosigkeit von Menschenrechtsverletzungen. Zur "impunidad" in südamerikanischen Ländern aus völkerstrafrechtlicher Sicht (1997).

Ambos, Völkerrechtliche Bestrafungspflichten bei schweren Menschenrechtsverletzungen, AVR 1999, 318.

Ambos, Aktuelle Probleme der deutschen Verfolgung von „Kriegsverbrechen" in Bosnien-Herzegowina, NStZ 1999, 226.

Ambos, Geltung deutschen Strafrechts für im Ausland begangenen Völkermord, NStZ 1999, 396.

Ambos, Der Fall Pinochet und das anwendbare Recht, JZ 1999, 16.

Ambos, Impunity and International Criminal Law, HRLJ 1997, Vol 18, Nr 1–4.

Ambos/Wirth, Genocide and War Crimes in the Former Yugoslavia Before German Criminal Courts, in *Fischer/Kreß/Lüder* (Hrsg), International and National Prosecution of Crimes Under International Law (2001) 769.

Amnesty International, Guatemala: The refusal to grant the extraditions requested by Spain for crimes under international law (2008), www.amnesty.org/en/documents/amr34/013/2008/en/ (3.3.2016).

Amnesty International, Universal Jurisdiction. A preliminary Survey of Legislation around the World - 2012 Update (2012), www.amnesty.org/en/documents/IOR53/019/2012/en/ (3.3.2016).

Amnesty International, Universal Jurisdiction. A preliminary Survey of Legislation around the World (2011), www.amnesty.org/en/documents/IOR53/004/2011/en/ (3.3.2016).

Amnesty International, Universal Jurisdiction. UN General Assembly should support this essential International Justice Tool (2010), www.amnesty.org/en/documents/IOR53/015/2010/en/ (3.3.2016).

Amnesty International, International Law Commission: The Obligation to Extradite or Prosecute (Aut dedere aut judicare) (2009), www.amnesty.org/en/documents/IOR40/001/2009/en/ (3.3.2016).

Amnesty International, Eichmann Supreme Court Judgement. 50 Years on, its Significance today (2012), www.amnesty.org/en/documents/IOR53/013/2012/en/ (3.3.2016).

Amnesty International, Urgent Action, Drohende Straflosigkeit, UA-015/2001, 23.1.2001, www.amnesty.de/umleitung/2001/amr41/004 (17.8.2015).

Amnesty International, Länderkurzinfo Juli 2008: Paraguay, www.amnesty.de/kurzinfo/2008/7/paraguay (17.8.2015).

Amnesty International, Länderkurzinfo 2007: Paraguay, www.amnesty.de/umleitung/2007/deu04/011 (17.8.2015).

Amnesty International, Bericht zu Verbrechen in Haiti unter "Baby Doc" veröffentlicht Haiti: Verfahren gegen Ex-Diktator Duvalier, www.amnesty.de/2011/9/22/haiti-verfahren-gegen-ex-diktator-duvalier (17.8.2015).

Amnesty International, Amnesty International's twenty years with Charles Taylor, www.amnesty.org/en/latest/news/2012/05/amnesty-international-s-twenty-years-charles-taylor/ (29.06.2015).

Amnesty International, Länderkurzinfo Juli 2008, Paraguay, www.amnesty.de/kurzinfo/2008/7/paraguay (21.3.2016).

Amnesty International, Länderkurzinfo 2007, Paraguay, https://www.amnesty.de/umleitung/2007/deu04/011 (21.3.2016).

Aston, Die Bekämpfung abstrakter Gefahren für den Weltfrieden durch legislative Maßnahmen des Sicherheitsrats – Resolution 1373 (2001) im Kontext, ZaöRV 2002, 257.

Azaria, Code of Minimum Standards of Protection to Individuals Involved in Transnational Proceedings, Report to the European Committee on Crime Problems, Committee of Experts on Transnational Criminal Justice, PC-TJ (2005) 07, www.coe.int/t/dghl/standardsetting/pc-oc/PC-TJ%20_2005_%2007%20E.%20Azaria.%20Code%20of%20Minimum%20standards.pdf (3.3.2016).

Banken, Die Verträge von Sèvres 1920 und Lausanne 1923, Eine völkerrechtliche Untersuchung zur Beendigung des Ersten Weltkrieges und zur Auflösung der sogenannten "Orientalischen Frage" durch die Friedensverträge zwischen den alliierten Mächten und der Türkei (2014).

Bantekas, International Criminal Law, 4. Aufl (2010).

Bartrop, Mugesera, Léon in *Bartrop/Jacobs* (Hrsg), Modern Genocide, The Definitive Resource and Document Collection, Vol 4 (2015) 1769.

Bassiouni, Das Prinzip "aut dedere aut iudicare" in seiner modernen Bedeutung, in *Burgstaller/Nowak* (Hrsg), Aut dedere aut iudicare, Fragen der internationalen Zusammenarbeit in Auslieferungsverfahren (2010) 19.

Bassiouni, The Discipline of International Criminal Law, in *Bassiouni,* International Criminal Law, Volume I, Sources, Subjects and Contents, 3. Aufl (2008) 3.

Bassiouni, Law and Practice of the United States, in *Bassiouni,* International Criminal Law, Volume II, Multilateral and Bilateral Enforcement Mechanisms, 3. Aufl (2008) 269.

Bassiouni, Reflection on International Extradition, in *Schmoller* (Hrsg), Festschrift für Otto Triffterer zum 65. Geburtstag (1996) 715.

Bassiouni, International Crimes: Jus Cogens and Obligations Erga Omnes, L&CP 1996, Vol 59, No 4, 63.

Bassiouni/Wise, Aut dedere Aut Judicare. The Duty to Extradite or Prosecute in International law (1995).

Baxter, Multilateral Treaties as Evidence of Customary International law, BYIL 1965–1966, 275.

Beigbeder, International Justice Against Impunity: Progress And New Challenges (2005).

Benavides, Introductory Note to Supreme Court of Mexico: Decision on the Extradition of Ricardo Miguel Cavallo, 42 ILM (2003), 884.

Bertel/Venier, Strafprozessrecht, 9. Aufl (2016).

Bienk-Koolman, Die Befugnis des Sicherheitsrates der Vereinten Nationen zur Einsetzung von ad hoc-Strafgerichtshöfen, Zur Rechtmäßigkeit der Einsetzung des Internationalen Strafgerichtshofs für das ehemalige Jugoslawien sowie zum nachfolgenden Wandel in Praxis und Rechtsauffassung (2009).

Binder/Zemanek, Das Völkervertragsrecht, in *Reinisch* (Hrsg), Österreichisches Handbuch des Völkerrechts, Band 1 – Textteil, 5. Aufl (2013) 50.

Binding, Handbuch des Strafrechts, Erster Band (1885).

Bloom, Protecting Peacekeepers: The Convention on the Safety of United Nations and Associated Personnel, AJIL 1995, Vol 89, No 3, 621.

Bohlander, Kosovo: The Legal Framework of the Prosecution and the Court, in *Ambos/Othman,* New Approaches in International Criminal Justice, Kosovo, East Timor, Sierra Leone and Cambodia, in *Albrecht/Eser* (Hrsg), Interdisziplinäre Untersuchungen aus Strafrecht und Kriminologie, Band 11 (2003) 21.

Bosch, Immunität und internationale Verbrechen (2004).

Bothe, Friedenssicherung und Kriegsrecht, in *Vitzthum/Proelß* (Hrsg), Völkerrecht, 7. Aufl (2016) 591.

Boulesbaa, The UN Convention on Torture and the Prospects for Enforcement (1999).

Brody, The Case of Augusto Pinochet, in *Brody/Ratner* (Hrsg), The Pinochet Papers: The Case of Augusto Pinochet Ugarte in Spain and Britain (2000) 7.

Brody/Duffy, Prosecuting Torture Universally: Hissène Habré, Africa's Pinochet?, in *Fischer/Kreß/Lüder* (Hrsg), International and National Prosecution of Crimes Under International Law (2001) 817.

Bungenberg, Extraterritoriale Strafrechtsanwendung bei Verbrechen gegen die Menschlichkeit und Völkermord, AVR 2001, 170.

Burgers/Danelius, The United Nations Convention Against Torture: A Handbook on the Convention against Torture and other Cruel, Inhuman or Degrading Treatment or Punishment (1988).

Cady/Booth, Internationalized Courts in Kosovo: An UNMIK Perspective, in *Romano/Nollkaemper/Kleffner* (Hrsg), Internationalized Criminal Courts, Sierra Leone, East Timor, Kosovo, and Cambodia (2004) 59.

Cassese, International Criminal Law, 3. Aufl (2013).

CCIJ, CCIJ's Public Cases and Interventions, Désiré Munyaneza, www.ccij.ca/programs/cases/index.php?WEBYEP_DI=12 (25.6.2015).

Condorelli/Villalpando, Referral and Deferral by the Security Council, in *Cassese/Gaeta/Jones* (Hrsg), The Rome Statute of the International Criminal Court, A Commentary, Vol I (2002) 627.

Council of Europe, Extradition, European Standards: Explanatory notes on the Council of Europe convention and protocol and minimum standards protecting persons subject to transnational criminal proceedings (2006), hwww.coe.int/t/dghl/standardsetting/pc-oc/978-92-8716076-8.pdf (3.3.2016).

Cryer ua, An Introduction to International Criminal Law and Procedure, 2. Aufl (2010).

Cryer, Prosecuting International Crimes, Selectivity and the International Criminal Law Regime (2005).

Dahm/Delbrück/Wolfrum, Völkerrecht, Band I/3, Die Formen des völkerrechtlichen Handelns; Die inhaltliche Ordnung der internationalen Gemeinschaft, 2. Aufl (2002).

Danek in *Fuchs/Ratz* (Hrsg), Wiener Kommentar zur StPO, Vor §§ 228–279 (Stand April 2010, rdb.at).

De Bertodano, East Timor: Trials and Tribulations, in *Romano/Nollkaemper/Kleffner* (Hrsg), Internationalized Criminal Courts, Sierra Leone, East Timor, Kosovo, and Cambodia (2004) 79.

Diemer in *Hannich* (Hrsg), Karlsruher Kommentar zur Strafprozessordnung, 7. Auflage (2013), § 153d und § 153f.

Dinstein, The erga omnes Applicability of Human Rights, AVR 1992, 16.

Doehring, Völkerrecht, 2. Aufl (2004).

D'Oliveira, Netherlands Reports to the XIth International Congress of Comparative Law Caracas 1982 (1982).

Dugard, Possible Conflicts of Jurisdiction with Truth Commissions, in *Cassese/Gaeta/Jones* (Hrsg), The Rome Statute of the International Criminal Court, A Commentary, Vol I (2002) 627.

Dugard/Van den Wyngaert, Reconciling Extradition with Human Rights, AJIL 1998, Vol 92, Nr 2, 187.

Dückers, Rote Jahre, Amnesty Journal April 2013, www.amnesty.de/journal/2013/april/rote-jahre (17.8.2015).

Düker, The Extradition of Nationals: Comments on the Extradition Request for Alberto Fujimori, GLJ 2003, Vol 4, Nr 11, 1165.

Dyrchs, Das hybride Khmer Rouge-Tribunal, Entstehung, Entwicklung und rechtliche Grundlagen (2008).

Eicker, Das Strafanwendungsrecht in Ansehung des StGB-AT 2007, Der räumliche Geltungsbereich des Strafgesetzbuchs, ius.full 2/07, 54.

Enache-Brown/Fried, Universal Crime, Jurisdiction ad Duty: The Obligation of Aut Dedere Aut Judicare in International Law, McGill LJ 1998, Vol 43, 613.

Eser in *Schönke/Schröder* (Hrsg), Kommentar zum Strafgesetzbuch, 29. Aufl (2014), Vorbem §§ 3–7.

Eser in *Schönke/Schröder* (Hrsg), Kommentar zum Strafgesetzbuch, 29. Aufl (2014), § 7.

Eser, § 10 Rechtspolitische Reflexion zur Aufarbeitung und Verhinderung von Systemunrecht, in *Eser/Sieber/Arnold* (Hrsg), Strafrecht in Reaktion auf Systemunrecht, Vergleichende Einblicke in Transitionsprozesse, Teilband 14, Transitionsstrafrecht und Vergangenheitspolitik (2012).

Eser/Arnold, § 2 Einführung in das Gesamtprojekt, in *Eser/Sieber/Arnold* (Hrsg), Strafrecht in Reaktion auf Systemunrecht, Vergleichende Einblicke in Transitionsprozesse, Teilband 14, Transitionsstrafrecht und Vergangenheitspolitik (2012).

Esser, Europäisches und Internationales Strafrecht (2014).

Ferdinandusse, The Interaction of National and International Approaches in the Repression of International Crimes, EJIL 2004, Vol 15, Nr 5, 1041.

FIDH, Case of the "Dissappeared of the Beach", 10.1.2007, abrufbar unter: www.fidh.org/International-Federation-for-Human-Rights/Africa/congo/the-disappeared-of-the-beach-case/An-important-victory-for-victims (13.8.2015).

Fischer, Friedenssicherung und friedliche Streitbeilegung (§§ 59–62), in *Ipsen*, Völkerrecht, Ein Studienbuch, 5. Aufl (2004) 1065.

Fletscher, Against Universal Jurisdiction, JICJ 2003, 580.

Fox/Warbrick/McGoldrick, The Pinochet Case No 3, ICLQ 1999, Vol 48, Nr 3, 687.

Freestone, International Cooperation Against Terrorism and Development of International Law Principles, in *Flory/Higgins*, Terrorism and International Law (1997) 43.

Frowein/Krisch, Article 39–41, in *Simma* (Hrsg), The Charter of the United Nations, A Commentary, Volume 1, 2. Aufl (2002) 717.

Frowein/Krisch, Introduction to Chapter VII, in *Simma* (Hrsg), The Charter of the United Nations, A Commentary, Volume 1, 2. Aufl (2002) 701.

Gaja, Jus cogens beyond the Vienna convention, RdC 1981, Vol 172, 271.

Gärditz, Weltrechtspflege, Eine Untersuchung über die Entgrenzung staatlicher Strafgewalt (2006).

Geiß, „Failed States", Die normative Erfassung gescheiterter Staaten (2005).

Gilbert, Transnational Fugitive Offenders in International Law, Extradition and Other Mechanisms (1998).

Glaser, Die Betretung im Inland: Zur Auslegung der stellvertretenden Strafrechtspflege nach § 65 Abs 1 Z 2 StGB, ÖJZ 2015/135, 1026.

Godoy, Introductory Note to Mugesera v Canada, (Minister of Citizenship and Immigration), 2005 SCC 40, (June 28, 2005), 44 ILM (2005), 1465.

Graditzky, Individual criminal responsibility for violations of international humanitarian law committed in non-international armed conflicts, IRRC 1998, Issue 322, www.icrc.org/eng/resources/documents/misc/57jp4l.htm (24.6.2015).

Greenwood, International law and the 'war against terrorism', International Affairs 2002, Vol 78, Issue 2, 301.

Grotius, De Jure Belli ac Pacis, Libri Tres, Drei Bücher vom Recht des Krieges und des Friedens, Paris 1625 (1950).

Günther, Die Klagebefugnis der Staaten in internationalen Streitbeilegungsverfahren (1999).

Hafner/Wittich, Das völkerrechtliche Unrecht und seine Folgen, in *Reinisch* (Hrsg), Österreichisches Handbuch des Völkerrechts, Band 1 – Textteil, 5. Aufl (2013) 602.

Hailbronner, Der Staat und der Einzelne als Völkerrechtssubjekt, in *Graf Vitzthum* (Hrsg), Völkerrecht, 4. Aufl (2007).

Hanna, An Historical Overview of National Prosecution for International Crimes, in *Bassiouni*, International Criminal Law, Volume III, International Enforcement, 3. Aufl (2008) 297.

Happold, Security Council Resolution 1373 and the Constitution of the United Nations, LJIL 2003, Vol 16, Issue 3, 593.

Hecker, Europäisches Strafrecht, 4. Aufl (2012).

Heintschel von Heinegg, Die völkerrechtlichen Verträge als Hauptrechtsquelle des Völkerrechts (§§ 10–16), in *Ipsen*, Völkerrecht, Ein Studienbuch, 6. Aufl (2014) 387.

Heintschel von Heinegg, Weitere Quellen des Völkerrechts (§§ 17–22), in *Ipsen*, Völkerrecht, Ein Studienbuch, 6. Aufl (2014) 470.

Henckaerts/Doswald-Beck, Customary International Humanitarian Law, Volume I: Rules (2005).

Henckaerts/Doswald-Beck, Customary International Humanitarian Law, Volume II: Practice, Part 1 and 2 (2005).

Henckaerts, Study on customary international humanitarian law: A contribution to the understanding and respect for the rule of law in armed conflict, IRRC 2005, Vol 87, Nr 857, 175.

Herdegen, Völkerrecht, 15. Aufl (2016).

Herdegen, Die Befugnisse des UN-Sicherheitsrates, Aufgeklärter Absolutismus im Völkerrecht? (1998).

Higgins, Problems and Process, International Law and How We Use It (1994).

Hillgruber, Souveränität — Verteidigung eines Rechtsbegriffs, JZ 2002, 1072.

Hochmayr, Österreich, in *Sinn* (Hrsg), Jurisdiktionskonflikte bei grenzüberschreitender Kriminalität, Ein Rechtsvergleich zum Internationalen Strafrecht (2012) 345.

Hofmann, Zur Unterscheidung Verbrechen und Delikt im Bereich der Staatenverantwortlichkeit, ZaöRV 1985, 195.

Holmes, Complementarity: National Courts versus the ICC, in *Cassese/ Gaeta/Jones* (Hrsg), The Rome Statute of the International Criminal Court, A Commentary, Vol I (2002) 667.

Höpfel/Kathrein in *Fuchs/Ratz* (Hrsg) Wiener Kommentar zum StGB, 2. Aufl, Vor §§ 62–67 (Stand April 2011, rdb.at).

Hübner, Das Verbrechen des Völkermordes im internationalen und nationalen Recht (2004).

Human Rights Watch, Chad: The Victims of Hissène Habré Still Awaiting Justice, Vol 17, Nr 10 (2005).

Human Rights Watch, Some Alleged Torturers Living in Exile (2003), www.hrw.org/news/2003/07/01/some-alleged-torturers-living-exile (18.8.2015).

ICRC, Customary IHL database, www.icrc.org/customary-ihl/eng/docs/home (2.7.2015).

ILC, Final Report, Working Group on the obligation to extradite or prosecute (*aut dedere aut judicare*), 66th Session (2014), UN-Doc A/CN.4/L.844.

ILC, Report of the International Law Commission, 66th Session (2014), UN-Doc A/69/10.

ILC, Report of the Working Group on the Obligation to extradite or prosecute (*aut dedere aut judicare*), 65th Session (2013), UN-Doc A/CN.4/L.829.

ILC, Fourth report on the obligation to extradite or prosecute (*aut dedere aut judicare*) by Special Rapporteur *Zdzislaw Galicki*, 63rd Session (2011), UN-Doc A/CN.4/648.

ILC, Survey of multilateral conventions which may be of relevance for the work of the International Law Commission on the topic "The obligation to extradite or prosecute (*aut dedere aut judicare*)", 62nd Session (2010), UN-Doc A/CN.4/630.

ILC, Third report on the obligation to extradite or prosecute (*aut dedere aut judicare*), by Special Rapporteur *Zdzislaw Galicki*, 60th Session (2008), UN-Doc A/CN.4/603.

ILC, Second report on the obligation to extradite or prosecute (*aut dedere aut judicare*), by Special Rapporteur *Zdzislaw Galickion*, 59th Session (2007), UN-Doc A/CN.4/585.

ILC, The Obligation to extradite or prosecute (*aut dedere aut judicare*), Comments and observations received from governments, 59th Session (2007), UN-Doc A/CN.4/579.

ILC, Preliminary report on the obligation to extradite or prosecute ("aut dedere aut judicare"), 58th Session (2006), UN Doc A/CN.4/571.

ILC, Report of the International Law Commission on the work of its forty-eighth session, 48th Session (1996), UN-Doc A/51/10.

Jallow, The Legal Framework of the Special Court for Sierra Leone, in *Ambos/Othman*, New Approaches in International Criminal Justice, Kosovo, East Timor, Sierra Leone and Cambodia, in *Albrecht/Eser* (Hrsg), Interdisziplinäre Untersuchungen aus Strafrecht und Kriminologie, Band 11 (2003) 149.

Kadelbach, Jus Cogens, Obligations Erga Omnes and other Rules – The Identification of Fundamental Norms, in *Tomuschat/Thouvenin* (Hrsg), The Fundamental Rules of the International Legal Order, Jus Cogens and Obligations Erga Omnes (2006) 21.

Kadelbach, BVerfG, 12. 12. 2000 — 2 BvR 1290/99. Völkerrechtliche Zulässigkeit der Ausübung deutscher Strafgewalt bei Völkermord, JZ 2001, 975.

Kadelbach, Überstaatliches Verfassungsrecht. Zur Konstitutionalisierung im Völkerrecht, AVR 2006, 235.

Kaleck, Gerechtigkeit nach 25 Jahren, Zeit Online 31.5.2016, http://blog.zeit.de/recht-subversiv/2016/05/31/gerechtigkeit-tschad-hissene-habre/ (8.7.2016).

Kelsen, Was ist Gerechtigkeit (2000).

Kau, Der Staat und der Einzelne als Völkerrechtssubjekt, in *Vitzthum/Proelß* (Hrsg), Völkerrecht, 7. Aufl (2016) 133.

Kempen/Hillgruber, Völkerrecht, 2. Aufl (2012).

Kindt, Menschenrechte und Souveränität, Diskutiert anhand der internationalen Strafrechtspflege (2009).

Kniebühler, Transnationales „ne bis in idem", Zum Verbot der Mehrfachverfolgung in horizontaler und vertikaler Dimension (2005).

Knoops, An Introduction to the Law of International Criminal Tribunals, A Comparative Study, 2. Aufl (2014).

Knust, Strafrecht und Gacaca, Die Entwicklung eines pluralistischen Rechtsmodells am Beispiel des ruandischen Völkermordes, Schriftenreihe des Max-Planck-Instituts für ausländisches und internationales Strafrecht Band S 135 (2013).

Kokott, Völkerrechtliche Beurteilung des argentinischen Gesetzes Nr 23521 über die Gehorsamspflicht, ZaöRV 1987, 506.

Kreß, Völkerstrafrecht und Weltrechtspflegeprinzip im Blickfeld des Internationalen Gerichtshofs, Zum Votenstreit der Richter des IGH im Haftbefehlsfall (Demokratische Republik Kongo gegen Belgien), ZStW 2002, 818.

Kreß, War Crimes Committed in Non-International Armed Conflicts and the Emerging System of International Criminal Justice, IYHR 2000, Vol 30, 103.

Kreß, International Criminal Law, MPEPIL 1423, http://opil.ouplaw.com/view/10.1093/law:epil/9780199231690/law-9780199231690-e1423?rskey=Sj9p6b&result=1&prd=EPIL (8.3.2016).

Kreß/Prost, Article 90, in *Triffterer* (Hrsg): Commentary on the Rome Statute of the International Criminal Court, 2. Aufl (2008).

Kriebaum, Privilegien und Immunitäten im Völkerrecht, in *Reinisch* (Hrsg), Österreichisches Handbuch des Völkerrechts. Band 1 – Textteil, 5. Aufl (2013) 404.

Lagodny, Empfiehlt es sich, eine europäische Gerichtskompetenz für Strafgewaltskonflikte vorzusehen?, Gutachten im Auftrag des Bundesminsteriums der Justiz, Berlin, März 2001, www.uni-salzburg.at/fileadmin/oracle_file_imports/460066.PDF (6.4.2016).

Lambert, Terrorism and Hostages in International Law – A Commentary on the Hostages Convention 1979 (1990).

Lasok, The Eichmann Trial, ICLQ 1962, Vol 11, Nr 2, 355.

Larsaeus, The Relationship between Safeguarding Internal Security and Complying with International Obligations of Protection, The Unresolved Issue of Excluded Asylum Seekers, Nord J Int Law 2004, Vol 73, 69.

Lichtblau, The Nazis Next Door, How America Became a Safe Haven for Hitler's Men (2014).

Lippman, A road map to the 1948 Convention on the Prevention and Punishment of the Crime Genocide, Journal of Genocide Research 2002, 177, http://dx.doi.org/10.1080/14623520220137958 (14.4.2016).

Lüder/Vormbaum (Hrsg), Materialien zum Völkerstrafgesetzbuch, Dokumentation des Gesetzgebungsverfahrens (2002).

Macke, UN-Sicherheitsrat und Strafrecht, Legitimation und Grenzen einer internationalen Strafgesetzgebung (2010).

Magsam, Der Völkermord 1994 in Ruander vor europäischen Gerichten, in *Wenin/Fornasari/Fronza* (Hrsg), Die Verfolgung der internationalen Verbrechen, Eine Überlegung zu den verschiedenen Reaktionsmechanismen (2015) 165.

Maierhöfer, „Aut dedere – aut iudicare", Herkunft, Rechtsgrundlagen und Inhalt des völkerrechtlichen Gebotes zur Strafverfolgung oder Auslieferung (2006).

Maierhöfer, Weltrechtsprinzip und Immunität: das Völkerstrafrecht vor den Haager Richtern, Besprechung des Urteils des IGH vom 14.2.2002 (Demokratische Republik Kongo gegen Belgien), EuGRZ 2003, 545.

Maierhöfer, Der EGMR als „Modernisierer" des Völkerrechts? – Staatenimmunität und ius cogens auf dem Prüfstand, Anmerkungen zu den Urteilen Fogarty, McElhinney und Al-Adsani, EuGRZ 2002, 391.

Maison, Les premiers cas d'application des dispositions penales des Conventions de Geneve par les juridictions internes, EJIL 1995, Vol 6, 260.

Malanczuk, Countermeasures and Self-Defence as Circumstances Precluding Wrongfulness in the International Law Commission's Draft Articles on State Responsibility, ZaöRV 1983, 705.

Martenczuk, Rechtsbindung und Rechtskontrolle des Weltsicherheitsrats, Die Überprüfung nichtmilitärischer Zwangsmaßnahmen durch den Internationalen Gerichtshof (1996).

Mayerhofer, Können Kriegsverbrechen auf dem Gebiet des ehemaligen Jugoslawien von österreichischen Gerichten verfolgt werden?, JBl 1994, 567.

Mayr-Singer, Internationaler Strafgerichtshof und *ad hoc*-Straftribunale, Überlegungen zur Frage möglicher Jurisdiktionskonflikte, in *Schroeder/Mayr-Singer* (Hrsg): Völkerstrafrecht, Rechtsschutz und Rule of Law, Das Individuum als Herausforderung für das Völkerrecht (2009) 55.

McDonald, A guide to state practice concerning International Humanitarian Law, Croatia, YHL 2002, 423.

Meron, Reflections on the Prosecution of War Crimes by International Tribunals, AJIL 2006, Vol 100, Nr 3, 551.

Meron, Is International Law Moving towards Criminalization?, EJIL 1998, 18.

Meron, International Criminalization of Internal Atrocities, AJIL 1995, Vol 89, Nr 3, 554.

Meyer-Ladewig, Europäische Menschenrechtskonvention, Handkommentar, 3. Aufl (2011).

Micus, The Inter-American Human Rights System as a Safeguard for Justice in National Transitions, From Amnesty Laws to Accountability in Argentina, Chile and Peru (2015).

Mitchell, Aut Dedere aut Judicare: The Duty to Extradite or Prosecute in International Law (2009), http://books.openedition.org/iheid/249 (14.11.2014).

Moir, Grave Breaches and Internal Armed Conflicts, JICJ 2009, Vol 7, 763.

Mundis, New Mechanisms for the Enforcement of International Humanitarian Law, AJIL 2001, Vol 95, Nr 4, 934.

Murphy, Punishing International Terrorists, The Legal Framework for Policy Initiatives (1985).

Murschetz, Zur Anwendung des Prinzips „aut dedere aut iudicare" in Österreich in *Burgstaller/Nowak* (Hrsg), Aut dedere aut iudicare, Fragen der internationalen Zusammenarbeit in Auslieferungsverfahren (2010) 57.

Murschetz, Ergänzende Kommentierung Österreich, in *Ambos/König/Rackow* (Hrsg), Rechtshilferecht in Strafsachen, 1. Aufl (2015), 529.

Murschetz, Auslieferung und europäischer Haftbefehl (2007).

Nettesheim, Das kommunitäre Völkerrecht, JZ 2002, 569.

Ntwari, Rwanda's prosecution going for life in genocide suspect Mugesera's case, Afrika Reporter, www.afrikareporter.com/rwandas-prosecution-going-for-life-in-genocide-suspect-mugeseras-case (30.7.2015).

Oehler, Neuer Wandel in den Bestimmungen über den strafrechtlichen Geltungsbereich in den völkerrechtlichen Verträgen, in *Börner/Jahrreiß/Stern* (Hrsg), Einigkeit und Recht und Freiheit, Festschrift für Karl Carstens zum 70. Geburtstag am 14. Dezember 1984, Band 1, Europarecht, Völkerrecht (1984).

Oellers-Frahm, The erga omnes Applicability of Human Rights, AVR 1992, 28.

Oeter, Kriegsverbrechen in den Konflikten um das Erbe Jugoslawiens, Ein Beitrag zu den Fragen der kollektiven und individuellen Verantwortlichkeit für Verletzungen des Humanitären Völkerrechts, ZaöRV 1993, 1.

O'Keefe, International Criminal Law (2015).

Ongena/Van Daele, Universal Jurisdiction for International Core Crimes: Recent Developments in Belgium, LJIL 2002, Vol 15, 687.

Orentlicher, The Future of Universal Jurisdiction in the New Architecture of Transnational Justice, in *Macedo* (Hrsg), Universal Jurisdiction, National Courts and the Prosecution of Serious Crimes Under International Law (2004) 214.

Orentlicher, Venues for Prosecuting Saddam Hussein: The Legal Framework, ASIL Insights 2003, Vol 8, Issue 30.

Orentlicher, Settling Accounts: The Duty to Prosecute Human Rights Violations of a Prior Regime, YLJ 1991, Vol 100, 2537.

O'Shea, Amnesty for crime in international law and practice (2002).

Osofsky, Domesticating International Criminal Law: Bringing Human Rights Violators to Justice, YLJ 1997, Vol 107, Nr 1, 191.

Othman, The Framework of Prosecutions and the Court System in East Timor, in *Ambos/Othman*, New Approaches in International Criminal Justice, Kosovo, East Timor, Sierra Leone and Cambodia, in *Albrecht/Eser* (Hrsg), Interdisziplinäre Untersuchungen aus Strafrecht und Kriminologie, Band 11 (2003) 85.

Pappas, Stellvertretende Strafrechtspflege, Zugleich ein Beitrag zur Ausdehnung deutscher Strafgewalt nach § 7 Abs 2 Nr 2 StGB.

Paulussen/Dorsey/Koulen, Year in Review 2013, in *Gill* (Hrsg), Yearbook of International Humanitarian Law (2013) 147.

Paust, Universality and the Responsibility to Enforce International Criminal Law: No US Sanctuary for Alleged Nazi War Criminals, HJIL 1989, 337.

Pfeiffer, Strafprozeßordnung, Kommentar, 5. Auflage (2005).

Philipp, Die Terrorismus-Erklärung des Bonner Weltwirtschaftsgipfels aus völkerrechtlicher Sicht, JZ 1978, 750.

Pictet, The Geneva Conventions of 12 August 1949, Commentary, Vol I, For the Amelioration of the Condition of the Wounded and Sick in Armed Forces in the Field (1952).

Pictet, The Geneva Conventions of 12 August 1949, Commentary, Vol II, For the Amelioration of the Condition of Wounded, Sick and Shipwrecked Members of Armed Forces at Sea (1960).

Pictet, The Geneva Conventions of 12 August 1949, Commentary, Vol III, Relative to the Treatment of Prisoners of War (1960).

Pictet, The Geneva Conventions of 12 August 1949, Commentary, Vol IV, Relative to the Protection of Civilian Persons in Time of War (1958).

Plachta, Aut Dedere Aut Judicare: An Overview of Modes of Implementation and Approaches, MJ 1999, 331.

Plachta, The Lockerbie Case: The Role of the Security Council in Enforcing the Principle Aut Dedere Aut Judicare, EJIL 2001, Vol 12, Nr 1, 125.

Platz, Internationale Konvention gegen Geiselnahme, ZaöRV 1980, 276.

Pyle, Extradition, Politics, and Human Rights (2001).

Quigley, The Genocide Convention, An International Law Analysis (2006).

Radtke/Busch, Transnationaler Strafanklageverbrauch in den sog Schengen Staaten, EuGRZ 2000, 421.

Ragazzi, The Concept of International Obligations Erga Omnes (1997).

Räther, Das juristische Ende einer blutigen Diktatur: Äthiopien. Mengistu Haile Mariam wird zu lebenslanger Haft verurteilt – muss die Strafe aber nicht antreten, www.sz-online.de/nachrichten/das-juristische-ende-einer-blutigen-diktatur-1632749.html (1.9.2016).

Redress, Extraterritorial Jurisdiction in the European Union, A Study of the Law and Practice in the 27 Member States of the European Union (2010), www.redress.org/downloads/Extraterritorial_Jurisdiction_In_the_27_Member_States_of_the_European_Union%20FINAL.pdf (2.7.2015).

Reinisch (Hrsg), Österreichisches Handbuch des Völkerrechts, Band II – Materialienteil, 5. Aufl (2013).

Reinisch/Neuhold, Grundlagen und Rahmenbedingungen des heutigen Völkerrechts, in *Reinisch* (Hrsg), Österreichisches Handbuch des Völkerrechts, Band 1 – Textteil, 5. Aufl (2013) 1.

Reydams, Niyonteze v Public Prosecutor, AJIL 2002, Vol 96, Nr 1, 231.

Riding, Where Nazi Refugees found the Climate to their liking, The New York Times, www.nytimes.com/1985/06/16/weekinreview/where-nazi-refugees-found-the-climate-to-their-liking.html (31.7.2015).

Robinson, Preface, in *Macedo* (Hrsg), Universal Jurisdiction, National Courts and the Prosecution of Serious Crimes Under International Law (2004) 15.

Roht-Arriaza, State Responsibility to Investigate and Prosecute Grave Human Rights Violations in International Law, CLR 1990, Vol 78, Nr 2, 449.

Roht-Arriaza, Guatemala Genocide Case, Judgment no STC 237/2005, AJIL 2006, Vol 100, Nr 1, 207.

Sadat, The French Experience, in *Bassiouni* (Hrsg), International Criminal Law, Volume III, International Enforcement, 3. Aufl (2008) 329.

Safferling, Internationales Strafrecht, Strafanwendungsrecht, Völkerstrafrecht, Europäisches Strafrecht (2011).

Safferling, Public Prosecutor v Djajic. No 20/96, AJIL 1998, Vol 92, Nr 3, 528.

Satzger, Internationales und Europäisches Strafrecht. Strafanwendungsrecht | Europäisches Straf- und Strafverfahrensrecht | Völkerstrafrecht, 7. Aufl (2016).

Saul, The Implementation of the Genocide Convention at the National Level, in *Gaeta* (Hrsg), The UN Genocide Convention: A Commentary (2009), 58.

Schabas, The International Criminal Court, A Commentary on the Rome Statute (2009).

Schabas, Genocide in International Law, The Crime of Crimes, 2. Aufl (2009).

Schabas, The UN International Criminal Tribunals, The former Yugoslavia, Rwanda and Sierra Leone (2008).

Schabas, Mugesera v Minister of Citizenship and Immigration. Nos M96-10465, M96- 10466, AJIL 1999, Vol 93, Nr 2, 529.

Scharf, The Letter of the Law: The Scope of the International Legal Obligation to Prosecute Human Rights Crimes, L&CP 1996, Vol 59, 41.

Scharf, Swapping Amnesty for Peace: Was There a Duty to Prosecute International Crimes in Haiti?, Faculty Publications, Paper 344 (1997), http://scholarlycommons.law.case.edu/faculty_publications/344 (10.2.2016).

Scharf, Aut dedere aut iudicare, MPEPIL 758, http://opil.ouplaw.com/view/10.1093/law:epil/9780199231690/law-9780199231690-e758?prd=EPIL (8.3.2016).

Schiffbauer, Art VI, in *Tams/Berster/Schiffbauer* (Hrsg), Convention on the Prevention and Punishment of the Crime of Genocide, A Commentary (2014) 235.

Schlunck, Amnesty versus Accountability, Third Party Intervention Dealing with Gross Human Rights Violations in Internal and International Conflicts (2000).

Scholten, Das Erfordernis der Tatortstrafbarkeit in § 7 II Nr 2 StGB, NStZ 1994, 266.

Schomburg ua (Hrsg), Internationale Rechtshilfe in Strafsachen, 5. Aufl (2012).

Schröder, Verantwortlichkeit, Völkerstrafrecht, Streitbeilegung und Sanktionen, in *Vitzthum/Proelß* (Hrsg), Völkerrecht,7. Aufl (2016) 539.

Schroeder, Strafverfolgung bei Nichtauslieferung in *Geisler* ua (Hrsg), Festschrift für Klaus Geppert zum 70.Geburtstag am 10. März 2011 (2011) 643.

Schroll in Fuchs/Ratz, *Fuchs/Ratz* (Hrsg), Wiener Kommentar zur StPO, § 191 (Stand Februar 2009, rdb.at).

Schroll in *Fuchs/Ratz* (Hrsg), Wiener Kommentar zur StPO, § 209a (Stand Februar 2015, rdb.at).

Schultz, Ist Lotus verblüht? Anmerkung zum Urteil des, IGH vom 14. Februar 2002 im Fall betreffend den Haftbefehl vom 11. April 2000 (Demokratische Republik Kongo gegen Belgien), ZaöRV 2002, 703.

Schwaighofer in *Triffterer/Rosbaud/Hinterhofer* (Hrsg), Salzburger Kommentar zum StGB, 2. Aufl, Vorbem §§ 62 ff (30. Lfg Juni 2014).

Schwaighofer in *Triffterer/Rosbaud/Hinterhofer* (Hrsg), Salzburger Kommentar zum StGB, 2. Aufl, § 64 (30. Lfg Juni 2014).

Schwaighofer in *Triffterer/Rosbaud/Hinterhofer* (Hrsg), Salzburger Kommentar zum StGB, 2. Aufl, § 65 StGB (30. Lfg Juni 2014).

Schwaighofer in *Fuchs/Ratz* (Hrsg), Wiener Kommentar zur StPO, § 275 (Stand Juli 2009, rdb.at).

Schwaighofer, Auslieferung und Internationales Strafrecht, Eine systematische Darstellung des ARHG (1988).

Schwaighofer/Ebensperger, Internationale Rechtshilfe in strafrechtlichen Angelegenheiten. Einführung – Texte – Materialien (2001).

Shaw, International Law, 7. Aufl (2014).

Simettinger, „Ganz Afrika" an einem Tisch, http://orf.at/stories/2306229/2306231/ (9.2.2016).

Simma/Paulus, The Responsibility of Individuals for Human Rights Abuses in Internal Conflicts: A Positivist View, AJIL 1999, Vol 93, Nr 2, 302.

Simma/Wittich, Das Völkergewohnheitsrecht, in *Reinisch* (Hrsg), Österreichisches Handbuch des Völkerrechts, Band 1 – Textteil, 5. Aufl (2013) 32.

Simmler, Verurteilen oder vergessen – zur Frage des Umgangs mit schweren Menschenrechtsverletzungen, VRÜ 2003, Vol 36, Nr 1, 6.

Singh, Looking for Justice, The War Crimes Chamber in Bosnia and Herzegovina, HRW 2006, Vol 18, Nr 1.

Sluiter, Using the Genocide Convention to Strengthen Cooperatio with the ICC in the Al Bashir Case, JICJ 2010, 365.

Spernbauer, EULEX Kosovo: The Difficult Deployment and Challenging Implementation of the Most Comprehensive Civilian EU Operation to Date, GLJ 2010, 769.

Stahl, Nazi-Jagd, Südamerikas Diktaturen und die Ahndung von NS-Verbrechen (2013).

Stein, Die Auslieferungsausnahme bei politischen Delikten (1983).

Steven, Genocide and the Duty to Extradite or Prosecute: Why the United States is in Breach of its International Obligations, VJIL 1999, Vol 39, 425.

Straßner, Die offenen Wunden Lateinamerikas, Vergangenheitspolitik im postautoritären Argentinien, Uruguay und Chile (2007).

Swart, Cooperation Challenges for the Special Tribunal for Lebanon, JICJ 2007, Vol 5, 1153.

Swart, Arrest and Surrender, in *Cassese/Gaeta/Jones* (Hrsg), The Rome Statute of the International Criminal Court, A Commentary, Vol II (2002) 1639.

Tams, Enforcing Obligations Erga Omnes in International Law (2010).

Thalmann, National Criminal Jurisdiction over Genocide, in *Gaeta* (Hrsg), The UN Genocide Convention: A Commentary (2009), 231.

Tomuschat, The Duty to prosecute International Crimes Committed by Individuals, in *Cremer ua* (Hrsg), Tradition und Weltoffenheit des Rechts, Festschrift für Helmut Steinberger (2002) 315.

Tomuschat, The International Community, RdC 1993, IV, 209.

Triffterer, Völkerstrafrecht im Wandel?, in Vogler (Hrsg), Festschrift für Hans-Heinrich Jescheck zum 70. Geburtstag, 2. Halbband (1985) 1477.

Uerpmann, Internationales Verfassungsrecht, JZ 2001, 565.

UNHCR, Collection of International Instruments and Legal Texts Concerning Refugees and Others of Concern to UNHCR 3, regional instruments: Africa, Middle East, Asia, Americas (2007).

Van Alebeek, From Rome to The Hague: Recent Developments on Immunity Issues in the ICC Statute, LJIL 2000, 485.

Vander Beken/Vermeulen/Lagodny, Kriterien für die jeweils „beste" Strafgewalt in Europa – Zur Lösung von Strafgewaltskonflikten jenseits eines transnationalen Ne-bis-in-idem, NStZ 2002, 624.

Van Elst, Implementing Universal Jurisdiction over Grave Breaches of the Geneva Conventions, LJIL 2000, Vol 13, 815.

Van Steenberghe, The Obligation to Extradite or Prosecute, Clarifying its Nature, JICJ 2011, 1089.

Verdross/Simma, Universelles Völkerrecht, 3. Aufl (2010).

Vitzthum, Begriff, Geschichte und Rechtsquellen des Völkerrechts, in *Vitzthum/Proelß* (Hrsg), Völkerrecht,7. Aufl (2016) 1.

Vogel in *Grützner/Pötz/Kreß*, Internationaler Rechtshilfeverkehr in Strafsachen, 3. Aufl, Vor § 1 (53. Lfg November 2001).

Vogler, Entwicklungstendenzen im internationalen Strafrecht unter Berücksichtigung der Konventionen des Europarats, in *Schroeder/Zipf*, Festschrift für Reinhart Maurach zum 70. Geburtstag (1972).

Volkmann, Die Strafverfolgung des Völkermordes nach dem Weltrechtsprinzip im internationalen Strafrecht und im Völkerstrafrecht (2009).

Von Arnauld, Völkerrecht, 2. Aufl (2014).

Von Braun, Internationalisierte Strafgerichte, Eine Analyse der Strafverfolgung schwerer Menschenrechtsverletzungen in Osttimor, Sierra Leone und Bosnien-Herzegowina (2008).

Weissbrodt ua (Hrsg), International Human Rights, Law, Policy, and Process (2009).

Werle/Jeßberger, Vorbem zu den §§ 3 ff (Strafanwendungsrecht), in Leipziger Kommentar, 12. Aufl (2011).

Werle/Jeßberger, § 7, in Leipziger Kommentar 12. Aufl (2007).

Werle/Burghardt, Der Völkermord in Ruanda und die deutsche Strafjustiz, Zugleich eine Besprechung des Urteils des Oberlandesgerichts Frankfurt aM vom 18.2.2014 (Fall Onesphore R), ZIS 2015, 46.

Werle, Völkerstrafrecht, 3. Aufl (2012).

Werle, Die juristische Aufarbeitung der Vergangenheit: Strafe, Amnestie oder Wahrheitskommission? in *Conde/Vormbaum* (Hrsg), Transformation von Diktaturen in Demokratien und Aufarbeitung der Vergangenheit (2008).

Williams, The Extraordinary African Chambers in the Senegalese Courts: An African Solution to an African Problem?, JICJ 2013, Vol 11, 1139.

Wilson, Spanish Supreme Court Affirms Conviction of Argentine Former Naval Officer for Crimes Against Humanity, ASIL Insight 2008.

Wilson, Argentine Military Officers Face Trial in Spanish Courts, ASIL Insights 2003.

Wood, The Convention on the Prevention and Punishment of Crimes against Internationally Protected Persons, including Diplomatic Agents, ICLQ 1974, 791.

Zappalà, The Iraqi Special Tribunal's Draft Rules of Procedure and Evidence: Neither Fish nor Fowl?, IJCJ 2004, 855.

Zerbes, Grundlagen der Strafverfolgung völkerrechtlicher Verbrechen in Österreich in *Eser/Sieber/Kreicker* (Hrsg), Nationale Strafverfolgung völkerrechtlicher Verbrechen, Teilband 3 (2004).

Ziegler, in Re G, Military Tribunal, Division 1, Lausanne, Switzerland, April 18, 1997, AJIL 1998, Vol 92, No 1, 78.

IX. Verzeichnis häufig zitierter Verträge

Convention for the Elimination of Mercenarism in Africa (*afrikanische Antisöldnerkonvention*), abgedruckt in: Collection of International Instruments and Legal Texts Concerning Refugees and Others of Concern to UNHCR 3, regional instruments: Africa, Middle East, Asia, Americas (2007), 1115 ff.

Genfer Abkommen zur Verbesserung des Loses der Verwundeten und Kranken der bewaffneten Kräfte im Felde (*Genfer Konvention I*), BGBl 1953/155.

Genfer Abkommen zur Verbesserung des Loses der Verwundeten, Kranken und Schiffsbrüchigen der bewaffneten Kräfte zu See (*Genfer Konvention II*), BGBl 1953/155.

Genfer Abkommen über die Behandlung von Kriegsgefangenen (*Genfer Konvention III*), BGBl 1953/155.

Genfer Abkommen über den Schutz von Zivilpersonen in Kriegszeiten (*Genfer Konvention IV*), BGBl 1953/155.

Inter-American Convention on the Forced Disappearance of Persons – Organization of American States (*OAS-Konvention gegen das Verschwindenlassen*), OAS Treaty Series Nr 68, 33 ILM 1429 (1994).

Inter-American Convention to Prevent and Punish Torture – Organization of American States (*OAS-Folterkonvention*), OAS Treaty Series, Nr 67.

International Convention Against the Recruitment, Use, Financing and Training of Mercenaries (*UN-Antisöldnerkonvention*), United Nations, Treaty Series, vol 2163.

International Convention for the Protection of All Persons from Enforced Disappearance (*Internationales Übereinkommen gegen das Verschwindenlassen*), BGBl III 2012/104.

Internationales Übereinkommen gegen Geiselnahme (*UN-Geiselnahmekonvention*), BGBl 1986/600.

Internationales Abkommen zur Bekämpfung der Falschmünzerei (*Falschmünzerkonvention*), BGBl 1931/347.

Konvention über die Verhütung und Bestrafung des Völkermordes (*Völkermordkonvention*), BGBl 1958/91.

Übereinkommen gegen Folter und andere grausame, unmenschliche oder erniedrigende Behandlung oder Strafe (*UN-Folterkonvention*), BGBl 492/1987.

Übereinkommen zur Bekämpfung der widerrechtlichen Inbesitznahme von Luftfahrzeugen (*Haager Konvention*), BGBl 1974/249.

Zusatzprotokoll zu den Genfer Abkommen über den Schutz der Opfer internationaler bewaffneter Konflikte, BGBl 1982/527, 2407 (*Protokoll I*).

Zweites Zusatzprotokoll zur Haager Konvention von 1954 zum Schutz von Kulturgut bei bewaffneten Konflikten (*2. ZP zur Kulturgüterschutzkonvention*), BGBl III 2004/113.

Anhang

Im Folgenden sind für diese Arbeit besonders relevante internationale Verbrechen betreffenden vertragliche Regelungen in der englischen Fassung abgedruckt. Die Reihenfolge orientiert sich an der Gliederung des Kapitels über die Internationalen Übereinkommen als Rechtsgrundlage des Auslieferungs- oder Strafverfolgungspflichten (V.B).

A. Genfer Konventionen

Art 49 Genfer Konvention I; Art 50 Genfer Konvention II;
Art 129 Genfer Konvention III; Art 146 Genfer Konvention IV

The High Contracting Parties undertake to enact any legislation necessary to provide effective penal sanctions for persons committing, or ordering to be committed, any of the grave breaches of the present Convention defined in the following Article.

Each High Contracting Party shall be under the obligation to search for persons alleged to have committed, or to have ordered to be committed, such grave breaches, and shall bring such persons, regardless of their nationality, before its own courts. It may also, if it prefers, and in accordance with the provisions of its own legislation, hand such persons over for trial to another High Contracting Party concerned, provided such High Contracting Party has made out a prima facie case.

Each High Contracting Party shall take measures necessary for the suppression of all acts contrary to the provisions of the present Convention other than the grave breaches defined in the following Article.

In all circumstances, the accused persons shall benefit by safeguards of proper trial and defence, which shall not be less favourable than those provided by Article 105 and those following of the Geneva Convention relative to the Treatment of Prisoners of War of August 12, 1949.

B. Antisöldnerkonventionen

1. UN-Antisöldnerkonvention

Article 10

1. Upon being satisfied that the circumstances so warrant, any State Party in whose territory the alleged offender is present shall, in accordance with its laws, take him into custody or take such other measures to ensure his presence for such time as is

necessary to enable any criminal or extradition proceedings to be instituted. The State Party shall immediately make a preliminary inquiry into the facts.

2. When a State Party, pursuant to this article, has taken a person into custody or has taken such other measures referred to in paragraph 1 of this article, it shall notify without delay either directly or through the Secretary-General of the United Nations:

(a) The State Party where the offence was committed;

(b) The State Party against which the offence has been directed or attempted;

(c) The State Party of which the natural or juridical person against whom the offence has been directed or attempted is a national;

(d) The State Party of which the alleged offender is a national or, if he is a stateless person, in whose territory he has his habitual residence;

(e) Any other interested State Party which it considers it appropriate to notify.

3. Any person regarding whom the measures referred to in paragraph I of this article are being taken shall be entitled:

(a) To communicate without delay with the nearest appropriate representative of the State of which he is a national or which is otherwise entitled to protect his rights or, if he is a stateless person, the State in whose territory he has his habitual residence;

(b) To be visited by a representative of that State.

[...]

Art 12

The State Party in whose territory the alleged offender is found shall, if it does not extradite him, be obliged, without exception whatsoever and whether or not the offence was committed in its territory, to submit the case to its competent authorities for the purpose of prosecution, through proceedings in accordance with the laws of that State. Those authorities shall take their decision in the same manner as in the case of any other offence of a grave nature under the law of that State.

Art 14

The State Party where the alleged offender is prosecuted shall in accordance with ist laws communicate the final outcome of the proceedings to the Secretary-General of the United Nations, who shall transmit the information to the other States concerned.

2. Afrikanische Antisöldnerkonvention

Art 9

1. The crimes defined in Article 1 of this Convention, are not covered by national legislation excluding extradition for political offences.

2. A request for extradition shall not be refused unless the requested State undertakes to exercise jurisdiction over the offender in accordance with the provisions of Article 8.

3. Where a national is involved in the request for extradition, the requested State shall take proceedings against him for the offence committed if extradition is refused.

4. Where proceedings have been initiated in accordance with paragraphs 2 and 3 of this Article, the requested State shall inform the requesting State or any other State member of the OAU interested in the proceedings, of the result thereof.

5. A State shall be deemed interested in the proceedings within the meaning of paragraph 4 of this Article if the offence is linked in any way with its territory or is directed against its interests.

C. 2. ZP zur Kulturgüterschutzkonvention

Art 17

Prosecution

1. The Party in whose territory the alleged offender of an offence set forth in Article 15 subparagraphs 1 (a) to (c) is found to be present shall, if it does not extradite that person, submit, without exception whatsoever and without undue delay, the case to its competent authorities, for the purpose of prosecution, through proceedings in accordance with its domestic law or with, if applicable, the relevant rules of international law.
2. Without prejudice to, if applicable, the relevant rules of international law, any person regarding whom proceedings are being carried out in connection with the Convention or this Protocol shall be guaranteed fair treatment and a fair trial in accordance with domestic law and international law at all stages of the proceedings, and in no cases shall be provided guarantees less favorable to such person than those provided by international law.

D. Völkermord

Art I

The Contracting Parties confirm that genocide, whether committed in time of peace or in time of war, is a crime under international law which they undertake to prevent and to punish.

Art VI

Persons charged with genocide or any of the other acts enumerated in article III shall be tried by a competent tribunal of the State in the territory of which the act was committed, or by such international penal tribunal as may have jurisdiction with respect to those Contracting Parties which shall have accepted its jurisdiction.

Art VII

Genocide and the other acts enumerated in article III shall not be considered as political crimes for the purpose of extradition.

The Contracting Parties pledge themselves in such cases to grant extradition in accordance with their laws and treaties in force.

E. Folterkonventionen

1. UN-Folterkonvention

Art 6

1. Upon being satisfied, after an examination of information available to it, that the circumstances so warrant, any State Party in whose territory a person alleged to have committed any offence referred to in article 4 is present, shall take him into custody or take other legal measures to ensure his presence. The custody and other legal measures shall be as provided in the law of that State but may be continued only for such time as is necessary to enable any criminal or extradition proceedings to be instituted.

2. Such State shall immediately make a preliminary inquiry into the facts.

3. Any person in custody pursuant to paragraph 1 of this article shall be assisted in communicating immediately with the nearest appropriate representative of the State of which he is a national, or, if he is a stateless person, to the representative of the State where he usually resides.

4. When a State, pursuant to this article, has taken a person into custody, it shall immediately notify the States referred to in article 5, paragraph 1, of the fact that such person is in custody and of the circumstances which warrant his detention. The State which makes the preliminary inquiry contemplated in paragraph 2 of this article shall promptly report its findings to the said State and shall indicate whether it intends to exercise jurisdiction.

Art 7

1. The State Party in the territory under whose jurisdiction a person alleged to have committed any offence referred to in article 4 is found shall in the cases contemplated in article 5, if it does not extradite him, submit the case to its competent authorities for the purpose of prosecution.

2. These authorities shall take their decision in the same manner as in the case of any ordinary offence of a serious nature under the law of that State. In the cases referred to in article 5, paragraph 2, the standards of evidence required for prosecution and conviction shall in no way be less stringent than those which apply in the cases referred to in article 5, paragraph 1.

3. Any person regarding whom proceedings are brought in connection with any of the offences referred to in article 4 shall be guaranteed fair treatment at all stages of the proceedings.

2. OAS-Folterkonvention

Art 11: JUDICIAL GUARANTEE

Any person or group of persons on trial for the crime defined in Article 1 of this Convention shall be entitled to all the guarantees normally granted to any ordinary person by the State on whose territory is being tried.

Art 14

When a State Party does not grant the extradition, the case shall be submitted to its competent authorities as if the crime had been committed within its jurisdiction, for the purposes of investigation, and when appropriate, for criminal action, in accordance with its national law. Any decision adopted by these authorities shall be communicated to the State that has requested the extradition.

F. Konventionen zum zwangsweisen Verschwindenlassen von Personen

1. Internationales Übereinkommen gegen das Verschwindenlassen

Art 11

1. The State Party in the territory under whose jurisdiction a person alleged to have committed an offence of enforced disappearance is found shall, if it does not extradite that person or surrender him or her to another State in accordance with its international obligations or surrender him or her to an international criminal tribunal whose jurisdiction it has recognized, submit the case to its competent authorities for the purpose of prosecution.
2. These authorities shall take their decision in the same manner as in the case of any ordinary offence of a serious nature under the law of that State Party. In the cases referred to in article 9, paragraph 2, the standards of evidence required for prosecution and conviction shall in no way be less stringent than those which apply in the cases referred to in article 9, paragraph 1.
3. Any person against whom proceedings are brought in connection with an offence of enforced disappearance shall be guaranteed fair treatment at all stages of the proceedings. Any person tried for an offence of enforced disappearance shall benefit from a fair trial before a competent, independent and impartial court or tribunal established by law.

2. OAS-Konvention zum zwangsweisen Verschwindenlassen von Personen

Art VI

When a State Party does not grant the extradition, the case shall be submitted to its competent authorities as if the offence had been committed within its jurisdiction, for the purposes of investigation and when appropriate, for criminal action, in accordance with its national law. Any decision adopted by these authorities shall be communicated to the state that has requested the extradition.